陕西省普通高校哲学社会科学特色学科建设项目经费资助
陕西省教育厅专项科研计划项目（项目编号：2010JK304）研究成果

李贽儒学

思想研究

◎ 王宝峰 著

人民出版社

目　　录

导论:李贽思想研究的回顾与展望

李贽(号卓吾,1527—1602 年)生活于嘉靖、隆庆、万历年间,生前就是一位颇具影响而又备受争议的人物。终明清两朝,正统异端之辩中的李贽,时而是圣人,时而是人妖,在判若云泥的毁誉声中沉浮。五四已降至今,由于时代问题更迭、研究方法各异,在不同历史时期,国内李贽思想研究呈现出了不同的时代特征和内容。1615 年,《利玛窦中国札记》在西方出版,作为"中国人中罕见的典例",李贽被介绍到了国外。此后,日本、美国、德国、瑞士、新加坡等国学者,从不同角度研究了李贽思想。由于知识背景、问题意识等不同,国外学者往往能展现出李贽思想之不同侧面。

本导论以历史进程为序,从时代背景出发,以思想史研究角度切入,国内为主国外为辅,述评明清至今有关李贽思想研究既有学术成果。其中,尤为关注近年来最新进展和此前综述所不言及者①,并进一步探寻今后李贽思想研

---

① 本书之前,白秀芳、林海权、左东岭、许建平、张建业、李超、许苏民、佐藤炼太郎等人,先后从不同角度写有李贽研究的综述性文章。其中,白秀芳等在搜集近百年中外李贽研究资料基础上,写作了《近百年李贽研究论文著作目录索引》(白秀芳等:《近百年李贽研究论文著作目录索引》,见张建业主编:《李贽全集注》第26 册,社会科学文献出版社2010 年版,第357—411 页)、《近百年李贽研究综述》(《首都师范大学学报(社会科学版)》1994 年第6 期)和《李贽研究在国外》(《首都师范大学学报(社会科学版)》1996 年第1 期),对五四至今中外李贽研究成果进行了全景式的介绍。此外,张建业《李贽研究的拓展与今后研究的思考》(张建业:《李贽论》,社会科学文献出版社2010 年版,第213—219 页)对20 世纪80 年代以后李贽研究进行了简要回顾,并对今后李贽研究提出了四点建设性意见;左东岭《李贽文学思想与心学关系及其影响研究综述》(《首都师范大学学报(社会科学版)》2002 年第6 期)对20 世纪以来心学与李贽文学思想关系研究进行了梳理;在《李贽年谱考略》"余记"中,林海权梳理了自1603 年至2004 年李贽研究大事记(林海权:《李贽年谱考略》,福建人民出版社2005 年版,第465—497 页);许建平《李贽思想演变史》"导语"(许建平:《李贽思想演变史》,人民出版社2005 年版,第7—8 页)简略统计了20

究之途径。

一、明清时期

明清时期,制度化儒教社会经历了从烂熟走向解体的过程。由于礼教、科举等制度化保障,中西对抗之前,思想界之主流正统仍然是程朱理学。然而,随着经济、政治、社会生活等环境因素变化,16世纪后半期至17世纪初之中国,出现了以阳明学及其后学为代表的"王学思潮",思想界创造性研究气氛活跃,"可以和战国诸子百家争鸣的时代比美"。① 此时,李贽继承了王学以及禅宗中的"异端"思想因素,通过痛斥僵化礼教和假道学,提出了一系列社会批判思想,期望探索出解决当时社会弊端的治平之道。但是,由于李贽思想异端特色太过突出,加之个性倔犟大胆、行为偏离"正道"、与耿定向之论争得罪权贵等原因,使其成为备受争议的人物。贯穿明清两朝,围绕李贽著述及其行径等方面展开的正统异端之辩,始终是评价李贽思想的主要脉络。

于李贽著述学问,正统派认为,李贽《藏书》、《焚书》等著作"敢倡乱道,惑世诬民":"以吕不韦、李园为智谋,以李斯为才力,以冯道为吏隐,以卓文君为

世纪以来中外李贽研究成果;李超简介了五四运动至今中外李贽研究成果(李超:《百年李贽研究回顾》,http://www.qzwb.com/qzx/content/2006—08/16/content_2164016.html 访问时间:2011年3月2日);许苏民《李贽评传》第九章第二节《李贽思想的历史命运》展现了自明清至张建业《李贽评传》(1981年版)为止国内李贽研究情况,第三节"李贽思想的国际影响"对欧美以及日本李贽研究进行了简介(许苏民:《李贽评传》,南京大学出版社2006年版,第635—661页)。在国外,陈学霖(Hok-lam Chan)著有《当代中国史学中的李贽(1527—1602年):李贽著述及其生平新释》(Hok-lam Chan, *Li Chih 1527—1602 in contemporary Chinese Historiography:new light on his life and works*, White Plains, N. Y. : M. E. Sharpe, Inc. ,1980.),在考察20世纪70年代中国国内李贽研究基础上,该书全面介绍了李贽生平资料及著作存佚真伪等问题。此外,林昌如:《李卓吾名闻新加坡》、李甦平:《李贽思想对日本的影响》、日本学者疋田启佑:《李贽研究在日本》(见张建业主编:《李贽学术国际研讨会论文集》,首都师范大学出版社1994年版,第282—290、291—299、336—341页)、佐藤炼太郎:《李卓吾研究的历史》(上、下)(日文)(佐藤炼太郎:《阳明学》第12、13号,2001年),分别对日本、新加坡李贽研究情况进行了回顾和总结。白秀芳、李超、许苏民等人的综述,对明清时期学者,以及中国台湾学者对李贽思想的研究,或没有涉及,或失之于简略;对岛田虔次、沟口雄三、狄百瑞等人李贽研究,或语焉不详,或没有提及;而对姜进等学者新近研究进展,则完全略过。因此,对全面掌握李贽思想研究的历史和现状,是不够全面充分的。

① 侯外庐:《侯外庐史学论文选集》(下),人民出版社1988年版,第1页。

善择佳偶,以司马光论桑弘羊欺武帝为可笑,以秦始皇为千古一帝,以孔子之是非为不足据,狂诞悖戾,未易枚举,大都刺谬不经,不可不毁者也。"①四库馆臣痛斥"贽书皆狂悖乖谬,非圣无法",《藏书》"排击孔子,别立褒贬,凡千古相传之善恶,无不颠倒易位,尤为罪不容诛。其书可毁,其名亦不足以污简牍。"②持此论调者,如周应宾、蒋以化、方以智、谈迁、王宏、顾炎武、王夫之等。他们指斥李贽为名教之罪人,其说为诬民之邪说,得罪名教,流毒后学。学者哀叹:"李卓吾大抵是人之非,非人之是,又以成败为是非而已,学术到此,真成涂炭,唯有仰屋窃叹而已,如何如何"。③

辩诬者针锋相对,指出《焚书》、《藏书》之作,"其意大抵在于黜虚文,求实用;舍皮毛,见神骨;去浮理,揣人情。即矫枉之过,不无偏有重轻,而舍其批驳谑笑之语,细心读之,其破的中窍之处,大有补于世道人心。而人遂以为得罪于名教,比之毁圣叛道,则已过矣。"④又或曰:"夫评史与论学不同,《藏书》品论人物,不过一史断耳,即有偏僻,何妨折中。乃指以为异为邪,如此则尚论古人者,只当寻行数墨,终身唯残唾是咽,不敢更置一喙耶。"⑤

李贽贻人口实的,还有其行迹乖违世俗。这一点,更为卫道者所不齿和痛恨:"尤可恨者,寄居麻城,肆行不简,与无良辈游于庵,拉妓女,白昼同浴,勾引士人妻女入庵讲法,至有携衾枕而宿庵观者,一境如狂。又作《观音问》一书,所谓观音者,皆士人妻女也。而后生小子喜其猖狂放肆,相率煽惑。至于明劫人财,强搂人妇,同于禽兽而不足恤。迩来缙绅士大夫亦有捧咒念佛,奉僧膜拜,手持数珠,以为律戒;室悬妙像,以为皈依,不知遵孔子家法,而溺意于禅教沙门者,往往出矣。"⑥顾炎武道:"自古以来,小人之无忌惮而敢于叛圣人

---

① 《明实录·神宗实录》卷369,《明实录》第59册,中央研究院历史语言研究所,第6917—6918页。

② 《钦定四库全书总目》(整理本)(上),中华书局版1997年版,第702页。

③ 厦门大学历史系编:《李贽研究参考资料》第二辑,福建人民出版社1976年版,第163页。

④ 《焚书》,中华书局2009年版,第5页。(中华书局本书名为《焚书 续焚书》,其中,《焚书》、《续焚书》分别计页;本书区别《焚书 续焚书》为《焚书》、《续焚书》,并标示各自页码。)

⑤ 厦门大学历史系编:《李贽研究参考资料》第一辑,福建人民出版社1975年版,第62页。

⑥ 《明实录·神宗实录》卷369,《明实录》第59册,中央研究院历史语言研究所,第6918页。

者,莫甚于李贽。"①在张问达等人眼中,李贽勾引良家女子、败坏后生小子、侵蚀士大夫风气,其伤风败俗之行迹,实在是"是可忍孰不可忍?"

与批判者论调截然相反,激赏者竭力为李贽辩诬。焦竑"推尊卓吾,无所不至",认为李贽"高迈肃洁,如泰华崇严,不可昵近,听其言泠泠然,尘土俱尽",②"即未必是圣人,可肩一狂字,坐圣门第二席"。③ 马经纶曰:"李先生,所谓百世以俟圣人而不惑之人也","夫其不知于世人也,是先生所以超出于千万劫之世人者也;其不知于道人也,是先生所以超出于千万劫之道人者也"。④ 反驳李贽宣淫勾引之说,曰:"夫以七八十岁垂尽之人,加以淫纵勾引之行,不亦可笑之甚乎?"⑤"宦游二十余年,一介不取,清标苦节,人所难堪,海内荐绅,谁不慕说? 夫以如是人品,如是操履,而以逾闲荡检之事诬之,亦大不伦矣。"又反诘道,李贽"有官弃官,有家弃家,有发弃发,盖其天性孤峻,直行己志,老来任便,有何不可?"⑥事实上,李贽之所以得罪当道,被人诬蔑,还有现实人事纠葛的原因。钱谦益道出了其中原委:"卓吾所著书,于上下数千年之间,别出手眼,而其掊击道学,抉摘情伪,与耿天台往复书,累累万言,胥天下之为伪学者,莫不胆张心动,恶其害己,于是咸以为妖为幻,噪而逐之。"⑦

陈清辉指出,"李卓吾一生正处新旧思想交替之转折期,故其所受评价毁誉参半,尊之者视之为圣人,毁之者目之为异端小人,两者差距,判若云泥。大抵思想前进者,激赏之;囿于传统者,斥责之;当道者,厌恶之;在野者,崇信之。"⑧实际上,毁誉之间的李贽,一方面,被个人生命困苦所激发,汲汲于寻求性命之道的下落;另一方面,又抱定治国平天下志向,以孤臣孽子心情,终生追求救治社会弊端之道。李贽的探寻和心情,颇能得到有良知学者的同情和支持。但是,由于他站在体制之外的社会批判,在当道看来是"敢倡乱道,惑世诬民"(明神宗语)。其激越的思想,已经超过了名教所能容忍的边界且影响

---

① 《日知录集释(全校本)》(中),上海古籍出版社 2006 年版,第 1070 页。
② 《焦序》,《藏书》第一册,中华书局 1959 年版。
③ 朱国桢:《涌幢小品》(上),中华书局 1959 年版,第 369 页。
④ 厦门大学历史系编:《李贽研究参考资料》第一辑,福建人民出版社 1975 年版,第 88 页。
⑤ 厦门大学历史系编:《李贽研究参考资料》第一辑,福建人民出版社 1975 年版,第 62 页。
⑥ 厦门大学历史系编:《李贽研究参考资料》第一辑,福建人民出版社 1975 年版,第 64 页。
⑦ 厦门大学历史系编:《李贽研究参考资料》第一辑,福建人民出版社 1975 年版,第 24 页。
⑧ 陈清辉:《李卓吾生平及其思想研究》,文津出版社 1993 年版,第 2—3 页。

颇大,直接威胁着整个儒教社会思想基础。加之,李贽桀骜不驯之个性、得罪地方权贵所招致的祸尤等原因,致使其不见容于当道、见逐于抱定儒教正统观念之道学家。李贽最终自刎诏狱的悲剧,自有其不可避免之必然性在。

早在明清时,李贽便被介绍到了西方和日本。1615 年《利玛窦中国札记》在西方出版。书中,李贽被描述为"在官场中是位有名的交际家,又是一位老成持重的幕僚",是宁死不肯受辱的"中国人中罕见的典例"。① 这是西方世界认识李贽的开始。在日本,明治维新先驱吉田松阴熟读《焚书》、《藏书》,作《李氏焚书抄》、《李氏续藏书抄》。他称李贽是"一世之奇男子",自称神会于李贽学说,尤其服膺童心之真。又发明李贽生死观为"道尽心安,便是死所",并以此勉励同道。② 作为"孤军的知己"(沟口雄三语),李贽思想激励了日本明治维新先进分子,一定意义上成为他们的精神寄托、动力所在。③ 吉田松阴之后,1893 年,日本人陆羯南发表了《李卓吾评传》,是最早有关李贽的论文;此时,今关天彭又写有《李卓吾先生》(1909 年)一文。④

二、民国时期

近代以来,中西文化对抗,西化思潮涌起。在启蒙与救亡并举的时代背景下,从五四至 1949 年,出现了李贽思想研究的第一次高潮。此时,对应于西化思潮,以引进现代西方学术和文化为目的,学者自觉地运用现代西方学术理论,力图阐发出李贽思想中离经叛道的因素,借以批判传统儒教社会,清理"封建遗毒",为西方思想文化的传入扫清道路。此时李贽研究代表人物有吴虞、嵇文甫、朱维之、容肇祖、萧公权、吴泽等人。他们的李贽研究,实际上扮演了思想"清道夫"(胡适语)的角色。在国外,此时有德国人福兰

① ［意］利玛窦、金尼阁:《利玛窦中国札记》,何高济、王遵仲、李申译,中华书局 1983 年版,第 386、388 页。
② 厦门大学历史系编:《李贽研究参考资料》第二辑,福建人民出版社 1976 年版,第 220—221 页。
③ 李甦平从生死观、宇宙观、交友观三个方面,讨论了李贽思想对吉田松阴的影响。(张建业主编:《李贽学术国际研讨会论文集》,首都师范大学出版社 1994 年版,第 291—299 页)。
④ 张建业主编:《李贽学术国际研讨会论文集》,首都师范大学出版社 1994 年版,第 336—341 页。

格,日本人铃木虎雄、小岛祐马、岛田虔次等人,从不同角度阐释了李贽思想。

吴虞《明李卓吾别传》,以西方现代生活观念和法政思想为背景,通过评价历来对李贽的正反意见,对孔教进行了猛烈的抨击;①嵇文甫称李贽"爱好自由、冲抉世纲"之思想和行动,"最可以表现左派王学的特色。"②又说,晚明似儒非儒似禅非禅的"狂禅"运动,到李贽"算是发展到极端了";③容肇祖指出,"李贽的思想,是从王守仁一派解放的革命的思想而来,他几乎把一切古圣贤的思想或偶像打破了,到了极自由,极平等,极解放的路上,而他又是个自然主义,适性主义的思想家,在批评方面,贡献了不少创新的独特的见解。"④萧公权说,李贽"生当专治势力方张,欧洲文化尚未大量输入之时",其基于个人自由观念,"排孔孟,疑六经,倾道统而专以心得为是非之准","为此石破天惊之议论,其事尤为难能,宜乎国人皆曰可杀,而卒以身殉也";⑤吴泽《儒教叛徒李卓吾》,意在"严格批判孔孟儒学名教,彻底打断恶劣的封建旧传统","为民主革命的思想清道"。⑥ 他认为,"卓吾站在求个性自由解放立场上,考察问题,认识问题,措理问题,和传统的封建名教的专制独断主义相拮抗! 根本上,卓吾的自由解放思想,就是在封建儒教的专制独断压迫下,激发出来的反抗思想!"⑦又说,李贽"大胆狂悖的批判,反孔孟,反名教,也仅仅是反孔孟反名教的专制独断而已,对于封建制度,这个贵族统治的社会,他不但不反对,而且是拥护的!"⑧吴泽还说:"卓吾虽是儒圣,确同时尊重佛道,倡'三教同道','三

①　吴虞:《吴虞文录》卷下,《民国丛书》第二编第 96 册,亚东图书馆 1927 年版,第 20—51 页。又见厦门大学历史系编:《李贽研究参考资料》第一辑,福建人民出版社 1975 年版,第 38—53 页。

②　嵇文甫:《左派王学》,《民国丛书》第二编第 7 册,开明书店 1934 年版,第 81 页。

③　嵇文甫:《晚明思想史论》,《民国丛书》第二编第 7 册,商务印书馆 1944 年版,第 38 页;又见嵇文甫:《晚明思想史论》,东方出版社 1996 年版,第 58 页。

④　容肇祖:《李卓吾评传》,《民国丛书》第一编第 83 册,商务印书馆 1936 年版,第 99—100 页。

⑤　萧公权:《中国政治思想史》,《中国现代学术经典·萧公权卷》,河北教育出版社 1999 年版,第 485 页。

⑥　吴泽:《儒教叛徒李卓吾》,华夏书店 1949 年版,第 3—4 页。

⑦　吴泽:《儒教叛徒李卓吾》,华夏书店 1949 年版,第 151 页。

⑧　吴泽:《儒教叛徒李卓吾》,华夏书店 1949 年版,第 110 页。

教并重'论,这是谈道者的真精神。"①此时的思想界,虽有如林琴南等卫道士出于正统礼教观念而痛批李贽,却被时代潮流所裹挟,早已淹没在西化先进分子对李贽的一片赞誉声中了。

20 世纪 30 年代末,德国人福兰格(Otto Franke)在柏林发表了《李贽》(1938 年)和《李贽与利玛窦》(1939 年)两篇论文。作者认为,作为一个战士,李贽是王学极端化的代表人物。其"消极议论"最初攻击朱熹信条,进而还攻击"儒家一般"。又指出,西方思想家"把儒家的中国看做理性宗教的理论的实现,纯美道德的国土,在这国家里哲学家具有国王的地位。他们却不能感到,他们面前是一个僵死的精神世界,这世界的沦亡已经临头了"。作者还介绍了李贽和利玛窦的交往,并证明李贽与当时中国的反基督教运动无关。②福兰格还认为,李贽等王学极端之徒,"不慑于维护正统者之淫威而钳口,且放力行其所是,端视贞毅,不重颖达",是"能为思想人格之自由作殊死战者"。他们的最终目的,"在脱出传统儒教之藩篱,而融合真纯之孔、释、老三者之教义为一也。"③

在日本,此时有广濑丰《续吉田松阴研究》(1933 年)、铃木虎雄《李卓吾年谱》(1934 年)、小柳司气太《利玛窦与明末思想界》(1938 年)、小岛祐马《李卓吾和六经皆史》(1947 年)等论著问世,分别探讨了李贽生平事迹、思想及其影响。④ 1949 年,内藤湖南《中国史学史》出版,该书第十一章"明代的史学"专节介绍了"李贽的史论"。内藤认为,作为万历时著名的阳明学者,李贽思想"以禅学为基础,而加以儒学的产物,因此即便对孔子也有苛刻轻蔑的评语"。《藏书》"序文、目录、编纂体例都是有其本人主张的,实为极端之作","乃旷古未有之过激思想史论"。⑤ 同年,岛田虔次《中国近代思维的挫折》一

---

① 吴泽:《儒教叛徒李卓吾》,华夏书店 1949 年版,第 154 页。

② 厦门大学历史系编:《李贽研究参考资料》第二辑,福建人民出版社 1976 年版,第 227—229 页。

③ 厦门大学历史系编:《李贽研究参考资料》第二辑,福建人民出版社 1976 年版,第 222—226 页。

④ 张建业主编:《李贽学术国际研讨会论文集》,首都师范大学出版社 1994 年版,第 336—337 页。张建业主编:《李贽全集注》第 26 册,社会科学文献出版社 2010 年版,第 395 页。

⑤ [日]内藤湖南:《中国史学史》,马彪译,上海古籍出版社 2008 年版,第 215—219 页。

书的出版,成为日本乃至世界李贽思想研究重要代表作之一。① 该书通过追溯"王学左派"从王阳明、泰州学派,最后发展到李贽的思想历程,试图"跟踪作为心学的核心——人的概念的形成与发展,通过回顾构想这样的人的概念的心学者们的实践,去探寻心学运动之历史的、社会的意义,将其所遭遇的命运的必然性和近代中国本身的构造联系起来进行理解"。② 通过这样的梳理,岛田得出结论:具有"理性精神"、"自我肯定"、"庶民意识"等的"近代精神"、"近代思维"在"王学左派"思想进程中得到了"培育"和"展现"。但是,由于统治者政治文化的高压政策,这一"近代思维"的历史进程最终受到了意外的"挫折"。③

　　具体到李贽研究,岛田认为,李贽受难是因为《藏书》,该书颠倒了万世之是非,对文化和传统进行了严格的合理主义的批判和逆转。李贽批判的总根据,是童心的"吾"。作为王阳明良知说的"成年"和"独立",童心说有着不同于良知说的近代特点:一方面,具有童心的"吾",不因道理闻见而改变对童心权威的信任这一点,童心说继承了良知说;另一方面,更为重要的是,"作为良知的成熟和近世精神的成年之童心,由于确信自己优越的缘故,所以作为它的成熟的必然结果,就要求向'外'的活动"。④ "绝假纯真"的童心,由于不拘泥于偏见的判断性自我,内在地包含了财、势、利等现实的欲望,其对人欲的肯定,是始终忠实的、彻底合理的。根据童心的权威,热衷于读书闻见的李贽,向

---

① ［日］岛田虔次:《中国近代思维的挫折》,甘万萍译,江苏人民出版社2005年版。该书最早由日本筑摩书店1949年3月初版。岛田虔次另一部名著《朱子学与阳明学》(1967年初版)(［日］岛田虔次:《朱子学与阳明学》,蒋国保译,陕西师范大学出版社1986年版),旨在探索朱子学和阳明学的关系问题。此书第四章"儒教的叛逆者·李贽(李卓吾)",即岛田虔次1962年发表于日本《思想》462号的论文《儒教的叛逆者李贽(李卓吾)》。该文分思想史的背景、生涯、童心说、历史批判和佛教及其他五个部分,认为"李卓吾的根本思想以二言概括之,即'童心'",是儒教完全展开到其极限的代表。王学左派之狂,导致与当时"民变"一致的思想"暴动",李贽即此时思想上的"暴徒"。(又见［日］岛田虔次:《中国思想史研究》,邓红译,上海古籍出版社2009年版,第135—149页。)

② ［日］岛田虔次:《中国近代思维的挫折》,甘万萍译,江苏人民出版社2005年版,第2页。

③ 参见吴震:《16世纪中国儒学思想的近代意涵——以日本学者岛田虔次、沟口雄三的相关讨论为中心》,载《台湾东亚文明研究学刊》第1卷第2期。

④ ［日］岛田虔次:《中国近代思维的挫折》,甘万萍译,江苏人民出版社2005年版,第93页。

"外"大胆地评论了古今的人物、政治、文艺、学术。岛田认为,李贽之前心学是自我辩护的。作为心学思想逻辑终点,童心说在深化心学思想本身的同时,更把心学作为社会实在来把握。童心说使得心学不只是"内"的要求的主观固执独断,而是"内"对"外"获得了客观的认识,达到了对于"外"以自信去较量克服的地步。良知说从本质的人、纯粹的人出发,到了童心说,已经达到了对政治文化客观的认识。在这里,伦理从政治中、历史从伦理中基本上被一一区别开来,特别是文学也被承认是有其独自的原理和领域。西欧的近代精神和原理,似乎已在此显现。因此,岛田得出结论:童心说是心学的逻辑终点,也是中国近代思维的一个顶点。① 岛田认为,正如李贽的遭遇一样,中国近代思维由于过早出现的缘故,最终难逃挫折的命运。李贽狱死,"正是中国近世最终没有形成市民性近代社会之命运的一个确切的象征"。②

三、新中国成立以后至"文化大革命"时期

20 世纪五六十年代至"文化大革命"结束,中国大陆的李贽研究,以朱谦之、侯外庐、邱汉生、任继愈、杨荣国等人为代表。③ "文化大革命"前,学者普遍用历史唯物主义和阶级分析的理论和方法,来研究李贽思想。受时代环境影响,此时李贽研究在一定程度上出现了具有政治色彩的研究倾向。④ "文化大革命"期间,受"批林批孔"、评法批儒政治运动的推动,李贽作为法家重要代表人物受到格外重视。总体而言,此时李贽研究,除了搜集整理了一些原始资料之外,已基本上越出了学术研究范围,成为服务于政治运动的工具。同

---

① [日]岛田虔次:《中国近代思维的挫折》,甘万萍译,江苏人民出版社 2005 年版,第 99—112 页。

② [日]岛田虔次:《中国近代思维的挫折》,甘万萍译,江苏人民出版社 2005 年版,第142 页。

③ 1975 年,福建省李贽著作注释组福州小组完成了《二十五年来书刊评介李贽观点综述》。该册分:"一、批林批孔以来的主要观点";"二、'文化大革命'前的主要观点";"附:《儒教叛徒李卓吾》一书部分观点摘要"等三个部分,介绍了自吴泽《儒教叛徒李卓吾》至 1974 年期间(主要是 1956 年至 1974 年),国内李贽研究的主要论文、著作。

④ 最为明显的例子,就是冯友兰运用毛泽东《矛盾论》观点解释李贽思想的文章《从李贽说起——中国哲学史中唯物主义和唯心主义互相转化的一个例证》。(《新建设》1961 年第二、三期合刊;冯友兰:《三松堂全集》第 12 卷,河南人民出版社 2001 年版,第 552—566 页)。

期,国外狄百瑞、沟口雄三分别从个人主义和前近代"思想人"角度切入,深入解析了李贽思想。

朱谦之认为,李贽思想反映了小地主和市民的思想。其哲学思想是一种企图调和唯心论和唯物论的二元论,既有局限性的一面,也有积极进步的一面。"总的来说,李贽的思想是自由的、平等的、有革命性的。他的思想解放运动,在中国近代哲学上是一个新的斗争开始";①侯外庐、邱汉生指出,中国封建社会的资本主义萌芽,导致了李贽思想处在新旧思想交织的矛盾之中,但在基本的倾向方面,李贽还是以反封建的战术思想为"矛盾起主导作用的方面",因此,其思想是"顺着健康的途径发展"的。作者认为,以"异端"自居的李贽,其思想"无可怀疑地具有鲜明的反封建的革命性格"。② 李贽的思想,充满了平等、自由和尊重个性的精神。因此具有反对封建等级、特权的战斗意义。但是,这种思想还没有完全达到哲学中的人本主义原则或人类学的原则。李贽理论体系的积极方面是批判历史现实和社会现实的战斗精神,消极方面是受禅学的影响。在离开人伦日用自然的俗界,幻想"彼岸"以求心理上的超脱或解放时,便堕入了禅学的唯心主义。③ 侯外庐又将李贽列为中国启蒙思想家之一,直接开启了之后从启蒙思想家角度研究李贽思想的先河;④任继愈主编《中国哲学史》第三册第六篇第十四章为"李贽的进步的社会观和唯心主义哲学思想",此章论述道,李贽虽然基本上接受王守仁的良知说,但不是简单的继承,而是对封建社会道德的虚伪性提出了极为尖锐的批判,"在某些方面远远超出了王守仁的正统观念所能允许的范围,起了背叛的作用"。⑤ 但是,在激烈的批判之后,李贽并没有提出一套新的标准与封建正统标准相抗衡。"这主要原因是当时还没有出现新的生产关系,在不触动旧的生产关系

---

① 朱谦之:《李贽——十六世纪中国反封建思想的先驱者》,湖北人民出版社1956年版,第83页。

② 侯外庐、邱汉生:《李贽的进步思想》,载《历史研究》1959年第7期;另见:侯外庐主编:《中国思想通史》第四卷(下),人民出版社1960年版,第1054—1060页。此外,邱汉生还著有《李贽》一书(邱汉生:《李贽》,中华书局1962年版),简述了"泰州学派有名的学者"李贽"战斗的一生"及其"反道学的思想"。

③ 侯外庐主编:《中国思想通史》第四卷(下),人民出版社1960年版,第1061—1095页。

④ 侯外庐:《侯外庐史学论文选集》(下),人民出版社1988年版,第65—91页;侯外庐:《中国思想通史》第五卷(《中国早期启蒙思想史》),人民出版社1956年版。

⑤ 任继愈主编:《中国哲学史》第三册,人民出版社1964年版,第373页。

的前提下,任何对旧思想的冲击,都不免以失败而告终"。① "从李贽的错误中,可以给我们提供哲学史上的思维经验教训:用一种唯心主义去反驳另一种唯心主义,并不能给对方以真正的杀伤;用怀疑主义、相对主义去反对封建偶像,也不能真正把偶像打倒"。②

"文化大革命"期间的"批林批孔"运动,宣扬了儒法斗争是中国哲学史发展主线的论点。③ 这种论点认为,"尊法反儒"代表着朴素唯物论和辩证法思想,是革命阶级和进步思想家反对复古倒退的思想武器;"尊儒反法"则是唯心论和形而上学思想的表现,代表着反动、黑暗和退步的政治势力的利益。此时,在"评法批儒"政治热浪冲击之下,李贽作为法家代表人物,受到格外重视。全民参与之下,报刊、书店一时充斥着与李贽相关的文章、著作。④ 然而,除了整理李贽研究材料等尚有学术价值之外,基本上沦为了政治斗争的工具。⑤

纵观这一时期中国大陆李贽思想研究,"文化大革命"前,学者继承了五四以来表彰李贽的传统,普遍采用了历史唯物主义和阶级分析的研究方法。研究者往往按照唯物唯心、进步落后等标准评析李贽思想得失。这种诠释,现实关照十分明显,尤其凸显了李贽思想中异端的、战斗的、反封建的等因素。这种研究途径,初期尚能从学术角度进行客观探讨,进而成为唯一研究方法,最终演化为"文化大革命"时"评法批儒"政治斗争的工具。其演变历程,颇引人深思。此时李贽思想研究,陷入了表面繁荣下的历史困境。

1970 年,美国人狄百瑞(Wm. Theodore de Bary)发表其长篇论文《晚明思

① 任继愈主编:《中国哲学史》第三册,人民出版社 1964 年版,第 373 页。
② 任继愈主编:《中国哲学史》第三册,人民出版社 1964 年版,第 387 页。
③ 以儒法斗争为主线编写的《中国哲学史》,以杨荣国的《简明中国哲学史》(人民出版社 1973 年版)为代表。
④ 白秀芳:《近百年李贽研究论文、专著目录索引》,见张建业主编:《李贽学术国际研讨会论文集》附录三,首都师范大学出版社 1994 年版,第 350—358 页。白秀芳等:《近百年李贽研究论文、著作目录索引》,见张建业主编:《李贽全集注》第 26 册,社会科学文献出版社 2010 年版,第 390—391 页。
⑤ 《李贽思想评介(资料选辑)》(福建省晋江地区文物管理委员会:《李贽思想评介(资料选辑)》,1975 年)中,有关于李贽家世、故居、墓葬、画像、书法等原始资料;厦门大学历史系编辑《李贽研究资料》(第一、二、三辑)(厦门大学历史系:《李贽研究参考资料》第一、二、三辑,福建人民出版社 1975、1976、1976 年版),原文照录历来中外有关李贽的原始研究资料,至今仍是李贽研究的重要参考资料。

想中的个人主义和人道主义》，该文用了一半篇幅深入探讨了李贽思想。① 狄百瑞首先高度赞扬了李贽，认为"晚明个人主义思潮在李贽（1527—1602 年）那里达到顶点。作为中国历史上最伟大的异教徒和反对偶像崇拜者，他一直被人们诅咒和褒扬着。无论如何，李贽是中国思想和文化中最为杰出和复杂的人物之一。"②在梳理了晚明个人主义（individualism）经王阳明、王艮、何心隐直到李贽的整个发展过程之后，作者认为，16 世纪的明朝，受到兼具自由主义（liberal）和人道主义（humanitarian）色彩的王学运动推动，益之以当时社会和文化状况的影响，产生了一种明显带有现代个人主义（individualistic）特征的思想。这种思想有两种表现形态，一种是以何心隐为代表的"积极"个人主义（positive individualism）。这种个人主义试图将平等的观念建立在宗族团体以至士大夫社会中。但是，由于缺乏中产阶级的基础，没有得到士大夫阶层的支持，加之学术不能独立于政权之外，最终以失败告终。另一种极端个人主义形式的代表便是李贽。李贽个人主义思想起源虽然不同于传统的异见者、佛教和道教，但是，最终同样导向了无法在礼法和体制框架内生存的"个体的"或"消极的"个人主义（private or negative individualism）。狄百瑞认为，虽然有来自国家权力的压迫，但是，李贽个人主义失败的根本原因，在于当时学界和宗教领袖对其思想的拒斥。禅宗虽然可以帮助李贽个人达到思想的自由，却无法在中国社会为个人主义提供一个坚实基础。③

　　1971 年，沟口雄三发表了《生活于明朝末期的李卓吾》一文。④ 其后出版的《中国前近代思想的演变》"上论"第一、二章，便是在该文基础上修订而成，集中反映了沟口李贽研究的观点。⑤

---

　　① Wm. Theodore de Bary, *Individualism and Humanitarianism in Late Ming Thought*, Wm. Theodore de Bary, ed. *Self and Society in Ming Thought*. Columbia University Press, 1970, pp. 145-247.

　　② Wm. Theodore de Bary, *Individualism and Humanitarianism in Late Ming Thought*. de Bary, ed. *Self and Society in Ming Thought*. p. 188.

　　③ Wm. Theodore de Bary, *Individualism and Humanitarianism in Late Ming Thought*. Wm. Theodore de Bary, ed. *Self and Society in Ming Thought*. pp. 223-224.

　　④ ［日］沟口雄三：《生活于明朝末期的李卓吾》，见《东洋大学东京文化研究所纪要》第 55 册，1971 年。

　　⑤ ［日］沟口雄三：《中国前近代思想的演变》，索介然、龚颖译，中华书局 2005 年版。沟口说："本书在日本是 1980 年出版的，也就是说，本书的内容反映了我在七十年代的思想。"（沟口雄三："致中国读者的序"，《中国前近代思想的演变》，第 3 页。）

　　沟口指出,16 世纪末至 17 世纪初呈现出了引人注目、异彩纷呈、局面复杂、不易说明的"时代相"。作为"一级的""思想人",最真挚地生活在这一时代的"典型人物",李贽思想正好表现了明末的时代相,典型地反映了当时极为尖锐的历史性矛盾。① 沟口强调,对李贽的评价,"直接关系着 16、17 世纪所谓明末清初期的历史评价,不仅如此,还关系着怎样历史地看待中国的前近代,以致怎样实质地掌握中国的'近代'。"②

　　通过具体考察李贽的"理"观、"真空"观、童心说等,沟口认为,一方面,李贽拒绝宋学的天理,本着强烈的探索"自家性命"的求道精神,超越佛、儒,从人情、人性之真出发,追求自己心性所应具有的真正的理。另一方面,李贽用"真空"这一佛教概念来诠释"理",虽然也讲"人伦物理",但是,没有阐明"存人欲"的理的内容实质,更没有使其理论化。"他所说的'真空'恰好在'存在论'上否定了理,作为悖理的异端不得不受到批判"。③ 李贽"是真正的对既成的天理的叛逆者,而且由于这一叛逆性的彻底与激烈,导致了他的孤绝,而他过于狷介的性格,又不以孤绝为意,结果使他显得极为特殊、悖理和'个'。因此,他被理应是他的思想继承者的黄(梨洲)、顾(亭林)、王(船山)等人视做异端而加以排斥"④。沟口进一步指出,李贽的孤绝或"个","是先于他的时代的,但其结果,由于他的先行性的突出反被视为异端,而他的思想、行为的真髓(这真髓是历史的真髓)却被历史地继承了下来。"⑤沟口研究中国思想,基于其反对欧洲一元论而主张多元的世界观,研究方法上,则强调把理解中国思想独特性作为研究前提。沟口的李贽研究,便是他这一观点和方法的具体实践。

----

　　① 〔日〕沟口雄三:《中国前近代思想的演变》,索介然、龚颖译,中华书局 2005 年版,第55—57 页。

　　② 〔日〕沟口雄三:《中国前近代思想的演变》,索介然、龚颖译,中华书局 2005 年版,第9 页。

　　③ 〔日〕沟口雄三:《中国前近代思想的演变》,索介然、龚颖译,中华书局 2005 年版,第33 页。

　　④ 〔日〕沟口雄三:《中国前近代思想的演变》,索介然、龚颖译,中华书局 2005 年版,第33 页。

　　⑤ 〔日〕沟口雄三:《中国前近代思想的演变》,索介然、龚颖译,中华书局 2005 年版,第34 页。

在《王阳明与明末儒学》一书中，①冈田武彦将李贽与颜山农、何心隐等划归泰州学派中的"气节派"，认为"此派学者，多拈禅机，推崇事功术策，主张气节任侠，重视人的素朴的自然性情，结果形成了以名教、格式、道理为拘束，以用功为障道，故而加以拒斥的风气"。② 李贽同时也是王学"现成派（左派）"之追随者。冈田认为，"现成派"以王畿、王艮为代表，把阳明所说的"良知"看做是现成良知，强调"当下现成"，视工夫为本体之障碍而加以抛弃，并直接把吾心的自然流行当做本体与性命。由于轻视功夫，随任自然性情，从而陷入任情悬空，蔑视人伦道德、纲常名教。明末社会的道义颓废，相当程度应该归咎于该派。③

冈田分别从虚空之道、义利观、童心说、三教归儒说等层面深入讨论了李贽思想。作者认为，民众素朴的要求及其自然的心情，就是李贽本原的道。李贽的虚空之道，由于加入现实思想的成分，所以产生了批判儒家人伦主义的直情径行；李贽思想具有重视实用和功利，贵智谋之士而轻节义之士的倾向；童心说尊重人的自然率真的心情，但是，李贽并不主张放任自流；李贽早年的三教归儒说，主张以儒立本，以道为入门，以佛为极则。而其晚年读《易》之后，其三教一致之道，是真正的三教归儒之道了。此外，冈田武彦又辨析了《李氏说书》的思想内容。④

在1987年该书"中文版序"中，冈田强调了用"内在性研究"研究中国哲学的重要性。他痛感"如果忽略体认自得的实践而空谈理论，那就不可能把握宋明哲学的真谛"，"对于一种缜密深刻的学说，如果不用切至的工夫去体认，终究是不能得其真髓的"。⑤ 冈田批评了醉心于依据西欧思潮和西洋学风

---

　　①　[日]冈田武彦：《王阳明与明末儒学》，吴光、钱明、屠承先译，上海古籍出版社2000年版。该书最早由日本明德出版社1971年出版（见吴光：《译后记》，第416页）。

　　②　[日]冈田武彦：《王阳明与明末儒学》，吴光、钱明、屠承先译，上海古籍出版社2000年版，第164页。

　　③　[日]冈田武彦：《王阳明与明末儒学》，吴光、钱明、屠承先译，上海古籍出版社2000年版，第103—104页。

　　④　[日]冈田武彦：《王阳明与明末儒学》，吴光、钱明、屠承先译，上海古籍出版社2000年版，第210—225页。

　　⑤　[日]冈田武彦：《王阳明与明末儒学》，吴光、钱明、屠承先译，上海古籍出版社2000年版，"中文版序"第1页。

解释中国哲学的做法。认为科学的实证研究虽然必要,但是对于东洋哲学来讲,此方法是一种外表的、浮面的"表象性研究"和真正的创新,"相差十万八千里"。与之相反,"内在性研究"法是"在研究一个人的哲学思想时,把他的体验移入自身,然后设身处地加以体验的方法论,而不仅仅是在科学的实证中弄清楚他的哲学思想"①。冈田说,在用体认方法解释思想时,"是让思想家用自己的语言说明自己的思想,我在其间只起辅助作用,或者说,我只是履行了助产妇的职责"。② 他强调:"考虑到东洋哲学思想相对于西方哲学的特色,就不能不关心、重视内在性的研究","在反思东洋哲学思想在现代及未来世界思想界的意义与价值时,今天也已到了对内在性研究比对表象性研究更受重视的时机。"③冈田自信"只要能运用'内在性研究'的方法,就不仅能掌握传统的哲学思想,而且还将确信无疑地从中产生出能够匡救时弊的具有独创性的哲学。东洋的思想创新与西洋不同,它必定是从传统中得来的东西"。④ 冈田的李贽思想研究,注重还原思想家本身的问题、方法,体现了其"内在性研究"的特点。"内在性研究方法"强调切己体认、返本开新,无疑对深入理解中国传统思想内涵,具有重要的方法论意义。

四、20 世纪 70—90 年代

"文化大革命"结束至 1992 年"李贽研究国际学术讨论会"召开,李贽思想研究经历了从走出"评法批儒"模式到全方位多角度研究的历程。十一届三中全会以后,学界清理和纠正了"文化大革命"及以前的"左"倾错误,批"左"思潮使得当时思想界开始活跃。反映到李贽思想研究领域,便是 80 年代初期,崔文印通过李贽著述考证,痛批了"四人帮"假李贽研究行"反革命"

---

① [日]冈田武彦:《王阳明与明末儒学》,吴光、钱明、屠承先译,上海古籍出版社 2000 年版,"中文版序"第 3 页。

② [日]冈田武彦:《王阳明与明末儒学》,吴光、钱明、屠承先译,上海古籍出版社 2000 年版,"中文版序"第 4 页。

③ [日]冈田武彦:《王阳明与明末儒学》,吴光、钱明、屠承先译,上海古籍出版社 2000 年版,"中文版序"第 3 页。

④ [日]冈田武彦:《王阳明与明末儒学》,吴光、钱明、屠承先译,上海古籍出版社 2000 年版,"中文版序"第 5 页。

之实的行径。葛荣晋则反思了解放以后政治哲学"等同论"极"左"思潮，进而批判了"文化大革命""评法批儒"的李贽思想研究模式。1981年，张建业《李贽评传》出版，标志着李贽研究走出了"文化大革命"模式。之后，随着从不同角度研究李贽思想作品的问世，以及1987年和1992年两次李贽研究学术会议的召开，大大推进了李贽思想的学术研究。

20世纪80年代初期，美国学者的李贽研究取得了丰硕成果。比较有代表性作品有陈学霖《当代中国史学中的李贽》（1980年）、郑培凯《现实与想像：追求真诚的李贽和汤显祖》（1980年）、黄仁宇《万历十五年》（1981年）、史景迁《明代生活的活力》（1981年）等。同期，瑞士人J. F. 彼勒特写有《李贽——被诅咒的哲学家》（1979年）。新加坡学者朱飞《激进话李贽》、陈允洛《李卓吾集评》（1982年）、敬贤《中国文学革命先锋——明末名学者李卓吾》（1982年）等文章对李贽思想有较为深入的辨析。在日本，荒木见悟《佛教与阳明学》（1979年）研究了李贽和佛教的关系。①

崔文印、葛荣晋等学者的李贽研究，重在通过学术考辨，摆脱政治意识形态对李贽研究的干预。崔文印通过对《四书评》的考证，提出："《四书评》既不是李贽的著作，又不是什么'尊法反孔'的作品，它是一个低劣的、委托李贽之名的赝品，'四人帮'挖空心思，假借出版'法家著作'之名，明目张胆地指鹿为马，贩卖孔孟之道，其反革命用心昭然若揭。"②葛荣晋指出："解放以来，在哲学史的研究工作中，一直存在着哲学政治'等同论'的错误思潮。按照'等同论'的观点，凡是历史上进步的阶级、阶层或政治集团，哲学上就一定是唯物论和辩证法思想；凡是反动的或是保守的阶级、阶层或者个人，哲学上总是表现为唯心论和形而上学，把哲学家的阶级立场、政治态度和他的世界观完全等同起来。"③这种极"左"思潮在"四人帮"时期达到了登峰造极的地步。葛荣晋通过论证"李贽在政治上是一位同反动势力进行斗争的进步思想家，而在

---

① 白秀芳：《近百年李贽研究论文、专著目录索引》，见张建业主编：《李贽学术国际研讨会论文集》附录三，首都师范大学出版社1994年版，第372、374—375页。白秀芳等《近百年李贽研究论文、著作目录索引》，见张建业主编：《李贽全集注》第26册，社会科学文献出版社2010年版，第398、404页。

② 崔文印：《李贽〈四书评〉真伪辨》，载《文物》1979年第4期，第34页。

③ 葛荣晋：《论李贽哲学思想的实质——兼评哲学与政治"等同论"》，载《中国哲学》第四辑，三联书店1980年版，第227页。

哲学上却是一位主观唯心论者和有神论者"，①说明用法家是进步唯物，儒家是倒退唯心这一"儒法斗争"模式研究李贽思想，存在着严重问题，是"哲学政治等同论"这一极"左"思潮恶性膨胀的产物。

1981年，张建业《李贽评传》出版。② 作者以传主生平事迹为主线，全面考察论述了李贽思想的发展历程和主要内容。张建业认为，泉州的生活背景和家世对李贽反传统思想有着直接的影响；李贽不重道统加之对孔子不敬，并非泰州学派一员；佛道思想是李贽借以反封建压迫反传统思想的武器等。此外，他还探讨了此前未受学界重视的《孙子参同》、《九正易因》等两部李贽著作。

值得关注的是，张建业通过深入剖析李贽言论、性格和行为，特别表彰了李贽"反封建反压迫反传统思想的战斗精神"。认为这种战斗精神，是由于李贽狂狷性格所致，并誉李贽为"一代狂狷"。③ 李贽的斗争精神，既是建立在对封建压迫和传统思想的不满和反抗的思想基础之上，也是由于李贽有过人眼力、超人胆量的"异端"性格所致。④ 这种精神具体表现为"只知进就，不知退去"、"不畏死"、"不怕人"、"不靠势"、头可断而身不可辱的大无畏精神，以及爱憎分明、毫不妥协、毫不宽容的战斗精神。⑤ 张建业最后总结道："李贽在我国思想史上占有重要地位。他的著作所以引起封建统治阶级那样的仇视，在人们中间产生那样大的影响，其主要原因就在于他反封建压迫反传统思想的战斗精神，对封建统治阶级的反动统治起了冲击作用，对封建社会中人们思想的解放起了刺激作用。"⑥《李贽评传》沿袭了学界此前阶级分析、唯物唯心、进步落后等分析研究方法，但是，已不是"评法批儒"、"哲学政治等同论"那样

---

① 葛荣晋：《论李贽哲学思想的实质——兼评哲学与政治"等同论"》，载《中国哲学》第四辑，三联书店1980年版，第224页。

② 张建业：《李贽评传》，福建人民出版社1981年版；张建业：《李贽评传》（修订本），福建人民出版社1992年版。修订本新增了"一代狂狷"（代前言）、有关李贽世系及其职业的考证等，书末新加"李贽生平自述"、"有关李贽传记资料"、"后记"，其他基本内容和思想不出老版。

③ 张建业：《李贽评传》（修订本），福建人民出版社，1992年版，第1—5页。参见张建业：《一代狂狷——李贽的狂狷性格与民主思想及其历史意义》，张建业主编：《李贽学术国际研讨会论文集》，首都师范大学出版社1994年版，第32—47页。

④ 张建业：《李贽评传》（修订本），福建人民出版社1992年版，第115、133页。

⑤ 张建业：《李贽评传》（修订本），福建人民出版社1992年版，第137、114—115页。

⑥ 张建业：《李贽评传》（修订本），福建人民出版社1992年版，第249页。

的模式。由于作者在占有大量翔实材料基础上,对李贽思想进行了实事求是地学术探讨,使得这部专著成为李贽研究走出"文化大革命"模式的标志,也是迄今为止全面研究李贽思想的代表作之一。

《李贽评传》之后,李贽思想研究展现出丰富多彩的局面:敏泽《李贽》详细论述了李贽的文学理论及美学思想;①孙官生《姚安知府李贽思想研究》考察了李贽出任云南姚安知府期间的思想和活动;②张凡《李贽散文选注》深入探讨了李贽散文的知识性、哲理性、艺术手法和语言特色;③陈瑞生《李贽新论》全面论述了李贽的哲学思想、历史观、教育观及对文学艺术的贡献;④萧萐父、李锦全认为,李贽是具有英勇斗争精神的"重要启蒙思想家";⑤杨国荣指出,李贽异端思想是从王学出发,通过吸取与发挥嵇康以来的非正统思想而走向了王学反面。体现了"主体意识的初步觉醒","与贬落压抑个体的封建正统观念相对立,带有明显的异端性质"。这一转变,既体现了王学理论演变的内在逻辑,又打上了晚明社会的历史烙印;⑥陈鼓应、成复旺则认为,人本主义的人道观是李贽全部思想的主干。这一人道观有两方面的思想倾向:其一,把人世之道归结为人的自然本性,反对传统的刑政德礼对人的桎梏,具有解放人性的意义,是一种启蒙主义的倾向。但是,囿于时代的限制,李贽并非"干干净净、清清爽爽的启蒙思想家";其二,把人世之道从天上转向人间、从伦理道德转向物质生活,使人世之道落到了实处,这是一种由虚而实的倾向。由此出发,形成了他的功利主义价值观、新自然之道的文艺观。⑦ 此期李贽研究专著还有禹克坤《李贽》、陈曼平《一代奇杰:明代文化名人李贽研究》等。⑧

年谱和材料整理方面,林海权积三十年功力而成的《李贽年谱考略》,继

---

① 敏泽:《李贽》,上海古籍出版社 1984 年版。

② 孙官生:《姚安知府李贽思想研究》,云南大学出版社 1991 年版。

③ 张凡:《李贽散文选注》,北京师范大学出版社 1991 年版。

④ 陈瑞生:《李贽新论》,华中师范大学出版社 1992 年版。

⑤ 萧萐父、李锦全主编:《中国哲学史》(下),人民出版社 1983 年版,第 173 页。

⑥ 杨国荣:《李贽——王学向异端的演变》,载《江淮论坛》1988 年第 2 期,第 65 页;杨国荣:《王学通论——从王阳明到熊十力》,华东师范大学出版社 2003 年版,第 181 页。

⑦ 葛荣晋主编:《明清实学思潮史》(上),齐鲁书社 1989 年版,第 417、441 页。

⑧ 禹克坤:《李贽》,宁夏人民出版社 1983 年版;陈曼平:《一代奇杰:明代文化名人李贽研究》,黑龙江人民出版社 1989 年版。

承了此前铃木虎雄、容肇祖等人李贽年谱研究成果,①对李贽生平事迹及著作篇章进行了深入细致的编年考证,是一部带有工具书特点的李贽研究基本著作;②白秀芳搜寻古今中外有关李贽研究资料,撰写了《近百年李贽研究论文、著作目录索引》,成为找寻李贽研究资料的向导和地图。③

值得关注的是"李贽研究学术讨论会"(1987年,福建泉州)和"李贽研究国际学术讨论会"(1992年,北京通州)召开,会后相继出版了会议论文集《李贽研究》和《李贽学术国际研讨会论文集》。④ 两次会议的召开和论文集的出版,总结了此前李贽研究成果,凝聚了国内外李贽研究的力量,对深化李贽思想研究,无疑具有深远意义。

在此时期,海外学者出版了一批高质量的李贽研究论著,呈现出比较活跃的局面。1980年,陈学霖(Hok-lam Chan)《当代中国史学中的李贽》一书出版,该书是作者在考察了20世纪70年代中国国内李贽研究基础上,全面介绍李贽生平资料及著作存佚真伪等问题专著。⑤ 郑培凯(Cheng Pei-kai)的博士论文《现实与想象:追求真诚的李贽和汤显祖》以李贽和汤显祖思想发展历程为关注点,通过详察在16世纪中国社会、经济、二人生长环境和他们思想探索之间的相互关系,展现出在动荡不安的时代背景下,晚明知识分子所具有的一些共相。⑥ 考察了李贽变幻无常的官场生涯和独立思想形成的关系之后,郑氏认为,李贽看似古怪和自相矛盾的思想,是由于他总是焦虑不安地追问生命

① ［日］铃木虎雄:《李卓吾年谱》,朱维之译,见厦门大学历史系编:《李贽研究参考资料》第一辑,福建人民出版社1975年版,第88—175页;容肇祖:《李卓吾评传》,《民国丛书》第一编第83册,商务印书馆1936年版,第1—68页;容肇祖:《李贽年谱》,三联书店1957年版。

② 林海权:《李贽年谱考略》,福建人民出版社1992、2005年版。

③ 白秀芳:《近百年李贽研究论文、专著目录索引》,见张建业主编:《李贽学术国际研讨会论文集》附录三,首都师范大学出版社1994年版,第347—375页;白秀芳等:《近百年李贽研究论文、著作目录索引》,见张建业主编:《李贽全集注》第26册,社会科学文献出版社2010年版,第357—411页。后者系在前者基础上吸纳1994年至今最新研究成果扩充而成。

④ 许在全、张建业主编:《李贽研究》,光明日报出版社1989年版;张建业主编:《李贽学术国际研讨会论文集》,首都师范大学出版社1994年版。

⑤ Hok-lam Chan, *Li Chih 1527—1602 in contemporary Chinese Historiography: new light on his life and works*, White Plains, N. Y.: M. E. Sharpe, Inc., 1980. Published simultaneously as Vol. XIII, No. 1—2 of *Chinese Studies in History*.

⑥ Cheng Pei-kai, *Reality and Imagination: Li Chih and T'ang Hsien-tsu in Search of Authenticity*, Thesis Ph. D., Yale University, 1980.

意义的"心理危机"所致。又说,晚明复杂的政治派系斗争,使得汤显祖官僚生涯受挫。由于不能在现实中实现理想社会,汤显祖便将所有精力投入到文学创作中去了。受童心说影响,汤显祖在《牡丹亭》想像的世界中实现了追求真诚世界的理想和愿望。此外,郑培凯还写有《从李贽评价看中国政治文化的连续性》(1982 年)、《李贽与妇女》(1985 年)等。

黄仁宇《万历十五年》第七章"李贽——自相冲突的哲学家",对李贽思想进行了深入辨析。① 作者认为,作为"儒家的信徒",李贽是当时特色鲜明的中国学者,其思想学说破坏性强而建设性弱,没有创造出一种自成体系的理论,其言论也往往有前后矛盾的地方。黄仁宇分析,李贽之所以没有能够创造一种思想体系去代替正统的教条,不是因为他缺乏决心和能力,而在于当时的社会不具备接受改造的条件。李贽和其他同时代的人物所遇到的困难,是因为当时政府的施政方针和个人的行动完全凭借道德的指导,而道德标准又过于僵化、保守、简单和肤浅,和社会的发展不能适应。

黄仁宇又说,李贽思想的根本着眼点,是追求把读书人私人利益与公众道德相融合。而这个问题,足以影响当时读书人良心与理智的完整性。从个人信仰自由和对当时社会理智上的关心出发,李贽的言行实际上代表了当时全国文人的良心,这也是众多社会名流欣赏他的原因。李贽极力想创造独立的思想和人格,甚至不惜一意孤行,以偏激的言行对抗官僚政治和社会习俗。结果,虽然他从来没有叛离衷心皈依的儒家宗旨,也终于因为他毫不忌惮地对社会既成观念和文官集团的挑战,被罗织罪名,惨死狱中。李贽的悲剧,不仅是个人的,更是他所生活时代的悲剧。而悲剧总根源,便是以道德代法律这个一切问题的总症结的存在。

在《明代生活的活力》一文中,②美国历史学家史景迁(Jonathan D. Spence)不满意黄仁宇把李贽描述成消沉的、不太具有影响力的马丁·路德式的人物。史景迁说:李贽的一生"是真正充满了传奇的一生,他的先辈是皈依了伊斯兰教的商人,而他自己却是高度自由主义的儒家思想者,并深受佛教的影响。李贽的人生给我们呈现了一个不同的明朝,这个明朝在经济与社会都

---

① ［美］黄仁宇:《万历十五年》,中华书局 1982 年版,第 204—243 页。

② ［美］史景迁:《中国纵横:一个汉学家的学术探索之旅》,夏俊霞等译,上海远东出版社 2005 年版,第 123—133 页。《明代生活的活力》最先刊登于 1981 年 *New York Review of Books* 上。

激烈变动的时代,充满了尖锐的、活跃的思辨"。① 同一篇文章中,史景迁还述评了白莱特(Jean-Francois Bileter)的李贽研究。② 史景迁说,白莱特的李贽研究主要集中在 1590 年《焚书》出版以前的李贽的思想和活动,更加关注李贽自 16 世纪 60 年代以来就已经表现出来的"启蒙"精神。白莱特对李贽与其师友亲属、耿氏兄弟关系的描述,较黄仁宇更为详细,勾画出了李贽的思想世界,绝妙地描绘了一个充满了激情的哲人形象。而"正是这颗不停思考的灵魂最终发出了'不要依靠任何人'的呼声,也正是这颗灵魂在一个被虚伪欺骗污浊了的世界里寻找着属于自己的那一方净土"。③ 史景迁介绍道,白莱特认为,李贽由于自负于自己分析问题的能力,加之对充斥官场的严重虚假现象的倔犟揭露,最终导致获罪自杀。作为官僚集团(而不是"绅士"或"地主阶级")中的一员,李贽一生表现了儒家内部的紧张状态,这种紧张,尤其表现在儒家思想摧毁了东南沿海的商业这一点上。透过李贽引起争论而思想内容丰富的著作,以及李贽所接触过的各种宗教(佛教、道教、伊斯兰教、罗马天主教以及儒教),白莱特认为自己找到了一条认识宋代以来中国社会与思想观念发展变化的途径。而且,李贽的著述,可以把一些独特的方法带入西方的经验并产生影响。

1979 年,荒木见悟《佛教与阳明学》出版。该书第十五章"异端的形象——关于李卓吾",叙述了当时佛教界状况以及李贽和佛教的关系。荒木认为,李贽出家,只是为自己言论和行动自由寻求挡箭牌而已。荒木还写有《禅僧无念深有和李卓吾》,论述李贽和禅僧关系。此外,荒木还在《明代文艺思想研究》、《明末宗教思想研究》、《中国思想史诸相》等著作中提及李贽及其活动,说明李贽在明代思想史中占有重要地位。④

---

① ［美］史景迁:《中国纵横:一个汉学家的学术探索之旅》,夏俊霞等译,上海远东出版社 2005 年版,第 126 页。

② 白莱特李贽研究著作为:《李贽:被诅咒的哲学家》。(Jean-Francois Bileter, *Li Zhi: Philosophe maudit*(1527-1602), *Geneva and Paris: Librarie Droz*,1979.)

③ ［美］史景迁:《中国纵横:一个汉学家的学术探索之旅》,夏俊霞等译,上海远东出版社 2005 年版,第 128 页。

④ ［日］疋田启佑:《李贽研究在日本》,李燕波译,见张建业主编:《李贽学术国际研讨会论文集》,首都师范大学出版社 1994 年版,第 340—341 页。

五、20 世纪末至今

20 世纪 90 年代以后,苏联东欧解体、国内风波影响所及,世界格局和国内政治文化环境发生了巨大的变化。在学术思想资源和研究取向多元化趋势下,学界出现了所谓"思想家淡出,学问家凸显"的局面。反映到李贽思想研究,便是涌现出了一大批从文学、哲学、历史学、政治学、经济学、美学、心理学、教育学、民族学、妇女学、著作考证等不同角度研究李贽的论文和专著。①2000 年北京师范大学,2001 年云南昆明、姚安,2002 年湖北麻城和 2004 年福建泉州,先后召开了四次李贽研究学术会议。会后,出版了《李贽论丛》《李贽与麻城国际学术研讨会文集》等论文集。② 在这些会议上,中外学者就李贽思想进行了全面深入的研讨。③ 2010 年,《李贽全集注》出版。此书为二十多位学者历时十多年完成,共计 26 册,1300 万言,是目前收录李贽著作较为完备之注本,势必会对今后深化李贽研究产生重要影响。

当今中国大陆李贽思想研究有两条主线。其一,中国思想史、中国哲学史角度。以蔡尚思、张世英、萧萐父、许苏民、傅小凡等为代表,分别从史学思想、中西哲学比较、启蒙思想、主体性哲学等角度研究李贽思想。④ 其二,中国文学思想史角度。以罗宗强、左冬岭、许建平等学者为代表,主要从士人心态、心学思想演变等角度,具体展开文学思想史的研究。随着近来大量相关研究著作问世,李贽思想研究格局整体呈现出主线分明、丰富多彩的生动局面。国外李贽思想研究学者,美国有白诗朗(John H. Berthrong)、发表论文时在美国的中国大陆学者姜进(Jin Jiang),日本人疋田启佑、佐藤炼太郎,韩国学者申龙

---

① 按照 CNKI、万方数据、维普数据期刊等不完全统计,1989 年至今,国内李贽研究相关论文(包括硕博士论文在内),就有近 600 篇。

② 张建业主编:《李贽论丛》,燕山出版社 2001 年版;张建业主编:《李贽与麻城:国际学术研讨会文集》,中国广播电视出版社 2003 年版。

③ 历届李贽学术研讨会综述,参见张建业:《李贽论》,社会科学文献出版社 2010 年版,第361—406 页。

④ 从哲学角度讨论李贽思想还有:张学智、刘文英强调"童心说"和李贽的反封建精神(张学智:《明代哲学史》,北京大学出版社 2000 年版,第 299—317 页;刘文英主编:《中国哲学史》(下),南开大学出版社 2002 年版,第 603—609 页);张再林以存在主义、身体哲学为背景的李贽思想解读(张再林:《车过麻城再晤李贽》,中国社会科学出版社 2009 年版)。

澈、金惠经等人。

蔡尚思自述"从二十年代末起,一直钦佩李卓吾的卓识大胆,为真理而不惜牺牲其生命的伟大精神,在思想上很受他的影响"。[①] 1940 年,《中国历史新研究法》出版。[②] 在该书第八章第二节"中国两大模范史家的社会眼光——司马迁与李贽"中,蔡尚思指出中国传统史家中唯有司马迁和李贽有"社会眼光",并分八个方面,说明了《藏书》不同于以往史论的史学革新思想。之后,他曾多方搜集李贽资料,惜乎先后损失于抗日战争、"文化大革命"时期。直到 1987 年参加泉州"李贽研究学术研讨会"时,蔡尚思才以《李贽思想体系——汉后一位反旧传统的伟大思想家》一文,表明其对李贽思想体系的纲要性认识。文中宣称,中国思想史上,唯李贽"以人民的是非为是非",以异端自居,公开反孔非儒,"识特别高";在封建君主极端专制、独尊孔学时代,以 75 岁高龄,为反孔、维护真理而被捕牺牲,更是"独一无二、空前绝后","胆特别大"。因此,李贽"实应当坐圣人第一席,在君主专制时他是比孔子还要难能可贵的"。[③] 蔡尚思还以《李贽公开反孔反礼教——男女二元论》为题,表彰了李贽尖锐批评纲常名教封建伦理道德,在男女关系问题上所提出的反对男尊女卑的独到见解。[④] 蔡尚思中国思想史研究博大精深,其不惮权势、坦诚真挚、特立独行之学术风格,颇能体现出李贽"胆"、"识"对其影响。

张世英认为,李贽以童心说和"真空"境界为本,"肯定人的私欲(不是自私自利)和现实生活,反对希求超感性的东西,反对灭绝人欲的'天理',反对以抽象的共性压制具体的个性"。[⑤] 他认为,"中国儒家传统形而上学的本体世界,几乎以道德原则(具体地说是以封建道德原则)为唯一的内容。在中国,要彻底推翻儒家形而上学,就必须根除这个内容。李贽是举起这个义旗的第一个反儒家传统形而上学的思想家"。[⑥] 因此,"李贽的思想在中国哲学史

---

① 蔡尚思:《焚书·续焚书》,岳麓书社 1990 年版,"前言"第 2 页。
② 蔡尚思:《中国历史新研究法》,中华书局 1940 年版。
③ 蔡尚思:《李贽思想体系——汉后一位反旧传统的伟大思想家》,见许在全、张建业主编:《李贽研究》,光明日报出版社 1989 年版,第 23—29 页。
④ 蔡尚思:《中国礼教思想史》,上海古籍出版社 2006 年版,第 89—92 页。
⑤ 张世英:《天人之际——中西哲学的困惑与选择》,人民出版社 1995 年版,第 38 页。
⑥ 张世英:《天人之际——中西哲学的困惑与选择》,人民出版社 1995 年版,第 382 页。

上也可以说具有划时代的意义"。① 中西哲学比较而言,"李贽反形而上的封建的'天理',就是反中国的'上帝',和西方近代哲学反中世纪教会神权具有类似的意义。但李贽的思想中没有主客二分和主体性原则"。② 张世英又以《反主体性形而上学的尼采与反"天理"的李贽》为题,高度评价了李贽思想的哲学和现实意义。③ 他说,尽管民族、国度、时代不同,哲学形态有差异,但是,李贽和尼采"都以个性反对共性(普遍性)的高压,以具体的、活生生的东西('人欲'、'本能'等)反对抽象的、僵死的东西('天理'、'理念'等)的高压,他们都是旧时代、旧传统的叛逆者"。张世英进一步指出,尼采与李贽"都是预示和促进时代转折的思想家,他们为此而付出了生命的代价。他们的思想和言辞容或有过激之处,但为了推进思想的时代转向,矫枉过正也许是在所难免的。现在,尼采在西方思想界已一般地被承认为实现西方近代哲学到现代哲学的转向的哲学家,可惜的是,李贽在中国哲学史上的历史转折性的意义和地位,尚未得到应有的注意。我以为对于李贽思想的历史地位的研究,不但有哲学上的意义,而且有重大的现实意义"④。张世英治学,从整个人类哲学发展历史和出路角度比较中西哲学,思考中国哲学出路。其关于李贽哲学特点、地位和意义的阐发,值得关注。

在《明清启蒙学术流变》一书中,⑤萧萐父、许苏民认为,16 世纪 30 年代至 17 世纪 40 年代,以李贽为代表的人文主义思想,要求重新估定一切价值,呼唤个性解放。此时,以人文觉醒对抗伦理异化,崇真尚奇,蔚为风气,成为这一时期思想启蒙的主要特色。李贽等人思想中抗议权威,冲破囚缚,立论激烈尖新而不够成熟的表现,具有西方文艺复兴时期"人的重新发现"与"世界的重新发现"的特征,标志着中国早期启蒙思潮进入一个飞跃发展的时期。作者又说:李贽所言"细缊化物,天下亦只有一个情",加之"童心"、"真心"、"真性情"之说,将"情"抬到了本体论的高度,影响了之后文学理论,堪称"情感本

---

① 张世英:《天人之际——中西哲学的困惑与选择》,人民出版社 1995 年版,第 380 页。

② 张世英:《天人之际——中西哲学的困惑与选择》,人民出版社 1995 年版,第 91 页。

③ 张世英:《天人之际——中西哲学的困惑与选择》,人民出版社 1995 年版,第 369—386 页。又见张世英:《尼采与李贽》,载《二十一世纪》1991 年 8 月号。

④ 张世英:《天人之际——中西哲学的困惑与选择》,人民出版社 1995 年版,第 386 页。

⑤ 萧萐父、许苏民:《明清启蒙学术流变》,辽宁教育出版社 1995 年版。

体论的滥觞"。① 许苏民《李贽的真与奇》②,接着《明清启蒙学术流变》的上述观点,以童心说为核心,从李贽的新理欲观、新情理观、新义利观、新是非观、个性解放学说等方面,具体展开了李贽思想个案的研究。吴根友则按照现代化理论,分别考察了李贽思想中求真、贵我、即工夫即本体三个观念,认为这些观念,实际上是中国传统社会走向现代的三大标志性价值取向。③

许苏民《李贽评传》在考察李贽生活时代、生平事迹基础上,依次论述了李贽的哲学、史学、道德伦理、政治经济、文艺美学、宗教思想,又梳理了李贽思想的历史地位、历史命运以及国际影响。④ 作者如是定位"中国 16 世纪伟大的早期启蒙思想家"李贽的历史地位:李贽"以一位先知先觉者的犀利目光,深刻洞察时代的矛盾和社会发展行将提上议事日程的问题,以非凡的超前意识和过人胆识,认真反省中国传统思想文化,探索人生真谛,致力于从道德理想主义到经验主义的理性重建,建立了一个以'童心说'为核心、'学主不欺,志在救时'的新思想体系。他在哲学思想、史学思想、道德伦理思想、政治经济思想、文艺美学思想和宗教思想诸方面所作出的理论创造,不仅超迈前古、也远远超过了他的同时代人。他的富于自由精神的思想和新兴气锐的言论,不仅使他成为晚明中国早期启蒙思潮的思想旗帜和一代思想文化巨人,而且对于晚清思想解放运动、日本明治维新、五四新文化运动都产生了深刻影响。他所倡导的反独断、反迷信的怀疑精神、自由精神和社会批判精神,对于我们正确认识中国传统社会和传统文化,探索现代理性的重建之路,仍具有重要启迪和借鉴意义。"⑤如上论断,用"以西化中"之中西思想史比较视野,以后设"早期启蒙思想家"为视角,试图展现出李贽启蒙思想的"历史"和现实意义。值得注意的是,作者在继承侯外庐学派思想史与社会史相结合方法、启蒙思想研究进路基础上,尝试着思想史与社会生活史相结合的研究新路。举凡民间风俗、反映市民情调的通俗流行歌曲和戏剧等因素的引入,展现了在中国思想史研究中,"下行路线"是完全可以作为"上行路线"有益补充,借以生动具体

① 萧萐父、许苏民:《明清启蒙学术流变》,辽宁教育出版社 1995 年版,第 102 页。
② 许苏民:《李贽的真与奇》,南京出版社 1998 年版。
③ 吴根友:《中国现代价值观的初生历程:从李贽到戴震》,武汉大学出版社 2004 年版。
④ 许苏民:《李贽评传》,南京大学出版社 2006 年版。
⑤ 许苏民:《李贽评传》,南京大学出版社 2006 年版,第 623—624 页。

地说明思想家之所以能够创新的社会根源。

傅小凡《李贽哲学思想研究》选取了宋明道学中最基本的、能反映李贽学术旨趣和思想本质特征之道、理、气、心、性、情六个范畴,以李贽著作写作年代为序,依次对比考察了朱熹和李贽对上述范畴之不同认识,试图借以说明李贽哲学思想的具体内容,进而把握其哲学思想的本质特征及现代价值。① 作者认为,李贽生活的年代,心学取代理学的独尊地位而成为显学,此时,哲学讨论的主题由本体论转向认识论;从以对客观实体的思考为中心,转向对主体心性的探求;对真理的解释,由主体适应客体,转向客体适应主体,并且出现了意欲摆脱宿命论束缚的"意志论",发生了"哲学的主体性转向"。李贽哲学的本质特征就是主体性哲学,他是"哲学的主体性转向"过程中的"集大成者"。② 作者又认为,晚明"哲学的主体性转向",内在地包含着意欲冲决传统礼教的"唯情论"。李贽"公开地否定天理的存在,将两性之间的情感视为天地的起源和变化的动力,成为'唯情论'的开创者"。③

傅小凡进一步评价了李贽主体性哲学的世界性价值和意义。他说:"康德的哲学主体性转向涉及理性、道德和审美三个领域,恰恰是主体性的知、意、情三部分;中国古代哲学主体性转向也在这三大领域展开,并呈现为三个阶段的演进。康德试图用判断力批判来统一纯粹理性和实践理性;中国古代哲学在主体性转向的过程中,将情提升到本体的高度,力图使其具有永恒的普遍意义,表现出调和理性与非理性、整合意志与宿命,统一知、意、情的努力。"④ 作者认为,李贽主体性哲学与 16 世纪欧洲的人本主义思潮和主体性哲学相比,要早将近 200 年。因此,李贽主体性哲学不仅具有中国哲学思想史意义,在人类思想发展史中也应有一席之地。但是,李贽主体性哲学主要源于佛教、道教,不能与欧洲启蒙运动的历史背景及其"武器的批判"相提并论。因此,李贽启蒙思想不可能形成一场可与欧洲相提并论的启蒙运动。而随着满清入主

---

① 傅小凡:《李贽哲学思想研究》,福建人民出版社 2007 年版。

② 傅小凡:《李贽哲学思想研究》,福建人民出版社 2007 年版,"导论"第 4—5 页。

③ 傅小凡:《宋明道学新论——本体论建构与主体性转向》,社会科学文献出版社 2005 年版,第 285 页。

④ 傅小凡:《宋明道学新论——本体论建构与主体性转向》,社会科学文献出版社 2005 年版,"导言"第 3 页。

中原,封建社会获得了进一步延续其生命的力量,中国从古代社会向近代社会转型进程中断了。[①] 傅小凡中国哲学"主体性转向"和"唯情论"的提法,可看做对张世英认为李贽哲学思想没有主体性原则的回应,也是对许苏民主张李贽思想是"唯情论"滥觞的展开。

傅小凡强调其研究"并非用西方哲学的思维方式梳理中国古代哲学,而是从中西哲学比较的角度,考察中国古代哲学发展进程中,与人类思维发展进程的一致之处,从而进一步明确宋明道学的哲学价值"。[②] 然而,和之前学者一样,傅氏的中西哲学比较,仍然是立足于在李贽思想中发现与西方启蒙思想及其哲学相似之处,并借以说明中国传统思想中的先进性,其实质是"以西化中",还是"用西方哲学的思维方式梳理中国古代哲学"。此研究方法不足以呈现"道学"和李贽思想之原貌和本意,也是不言而喻的。

当今,从文学思想史角度研究李贽思想的代表有罗宗强、左东岭、许建平等人。左东岭李贽研究专著为《李贽与晚明的文学思想》。[③] 此外,在《王学与中晚明士人心态》和《明代心学与诗学》中,也有专章及数篇论文涉及李贽。[④] 左东岭的李贽研究,以中晚明士人心态为中介,将李贽文学思想研究与明代历史、哲学贯穿在一起,深入细致地探讨了李贽的思想。在《李贽与晚明的文学思想》中,作者认为,正德、嘉靖两朝的士人心态、阳明心学和文学思想,缓慢地朝着表现自我、愉悦人生的方向发展,这是李贽思想产生的背景。李贽的文学思想以其深刻激进为世人所注目,该特点源于李贽追求自我解脱的性空理论、追求真诚自然的童心说为主要内容的哲学思想,以及其狂傲突兀的个体人格和追求成为入世和出世圣人的意识。在文学创作的各个环节上,李贽均将自我摆在突出的地位,"集中表现在对儒家文学传统的背离而视自我表现为文学本质特征:李贽将自适视为文学创作的目的,将作家自我视为创

[①]　傅小凡:《李贽哲学思想研究》,福建人民出版社 2007 年版,第 277—278 页。

[②]　傅小凡:《宋明道学新论——本体论建构与主体性转向》,社会科学文献出版社 2005 年版,"导言"第 4 页。

[③]　左东岭:《李贽与晚明的文学思想》,天津人民出版社 1997 年版;左东岭:《李贽与晚明的文学思想》,人民文学出版社 2010 年版。2010 年版《李贽与晚明的文学思想》,除新增"再版后记"外,一仍其旧,本书引自 1997 年版。

[④]　左东岭:《王学与中晚明士人心态》,人民文学出版社 2000 年版;左东岭:《明代心学与诗学》,学苑出版社 2002 年版。

作的决定因素,将自然而不矫饰的个性表现视为最佳作品,将个性之真与人生之趣作为最高审美追求"。① 作者又认为,耿李论争,是李贽思想和人格心态发生重大变化的转折点。此外,他还详细探讨了李贽对"公安派"和金圣叹的影响等。

　　许建平《李卓吾传》,以传主年谱生平为序,力图再现李贽性情、思想演变的动态历程。② 作者试图通过传主的著作和行为,于事件中见思想,著述中见灵魂,表现出"真率快乐"这一李贽思想要义。在对李贽著述编年考证的基础上,《李贽思想演变史》则试图从李贽心学思想演变入手来研究其文学思想。③通过对李贽心学思想和文学思想做"时间的、因果的、历时态的"考察,许建平具体分析了李贽思想发展过程中伊斯兰教好洁心理与文学非理性主义、佛理禅趣与写心说、老庄自然说与自然美个性化,以及《童心说》非理性主义与李贽自然、真率、快乐文学思想之密切关系。许建平关于伊斯兰教对李贽思想影响、强调李贽人格"狂狷"和"与世无争"的两面性等,展现了李贽思想新的层面。

　　2006 年,罗宗强《明代后期士人心态研究》出版。④ 该书第五章"心学另类之人生悲剧"专题讨论了李贽思想。作者认为,李贽反假道学,承认情感欲望存在的合理性,重自然情感,是王学思想内部演变的产物和对王学的突破;李贽狂怪行为之后包含的圣人情结和独立人格,构成了王门之另类;李贽之死说明,离经叛道、张扬个性、重个人情欲的思想,不可能在中国传统思想中得到发展。

　　两大主流研究路径之外,随着近来研究视角多样化,大大拓展了李贽思想研究空间,展现出五彩斑斓的新面貌:鄢烈山、朱健国以李贽对精神自由的追求为脉络,对李贽思想中崇尚"自然之性"、学贵有疑的治学方法、关于自由平

　　① 左冬岭:《李贽与晚明的文学思想》,天津人民出版社 1997 年版,第 186 页。
　　② 许建平:《李卓吾传》,东方出版社 2004 年版。
　　③ 许建平:《李贽思想演变史》,人民出版社 2005 年版。
　　④ 罗宗强:《明代后期士人心态研究》,南开大学出版社 2006 年版。从晚明士人心态角度探讨李贽文学思想及其影响的,还有周明初(周明初:《晚明士人心态及文学个案》,东方出版社 1997 年版,第 223—237 页)、周群(周群:《儒释道与晚明文学思想》,上海书店出版社 2000 年版,第 111—139 页)。

等思想的现代价值等内容进行了诠释；①白战存展示了李贽勤奋好学、学贵有疑、学必经世等治学风格；②江晓原说："晚明特别引人注目的现象之一，是对男女大防之礼教的叛逆潮流。这个潮流中最值得注意的人物是李贽"；③黄卓越认为，"尽管《童心说》一篇并未提到任何佛说，然从其一些术语的布置，特别是从其深层理路上看，运用的却是典型的佛学思维方式，同时也留下了此前心学前辈援佛的痕迹"；④任冠文在考辨李贽《续藏书》等著作的基础上，从史学史角度说明了李贽史学思想形成的历史条件、历史观、治史的目的与态度、史论，以及李贽史学的价值及影响等；⑤潘桂明认为，李贽向人们展示了佛教居士独立思考、捍卫主体人格及其道德尊严的鲜明形象；⑥李哲良追溯李贽"异端"的人生轨迹，通过表彰"童心"这一毫无掩饰的"人欲"，试图展现晚明"宏丽的人文曙光"；⑦李国文说，李贽以近乎"行为艺术"的惊人死法，在体制之外，闹出了一番他的天地，成就了生前生后之名；⑧陈平原认为，李贽散文"放胆为文"的特点，源于李贽不无偏激，但很有力度与深度的思维和表达方式；⑨王均江说，李贽求道即求美的人生，上演了一场高度审美化的悲剧，李贽是"不可多得、弥足珍贵的不朽艺术品"；⑩傅秋涛概括李贽思想主题为"人应该把自己从奴性之中拯救出来"，而李贽自觉实践自己的思想，尤为可贵；⑪秦学智总结"明德为本，亲民为末"是李贽的教育主张；⑫张惠有感于李贽"一片血诚"、"童心"之率真，深入浅出，为"老愤青的童心"立传；⑬陈清华则标示李

① 鄢烈山、朱健国：《中国第一"思想"犯：李贽传》，中国工人出版社 1993 年版；该书再版时易名为《李贽传》（《李贽传》，时事出版社 2000 年版）。

② 白战存：《李贽及其治学风格》，陕西旅游出版社 1993 年版。

③ 江晓原：《性张力下的中国人》，上海人民出版社 1995 年版，第 257 页。

④ 黄卓越：《佛教与晚明文学思潮》，东方出版社 1997 年版，第 122 页。

⑤ 任冠文：《李贽史学思想研究》，广西师范大学出版社 1999 年版。

⑥ 潘桂明：《中国居士佛教史》（下），中国社会科学出版社 2000 年版。

⑦ 李哲良：《人欲——奇人李卓吾》，重庆出版社 2001 年版。

⑧ 李国文：《中国文人的非正常死亡》，人民文学出版社 2004 年版。

⑨ 陈平原：《从文人之文到学者之文》，三联书店 2004 年版。

⑩ 王均江：《冲突与和谐——李贽思想研究》，华中科技大学出版社 2007 年版。

⑪ 傅秋涛：《李卓吾传》，湖南人民出版社 2007 年版。

⑫ 秦学智：《李贽大学明德精神论》，中国传媒大学出版社 2007 年版。

⑬ 张惠：《李贽：老愤青的童心》，中国发展出版社 2008 年版。

贽为"超异端的异端,奔放不羁的思想暴徒";①吴震挑战学界以李贽为泰州学派代表人物的"定论",认为李贽"是一位超出当时任何学派的学无常师而又特立独行的思想家";②刘海滨从晚明会通思潮角度辨析了李贽与焦竑的相互影响、说明了耿定向和李贽之争并非"个人论战",其实质是晚明会通派和师道派分歧的反映;③在司马朔之"少作"、"心得"中,李贽被"演义"为个性鲜明、思想人格独立的文人书生。司马氏约言:"李贽即鲁迅之前身,鲁迅乃李贽之再世。"④如上林林总总,李贽在当今社会之镜像,何其多也。

在国外,美国学者白诗朗(John H. Berthrong)《儒家之道的转化》主要研究了儒家之道在中国的发展,及其在东亚和世界范围的影响。在该书第五章"元明繁盛期"中,白诗朗接着狄百瑞的研究思路,将李贽描述为受泰州学派教义激发而寻求自我的思想家。白诗朗说,如果史上有所谓个人主义的儒者,非李贽莫属。李贽本人也最终成为被解放了的自我的殉道者。⑤ 2001 年,当时旅美中国大陆学者姜进(Jin Jiang)发表了《晚明社会的异端与迫害:李贽个案重释》一文。⑥ 该文试图颠覆侯外庐、岛田虔次、萧公权、狄百瑞认为李贽是为其革命思想而殉道的观点。作者认为,思想、行为、个人恩怨、地方权力斗争诸因素相互交织,是李贽受迫害的原因。其中,异端行为而非思想,是李贽被迫害的决定性因素。姜进特别强调了要贴近历史上的李贽和晚明社会实况的研究方法:"本文试图将思想家重新放回其社会背景,按照思想家的人生经历研究其思想。本人期望这种特别强调历史来龙去脉的研究,能够一扫此前各种符号式的研究模式,使我们更加靠近历史上的李贽,洞察其人生及作品主要得以展开的晚明思想、社会和政治生活景观。"⑦作为李贽受迫害原因的专题

①　陈清华:《毕竟是书生:晚明知识分子的思想苦旅》,崇文书局 2009 年版。

②　吴震:《泰州学派研究》,中国人民大学出版社 2009 年版,第 30—38 页。

③　刘海滨:《焦竑与晚明会通思潮》,华东师范大学出版社 2010 年版。

④　司马朔:《一个异端思想家的心灵史:李贽评传》,广西师范大学出版社 2010 年版。

⑤　John H. Berthrong, *Transformations of the Confucian Way*, Westview Press, 1998, pp. 133 - 135.

⑥　Jin Jiang, *Heresy and Persecution in Late Ming Society：Reinterpreting the Case of Li Zhi*, Late Imperial China Vol. 22, No. 2(December 2001), pp. 1-34.

⑦　Jin Jiang, *Heresy and Persecution in Late Ming Society：Reinterpreting the Case of Li Zhi*, Late Imperial China Vol. 22, No. 2(December 2001), p. 29.

探讨,姜进实际上主要考察了生活于麻城,展现于《焚书》中的李贽思想。对于《藏书》等倾注李贽毕生精力的著述,她并未涉及。而历史上,恰恰是《藏书》中非圣无法的见解,招致"敢倡乱道,欺世惑民"之罪名,是直接导致李贽受到迫害的原因。因此,姜进的研究是有缺憾的。

在日本,山下龙三《阳明学的寿终正寝》(1991 年)一书第四章讨论李贽的历史观;论文此时有疋田启佑《袁氏三兄弟与李卓吾》(1995 年)、佐藤炼太郎《李卓吾研究的历史回顾》(2001 年)、广泽裕介《明末江南地区李卓吾评论白话小说的出版》(2006 年)等。在韩国,申龙澈著有《李卓吾,动摇孔子之天下中国的自由人》(2006 年)一书,又先后写作了《在韩国之李卓吾研究》(1993 年)、《李卓吾,儒教之圣人还是叛逆者》(2000 年)、《中国之李卓吾与朝鲜之许筠》(2000 年)、《李卓吾之经世思想》(2003 年)等论文,对李贽思想进行了深入研究;金惠经则翻译了《焚书》(2004 年)、《续焚书》(2007 年),发表了《李贽的文学论》(2001 年)、《李卓吾的认识世界》(2001 年)、《李卓吾之出家和其背景》(2003 年)等论文。值得一提的是,在中日学者共同努力下,2000 年日本重要汉学刊物《阳明学》出版了"李卓吾特集",展现了跨国合作研究李贽思想之新模式。李贽研究多元化、国际化的新局面正在形成。①

六、台湾学者李贽思想研究概况

20 世纪 80 年代末至今,台港澳学者的李贽研究取得了重要的成果。② 其中,台湾学者林其贤、江灿腾、陈清辉、龚鹏程等分别从年谱考证、用世思想、人格心理分析、礼学思想、佛学思想等方面展开了李贽思想研究。就研究方法而言,林其贤"了解重于评论"、龚鹏程强调回到历史现场的思想史研究路径,对当今李贽思想研究有重要的启发意义。

林其贤从 20 世纪 80 年代初期便开始了李贽研究,先后写有《李卓吾研究

---

① 白秀芳等:《近百年李贽研究论文、著作目录索引》,见张建业主编:《李贽全集注》第 26 册,社会科学文献出版社 2010 年版,第 395—404 页。

② 参见白秀芳等:《近百年李贽研究论文、著作目录索引》,张建业主编:《李贽全集注》第 26 册,第 394 页。李超:《百年李贽研究回顾》,http://www.qzwb.com/qzx/content/2006—08/16/content_2164016.html(访问时间:2011 年 3 月 2 日)。

初编》《李卓吾事迹系年》《李卓吾的佛学与世学》等专著。① 早期的《李卓吾事迹系年》，偏重于李贽的史传及事迹，"想从全面的考察，把卓吾零星言语放在生命全史中去观察"。②《李卓吾的佛学与世学》则先后探讨了李贽的成学历程、人格、思想基本性格、佛学思想及实践、自杀原因等。林其贤指出"由于时局国势、社会风气、学术文化等因素，加上卓吾独特的性情，交相影响下，李卓吾的人格与思想呈现驳杂、矛盾的难解面貌"。③ 作为实践家而非理论家，李贽只是力图解决自己感受到的切身利害问题，他并未自觉、也无使命感想去推行一种运动。但是，李贽以他的生命和时风相抗，在这种争衡中显示出来的事功思想、情欲问题和历史功过判断问题，却都是当时非常重大的课题。通过深入辨析，林其贤认为，现实取向是李贽思想的统一脉络和思想核心。李贽提倡事功、正视情欲、主张"六家均立"、批判假道学、佛学的理论修为等看似博杂、矛盾的思想系统，都可以从现实这一核心取向上，得到合理的解释。李贽思想系统完全融合于他的偏于豪杰、偏于真小人、狂放的人格。这种人格特征所表现出来的"自是"、"自恋"、"被动攻击"的人格倾向，由于过度使用"防卫机转"，在外在强烈的社会压力下，无从消解潜意识里蓄积的压力，最终导致了李贽的自杀。

林其贤一贯强调"还见卓吾之原来"、"就其处境展现其思想历程"这一"了解重于评论"的思想史研究原则。作者道："思想自是以问题为中心而开展，然问题并非悬空存在，乃是涵藏于具体之事务及情境；因此不能深入体会思想家当时处境之难处，便亦难以了解其智慧之精卓与见地之洞达处。反言之，能了解其难处，则其智慧亦已同时掌握。吸取经验、开发智慧——研究思想史之主要功能已然完成于了解之过程矣。"④林氏"了解重于评论"的思想史研究方法，强调在历史的具体事务和情境中，深入体会思想家的问题和卓见。该方法不同于按照唯物唯心、近代、启蒙等西方后设理论下的李贽研究，对今后研究思路的拓展，无疑具有借鉴意义。

---

① 林其贤：《李卓吾研究初编》，东吴大学中研所 1982 年版；林其贤：《李卓吾事迹系年》，文津出版社 1988 年版；林其贤：《李卓吾的佛学与世学》，文津出版社 1992 年版。

② 林其贤：《李卓吾的佛学与世学》，文津出版社 1992 年版，第 2 页。

③ 林其贤：《李卓吾的佛学与世学》，文津出版社 1992 年版，第 252 页。

④ 林其贤：《李卓吾的佛学与世学》，文津出版社 1992 年版，第 258 页。

　　在圣严法师和荒木见悟等学者研究基础上,江灿腾对李贽佛教思想进行了深入细致的探究。他认为,研究李贽佛学思想"并非只是纯佛学的问题,而是涉及李氏个人的性情、生平的交往、社会环境的变迁、儒佛思想交融的盛行等。因此,如将李氏个人的佛教思想孤立看待,其意义不大;反之,如抽离佛教思想,则李氏思想又缺乏统一性和完整性,所以有必要结合来看才行"。① 江氏的研究,便是此研究方法之落实。以李贽求道生涯为线索、佛教思想为核心,江灿腾综合考察了李贽个人性情、家庭背景、交往师友、学统和社会环境等。江氏以为,李贽早年亲人连续死亡,加上外在环境的艰困遭遇,使其萌生退隐和求道的心理。接触《金刚经》使其思想有了突破性的启发;再由禅思进路而会通了泰州王学;净土思想也在其生涯中占一席之地。总体而言,禅一直是李贽思想重心,而僧行不谨,是最终导致李贽牢灾和死亡的原因。作者归结道:李贽"是一个不被当代知识精英所理解和广被接纳的孤寂思想家,最后终于导致他空怀追求佛法解脱的热忱,却在绝望中自刎解脱,并使他的个人形象,引起了迄今未熄灭的争论烟火"。② 江氏研究方法,强调在思想生态环境中研究思想之发展及内容,对于克服单纯从范畴和逻辑角度研究思想的做法,具有方法论意义。

　　1993 年,陈清辉《李卓吾生平及其思想研究》一书出版。作者在详述李贽所处时代背景、家世、生平之后,分别考察了李贽的儒道佛法思想、三教合一思想,以及其思想的实践:文论及人物品鉴观。最后,又论及了李贽对后世的影响。陈清辉认为,李贽思想具有包容性、前瞻性、时变性、真实性的特点,主要内容则表现出"志于儒,据于道,依于法,行于佛之思想特质"。③ 李贽虽然主张彻底融贯三教,但是,其三教合一思想,实以三教归儒为根本。作者进一步指出,"正因李卓吾吸收禅宗不执著及佛家心性学说,肯定人性,故其三教思想也是以一己为中心,透过本心之观照,调和三教,故能不安固陋,跳出传统藩

---

　　① 江灿腾:《晚明佛教改革史》,广西师范大学出版社 2006 年版,第 237 页。《晚明佛教改革史》第 14 章"李卓吾:明末已获当时社会群众欢迎的类型"内容为作者修改"李卓吾的生平与佛教思想"(江灿腾:《李卓吾的生平与佛教思想》,载《中华佛学学报》1988 年第 2 期)一文而成。

　　② 江灿腾:《晚明佛教改革史》,广西师范大学出版社 2006 年版,第 284 页。

　　③ 陈清辉:《李卓吾生平及其思想研究》,文津出版社 1993 年版,"序"第 5 页。

篱"。① 关于李贽文论,则认为"其创作论,在于彻底反对模拟因袭,而贵独创;其文源论,在于绝假纯真而尚童心;其文术论,在于崇尚自然,以达化工之妙;其文用论,在于讲究真切实用,以明教化"。② 陈氏以为,李贽主要按忠义、识见、贤才、实业、真情、狂狷、气概、忠谏等标准,进行历史人物的品鉴。李贽心目中理想人格为"忠心爱国,务实求真,能重用贤才,并兼有豪杰气概与高远识见之奇人"。③ 作者又从思想、文学和史学三个方面,论述了李贽思想对后世的影响。

陈清辉最后得出结论:李贽一生正处于新旧思想交替之转折时期,并推动了进步思想的时代转向。李贽"能发人之所未发,言人所不敢言而不得不言"。又能痛击俗儒,反对封建礼治,义无反顾,誓死殉道,成为"传统封建制度之终结者","带领中国走出传统,迈入现代之路的关键人物"。④ 陈清辉全面爬梳了李贽生平事迹,对李贽思想内容和特点的分析,较之前人更为细密。但是,其盛赞李贽为"传统封建制度之终结者",无疑也有脱离历史,人为拔高之嫌。

龚鹏程宣称,李贽为学宗旨,在于"克己复礼",并非历来所谓反叛礼教、放纵情欲云云。李贽的出家,不是反叛的,而是辅佐的,"并非基于对君臣政刑及国家礼法之反判而出家,乃是出家以弘教护国,'阴助刑赏之不及'"。⑤ 李贽不满于当时一般人执泥古礼,只以律法条约为礼的"不通透",因此,他"批判那种外在化、形式化、以人为规定的条理规约来规范各个不同的个体生命的做法,而呼吁重建一种合乎礼意、能使民格心归化,又不往政教方面走的礼。这样论礼,自然也就内在化,转向心性论的路上走了。在各个不同的个体生命处论礼,有关礼之讨论,便转入有关个体良知的讨论,《童心说》的理论意义就在于此"⑥。但是,童心说"反复强调勿以道理闻见障蔽童心,却未从尽心、发扬本心明觉功能方面去申论",表现了童心说的局限性。⑦ 龚鹏程又说,

---

① 陈清辉:《李卓吾生平及其思想研究》,文津出版社 1993 年版,第 393 页。
② 陈清辉:《李卓吾生平及其思想研究》,文津出版社 1993 年版,第 431 页。
③ 陈清辉:《李卓吾生平及其思想研究》,文津出版社 1993 年版,第 486 页。
④ 陈清辉:《李卓吾生平及其思想研究》,文津出版社 1993 年版,"序"第 1—3 页。
⑤ 龚鹏程:《晚明思潮》,商务印书馆 2005 年版,第 23 页。
⑥ 龚鹏程:《晚明思潮》,商务印书馆 2005 年版,第 25 页。
⑦ 龚鹏程:《晚明思潮》,商务印书馆 2005 年版,第 25—26 页。

李贽以明太祖为当代圣人典型,对现实的君以及政权完全肯定,并将忠君等儒家传统道德教化内化为自己的道德理想。因此,李贽论礼的主张,"并不具备一般人所以为的那种反抗官方的力量;李贽等人更不曾'尊情''肯定情欲''打破封建礼教'";①"公安、李卓吾,乃至泰州学派,与朝廷的关系处得并不好,可是他们的学说理论却是极力想和那'封建王朝'钩合的。"②因此,作者认为,李贽是"从反礼义、反道学,而终究走回到合礼义、真道学的路子上去"。③此外,龚鹏程还认为对生死问题的焦虑和关怀,是包括李贽、焦竑、袁氏兄弟这个交游圈的核心问题。而他们处理此问题的方法,是用佛教无生之旨来解决生命的困惑,让人摆脱生死轮回。④

龚鹏程的研究,务反时论与学界主流意见,强调回到历史现场进行具体的思想分析。和林其贤"了解重于评论"研究方法类似,龚氏以还原历史实况为重,强调了李贽思想中正统的一面,对于我们全面认识晚明思想界实况,更加深入了解李贽思想,具有方法论上的启发意义。

七、李贽思想研究展望

回顾李贽思想研究史,可以发现:国内大陆部分,明清以来至今,李贽思想的研究,始终与时代思潮密切相关,紧密围绕着探索中国传统思想文化现实出路这一问题展开。明清时期的正统异端之辩,呈现出了在儒教社会没有解体的情况下,看似离经叛道实则探索传统思想现实出路之新思想,不得不面对失败和被压制的历史命运。中西文化碰撞之后,礼教和以孔孟程朱为代表的传统思想成了被批判的对象。李贽思想中批判传统的因素被反复宣扬,成为革命者和进步学者探寻中国传统社会迈入近代之路的思想利器:五四时期,西化先进分子高扬李贽思想中离经叛道颠覆传统的批判精神,借以达到为吸收引进西方思想扫清道路之目的;20世纪五六十年代,学者们反复褒扬了李贽思想中"先进的"、"反封建"的因素和敢于斗争的革命精神;而在彻底反传统的

---

① 龚鹏程:《晚明思潮》,商务印书馆2005年版,第34页。
② 龚鹏程:《晚明思潮》,商务印书馆2005年版,第235页。
③ 龚鹏程:《晚明思潮》,商务印书馆2005年版,第222—223页。
④ 龚鹏程:《晚明思潮》,商务印书馆2005年版,第183页。

"文化大革命"时期,服务于政治运动,李贽被当做反孔英雄,抬到了极高的位置。在这条反传统的李贽思想研究线索中,学者往往有着对当时现实问题非常明确的关照。虽然借助的学术资源不尽相同,但是,发掘李贽思想中批判传统文化之思想因子,却是大家一致的选择。而正是由于和现实联系过于紧密,学术研究也最终演化为政治的批判。

张建业《李贽评传》之后至今,李贽思想研究逐渐走出了政治话语笼罩,开始了从纯粹学术角度研究李贽思想的新阶段。在多学科研究和多样化视角关照下,李贽思想以前没有进入人们视野的不同侧面得到了展现,研究呈现出全面深入而又多姿多彩的整体格局。当今,从文学思想史切入的研究,比较关注文史哲贯通,强调从李贽思想产生的时代背景、学术源流等内外因素出发,具体考察李贽思想具体发展历程,进而说明李贽思想的复杂性、文学思想及其现代意义。而哲学、思想的研究路径,则主要研究李贽思想进步的、现代的意义。该路径或者坚持马克思主义唯物史观,试图通过"发掘",[1]展现出李贽思想中具有西方启蒙意义和中国特点的现代性、民主性等思想内涵。或者,通过和西方近现代哲学家比较,说明中国思想史上也有思想内容类似于康德、尼采,具有标志和转折意义的思想家。同样是关注李贽思想的批判因素,五四至"文化大革命"时期彰显其破坏传统的一面,重在"破";而从哲学、思想路径介入的研究,则关注和说明中国传统思想中"固有"西方意义现代化思想脉络,重在"立"。无论是"破"还是"立",其探索中国传统思想文化步入近代化、现代化途径之目的,以及方法论上"以西化中",并无二致。

随着大陆与港台以及国际间学术交流的展开,李贽思想研究开始呈现出研究方法互补和国际合作研究的新趋势。由于问题意识和关注点不同,中国港台、国外李贽思想研究所展现出来的面貌,往往不同于国内。就有影响的著述而言,中国港台、国外李贽思想研究有两种主要的取向:其一,"以西化中",通过对比,着重于发现李贽思想中具有西方现代意义的成分,其代表者有狄白

---

① 侯外庐特别强调了"发掘"方法在李贽思想研究中的重要性:"思想家各有自己的研究问题的路数和著作的风格。要掌握李贽的理论实质,自然必须占有他的全部著作,但更重要的在于审查、分析他的这些著作,并进而依据历史唯物主义的观点领会其中的精神。我们把这种研究工作叫做发掘。"(侯外庐、邱汉生:《李贽的进步思想》,载《历史研究》1959 年第 7 期,第 1 页。)

瑞、岛田虔次、沟口雄三等人;其二,重在同情之了解,试图还原李贽思想原貌,从而突显出李贽作为中国思想家的特性。冈田武彦的"内在性研究",尤其是对"以西化中"思路的反对。而台湾当代李贽思想研究者,与大陆学者研究思路有着比较明显的差别。他们或者更加关注"了解重于评论"的思想史研究方法,或者反对大陆学者单一的研究思路,试图通过回到历史现场,凸显出晚明思想界原貌以及李贽思想原意。

不同于一般大陆学者从批判思想家角度,以及欧美汉学家从西方视角和问题意识对李贽思想的诠释,日本、中国台湾和大陆一些学者抱着对中国传统文化"同情之了解"之意愿和心情研究李贽思想,试图诠释出中国思想独有风貌。其中,值得关注的是冈田武彦强调中国哲学固有特点的"内在性研究法",林其贤"了解重于评论"的思想史研究方法,龚鹏程强调回到历史现场重新理解明末思潮以及李贽思想,以及姜进按照思想家生活和社会背景来还原思想的研究方法。四人研究思路总体上具有重在历史性还原,而非"以西化中"创造性阐发的特点。此类方法和实践,拓宽了李贽思想研究视野,对今后中国思想史研究方法创新,无疑具有启发意义。然而,由于始终无法挣脱西方学术和问题意识笼罩性影响,这些学者研究成果"中国性"之体现,还是不彻底的。比如,岛田虔次、沟口雄三从近代化角度研究了李贽思想,两人研究方法之深层,都是在西方近代化标准之下考察李贽思想,是源于西方问题意识的创造性诠释方法。冈田反对依据西方知识性标准解释中国哲学,提出了设身处地体验、内心自得和体悟这样的"内在性研究法",并深信唯有这种基于传统的研究方法才能真正体现中国哲学特点,并产生出匡救时弊的独创性中国哲学。较之岛田和沟口的中西比较思路,冈田无疑更加强调了中国思想和中国哲学主体性。然而,冈田从中国哲学研究入手的李贽研究,由于还是沿袭了以往中国哲学学科"以西化中"的特点,到底还是在西方哲学学科框架内,重新整理中国传统思想,实质上还是无法全面具体地说明中国思想之所以为中国思想。

综观国内李贽思想研究史,不难发现:李贽思想研究虽然有其纯粹学术积累延续的一面,然而,在不同历史时期,现实问题的迫问、时代思潮的起伏,最终决定了该时代李贽思想研究的特点。学者和思想家正是由于积极回应时代问题和社会思潮,凸显出学术研究时代特点,才使其具体研究成为李贽思想研究史中的一个环节。鉴往知今,当今李贽思想研究,也应当在重视学术积累的同时,积极主动回应时代问题,才有可能继往开来,找到具有时代特点的学术创新之路。

改革开放以来,随着经济发展,综合国力增强,中国国际地位逐步提高,加之中外文化交流的充分展开,中国学者之文化自觉意识也慢慢显露端倪。这种社会背景反映到思想文化领域,便是 80 年代末的传统文化热、90 年代末至今的国学热、官方祭孔、主流媒体对孔子思想开放、"于丹现象"、少儿读经等。百姓日用之常中,形成了上至大公司老板、下至普通民众,不分长幼,自发关注中国传统文化的社会现象。随着这股回归传统思潮的涌动,传统文化从被人为抹黑和批判的负面形象渐渐开始转入正面。客观认识传统文化的诉求,对传统文化现代价值的关注,以及对中国思想文化主体性的呼唤,逐渐会聚成为民众和时代的要求。这种社会背景反映到学界,便是出现了实际上旨在重建中国哲学主体性的"中国哲学合法性"问题的探讨、文化自觉意识的强调等。

回应当今社会和学界新动态,我们应当站在力挺中国思想文化主体性这一新立场上,重新审视以往李贽思想研究,并为今后研究探索新路。学术创新,不出材料和方法两途,两者相较,方法创新,更具根本性意义。因此,李贽思想研究创新之道,首先应当在方法论上寻求突破。纵观李贽思想研究史,以往的研究主要有两类方法:重在发掘传统思想现代(西方)意义的创造性诠释法,以及旨在确立中国思想主体性,重在历史还原的诠释法。前者由于采用了西方学术理论范式、问题意识和前见,其关注点重在发掘李贽思想的现代意义(实质上是西方意义),是"以西化中"。在实际研究中,创造性诠释法重在发掘作为批判的、传统文化负面意义上的李贽思想。其阶级分析、唯物唯心、进步落后、启蒙思想家等研究路数,凸显了李贽思想中具有现代(西方)意义的一面,淡化甚至刻意抹去李贽思想本身的问题意识。本质而言,"以西化中"之下的"李贽",只有被切割后的史料意义,而无其本身思想和灵魂。被现代西方学术观点、问题意识发掘出来的"李贽",缺失了其思想的历史上下文,展现在我们面前的,是一位具有西方问题意识的思想家,而不是生活在明末,具有源于当时问题意识的求道者。正因如此,表现于创造性诠释视野下的李贽思想,其中国性是无从体现的。

　　传统思想文化在不同时代的展现,是因为研究者采取了一定的视角。不同视角背后,是当时思想家、学者应对时代环境、现实问题,基于个人经历、学养和当时学术资源,对时代思想问题的解答。当今思考传统思想文化现实出路问题,也不能脱离当今历史环境,而必须历史地、具体地存在于回应当下时代问题之中。梳理了有史以来李贽思想的研究方法,作为对当下向传统回归、找寻中国思想之所以然这一时代问题回应,"还原性诠释法",当是今后立足于说明中国思想主体性,凸显中国思想之所以为中国思想这一思路所应当采取的方法。所谓"还原性诠释法",主要是为了解决中国思想文化主体性问题。还原性诠释,没有创造性诠释那样的预设前见,无意于在没有历史地、具体地对思想家全面充分深入了解之前,就发掘其思想现代意义的企图。还原性诠释法,对思想家个人及其所面对的时代问题,采取设身处地平情明察的态度。该方法强调回到思想家当时生活的历史现场,以整个社会存在(经济、政治、社会生活等)为背景,致力于尽量接近当时思想界以及思想家个人思想原貌的还原。论者相信,只有在还原性诠释之下,中国思想主体性才能真正确立,才能保证中国传统思想研究具有全面、具体、真实的"中国"内容。也只有在还原性诠释的前提下,才有进一步基于当代社会环境、时代问题和学术资源的,真正既中国又现代的中国传统思想的创新性诠释。先中国,再思想。没有"中国"的中国思想史,不成其为中国思想史。

　　"以西化中"这一西方汉学研究路径,基本上是当今国内外从事中国思想史、中国哲学史研究的主流路径。还原性诠释法与之相反,强调立足传统,在中国传统思想固有脉络中返本开新,探索另辟一条"以中化西"之路的可能性。职是之故,还原性诠释不是原教旨主义。还原之最终目的,是为了建立起真正具有中国特色(而非西方特色),又回应时代问题的中国传统思想文化现代化新路。论者相信,只有中国思想主体地位真正确立,才能保证其作为西方思想的他者,具备对话的资格和能力,从而也才能最终实现独特中国思想之于整个人类文明的普遍现实意义。

　　还原性诠释方法下的李贽思想研究创新,既要摒弃以往强调李贽思想作为"非"的存在的研究模式,也不同于现代学科分类视野下,被肢解了的作为中国哲学家、教育家、文学思想家、美学理论家等的李贽。运用还原性诠释方法的李贽思想研究,仅仅致力于还原明末中国思想家李贽作为历史的存在。

李贽当时所生存的整个社会环境,尤其是经济、政治、社会生活、思想学术资源、社会思潮等大环境,以及李贽个人的人生经历、个性情感等个人因素等,都列入还原性诠释的范围。整个社会存在之于李贽问题意识的意义、李贽人生经历和个性对其思想形成的影响、思想学术渊源资源及其因革损益、思想具体内容及其试图解决的问题、思想的影响及其在中国思想史进程中的历史地位等,便是还原性诠释视野下所展开的李贽思想研究规模。还原是一个动态的、无限接近的过程,还原程度,诚有赖于相关内容学术研究之最新进展。这种视野宏大、带有综括性质的还原性诠释,由于近年来明末历史研究、李贽研究较为充分的展开,相关领域学术研究成果比较充分,其具体操作是可能的。

第一章　李贽生活的社会背景

一、朱明的家法

明太祖朱元璋(1328—1398 年),濠州钟离(今安徽凤阳)人,出身穷苦。他从游方僧、步卒开始,一步步爬到了权力顶端,开拓了朱明皇朝的疆土,奠定了有明将近 300 年皇权统治社会的基础。事实上,明朝皇权统治基础的确立和发展,与朱元璋人生经历和深思熟虑的个性密切相关。早年穷苦生活和游方经历,开阔了朱元璋眼界,使他对社会动态、人情善恶、百姓困苦与时弊有着深切体察。在兵旅和政治生涯中,长期你死我活的惨烈斗争,既锻炼了朱元璋过人的能力,又使他深深体会到创业难,守成更难的道理。朱元璋在登基之前,非常注意吸取有识之士的献计献策,关注历代统治者的经验教训,并在其地方性的江南政权中积累了不少统治经验。1368 年称帝后,朱元璋一方面继续用武力完成全国统一;另一方面集思广益,建立起了一整套巩固扩大皇权的政治制度,以期迅速恢复专制主义皇权全面统治,求得朱明皇朝的长治久安。①

明初,天下甫定,朱元璋先正礼教。《明史》载:"明太祖初定天下,他务未遑,首开礼、乐二局,广征耆儒,分曹究讨。洪武元年,命中书省暨翰林院、太常司,定拟祀典。乃历叙沿革之由,酌定郊社宗庙议以进。礼官及诸儒臣又编集郊庙山川等仪,及古帝王祭祀感格可垂鉴戒者,名曰《存心录》。二年,诏诸儒

---

① 吴晗:《朱元璋传》,人民出版社 1985 年版;吕景林:《洪武皇帝大传》,辽宁教育出版社 1994 年版。

臣修礼书。明年告成,赐名《大明集礼》。① 其书准五礼而益以冠服、车辂、仪仗、卤簿、字学、音乐,凡升降仪节,制度名数,纤悉毕具。又屡敕议礼臣李善长、傅瓛、宋濂、詹同、陶安、刘基、魏观、崔亮、牛谅、陶凯、朱升、乐韶凤、李原名等,编辑成集。且诏郡县举高洁博雅之士徐一夔、梁寅、周子谅、胡行简、刘宗弼、董彝、蔡深、滕公琰至京,同修礼书。在位三十余年,所著书可考见者,曰《孝慈录》,曰《洪武礼制》,曰《礼仪定式》,曰《诸司职掌》,曰《稽古定制》,曰《国朝制作》,曰《大礼要议》,曰《皇朝礼制》,曰《大明礼制》,曰《洪武礼法》,曰《礼制集要》,曰《礼制节文》,曰《太常集礼》,曰《礼书》。若夫厘正祀典,凡天皇、太乙、六天、五帝之类,皆为革除,而诸神封号,悉改从本称,一洗矫诬陋习,其度越汉、唐远矣。又诏定国恤,父母并斩衰,长子降为期年,正服旁服以递而杀,斟酌古今,盖得其中。"②

如前代,明太祖取得政权后,备修礼书,制礼作乐,强调礼制等,确立礼教为国家根本大法。朱元璋又定郊社宗庙礼,岁必亲祀,以为常;建太学,释奠孔子;③如前代制,衍圣公袭封及授曲阜知县;恢复乡饮酒礼、大射礼等;诏儒臣修女诫,戒后妃毋预政。又命有司访求通经术明治道者;颁《五经》、《四书》,科举取士;制定《大明律》、《皇明祖训》、《大诰》、《教民榜文》、《诸司职掌》等典章,将儒家教育、教化思想贯穿到国家制度化层面;又将儒家思想的要旨概括为"孝顺父母,尊敬长上,和睦乡里,教训子孙,各安生理,毋作非为",④教导

---

① 《大明集礼》主要内容:"其书以吉、凶、军、宾、嘉、冠服、车辂、仪仗、卤簿、字学、乐为纲。所列子目,吉礼十四:曰祀天,曰祀地,曰宗庙,曰社稷,曰朝日,曰夕月,曰先农,曰太岁、风、云、雷、雨师,曰岳、镇、海、渎、天下山川、城隍,曰旗纛,曰马祖、先牧、社马步,曰祭厉,曰祀典神,曰三皇、孔子。嘉礼五:曰朝会,曰册封,曰冠礼,曰婚,曰乡饮酒。宾礼二:曰朝贡,曰遣使。军礼三:曰亲征,曰遣将,曰大射。凶礼二:曰吊赙,曰丧仪。又冠服、车辂、仪仗、卤簿、字学各一。乐三:曰钟律,曰雅乐,曰俗乐。"(《钦定四库全书总目》(整理本)(上),中华书局1997年版,第1091页。)

② 《明史》(五),中华书局1974年版,第1223—1224页。

③ 参见《皇帝视学仪》,《明史》(五),中华书局1974年版,第1404—1405页。

④ 此儒教内容,又落实为日常制度:"每乡每里,各置木铎一个。于本里内选年老残疾不能生理之人,或瞽目者,令小儿牵引持铎,循行本里。如本里内无此等之人,于别里内选取。俱令直言叫唤,使众闻知,劝其为善,毋犯刑宪。其词曰:'孝顺父母,尊敬长上,和睦乡里,教训子孙,各安生理,毋作非为。'如此者,每月六次。其持铎之人,秋成之时,本乡本里随其多寡资助粮食。如乡村人民住居四散窎远,每一甲内置木铎一个,易为传晓。"(《图书编》卷92,文渊阁《四库全书》第971册,第779—780页。)此处乡里劝善之词,后称之为"圣谕六言",深刻影响了有明一代臣民之教。

臣民尊奉儒教,各安本分,等等。《明史》赞曰:明太祖"能礼致耆儒,考礼定乐,昭揭经义,尊崇正学,加恩胜国,澄清吏治,修人纪,崇风教,正后宫名义,内治肃清,禁宦竖不得干政,五府六部官职相维,置卫屯田,兵食俱足。武定祸乱,文致太平,太祖实身兼之。"①明朝如前朝一样,乱世用武功,及至天下平定,整个国家教育教化系统,皆归宗于儒学思想、礼乐教化。②

明代礼教立国,还可关注其经筵制度。经筵制度有一个发展过程,汉唐有御前儒学经史讲席之设,至宋代名曰"经筵",经元至明代,始确立为制度。经筵专为帝王而设,分经筵(月讲)、日讲(小经筵)。前者仪式宏大,主要由主讲按照事先确定题目宣讲;日讲则规模较小,有晨讲、午讲等。主讲官原则从翰林院修撰以上选取,当选者一般要求其学问贯通、言行端庄、老成厚重。经筵讲读内容为儒家经史之学,主要是《四书》、《大学衍义》、《五经》、《通鉴纲目》、《贞观政要》等典籍,由讲官深入浅出陈说修齐治平之道,讲明治国方略。经筵之外,王子和诸王尚有"东宫出阁讲学仪"、"诸王读书仪",亦以《四书》、经史为讲读内容,仪式与经筵大同小异。③ 可见,儒教社会帝王之学,完全以儒家思想为核心内容,其制度化落实,即在经筵等制度。

洪武皇帝又采取一系列措施,加强和巩固皇权政治。明朝国家机构中,皇权操纵着行政、军事、司法、监察等国家最重要的核心权力部门,明王朝的庞大的国家机器围绕着皇权进行着日常工作和运转。明政权特别注重制衡统治者内部各种政治势力,使之无法也不可能游离于皇权控制之外。此外,创立厂卫和诏狱,在政治上实行极端高压恐怖,以血腥杀戮,确立和维护专制主义皇权政治的绝对权威。④

---

① 《明史》(一),中华书局 1974 年版,第 56 页。

② 以上内容,参见《明史》(一)(中华书局 1974 年版,第 1—57 页);《礼部志稿·纂志凡例》(文渊阁《四库全书》第 597 册,第 7 页);《图书编》卷 92(文渊阁《四库全书》第 971 册,第 775—799 页)等。

③ "经筵"、"日讲"、"东宫出阁讲学仪"、"诸王读书仪"具体内容,见《明史》(五),中华书局 1974 年版,第 1405—1410 页;《明会典》卷 50,文渊阁《四库全书》第 617 册,第 558—561 页。经筵制度考论,参见杨业进:《明代经筵制度与内阁》,载《故宫博物院院刊》1990 年第 2 期,第 79—87 页;张英聘:《试论明代的经筵制度》,见《明史研究》第 5 辑,黄山书社 1997 年版,第 139—148 页;陈东:《中国古代经筵概论》,载《齐鲁学刊》2008 年第 1 期,第 52—58 页。

④ 关于明代皇权政治,参见李渡:《明代皇权政治研究》,中国社会科学出版社 2004 年版;丁易:《明代特务政治》,群众出版社 1983 年版。

明初对政治体制进行了如下重大改造:在中央,废中书省和丞相制,行政权归吏、户、礼、兵、刑、工六部,使六部均成为直接向皇帝负责的最高一级行政机构;掌管全国军事的大都督府则一分为五,分设前、后、中、左、右五军都督府,分别统领京师及各地都司卫所,而军队征调又须听命于兵部;刑狱事务则由"三法司"共同执掌,刑部受理刑名,都察院纠察,大理寺驳正,又特设锦衣卫以掌诏狱。这些制度分散了各职能部门权力,便利了皇帝独裁专制。在地方上,撤销了总揽一方大权的行中书省,设立承宣布政使司、提刑按察使司和都指挥使司等"三司",分掌行政、司法和军事事务,三司鼎足而立,相互牵制与监督,从而大大加强了中央对地方的控制能力和垂直统治。在基层社会,建立起一套严密的里甲体系,并推行连保连坐制度,规定百姓邻里之间要相互知晓家庭人口和职业情况,并要求百姓严厉稽查拿办游民逸夫,从而把民众牢牢控制在政府监管体系之中。此外,还制定了一系列限制宦官内戚乱政的条例。这样,开国皇帝朱元璋从内外上下各个层面,为大明帝国织就了一张完善严密的皇权专制政体之网。为后代计,洪武皇帝又颁布了《大明律》,用法律形式固定了皇权政治体制改革成果。同时,又颁布《皇明祖训》,"立为家法,俾子孙世世守之",明确规定后代子孙不准"变乱旧章"。并颁行诸司,要求"后世敢有言改更祖法者,即以奸臣论无赦"。明太祖之后,经过成祖朱棣对前朝政体补充完善,明朝最终形成了中国历史上一整套详细、周密、完备的,以高度中央集权为特点的皇权政治制度体系。以后,明朝历代皇帝基本上沿袭了这套制度,虽有一些变动,也不过是在二祖基础上略有兴革而已。①

明朝发展史证明,明初一系列旨在加强统治的措施,确实收到了制作者想要达成的效果。在实际运作过程中,以礼教为中心的教育教化制度、行政运作体系,确立了政权的合法性和稳定性。以皇帝为中心的中央政府,空前强大、最大限度地集中了统治权力,有效地排除了可能侵扰、阻挠行使绝对皇权的因

① 关于明史全貌研究,参见张显清、林金树主编:《明代政治史》,广西师范大学出版社2003年版;白钢主编:《中国政治制度史》第一卷"总论",人民出版社1996年版;白钢主编,杜婉言、方志远:《中国政治制度史》第九卷"明代",人民出版社1996年版;南炳文、汤纲:《明史》,上海人民出版社2003年版;李渡:《明代皇权政治研究》,中国社会科学出版社2004年版;方志远:《明代国家权力结构及运行机制》,科学出版社2008年版;[美]牟复礼、[英]崔瑞德编:《剑桥中国明代史》,张书生、杨品泉等译,中国社会科学出版社1992、2006年版;Albert Chan:*The Glory and Fall of the Ming Dynasty*, Norman:University of Oklahoma Press,1982。

素,把全国各地区、各部门、各级官吏均置于中央政权控制之下。有明一代,虽有民变、农民起义和亲王造反等事件发生,却始终没有出现过臣下威胁皇权、外戚干政、宦官挟持皇帝、地方武装割据对抗中央等现象。实际操作过程中,明初,政令下达,如臂使指;明中叶以后,虽然有些皇帝长期不上朝,其怠政造成了比较严重的社会问题,但是,大明帝国仍然能够在祖制框架中得以继续运转。嘉靖、万历年间,即便是代行皇权的内阁首辅严嵩、张居正,也不敢有非分之想;权势显赫一时,不可一世的宦官刘瑾、魏忠贤,也都只能为乱而不能为变。如上这些,都足以说明明朝皇权政治体制的超稳定性。

二、白银"密窖"

15 世纪末 16 世纪初,中国正处于明弘治(1488—1505 年)正德(1506—1521 年)时期。此时,哥伦布发现美洲新大陆、达·伽马开辟了抵达亚洲的海上航线、麦哲伦完成了环球航行,此之谓"地理大发现"。[①] 地理大发现之后,世界各大洲之间的海上经济往来大大加强,国际贸易量迅速增加。随着世界市场的形成,经济全球化和世界一体化进程加快,极大地改变了人类社会面貌。

随着葡萄牙人、西班牙人、荷兰人、日本人等和大明帝国国际贸易的展开,明帝国也被纳入了全球贸易体系之中。明朝对外贸易以"纳贡"形式进行,主要内容是中国出口生丝、丝绸、棉布、瓷器等商品,西方和日本等国商人则用白银进行交换。在这种丝银外贸结构中,由于绝对贸易顺差和对白银大量需求,使得明帝国成为以白银为中心的世界市场网络中心,也最终奠定了明廷白银货币化和银本位制度。[②] 关于白银对中国传统社会的巨大影响,万明给予了极高评价:

---

① 张箭:《地理大发现研究:15—17 世纪》,商务印书馆 2002 年版。

② 德裔加拿大学者贡德·弗兰克(Andre Gunder Frank)(1929—2005 年)以全球化视野重新审视了 1400—1800 年间整个世界经济史之后,提出:在当时的中外"纳贡"贸易中,"外国人都不得不为了换取中国认为便宜的出口货物而倾其所有地支付给中国大量的珍贵白银,使白银每年源源不断地运往中国。这些支付并没有改变它们的基本职能,但是在思想观念上被称做'纳贡'。外国人,包括欧洲人,为了与中国人做生意不得不向中国人支付白银,这也确实表现为商业上的'纳贡'。这些纳贡国被按照各自在以中国为中心的同心圆里的位置加以类分,这在我们今天看来是带有过分强烈的意识形态性质,但是这种分类相当准确地反映了一种基本现实:整个

"白银货币化表明,中国社会发展出现了一个飞跃,引发了社会整体变迁,标志着社会的转型,近代的开启。这在多层面的深刻变迁上体现了出来,具体表现在六个层面上:一是货币形态层面,从贱金属铜钱向贵金属白银的货币形态转变;二是赋役制度层面,从实物和力役向货币税的税收制度转变;三是经济结构层面,从小农经济向市场经济结构转变;四是社会关系层面,从人的依附关系向物的关系转变;五是价值观念层面,从重农抑商到工商皆本的观念转变;六是社会结构层面,从传统社会向近代社会转变。白银货币化过程,是中国社会经济货币化的过程,也是中国市场经济萌发的过程。因此,晚明社会变迁带有根本性的社会转型性质,具有划时代的意义。"① 与此同时,学者指出,由于明帝国出口商品的持续增长,"极大地刺激了东南沿海地区商品经济的高度成长,以及作为商品集散地的市镇的蓬勃发展"。有明的对外贸易,"使原先主要面向国内市场的商品生产,一变而为同时兼顾国内与国外两个市场。因为外销价格的高昂,利润可观,不仅带动了内销价格的上扬,而且刺激了产量的激增,使商品经济的发展水平达到了前所未有的新高峰"。② 所有这些不仅确立了中国作为当时世界经济中心的地位,也大大改变了中国传统社会面貌和历史进程。

　　世界全球化初开之际,大明帝国正是嘉靖隆庆万历时期,如上所述,在全球化背景下,由于内外贸易的促动,明帝国商品经济获得空前发展,并促使晚明整个政治和社会生活发生了深刻变化。③

多边贸易平衡体系,包括印度和东南亚因逊于中国的产业优势而扮演的辅助角色,起了一种磁石的作用,使中国成为世界白银的终极'秘窖'!直到18世纪,这些商业交易的白银结算(也可以称做'纳贡'),这种中国与朝鲜、日本、东南亚、印度、西亚、欧洲及欧洲的经济殖民地之间以及这些地区之间的中心—边陲关系,在世界经济中起了一种决定性作用"。([德]贡德·弗兰克:《白银资本:重视经济全球化中的东方》[Andre Gunder Frank,ReOrient:Global Economy in the Asian Age Berkeley:University of California Press,1998],刘北成译,中央编译出版社2005年版,第166页。)

　　① 万明:《白银货币化与中外变革》,见万明主编:《晚明社会变迁问题与研究》,商务印书馆2005年版,第216页。

　　② 樊树志:《晚明史(1573—1644年)》(上),复旦大学出版社2003年版,第74页。

　　③ 明中叶以后商业获得巨大的发展,已经成为明史研究者的共识。商业发展比较突出的表现为:粮食生产持续发展,商品粮基地由江浙地区转移到湖广、四川等地;商业性农业的空前发展与社会分工的日益扩大;手工业、商业的迅猛发展和工商业专业市镇的大量兴起;白银的广泛使用与对外海上贸易的空前发展等。(林金树:《人口流动及其社会影响》,见万明主编:《晚明社会变迁问题与研究》,商务印书馆2005年版,第45～54页。)商业化对明中期以后社会生活的影响,参见《明代社会生活史》。(陈宝良:《明代社会生活史》,中国社会科学出版社2004年版。)

三、泉南佛国与海滨邹鲁

李贽生于福建泉州。泉州(明时属福建省泉州府晋江县)别称温陵、刺桐或桐城。泉州依山面海,境内山峦起伏,丘陵、河谷、盆地错落其间,千米以上大山有 455 座,主要分布在德化、永春、安溪和南安的部分山区。戴云山脉从东北部向西南延伸,主峰海拔 1856 米,有"闽中屋脊"之称。境内地势西北高而东南低,由中山、低山向沿海丘陵、盆地平原过渡。泉州海岸线曲折蜿蜒,大部分为基岩海岸,总长约 421 公里,有湄州湾、泉州湾、深沪湾、围头湾 4 个港湾及肖厝、崇武、后渚、梅林、石井等 14 个港口。整个泉州地形呈 E 形东南方向开口,有利于东南季风过境,对开发农、林、渔业生产,发展外向型经济极为有利。泉州沿海地区分布许多天然良港,其地理条件,发展外贸比农业更为优越。与此同时,泉州位于大明帝国的边陲地带,商人和商业活动没有像在政治中心地带那样受到鄙视,泉州民间商人也已经积累了十分丰富的航海知识及与海外进行商品贸易的经验。因此,陆耕海商的谋生方式是泉州人的共识,也锻就了他们生存的韧性。①

6 世纪的南朝开始,泉州就有了海外交通的文献记载;唐代,已经有阿拉伯商人前来通商;五代时,为通商扩建了泉州;宋代,泉州港成为世界上最大的港口之一和当时全国第一大港口,加之泉州造船业发达,更加促进了海外交通贸易的发展。"泉州港成为'番舶出处,大半市易上国及诸岛夷'的重要通商港口,并成为'番舶停泊避风之地',以致出现了'蛮舶萃焉;犀珠宝货,见者莫不兴羡'的繁荣景象。"②及至元代,朝廷鼓励海外商人前来通商贸易,"当时到中国来贸易的有埃及、摩洛哥等阿拉伯人,泉州港进一步发展成为沟通亚非国家的东方大港。意大利人马可·波罗写的《马可·波罗行纪》中说:'我们到一个很大很繁荣的刺桐港(泉州)……这里是海港,所有印度的船都来到这里,载着极值钱的商品,许多顶贵重的宝石和许多又大又美的珍珠。一言以蔽之,在这个商埠,商品、宝石、珍珠的贸易之盛,的确是可惊的。我郑重地告诉

---

① 以上资料出自"泉州历史网":http://qzhnet. dnscn. cn/(访问时间:2011 年 3 月 12 日)。
② 转引自张建业:《李贽评传》(修订本),福建人民出版社 1992 年版,第 13 页。

你们吧,假如有一只载胡椒的船去到亚历山大或到奉基督教诸国之别地者,比例起来,必有一百只船来到这剌桐港。因为你要晓得,据商业额量说起来,这是世界上两大港之一。'《伊本·巴都他游记》中也说,泉州是'世界最大港之一。或径称世界唯一之最大港亦无不可也。余曾目睹大帆船百艘,辐辏其地,至于小船,则不可胜数矣'。真是'风樯鳞集','舶交其中',泉州的繁荣可以说盛极一时了"。①

　　明朝时福建以及泉州的对外贸易,经历了一定的起伏,但是,隆庆、万历以降,随着对外贸易规模的扩大,中国贸易主体地位的确立等原因,福建海商最终成为南海贸易的领导者。傅衣凌对明代福建海商的情况进行了专题研究,他指出:"明代初年,明太祖为了政治的目的,厉行锁国政策,禁造双桅大船,片板不许下海,以及移民徙富等,限制商人的活动。这一政策施行的结果,使福建商人在海上的活动受到阻碍。可是由于明代封建经济的发展,工农业生产的进步,一般封建地主阶级为了生活上的安逸与奢侈,曾不断地扩大商品经济的规模;复以福建人多地少的特定自然条件和社会条件的限制,促使有一部分人们不得已离开了土地,于是自永乐、宣德(1403—1435 年)以后,福建沿海各地的海商又逐渐地兴盛起来。至 16 世纪初叶,因葡萄牙人、西班牙人的相继东航,他们各以满剌加与吕宋为根据地,逐渐地伸张势力于中国沿海。先到粤东,继至浙闽,由于福建地理环境的利便,这般欧洲人的东来,颇刺激福建海商的活动,使他们的活动地盘,从国内南北商品的交换扩大到把本国的土产输送于海外各地,来换取海外的奇珍异宝。而贸易的对手在落后的土人之外,有欧洲人、日本人等。由于明代初年以后这些社会经济的变化,于是到了明代中叶——成弘之间(1465—1505 年)的福建海商,他们已不和从前一样,受着贡舶贸易的支配,仅作被动的、消极的经济活动;而是积极地直接参加于海上贸易的活动,以自由商人的姿态出现,并大大的扩大了他们的活动范围。"②傅衣凌又通过详细的材料说明:"明代福建沿海各地从事海上贸易的活跃,所以自隆万以降,下海通蕃者,已成习俗,而政府也无力禁止,不得不做事实上的承认","据许多国外人的记录,当 17 世纪前后,中国的商船曾遍布于南海各地,

---

① 转引自张建业:《李贽评传》(修订本),福建人民出版社 1992 年版,第 14—15 页。
② 傅衣凌:《明清时代商人及商业资本》,人民出版社 1956 年版,第 107—108 页。

从事各项贸易,执东洋各国海上贸易的牛耳。与同时代的欧洲商人,如葡萄牙人、西班牙人、荷兰人、英国人等,曾不断地为着争夺贸易权而竞争。这都可以很明显地看出明代福建沿海人民经商的众多,且分布得相当广大。"①通过历史资料的考辨,傅衣凌又说:"我们可以很明显地看出中国的海上贸易商、福建的海商,发展到 17 世纪时代,已进入一个新的阶段。"②此时海外贸易由锁国到开国,海商的人数,远超过宋元时代的规模。从贸易对手来讲,元代以前,对外贸易操纵在伊斯兰教徒的阿拉伯商人手中,贸易对象是落后的土人。明代的贸易对象则有欧洲人、日本人等。彼此贸易的商品也由以前的奢侈品的贸易扩大到输送中国土产于海外,部分的刺激中国生产事业的发达。"特别是当 17 世纪前后,中国商人,尤其是福建海商已成为南海贸易的领导者。"③

　　由于对外贸易所促成的人员流动和历史的原因,泉州又成为宗教众多、信仰繁杂的地区。佛教、道教之外,伊斯兰教、摩尼教、婆罗门教、基督教、天主教等都在泉州有自己的信徒。泉州地界庙宇林立,牌坊、塔幢、佛像、墓碑、石刻、木雕,各自固守着自己信仰的地盘。

　　宋时泉州就已经成为闽南佛教圣地,山水间寺庙佛刹随处可见。九日山石佛巍峨,无等岩上刻有唐代无等禅师手书摩崖大字"泉南佛国"。泉州最大的名刹开元寺,朱熹曾手书一副对联:"此地古称佛国,满街都是圣人。"④佛教之外,道教在泉州也有深刻影响,泉州老君岩的老君造像,便是中国现存最高大的老子石雕造像。在泉州,伊斯兰教同样大行其道,遗留下来的墓碑、龛石、礼拜堂等随处可见。阿拉伯人创建的著名的清净寺里面处处刻着古兰经。泉州东门外的灵山圣墓,是默德那国人三贤四贤来泉州传教,死后所葬之处,是伊斯兰教的著名遗迹。据明人何乔远《闽书》记载:"有大贤四人,唐武德中入朝,遂传教中国。一贤传教广州,二贤传教扬州,三贤四贤传教泉州,卒葬此山……二人自葬此山,夜光显发,人异而灵之,名山曰灵山,墓曰圣墓。"随着外商的到来,天主教传教士也跟踪而至。⑤ 1975 年泉州市文物管理委员会在

① 傅衣凌:《明清时代商人及商业资本》,人民出版社 1956 年版,第 113—114 页。
② 傅衣凌:《明清时代商人及商业资本》,人民出版社 1956 年版,第 129 页。
③ 傅衣凌:《明清时代商人及商业资本》,人民出版社 1956 年版,第 130—131 页。
④ 束景南:《朱子大传》,福建教育出版社 1992 年版,第 142 页。
⑤ 综合"泉州历史网"相关材料:http://qzhnet.dnscn.cn/(访问时间:2011 年 3 月 12 日)。

李贽后代林族人家中发现的抄录本《清源林李宗谱草创卷之三历年表》,在第十八面万历己亥(1599 年)条写着:"是年天主教始传入中国。"特意把天主教传入中国的时间写到自己的家谱中去,说明天主教对李贽的家族有直接的影响。

宗教之外,儒家正统思想对泉州地区的影响,更值得关注。

"宋代以来闽地名儒辈出,建宁、南剑、福州、莆田、泉州都成了儒风大盛、人才荟萃之地。"①朱熹曾经四次到过泉州。大概在绍兴二年(1132 年)夏至绍兴四年(1134 年)秋,朱熹之父、吏部郎朱松首任镇监。小名沈郎的朱熹曾随父及全家至任所,少年时代在泉州渡过;二是绍兴二十三年(1153 年)五月,朱熹任同安县主簿兼领学事;三是朱熹 54 岁时重游泉州;四是朱熹 61 岁时知漳州任上,亦曾到过泉州。朱熹任同安县主簿兼领学事期间,关心民瘼,莅职勤勉,力主经界和蠲减赋税,禁妇女为僧道。《泉州府志》称其"革弊兴利,缓急有序。事无大小,必亲裁决。赋税簿籍,逐日点对,以防吏弊。利于民者,虽劳不惮"。"五载秋满,士思其教,民思其惠。"值得关注的是,朱熹赴任同安时,特地选择了在赴任路线,一路拜访了闽中硕儒李侗等人,访学问道盘桓两月之久。"这两个月的沿途问学对他后来理学和经学的发展起了如此深远影响,以致整个改变了他一生的思想道路"。②朱熹这一次的沿途访学,是"对闽中理学和经学各派的学术思想的一次广泛吸收,这虽使他还不能从出入老佛的泥淖中自拔出来,但是他后来有决定意义的思想转变和发展却是以这次沿途访学为起点,儒家经世致用的传统文化精神和学问在他身上开始复苏了。"③朱熹任同安县主簿时,表彰闽地儒学先贤,创建书院,广交父辈好友如傅自得、陈知柔等。并与当时一些青年辈如傅伯成、傅伯寿、许升、王力行、吕大圭或交游论文,或延招讲学。泉州各县几乎都有朱熹讲学处,一时文风大盛,故世称海滨邹鲁、朱子过化之地。

朱熹门人陈淳、蔡和等人后来又在泉州讲学授徒,以义理之学诏世。泉南诸生如郑思忱、苏思恭、王次传、卓琮、王隽、黄一翼、江与权、黄必昌等,皆从之游。由是濂、洛、考亭之书,家诵人习,泉中正学之盛,称为"紫阳别宗"。另

---

① 束景南:《朱子大传》,福建教育出版社 1992 年版,第 116 页。
② 束景南:《朱子大传》,福建教育出版社 1992 年版,第 116 页。
③ 束景南:《朱子大传》,福建教育出版社 1992 年版,第 121 页。

外,朱熹泉籍门人与仕泉门人有 26 人之多。① 朱熹思想对闽南地区之深刻影响,从民风也可见一斑:在朱熹长期活动的福建闽南一带,"妇女外出要花巾兜面,名曰:'文公兜';妇女的莲鞋底下添木头,使之步履有声,名曰:'木头屐'。'冠婚丧祭遵文公家礼','若民间冠婚丧祭,颇准朱子家礼,虽文质时变,无其悖谬者'。""'泉俗吉凶仪节,多依朱子家礼。''祭奠用朱文公礼'。由于朱熹的礼教深入民间,为乡里所接受奉行,致使闽南一带人民不敢'逆天悖理'、'犯礼违法',而成为'守礼敦义,溢于阊闾'之乡"。"据《福建通志》记载:"就闽南十二个县的不完全统计,明清两代未婚妻守节、为亡夫殉节的,明代有三百另七人,清朝六百三十二人。其中受朱熹影响最深的同安、晋江、尤溪三县,在明代占二百另一人,清朝占四百五十八人。晋江城郭的旌表贞节牌坊,触目皆是,有的两牌坊之间仅距三尺。"②

南宋理学名臣真德秀(1178—1235 年)也曾对泉州思想界产生过重要影响。真德秀早年师从朱熹门人詹体仁,庆元党禁时,朝廷宣布程、朱理学为伪学,书籍禁绝,许多理学家遭到迫害。但他不为时论所动,以斯文自任,在家乡筑精舍讲学,私淑朱熹。他的学术如同他的政绩,为人所肯定,对程朱理学后来能够成为官方正统学术思想贡献颇大。其《大学衍义》,为南宋末和元代帝王所称道,明太祖朱元璋命侍臣将之书于庙堂两壁,时睇观之。真德秀于嘉定十年(1217 年)至十二年(1219 年)和绍定五年(1232 年)至端平元年(1234年),前后两次出任泉州知州。任上崇风教,清刑狱,平赋税,禁苛扰,礼遇蕃商,抑奸除暴,巩固海防,重视教化,深受州郡士民和蕃商爱戴。真德秀宣讲理学,使得泉州任职的不少高层官员也接受了朱熹及其他理学家的思想。泉州地方官绅亦十分推崇正统儒教和朱子之学。嘉靖三年(1524 年)到万历二十八年(1600 年)的八十年间,泉州地方士绅对泉州府的孔庙进行了十次修建、扩建工程,成为泉州历史上修孔庙最频繁的年代。以后,又为朱熹建祠、塑像、购祀田、开办书院讲学等。泉州地区的官僚士绅尊崇正统儒学,鼓吹孔孟之

①　以上参见泉州历史网《泉州人名录》:http://qzhnet. dnscn. cn/(访问时间:2011 年 3 月12 日)。

②　罗常培:《朱熹对闽南风俗的影响》,载《国立中山大学语历所周刊》第 1 卷第 4 期,转引自张立文:《朱熹评传》,南京大学出版社 1998 年版,第 580 页。

道,蔚然成风。①

　　李贽生长于泉州,此地自然环境、文化氛围、民风等,造就了他开阔的视野,冒险精神和兼容并蓄的思想态度,奠定了他今后思想格局之基础。

四、蔡清:从祀孔庙的李贽乡党

　　李贽出生之前,泉州晋江出了一位明朝历史上著名的理学家、易学大家蔡清(1453—1508 年)。② 蔡清,字介夫,别号虚斋,14 岁中解元,31 岁中进士,历官礼部祠祭主事、南京文选郎中、吏部稽勋主事、江西提学副使等职。蔡清自幼勤奋好学,手不释卷。一生心血,力学《六经》,对理学名家周敦颐、程颢、程颐、张载、朱熹等人的著作,苦心钻研,见解独到。在研究《易》学方面,功夫很深,曾拜福州林玭为师,尽得其传。他认为《易》学是《五经》之首,生命之蕴。他倡导结社研究《易》学。参加的有李廷机、苏浚、郭惟贤、郭宗磐、陈琛、张岳、林希元等 28 位名士,号称"清源治《易》二十八宿",他们出版有关论著述九十余部。时人有"今天下言《易》者首推晋江;成宏间,士大夫谈理学,唯清尤为精诣"的称誉。蔡清成了当时研究理学的中心人物,并以他为中心形成了清源学派。

　　蔡清学宗朱熹,认为"文公折中众说,以归圣贤本旨"。"宋儒之道至朱子始集大成,朱子之学不明,则孔孟之道不著。"只有继承朱熹的学说,才是真正

---

　　①　参见"泉州历史网":http://qzhnet. dnscn. cn/(访问时间:2011 年 3 月 12 日)。
　　②　《明史·列传一百七十》"儒林一"载:"蔡清,字介夫,晋江人。少走侯官,从林玭学《易》,尽得其肯綮。举成化十三年乡试第一。二十年成进士,即乞假归讲学。已,谒选,得礼部祠祭主事。王恕长吏部,重清,调为稽勋主事,恒访以时事。清乃上二札:一请振纪纲,一荐刘大夏等三十余人。恕皆纳用。寻以母忧归,服阕,复除祠祭员外郎。乞便养,改南京文选郎中。一日心动,急乞假养父,归甫两月而父卒,自是家居授徒不出。正德改元,即家起江西提学副使。宁王宸濠骄恣,遇朔望,诸司先朝王,次日谒文庙。清不可,先庙而后王。王生辰,令诸司以朝服贺。清曰'非礼也',去蔽膝而入,王积不悦。会王求复护卫,清有后言。王欲诬以诋毁诏旨,清遂乞休。王佯挽留,且许以女妻其子,竞力辞去。刘瑾知天下议己,用蔡京召杨时故事,起清南京国子祭酒。命甫下而清已卒,时正德三年也,年五十六。清之学,初主静,后主虚,故以虚名斋。平生饬躬砥行,贫而乐施,为族党依赖。以善《易》名。嘉靖八年,其子推官存远以所著《易经》、《四书蒙引》进于朝,诏为刊布。万历中追谥文庄,赠礼部右侍郎。其门人陈琛、王宣、易时中、林同、赵逮、蔡烈并有名,而陈琛最著。"(《明史》(二四),中华书局 1974 年版,第 7234 页。)

阐明合乎"圣贤本旨"的经传。他在泉州清平铺楼上潜心著述,写成《四书蒙引》,"合于文公者取之,异者斥之,使人观朱注玲珑透彻,以归圣贤本旨"。在他的大力倡导下,朱熹的《四书集注》遂成为明、清时期科举考试的标准答案。清人蔡廷魁在《蔡文庄公集序》中说:"文庄公崛起于明,远寻坠绪。殚毕生精力,著《易》、《四书蒙引》,阐孔孟之微言,发明濂洛关闽之正学,刊学官而布天下,至今学士文人确守其说毋变。钩深括奥,振落抉衰,文庄公讵非紫阳功臣哉!"

蔡清还致力于奖掖后进,培养人才。他教人以思索义理为先,特别注意潜移默化。蔡清的学问,得到了后学的追捧:"官辙所至,如建,如严,如杭以及两京,随杖履者数百余人。"他在泉州城内肃清门外的水陆寺讲学时,"有志之士,不远数千里从之"。蔡清弟子多半是晋江乡党,"出其门者,皆能以理学名于时"。其中,陈琛、赵录、王宣、易时中、林同、蔡烈、舒芬、夏良胜、邹守益等人都有著述流传于后世。蔡清恪守紫阳正学,以阐发六经为主旨,有《易经蒙引》、《四书蒙引》、《河洛私见》、《通鉴纲目随笔》、《虚斋文集》、《虚斋独解》、《艾庵密箴》、《太极图解》、《考订大学传》等著作行世。明人林俊在《虚斋蔡先生文集序》中说:"温陵介夫虚斋……其学以'正经'为正宗,'四书'为嫡传,四儒(周、程、张、朱)为真派。平生精力尽用之《易》、《四书蒙引》之间,阐发幽秘,梓学官而行天下,其于《易》深矣。究性命之源,通幽微之故,具有以见夫天下之臣责象。"蔡清于清雍正二年(1724年),诏准从祀孔庙,享受了身后莫大的哀荣。①

以往李贽研究者往往从李贽本人幼年生活环境、民风等地域因素说明其叛逆和反封建思想之来源。然而,同是出生于泉州,有着几乎相同的自然人文生活环境,在儒教社会中,蔡清和李贽却有着迥然不同之人生轨迹和命运。因此,判断儒教社会思想家之为正统或异端,如果仅从地域因素找缘由的话,无疑是汗漫和皮相之谈,不足为据。

①　如上蔡清事迹和思想,主要参考许在全:《明代泉州相继而出的两大思想家——评李贽与蔡清》,见许在全主编:《泉州文史研究》,中国社会科学出版社2004年版,第274—282页;蔡清从祀孔庙参考:黄进兴:《优入圣域:权力、信仰与正当性》,陕西师范大学出版社1998年版;黄进兴:《优入圣域:权力、信仰与正当性》(修订本),商务印书馆2010年版。

五、宗族:儒教社会之土壤

　　明代是中国传统宗族制发展成熟时期。宗族制前身是周代宗法制。宗法制是指以血缘关系为纽带,以嫡长子继承制为内容,百世不迁大宗和五世则迁小宗为结构,以封建制为辅助,君统与族统、政治与伦理相统一的社会管理形式。① 周代以后,宗法制不再实行。但是,以宗法制度为理念,中国传统社会形成了一以贯之的宗族社会组织形式。② 所谓宗族组织,指的是以血缘或地缘关系为基础,父系为主线,家庭为单位,族规、族约、乡约、家法等为内容,由族长组织,以修族谱、建祠堂、祭先祖为主要活动,义塾、义田、祭田、书田等为聚族手段的儒教社会组织管理形式。③

　　宗族制核心为儒教礼法,发展到明代,以王阳明《南赣乡约》④等乡约、族约、族规等为代表,宣讲"圣谕六言",奉行《朱子家礼》,成为宗族教化思想之根本。宗族制严于族规家法,又与保甲制度相结合,对维护国家法纪、稳定社会秩序,发挥了根本性作用。⑤ 万历刻本江苏海安《虎墩崔氏族谱》,详列 16条"族约"、8 条"族戒",讲明了宗族指导思想、组织形式、主要工作等内容,堪为儒教社会宗族礼法思想的一个范本:

---

　　① 宗法制相关内容,参见《性理大全书·治道二·宗法》,《性理大全书》卷 67,文渊阁《四库全书》第 711 册,第 452—455 页;王国维:《殷周制度论》(《观堂集林》(上),河北教育出版社 2001 年版);丁山:《宗法考源》(《古代神话与民族》,商务印书馆 2005 年版);钱穆:《周公与中国文化》(《中国学术思想史论丛》卷一,安徽教育出版社 2004 年版);金景芳:《论宗法制度》(《古史论集》,齐鲁书社 1981 年版);钱玄:《宗法制度》(《三礼通论》,南京师范大学出版社 1996 年版)等。

　　② 中国宗族社会发展史,参见冯尔康:《中国古代的宗族与祠堂》,商务印书馆 1996 年版;冯尔康等:《中国宗族史》,上海人民出版社 2009 年版。

　　③ 上述宗族研究相关内容参见钱杭:《中国宗族史研究入门》,复旦大学出版社 2009 年版;[日]井上徹:《中国的宗族与国家礼制》,钱杭译,上海书店出版社 2008 年版;费成康主编:《中国的家法族规》,上海社会科学院出版社 1998 年版;李文治、江太新:《中国宗法宗族制和族田义庄》,社会科学文献出版社 2000 年版。

　　④ 《南赣乡约》是王阳明以南赣巡抚身份制定的。该乡约以礼教思想为基本内容,是典型的官方乡约。(《南赣乡约》,见《王阳明全集》(上),上海古籍出版社 1992 年版,第 599—604 页。)

　　⑤ 明代宗族社会考察,除上引书相关内容外,参见常建华:《明代宗族研究》,上海人民出版社 2005 年版;郑振满:《明清福建家族组织与社会变迁》,中国人民大学出版社 2009 年版。

《分谱约戒引》:嘅自吾祖九六公肇居海上,迄今十有二世,族益繁而居益散,世日远而情日疏,渐至淡薄成风,贪客成俗,赋役未供,私贩斗狠,忘其君矣。伦理不叙,职业不勤,忘其家矣。且逸游饮博而节俭不崇,好讼悦色而异术是尚,其于居家居乡之道荡然,非复祖宗之旧,此谱不可以不叙。谱帙既成,则礼教可兴。因条及十六约八戒以示我族人,而立族长族正族副,宣圣谕为之首。夫曰约者示以善之当为也,曰戒者示以恶之不当为也,且善者有劝而恶者有惩,使子孙知所惧,遵守共成。夫礼义之教,敦厚之俗,庶无负今日叙谱之意。若族中之才子弟有不约而归于善,不戒而自不为非者,是为族之标准,不待宗会而兴者欤!

族约(凡十六条)

一、立族长。推择宗中齿德并隆者一人为之,主祀事,统宗人,宗中事无巨细,咸听命焉。

一、立族正、族副。谨择宗中德器宏深行谊表著、精力未衰、才堪负荷、素为乡同所推重者一人为正,一副之,以礼教率宗人,理庶务,代族长之劳。宗中之事,事无巨细,咸以咨之。若有才子弟克勤德业者,族长以告,族长与众族异之以示劝。其或有不才子弟违约戒者,族正以告族长与众责罚之以示惩,甚则告之先祖而痛惩之。三犯不悛,黜约除名,与众绝之。

一、宣圣谕。圣谕曰:孝顺父母,尊敬长上,和睦乡里,教训子孙,各安生理,毋作非为。此六事乃太祖高皇帝曲尽做人的道理,件件当遵守,能遵守的便是好人,有一件不曾遵守便是恶人,愿我一族长幼会集祠中,敬听宣读,悉心向善,皆作好人,有过即改,其为盛世良民,贻子孙无穷福泽。

一、敦族义。凡宗族父兄子侄,虽曰人各有身,原其所自、皆先祖一体分来,安得便谓亲尽服尽,遂不相联属,若途人然。愿族人体祖上属望我后人之意,务要交相亲睦,凡冠婚必庆,丧葬必助,贫病患难必相扶持周恤,比萃和气于一族之中,不亦美乎!

一、创祠宇。尊祖敬宗,建祠为重,制虽不古,事亦可以义起者。吾家居此二百余年,祠宇未建,奉先无所,聚拜无地,人心涣散,相以为戚。今议欲于宗中亟为处分,以付廉公有干数人更番掌管,以孳其息,族长稽之,如此数年,财力稍裕。更借宗人之力,协赞其成,则奉先之愿遂矣。凡有追远之思者其念之。

一、置祭田。有祠则当有祭,不可无田。吾宗妥先之祠未建,而遽议及田何也？盖图大者,功繁费重,苟不循序渐就,终鲜有成。今宜置膏腴田数百亩,俾公而勤者经理之,岁收其入,不特足以供祭,亦且借以建祠。祠建举,稍有余蓄,他日周恤婚丧、教育子弟,诚莫大之利也,吾宗人慎毋忽诸。

一、守坟墓。祖上所以愿有子孙者,将以保遗骸,奉祭祀、传永久也。今子孙于父祖坟墓外,略不经意,或门房多而推调不理,或子孙贫而祭扫不行,或为无后,或为逃徙。世代日远,丘垅荒凉,乡人目为孤冢,势豪侵占,戕及遗骸,兴言及此,良可涕泣。安知百年之后,我之子孙视我不犹今之视昔耶！凡我族人于远祖之墓,须定约依附轮祭,至于孤冢亦附亲房者主之,以敦一本之义。

一、重谱牒。谱牒记载祖考名氏、生死年月、葬所,平生行实,诚一家之文献也。同族子姓,家授一帙,以为世守,其责至重;祠墓之外,未有要于此者。每年祠祭时,俱要各携所散印记族谱,一一稽查,其有无损坏,以验敬怠,[怠]则罪以不敬祖考之罪,仍令纳罚,重印示戒。后所生子弟名氏须避上世,不得重复。

一、立宗会。吾宗聚族海隅,长幼尊卑不下千计,然取舍殊情,好尚异趣,其间经德守义者不无其人,而参差错杂与道背驰者,盖亦不少。苟非立宗会以集之,明圣学以训之,则熏陶无自,而欲成人有德小子有造也难矣。约我族人每月于朔望日齐集祠中,宣读圣谕毕,以卑逮尊,各令自陈半月内所行事体,曾有戾于戒约否,善者褒之,不善者抑之,如隐讳不陈者众攻之。若有强辨饰非稔恶不悛者,不许入祠与祭。又择春冬暇日,敦请行谊表著一人者为盟主,或同宗,或异姓;期以五七日而解,务尽考德问业之功,每岁或二会或三会。庶理学明而生不虚负矣。若朔望不赴会者,量其居之远近以示之罚。(今祠未建,姑以宽大处所代之。)

一、叙伦理。人生所赖以立身者莫大于礼义,礼义莫严于名分,名分一踰,不可以和亲睦族矣。凡我宗人,尊卑称谓俱要明白,岁时拜贺庆吊会饮行走坐次俱要守分,不得以富贵骄,不得以才能傲,有一于此谓之凶德,族长与众戒谕之。有不悛者是自暴弃不齿于族者,其母党妻党有碍者，俱不论已嫁女宁亲，不得以客礼待之。

一、正闺门。夫妇人道之始，闺门万化之原，是不可以不正也。故生女者幼必传之女训，长必责之女工，务令端庄。他日适人，自闲妇道。而择妇者必须门第清白，父母贤淑，女性贞静，方可纳聘。若攀门阀，贪奁资，慕颜色，则他日骄傲妒悍，惟家之索者多也。娶妇庙见后即当责以妇仪，令其精五饭，幕酒浆，养舅姑，缝衣裳，有闺门之修而无境外之游。慎毋纵其奢淫，毋纵其持斋结合，混杂男女，毋纵不洁妇妪出入闺阃，勾引为非。如此则闺门清洁而家斯正矣。间有强悍恃宠干犯名义者，族长与众共惩其罪，以彰风教，其夫溺爱偏护并罚之，毋令入祠。

一、端蒙养。父母之心未有不爱其子者，爱之则必教之，教而不失其时者爱之至也。当于情窦未开时，便示之好恶以定其趋，养之以正从端其始，善则引之进之，不善则沮之抑之，使弗渐以恶习，弗渎以非义。又必为之延师择友以熏陶之，使所闻所见皆孝悌忠信之行，则为之子者将迁于善而不自知也，斯非善教欤！彼或愚痴，父母怜其稚小，纵其所欲，养其凶狠之性，及长多作非为，有玷宗祖，岂尽子之罪哉！良由失教故耳，我宗人其慎之乎！

一、供赋役。吾家世居此土，为昭代编氓，仰荷止德而所可庸心者，不过盐课税粮而已。夫有丁则有课，有田则有粮，此其分内事也，须当以时办纳，毋肆延捱逋负以贻累于总里。总里亦当以法自守，毋多收，毋花费，以自祸其身家。但总有风雨消折之患，里有安保书皂之需，吾族人亦当量为津贴以助其使用之费，庶彼此轮当，交受其益，不独为人，亦所以自为也。

一、劝职业。人生天地间，未有不自食其力者，不自食其力而仰给予人，是天地间一蠹耳。吾家世本业醢，四民之事亦尝兼有，勤于职而不失其时，皆足以自给，小而蒔蔬细织渔海樵薪，无非为活生计耳。约我宗人，士者尽心于学，农者竭力于田，工精其艺，商裕其赀，而力醢者不懈于事，若此则家计日足，而仰事俯育有所资矣。

一、尚节俭。海埏风习浇漓，俗尚浮靡，婚丧踰制，服饰僭分，甚至鬻产嫁娶而奁具金饰，卖地葬亲而祭拟王侯，交相仿效，恬不为怪，一遇颠沛，贫窘不堪。又若煮海小民，每值天晴，辄淫酗大嚼；及至阴雨，举室啼饥。凡我族人，目击此弊，宜痛自减省，量入为出，稍存盈余，以备缺乏，如此，虽不能坐致富饶，而饥寒亦可免欤！

一、谨储积。储积者生民之大命，是不可以不重者。吾乡田不怕收，而地居偏僻，人乏远谋，而不事储积，一遇凶年，室如悬磬，仰借四方率为长策。设或赤地千里，而舟楫不通，邻封有禁而道途多梗，嗷嗷万口，何以为生？诚有识者之所寒心也。约我宗人，当为尤深虑远之图，多储粟谷以为身家，以善贻谋，无负叮宁告诫之意。

族戒（凡八条）

一、戒逸游。吾乡风习浇漓，子弟不务生理，游手好闲，竟为浮荡轻佻之态，傲忽尊长，萋菲乡闾，三五成群，夤夜不归，致生他祸，贻尤父母，诚可哀也。吾族子弟有一于此，宜深思猛省，痛改前非。如或恃顽弗尊规诫，族长于会中痛责之，父母溺爱者并罪不贷。

一、戒嗜酒。夫酒为享鬼神燕宾客日用所不可无者，贵用之以礼、饮之以时而已，奈何饮食之人，甘心口腹，忘情礼教，以口衔杯为高致，以醉乡为乐地。甚者以酒败仪丧德，致病亡身，致贫亡家，不顾父母妻子之养，安受宗族乡党之辱，宗人于此尤不可不深戒也。

一、戒私贩。国家以海醝储边，其禁甚严。愚民趋利无厌，辄行私贩，一旦事发，身罹宪纲，亏损名节，玷辱祖宗，求利未得，反贻大害，亦何乐而为此哉！今我族人若或犯此，许诸人获送族长惩治，仍将盐船入祠公用，不服者治之以官。

一、戒赌博。赌博之为害不小，倾家产、坏心术、丧行止，甚则为盗为非，以致割恩伤爱。子弟一或犯此，未有不摧残破败者，前途覆辙，历历可数。凡我族人，务各守分，毋贪他人财产自贻伊戚，一有不遵约束者，许众呈之族长，痛治其罪，仍将摊场财物入祠公用，父兄故纵者并罪之。

一、戒斗狠。海滨去都邑远甚，未尝涵濡礼教，往往好刚使气，一有不合，怒气相加，不论是非，辄相斗殴，同恶相济，此吾乡恶俗也。迩来虽渐受绳墨，旧习犹未尽忘。吾宗人宜切戒之，务以礼让相先，设或事有不堪，亦当诉之乡约，或禀族长以理解释。如不忍小忿，酿成大祸，亡身丧家，悔将焉及。

一、戒健讼。人不得其平则鸣，是讼非得已也。但奸顽之徒，以舞文弄法为奇,教唆起灭,服计扛帮,舌骗官府,捐害良民,终致倾家荡产,亏体辱亲,凡我族人切宜深戒。遇有小忿,自合容忍,或于户婚、田土一切垂情,在本户但当诉之族长,听其公处。如与他姓争讼,亦当存心忠厚,听人和解,不得偏护阴谋,以长子弟之恶。

一、戒释道。释道二教遗祸大矣。世俗信其荒诞,以为荐亡拨罪,资助冥福,非此不足以报答父母之劬劳。不知彼逝自弃其父母者,又安能为我报答父母耶!此理甚明,惜不能悟,于是供佛饭僧,度箓建醮,倾竭资财,甚至昏夜失守,或有火盗混杂,不洁之虞,非为无益,反生大害,今我族人,宜痛加裁革。丧葬大事,一遵先贤家礼,称家有无可也。仍前不改者,量其所费罚半公用。

一、戒宿娼。宿娼之罪有三:其贪色嗜欲,以致伤生绝祀,得罪祠宗父母者,一也;浪费父祖财业,既不能守,又无所贻,得罪于父祖子孙者,二也;失身于可贱之人,导妻子以淫僻,内丧家声,外污乡俗,得罪于子孙乡人者,三也。族人蹈此罪者,族长责令速改,违者不许入祠。①

族约、族戒之定,意在惩恶扬善,有益家国,端正礼教,敦厚风俗。族约首推"圣谕六言",确立善恶标准,并立宗会以落实之;推选族务管理者,尚其德行;建祠堂,守坟墓,重谱牒,置祭田,以敬先祖,敦一本,聚宗族;强调族众以礼义立身,推重亲睦互助之族义;别善恶,端蒙养;严女教,正闺门;尽职分,供赋役;尚节俭,谨储积。通观族约16条,无处不是礼教思想及其落实。反观之,不遵国法、不务正业、嗜酒丧德、赌博丧家、宿娼丧身、斗狠致祸、奸顽健讼等,为恶之尤者,丧德祸身,致父母家族之辱,故宗族严为戒律。值得关注的是戒释道一条。儒教社会以孝道立教,二教舍父母弃人伦,终为礼教所不容,也是自然的。家庭及家族,是儒教社会所谓"家"的具体形态。儒教齐家之事,内在包含着家庭和家族两个层面,家族之齐,无疑是以儒学礼教为根本。综上可见,中国传统思想界虽然三教并行,但就社会土壤而言,整体是儒教的,而非二教的。

---

① 李文治、江太新:《中国宗法宗族制和族田义庄》,社会科学文献出版社2000年版,第288—294页。

六、林载贽的庭训

蔡清殁后 20 年,亦即明嘉靖六年丁亥(1527 年),蔡清乡党,明朝思想家、学者李贽出生于福建晋江(今泉州市)。李贽(1527—1602 年),幼名林载贽,后改姓李;四十岁时避隆庆帝朱载垕讳,更名李贽;号卓吾、宏甫(父)、百泉居士、思斋居士、温陵居士、龙湖叟、李老子等。

根据《凤池林李宗谱》、《清源林李宗谱》、《陇西李氏族谱》、《清源林李宗谱》光绪抄本残页,和《明故处士章母暨配丁氏、媵张氏合葬墓志铭》等资料,李贽的世系传衍大致如下:

李贽祖上原籍河南汝宁府光州固始县。一世祖林闾于元朝末年挟资来泉州做生意,后落籍于泉州。二世祖林驽,是航海波斯的大贾。远房三世祖林通衢、四世祖林易庵和五世祖林琛,或从事于航海活动,或来往于琉球、日本之间。因此,李贽直系近亲虽非海商大贾,却和商业有一定联系。李贽祖父竹轩之时,其家族是四个儿子"同室共炊"的大家庭。由于人口多,住房小,收入微,竹轩"始命析箸分居"。

由于经商等原因,李贽家族中有不少人和伊斯兰教徒,甚至外国人通婚的。比如,二世祖林驽"娶色目女"。林氏宗族中有很多李氏与蒲氏与迭氏的"西域人"、丁氏的回回人通婚的事。李贽先祖的思想信仰比较复杂:始祖林闾和泉州伊斯兰教徒交好,其妻却是虔诚的佛教徒,"好修寺宇,构弥陀殿,塑金刚像于开元寺廊之西"。二世祖林驽,"行年卅,遂从其教,受戒清净寺教门,号顺天之民",成为回教徒。其胞弟李端却"敦诗习礼,绰有儒风"。三世祖林通衢之妻的墓在东门外仁风乡的伊斯兰教徒葬地。老二房三世祖林广齐却是道教徒,并因修理东岳庙立下马碑闯下了杀身之祸。李贽父名李廷×(名第二字无从查考),字钟秀,号白斋,是泉州府学秀才,以教书为业,生有五男三女。李贽便出生在这样一个贫寒的城市塾师家庭。①

李贽原名林载贽,入泮学后不久改姓李,后来避隆庆皇帝朱载垕之讳,改名李贽。《清源林李宗谱》卷四《恩纶志》载:"老长房李讳贽,原姓林,入泮学,

---

①　以上内容见张建业:《李贽评传》(修订本),福建人民出版社 1992 年版,第 18—26 页。

册系林载贽,旋改李姓。"李贽自己也曾说过他不姓李:"子不姓汤,我不姓李,总之一味清苦到底。"从李贽的世系可以看出,李贽的先世及其族人还有改姓之举。张建业认为,李贽二世祖异姓是因为林驽从伊斯兰教,而李端却以恪守儒教为乐,因为思想信仰上矛盾从而有异姓之举;又说,自三世祖起,居南安则姓李,居泉州则姓林。自李贽的曾祖父李端阳起,则一直以李为姓,并"传为南安胭脂巷李派"。之所以会这样,"也许由于时间的推移,林李之分已不那么严格了"。① 此外,林海权根据《清源林李宗谱》卷三《历年表》得出结论:李贽先代不但有改姓之举,而且有复姓之规。李贽所属一支存在着隔世复姓的族规。②

李贽早孤,弟妹七人,李贽居长。幼年丧母,缺少母爱,使他早早领略了世态炎凉。自小养成了不善与人交往,以及独立自主的性格。7 岁到 15 岁期间,李贽随父白斋公"读书歌诗,习礼文",接受庭训启蒙。③ 他先后读完了《周易》、《三礼》,14 岁起,开始改治《尚书》。④ 李贽父亲是当地有名的塾师,⑤太平知府林钺之子林太毓(号东井)、苏镇(号古泉)之子苏存淑,都先后受业于李白斋。⑥ 李贽后来回忆父亲:"吾大人何如人哉?身长七尺,目不苟视,虽至贫,辄时时脱吾董母太宜人簪珥以急朋友之婚,吾董母不禁也。"⑦可见,在李贽眼里,父亲是一位急公好义、自持严谨、自视颇高的读书人。李贽后来回忆道:"年十二,试《老农老圃论》,居士曰:'吾时已知樊迟之问,在荷蓧丈人间。然而上大人丘乙己不忍也,故曰"小人哉,樊须也。"则可知矣。'论成,遂为同学所称。众谓'白斋公有子矣'。居士曰:'吾时虽幼,早已知如此臆说

---

① 以上内容参见张建业:《李贽评传》(修订本),福建人民出版社 1992 年版,第 24 页。
② 林海权:《李贽年谱考略》,福建人民出版社 2005 年版,第 504 页。
③ 儒教社会启蒙教育,称之为蒙学,发端于周秦,延绵了整个儒教社会。传统蒙书,如《千字文》、《三字经》、《蒙求》等,以儒家经史之学构成启蒙教育核心思想,内容简明而易于记诵。蒙学、蒙书使得儒学思想深入民间基层,对儒教观念普及化,发挥了不可替代的巨大作用。(参见乔桑、宋洪主编:《蒙学全书》,吉林文史出版社 1991 年版;陈来:《蒙学与世俗儒家伦理》,见《中国近世思想史研究》,商务印书馆 2003 年版,第 409—455 页。)
④ 林海权:《李贽年谱考略》,福建人民出版社 2005 年版,第 15 页。
⑤ 关于明代塾师的构成、生计、社会功能等,参见刘晓东:《明代的塾师与基层社会》,商务印书馆 2010 年版。
⑥ 林海权:《李贽年谱考略》,福建人民出版社 2005 年版,第 9 页。
⑦ 《焚书》,中华书局 2009 年版,第 84 页。

未足为吾大人有子贺,且彼贺意亦太鄙浅不合于理。彼谓吾利口能言,至长大或能作文词,博夺人间富若贵,以救贱贫耳,不知吾大人不为也。""此岂可以世俗胸腹窥测而预贺之哉!'"①在李贽幼小心灵里,其父是一位安贫乐道者,而非汲汲于世俗浮名之人。后来,父子共同求道的经历,更在李贽心中刻下了深深印记:"吾初意乞一官,得江南便地,不意走共城万里,反遗父忧。虽然,共城,宋李之才宦游地也,有邵尧夫安乐窝在焉。尧夫居洛,不远千里就之才问道。吾父子倘亦闻道于此,虽万里可也。"②又说,"居士五载春官,潜心道妙,憾不得起白斋公于九原,故其思白斋公也益甚,又自号思斋居士"。③ 在李贽心中,父亲更像共同求道乐道的朋友。

由上可见,李贽早年丧母,造就了其倔犟独立的性格。从后来的思想和经历来看,乃父不随流俗、急公好义、安贫乐道,更加深刻地影响了李贽。李贽一生念兹在兹的求道志业,无疑是由白斋公发蒙启蔽的。

---

① 《焚书》,中华书局 2009 年版,第 83—84 页。
② 《焚书》,中华书局 2009 年版,第 84 页。
③ 《焚书》,中华书局 2009 年版,第 86 页。

第二章　学校以及科举生涯

嘉靖二十一年(1542 年),李贽十六岁,本年(时名林载贽,不久又改姓李。①)开始入府学读书。16 岁至 20 岁,李贽在府学学习。府学是明朝学校制度中地方官学的一级,进入学校,就意味着李贽从此踏上了科举以及仕途之漫漫长路了。

一、程朱理学的科举化

科举制度有着非常悠久的历史,延至明朝,达到了它的极盛时期。②

明代选举制度大纲载于《明史·选举一》:"选举之法,大略有四:曰学校,曰科目,曰荐举,曰铨选。学校以教育之,科目以登进之,荐举以旁招之,铨选以布列之,天下人才尽于是矣。明制,科目为盛,卿相皆由此出,学校则储才以应科目者也。其径由学校通籍者,亦科目之亚也,外此则杂流矣。然进士、举贡、杂流三途并用,虽有畸重,无偏废也。荐举盛于国初,后因专用科目而罢。

---

① 林海权:《李贽年谱考略》,福建人民出版社 2005 年版,第 18 页。

② 科举考试相关研究,参见王道成:《科举史话》,中华书局 1988 年版;何怀宏:《选举社会及其终结:秦汉至晚清历史的一种社会学阐释》,三联书店 1998 年版;黄明光:《明代科举制度研究》,广西师范大学出版社 2000 年版;刘海峰、李兵:《中国科举史》,东方出版中心 2004 年版;钱茂伟:《国家、科举与社会——以明代为中心的考察》,北京图书馆出版社 2004 年版;王凯旋:《明代科举制度考论》,沈阳出版社 2005 年版;郭培贵:《明史选举志考论》,中华书局 2006 年版;郭培贵:《明史科举史事编年考证》,科学出版社 2008 年版;陈长文:《明代科举文献研究》,山东大学出版社 2008 年版;叶楚炎:《明代科举与明中期至清初通俗小说研究》,百花洲文艺出版社 2009 年版。Ping-ti Ho, *The Ladder of Success in Imperial China: Aspects of Social Mobility, 1368—1911*, Columbia University Press, 1962; Benjamin A. Elman, *A Cultural History of Civil Examinations in Late Imperial China*, University of California Press, 2000。

铨选则入官之始,舍此蔑由焉。是四者厘然具载其本末,而二百七十年间取士得失之故可睹已。"①可见,朱明学校、科目、荐举、铨选四种选举之法,环环相扣,要以科举之法为要。

科举制是明朝选人用人制度最为重要的部分,也是朱明实行思想统治的根本措施。早在明王朝建立之前,朱元璋就有设文武二科取士之举,要求各级地方官员"劝谕民间秀士及智勇之人,以时勉学。俟开举之岁,充贡京师"②。洪武三年(1370 年),朱元璋正式诏告天下:"汉、唐及宋,取士各有定制,然但贵文学而不求德艺之全。前元待士甚优,而权豪势要,每纳奔竞之人,贪缘阿附,辄窃仕禄。其怀材抱道者,耻与并进,甘隐山林而不出。风俗之弊,一至于此。自今年八月始,特设科举,务取经明行修、博通古今、名实相称者。朕将亲策于廷,第其高下而任之以官。使中外文臣皆由科举而进,非科举者毋得与官。"③明初设立科举制度,重在选取经明行修、博通古今、名实相称有真才实学之人。非科举不得与官的政策,更使得科举制度在明朝政治和社会生活中占据重要地位。

明代,以皇权社会长治久安为旨归,程朱理学为核心内容的政治和选官思想,在学校和科举中占据了绝对统治地位。明初,朱元璋就为学校教育和科举考试确立了以儒家思想为主的主导思想:洪武十四年(1381 年)三月辛丑,"颁《五经》、《四书》于北方学校。上谓廷臣曰:'道之不明,由教之不行也。夫《五经》载圣人之道者也,譬之菽粟布帛,家不可无。人非菽粟布帛,则无以为衣食;非《五经》、《四书》,则无由知道理。北方自丧乱以来,经籍残缺,学者虽有美质,无所讲明,何由知道? 今以《五经》、《四书》颁赐之,使其讲习。夫君子而知学则道兴,小人而知学则俗美,他日收效,亦必本于此也。'"④

在明代科举体制中,生员课业内容和治学方向,被明确限定于六艺、王道等儒家学说理想和技能。"至明代中期以后,科举取士所规定的课业内容除儒学而外就几乎没有其他的内容。尊崇儒学的科举考试思想与教育思想导致

---

① 《明史》(六),中华书局 1974 年版,第 1675 页。
② 《明史》(六),中华书局 1974 年版,第 1695 页。
③ 《明史》(六),中华书局 1974 年版,第 1695—1696 页。
④ 《明实录·太祖实录》卷 136,《明实录》第 3 册,中央研究院历史语言研究所,第 2154页。

了士人学子只读只做经义文章,进而出现了专以八股文取士的科举理念和考试方法。"①而八股取士,也最终使得程朱思想科举化。

《四书》、《五经》为科举考试内容,并以程朱注解为主,事从元代皇庆二年(1313年)始,②事经反复,至明代达到了成熟。有明一代,程朱道学最终成为科举取士的标准答案。③　永乐年间,官修《五经大全》、《四书大全》、《性理大全》等,更加确立了儒家经书和朱学在科举考试中的统治地位。④　实际上,朱熹(1130—1200年,字元晦、仲晦,号晦庵、遯翁、云谷老人、沧州病叟等,祖籍江西婺源,出生于福建龙溪)思想本身有一个发展过程,朱熹思想的传播和正统地位的确立,始终伴随着政治斗争,从"伪学"演变成为科举考试的标准答案,也不仅仅是单纯的学术问题。⑤　而朱学的科举化,更使得程朱理学发生了功利化、庸俗化、割裂化之变质。诚如《四库总目》所言:"初,明永乐间胡广等奉诏撰《四书大全》,阴据倪士毅旧本,潦草成书。而又不善于剽窃,庞杂割裂,痕迹显然。虽有明二百余年悬为功令,然讲章一派从此而开。庸陋相仍,遂似朱子之书专为时文而设,而经义于是遂荒。"⑥《四书大全》系草成之书,

---

① 王凯旋:《明代科举制度考论》,沈阳出版社2005年版,第5页。

② 《元史》(七),中华书局1976年版,第2017—2027页。

③ 有关朱学在元代的发展以及官学地位确立,以及元明易代时儒学的发展情况,参见侯外庐、邱汉生、张岂之主编:《宋明理学史》上卷,人民出版社1984年版;Wm. Theodore de Bary, *Neo-Confucian Orthodoxy and the Learning of the Mind-and-Heart*, New York:Columbia University Press, 1981;Hok-lam Chan and Wm. Theodore de Bary, Editors ed. *Yuan Thought*:*Chinese Thought and Religion Under the Mongols*,New York:Columbia University Press,1982;John W. Dardess, *Confucianism and Autocracy*:*Professional Elites in the Founding of the Ming Dynasty*, University of California Press,1983。

④ 《五经大全》154卷、《四书大全》36卷、《性理大全》70卷,共260卷,修成于明成祖永乐十三年(1415年)。三部《大全》颁行,标志着程朱学统治地位的最终确立。三部《大全》编修过程及其意义,参见侯外庐、邱汉生、张岂之主编:《宋明理学史》下卷,人民出版社1987年版。

⑤ 朱熹思想研究,参见陈荣捷:《朱子新探索》,华东师范大学出版社2007年版;张立文:《朱熹思想研究》(修订本),中国社会科学出版社2001年版;张立文:《朱熹评传》,南京大学出版社1998年版;束景南:《朱子大传》,福建教育出版社1992年版;陈来:《朱子哲学研究》,华东师范大学出版社2000年版;蔡方鹿:《朱熹经学与中国经学》,人民出版社2004年版;牟宗三:《心体与性体》全三册,上海古籍出版社1999年版;[美]余英时:《朱熹的历史世界:宋代士大夫政治文化的研究》(上、下),三联书店2004年版;[美]田浩:《功利主义儒家——陈亮对朱熹的挑战》,姜长苏译,江苏人民出版社1997年版(Hoyt Cleveland Tillman:*Utilitarian Confucianism*:*Ch'en Liang's Challenge to Chu Hsi*,Harvard University Press,1982);[美]田浩:《朱熹的思维世界》,陕西师范大学出版社2002年版。

⑥ 《钦定四库全书总目》(整理本)(上),中华书局1997年版,第492页。

尚在其次;更重要的,科举体制中的程朱思想,已然蜕变为教科书以及程式化的八股文之标准答案。八股化之程朱理学,已经成为弋取功名的手段,巩固儒教社会的工具。随着科举考试以及出于政治需要压制异端思想,使得程朱理学思想一步步走向僵化,丧失了其学说本身的生命力,也背离了科举制度德艺并重,求明经达用贤良之士的初旨。回到历史现场,李贽所批判的朱熹思想,实际上是科举化了的朱熹思想,而不是单纯作为学术的朱熹思想。他对朱熹的厌恶,与其说是对朱熹思想本身的厌恶,不如说是对打着朱学正统旗号,做表面文章以博取个人利益的假道学的厌恶。

二、科举必由学校:儒教的场所

较之前代,明朝的科举思想具有如下特点:儒家思想为主、分地选拔与职前培训制度、选拔全才与唯才是举、宁缺毋滥不以一试定优劣等。① 其中,学校与科举一体化,科举必由学校,是明代科举制度最为突出的特点。②

学校是学子参加科举的前提,也是漫漫仕途的第一步。明制:"学校有二:曰国学,曰府、州、县学。"③明代官学学校有两大基本系统,中央一级是"国学"也叫"国子学"、"国子监";地方一级,按照由高到低的行政区划,分别为府、州、县学。官学之外,民间所办的学校是所谓"私学",是指由政府提倡、民间集资兴办,或者完全由民间承办的学校。包括有社学、乡学、里塾、书院④

---

① 王凯旋:《明代科举制度考论》,沈阳出版社 2005 年版,第 2—26 页。

② "明制,科目为盛,卿相皆由此出,学校则储才以应科目者也","科举必由学校,而学校起家可不由科举。"(《明史》(六),中华书局 1974 年版,第 1675 页。)

③ 《明史》(六),中华书局 1974 年版,第 1675 页。

④ 书院是具有学校性质的民间教育机构,起始于唐代,确立于两宋,推广于元代,繁盛于明清。书院一般由民间集资兴办,聘请德高望重名师主持院务,称之为山长、山主、洞主、主讲、主席等,此外有堂长、讲书、司计、斋长、医谕等教学、管理人员。书院自行招生,生源不定,有严格的学规、课程等管理制度,教学以儒家思想为学习内容,既注重培养学生学术能力,又特别强调切己自反,以期养成学生经世致用的学问和德行。学者则在书院里整理文献典籍,著书立说,以讲会等为组织形式,经常进行会讲等学术活动。总之,书院是儒家学者讲学论道之所,士子求学读书之地,是与佛寺、道观并列的儒家学术活动中心。(关于中国书院历史及其主要功能,参见李国钧主编:《中国书院史》,湖南教育出版社 1998 年版;邓洪波:《中国书院史》,东方出版中心 2004 年版;李才栋:《中国书院研究》,江西高校出版社 2005 年版。)

等。中央和地方官学,从学习内容和最终目的来看,都鲜明地体现了儒家思想为主、密切联系科举考试的特点。国子学的监生学习成绩的考定完全按照对《四书》、经义、史学和写作技法的掌握程度为主,尤其注重对儒家经学的学习。国子生月考中的诏、诰、表、策论、判等写作练习,已经和科举考试中乡、会试三场考试的要求基本一致。

府、州、县学,在明代又称"儒学",作为承担着为国子学输送监生任务的地方儒学,同样被纳入了科举的轨道。相较于前朝,朱明的基层教育更加完善和严格,体现出了明朝加强地方控制的努力:"郡县之学,与太学相维,创立自唐始。宋置诸路州学官,元颇因之,其法皆未具。迄明,天下府、州、县、卫所,皆建儒学,教官四千二百余员,弟子无算,教养之法备矣。洪武二年,太祖初建国学,谕中书省臣曰:'学校之教,至元其弊极矣。上下之间,波颓风靡,学校虽设,名存实亡。兵变以来,人习战争,唯知干戈,莫识俎豆。朕唯治国以教化为先,教化以学校为本。京师虽有太学,而天下学校未兴。宜令郡县皆立学校,延师儒,授生徒,讲论圣道,使人日渐月化,以复先王之旧。'于是大建学校,府设教授,州设学正,县设教谕,各一。俱设训导,府四,州三,县二。生员之数,府学四十人,州、县以次减十。师生月廪食米,人六斗,有司给予鱼肉。学官月俸有差。生员专治一经,以礼、乐、射、御、书、数设科分教。务求实才,顽不率者黜之。十五年颁学规于国子监,又颁禁例十二条于天下,镌立卧碑,置明伦堂之左。其不遵者,以违制论。盖无地而不设之学,无人而不纳之教。庠声序音,重规叠矩,无间于下邑荒徼,山陬海涯。此明代学校之盛,唐、宋以来所不及也。"[1]

重视基层地方教育,成为明代教育一个重要特点。而地方学校的教学内容,更加直接地体现了服务于科举考试的特点。地方学校生员学习多专治一经,学习的内容大致分为经、史、律等文献,以礼、乐、射、御、书、数等"六艺"设科分教,学习的内容和过程,完全体现了儒家教育的内容和方法。明朝地方学校的教育的目的和内容,就是为了落实儒家仁义礼智信的基本言行理念,以及为明王朝统治服务的基本宗旨和学识要求:"先教之以孝弟忠信、礼义廉耻,

---

[1] 《明史》(六),中华书局1974年版,第1686页。关于明代生员状况的详尽考察,参见陈宝良:《明代儒学生员与地方社会》,中国社会科学出版社2005年版。

俾存其心、养其性、语言端谨、容止整肃。次教之以《四书》本经,熟读玩味,讲解精详,俾义理透彻,徐博之以历代史鉴,究知夫古今治乱之迹。又次教之以律令、算法、兵法、射艺与夫农桑水利等事。"①

明廷各级行政官员和学官对学校赏罚分明、严格督课管理,使得明朝政治统治的需要、儒学人文教育与科举选官的价值取向,成为地方学校教育教学核心内容。不仅如此,由于学校教育和科举考试密切相关,在巨大现实利益驱使下,最终落实了明皇朝思想文化控制的目的。王凯旋指出:"生员的每一次考试都决定着他本人能否顺利升进的问题。成为科举生员,取得乡试资格,无疑为其科举仕进奠定了基础。明政府在兴办学校教育的过程中,以取士甚少的科举名额驱使人们大批进入各级学校,并以同科举考试竞争相同的学校考试竞争手段来使人们为最终取得科举功名而角逐争进。这样做的结果便是在学校教育中注入了更多的科举内容,学校生员为科举而进学则成为其学习的动力和基本内容。明政府同时以此来牢牢控制天下生员,使其在学校中就成为科举的奴隶"。"尽管通过科举之路而达仕进的人是少数,更多的人则是与科举无缘,但学校教育的科举内涵却足可以调动和激发千万人为之奋斗努力。政府以科举选官的用人政策与整个的封建官僚体制需要大批的吏员而使生员为之驱役,即便是无缘科举,但却不失为明代官僚机器得以运转的重要条件和因素"。"明代学校科举一体化的特征便不能只以简单的科举意义来理解,更为重要的是其背后深层的政治意义和政治目的。"②

三、明代科举考试:甲榜与乙榜

20 岁到 25 岁,李贽为生计所迫"糊口四方",直至 26 岁参加福建乡试为止。

明代科举沿袭前代,实行三级考试制度:乡试、会试和殿试。③ 乡试是明

---

① 《明实录·宪宗实录》卷 40,《明实录》第 23 册,中央研究院历史语言研究所,第 814—815 页。

② 王凯旋:《明代科举制度考论》,沈阳出版社 2005 年版,第 71—72 页。

③ 科举三级考试制度,从宋乾德五年开始。《宋史·选举一》记载了殿试如何成为常制的过程:"五年,礼部奏合格进士、诸科凡二十八人,上亲召对讲武殿,而未及引试也。明年,翰林学

代科举考试初始阶段,明代选官也是从这一级开始的。

洪武初,由于天下初定,官多缺员,曾于洪武四年开始,连试三年。常规后,基本上是每三年一开科。明代科举,规定学校训导专教生徒、罢闲官吏、倡优之家、居父母丧者等不得入试,并对试卷书写格式、考场纪律、考试管理等,都有着详细规定。在三级考试中,乡试分别以子、午、卯、酉年举行,因其在八月考试,又称"秋试"、"秋闱"。乡试地点,"直隶于京府,各省于布政司。"①由于地点主要在各省省会,因此乡试也称"省试"。南北直隶乡试,在南北二京举行,各省则由中央委派各省行政长官,在其属地布政司主持会考。乡试中式,称为举人,于次年二月赴京师礼部会试。会试在辰、戌、丑、未年二月举行,中式者,再由皇帝亲自面试,称为廷试或殿试。殿试之后,由皇帝亲定一、二、三甲,列名第之次:一甲三人,依次为定名为状元、榜眼、探花,赐进士及第。二甲若干人,赐进士出身。三甲若干人,赐同进士出身。士大夫也有以乡试第一为"解元",会试第一为"会元",二、三甲第一为"传胪"。

过乡试的举人,又称乙榜出身,而会试过关,取得进士及第及进士出身者,则被称为甲榜出身。朱之瑜(1600—1682年)道:"科举有甲乙。前朝进士之试,百人之中以一二十人为甲榜,授官从优。二三十人为乙榜,仅得出身。所谓第甲乙者此也,谓品第之也。其余不及格者,驳放回籍,后试听其更来。明朝之称不然,第进士者为甲榜,或言两榜,或言甲科;中乡试者为乙榜,或为一榜,或言乡科,更无几品与名件。"②甲乙榜之授官,有着明显差别:"状元授修撰,榜眼、探花授编修,二、三甲考选庶吉士者,皆为翰林官。其他或授给事、御史、主事、中书、行人、评事、太常、国子博士,或授府推官、知州、知县等官。举人、贡生不第、入监而选者,或授小京职,或授府佐及州县正官,或授教职。"③

士李昉知贡举,取宋准以下十一人,而进士武济川、《三传》刘睿材质最陋,对问失次,上黜之。济川,昉乡人也。会有诉昉用情取舍,帝乃籍终场下第人姓名,得三百六十人,皆召见,择其一百九十五人,并准以下,乃御殿给纸笔,别试诗赋。命殿中侍御史李莹等为考官,得进士二十六人,《五经》四人,《开元礼》七人,《三礼》三十八人,《三传》二十六人,《三史》三人,学究十八人,明法五人,皆赐及第,又赐钱二十万以张宴会。昉等寻皆坐责。殿试遂为常制。"(《宋史》(十一),中华书局1985年版,第3606页)。三级考试制度的确立,参见王道成:《科举史话》,中华书局1988年版,第13—16页。

① 《明史》(六),中华书局1974年版,第1694页。
② 朱之瑜:《朱舜水集》(上),中华书局1981年版,第348页。
③ 《明史》(六),中华书局1974年版,第1695页。

显然,明朝授官,重甲榜而轻乙榜。举人不重新再试,一般来说,只能担任低级官员。

明代科举考试,完全以儒学为根本内容:"科目者,沿唐、宋之旧,而稍变其试士之法,专取四子书及《易》、《书》、《诗》、《春秋》、《礼记》五经命题试士。盖太祖与刘基所定。其文略仿宋经义,然代古人语气为之,体用排偶,谓之八股,通谓之制义。"乡试、会试"皆初九日为第一场,又三日为第二场,又三日为第三场。初设科举时,初场试经义二道,《四书》义一道;二场,论一道;三场,策一道。中式后十日,复以骑、射、书、算、律五事试之。后颁科举定式,初场试《四书》义三道,经义四道。《四书》主朱子《集注》,《易》主程《传》、朱子《本义》,《书》主蔡氏传及古注疏,《诗》主朱子《集传》,《春秋》主左氏、公羊、穀梁三传及胡安国、张洽传,《礼记》主古注疏。永乐间,颁《四书五经大全》,废注疏不用。其后,《春秋》亦不用张洽传,《礼记》止用陈澔《集说》。二场试论一道,判五道,诏、诰、表、内科一道。三场试经史时务策五道。"①可见,明代科考,以《四书》、《五经》等儒学为主要内容,以程朱等宋元人注疏为标准答案,并以八股文为主要形式来试士。从试卷表现形式来看,八股时文无疑是能否中式的根本决定因素。

四、八股:从明经义到缮写誊录生

明代科举考试以八股文作为应试标准文体。在乡试和会试中,八股文成为科举考试首选要求和具体内容。八股文,又称四书文、八比文、时艺、制艺、时文、制义、经义等,其基本写作形式的次序为破题、承题、起讲、入题、起股、出题、中股、后股、束股、收结。其中的起股、中股、后股、束股这四部分又必须使用排比对偶而两两相对的双股行文,即起二股、中二股、后二股、束二股,共计八股文字组成。八股文以《四书》、《五经》作为写作内容,以四书义、经义的科目考试来对应试的士子加以衡量,故又称《四书》文和《五经》文。②

---

① 《明史》(六),中华书局 1974 年版,第 1693—1694 页。
② 八股文概说,参见启功、张中行、金克木:《说八股》,中华书局 2000 年版;王凯符:《八股文概说》,中华书局 2002 年版。
附录:王世贞(1526—1590 年)八股文一篇:

明代八股文的形成、发展和和各个时期的特征,四库馆臣和现代学者都有总结:

盖经义始于宋,《宋文鉴》中所载张才叔《自靖人自献于先王》一篇,即当时程试之作也。元延祐中,兼以经义、经疑试士。明洪武初定科举法,亦兼用经疑。后乃专用经义,其大旨以阐发理道为宗。厥后其法日密,其体日变,其弊亦遂日生。有明二百余年,自洪、永以迄化、治,风气初开,文多简朴。逮于正、嘉,号为极盛。隆、万以机法为贵,渐趋佻巧,至于启、祯,警辟奇杰之气日胜,而驳杂不醇、猖狂自恣者,亦遂错出于其间。于是启横议之风,长倾诐之习,文体庋而士习弥坏,士习坏而国

形而上者谓之道 一节

历观乾坤之蕴,见意之所由尽也。(破题)夫乾坤一形也,而道器变通,事业无不该焉,固意之所由尽哉?(承题)尝谓天下之道,尽之于圣人之意,而显之为器,运之为变通,成之为事业,其蕴至无穷也。吾谓乾坤之象足以尽之者何哉?盖道非离乎形之谓,形而上之谓也。(起讲)超乎乾而上之,则不滞于奇,而为乾之至精,至精之谓道也;超乎坤而上之,则不滞于偶,而为坤之至粹,至粹之谓道也。(起二股)以器观乾,即奇皆道,以乾观乾,犹未离乎奇也,安得不谓器数之末。以道观坤,即偶皆道,以坤观坤,犹未离乎偶也,安得不谓形器之粗?(中二股)以是器也,载是道也。宁无自然之化乎?圣人因其化而裁之,为七八,为九六,则一阴一阳无停机焉,变之谓也。(过接)变固道之垂也,而孰非乾坤之所趋哉?以是化也,裁是变也,宁无可行之端乎?圣人推是变而行之,或趋吉,或避凶,则时止时行无滞迹焉,通之谓也;通固道之运也,而孰非乾坤之所流哉?以是变也,推是通也,宁不措之于民乎?圣人举此法而措之,以通志,以成务,则作内作外有成效焉,事业之谓也。(后二大股)事业固道之所成也,而亦孰非乾坤之妙用哉?吾以是知圣人之意,不外乎道而器,而变通,而事业,皆由道以出者也。圣人之显道不外乎乾坤而化裁,而推行,而举措,皆由乾坤以行者也。象之足以尽意也,于此可观矣。(结语)

说明:此篇题出《易·系辞上》第12章中的一节。其原文是:"'乾坤,其《易》之蕴邪?乾坤成列,而《易》立乎其中矣。乾坤毁,则无以见《易》,《易》(道)不可见,则乾坤或几乎息矣。是故形而上者谓之道,形而下者谓之器。化而裁之谓之变,推而行之谓之通,举而错之,天下之民谓之事业。'题中所说的'形而上者'是指在具体形象、具体事物之上的抽象的、带普遍性的道理;所说'形而下者',是指形象以下的具体事物。前者称做'道',后者称做器。明清用于科举考试的八股文,主要是从《四书》中出题,明朝从试者也可专治《五经》中的某一经,考试时也可以从所治之一经中出题,所以明人写八股也作五经文,王世贞此文即一例。王氏作为学者兼文坛盟主,对儒家经典有深入的研究,该文论道、器的关系,道理讲得深入明白,从中可以看出他的学问功底。儒家认为《周易·系辞》为孔子所作(近代多有否定此说者),所以该文'入口气'以孔子的口吻行文。"(以上附录内容见王凯符:《八股文概说》,中华书局2002年版,第191—194页。)

运亦随之矣。①

　　明代分成化、弘治以前为一期，正德、嘉靖为一期，隆庆、万历为一期，天启、崇祯为一期。明初自洪武、永乐、景泰、天顺以至成、弘，百余年中皆恪遵传注，体会语气，谨守绳墨，尺寸不逾。及正、嘉作者，始能以古文为时文，融液经史，使题之义蕴隐显曲畅，是为明文极盛之时，隆、万间兼讲机法，专事凌驾，轻剽促隘，务为灵便，虽巧密有加，而气体颓然矣。天、崇之间，或失于苦，或失于浮，自后诸家力移风气，则有穷思毕精，务为奇特，包罗载籍，雕刻物情，凡胸所欲言者，皆就题以发挥之。其善者途径别开，光气腾跃，自不可泯，而逾越规矩以为新奇，剽窃子史以为古奥，雕琢字句以为工雅，书卷虽富，词气虽丰，证诸圣经贤传之义理，多不相合者亦复不少。凡此数变，相承相变，沿流之迹，可以推知。②

　　由上不难看出，明初，八股文尚能遵守传注，还不是一种高度程式化的考试文章，举子也并不完全沉溺于八股经义之中，其所学范围比后来广泛得多。成化时期，八股文逐渐脱离了尚为松散的宋代经义文章的作文方法，体例和行文程式上基本定型，正德、嘉靖年间，由于学子能够经史结合、较少雕饰，开创了八股文在科举考试中的极盛阶段；到了隆庆、万历年间，为避免重复和标准化考试带来的抄袭等，八股文形式上追求文字之奇特雕琢，内容上趋于一味追求新奇，致使八股文体僵化、内容空洞无物。

　　嘉靖年间，八股文盛极而衰，其诸多弊端已开始显露。到隆庆、万历时期，科举考试"取人独重八股，而八股文的具体写作方式和主题、立论等内容更加严密、苛刻和僵化。嘉靖以后，大量为应科举考试之需的坊间时文充斥举场内外"，"一些人借刻印八股时文而大发横财"。③ 王凯旋这样描述当时科考举子："攻举业的士子们一册程墨范文在手，便口读心诵。这些坊间时文既有标准化的应试程文，又有点评文字，便于模拟甚至背诵范文，当科举考试时誊抄

---

① 《钦定四库全书总目》（整理本）（下），中华书局 1997 年版，第 2660 页。关于明代八股文文体、文题、历史演变的详细考察，参见龚笃清：《明代八股文史探》，湖南人民出版社 2006 年版。

② 商衍鎏：《清代科举考试述录及有关著作》，百花洲文艺出版社 2004 年版，第 253 页。

③ 王凯旋：《明代科举制度考论》，沈阳出版社 2005 年版，第 128、129 页。

一过,便可轻松过关。如万历年间的《钩玄录》,天启、崇祯年间的《五经文字》、《四十名家》、《名家制义》等均属为应试科举的八股文选本。而'天下之人,唯知此物可以取科名,享富贵,此之谓学问,此之谓士人,而他书一切不观。'士人科举考试的目的于此也就十分明确,即'取高第,博文誉'。八股文到此时只是作为科举士人的应试手段和工具,八股文在内容上,已由明初的多经选取,到明中期的程朱主说,进一步到明末的割裂经义,使得它原本具有的文体平正典雅的特点黯然失色,完全成了一具科举考试的僵尸。"①科举、八股,本意是朝廷为选取明经致用之士而设。明末,其流弊所及,仅仅着眼于考试技巧、应试手段便能弋取功名,实开士子取巧捷径。

嘉靖三十一年(1552年),李贽参加了福建乡试,中举人。李贽自述其中举过程,颇能反映当时上述科场考试的实情:"稍长,复愦愦,读传注不省,不能契朱夫子深心。因自怪,欲弃置不事。而闲甚,无以消岁日,乃叹曰:'此直戏耳。但剽窃得滥目足矣,主司岂一一能通孔圣精蕴者耶!'因取时文尖新可爱玩者,日诵数篇,临场得五百。题旨下,但作缮写誊录生,即高中矣。"②以往学者将李贽"但作缮写誊录生,即高中矣"这一情况,解释为李贽对科举制度和八股文的讽刺和批判。但当我们从嘉靖朝科举考试的历史环境重新看这段话,不难发现,李贽考中举人,只是掌握了科举考试技巧,不过是当时科考时风的一个案例而已。从李贽后来言论看,他不但没有批判时文;相反,对时文还是有着非常高的评价和感情,乃至作为其思想表述之重要手段的。

五、场上之文与场下之文

李贽明确表达了自己的时文观:

> 时文者,今时取士之文也,非古也。然以今视古,古固非今;由后观今,今复为古。故曰文章与时高下。高下者,权衡之谓也。权衡定乎一

---

① 王凯旋:《明代科举制度考论》,沈阳出版社2005年版,第129—130页。
② 《焚书》,中华书局2009年版,第84页。

时,精光流于后世,曷可苟也! 夫千古同伦,则千古同文,所不同者一时之制耳。故五言兴,则四言为古;唐律兴,则五言又为古。今之近体既以唐为古,则知万世而下当复以我为唐无疑也,而况取士之文乎? 彼谓时文可以取士,不可以行远,非但不知文,亦且不知时矣。夫文不可以行远而可以取士,未之有也。国家名臣辈出,道德功业,文章气节,于今烂然,非时文之选欤? 故棘闱三日之言,即为其人终身定论。苟行之不远,必言之无文,不可选也。①

天下之至文,未有不出于童心焉者也。苟童心常存,则道理不行,闻见不立,无时不文,无人不文,无一样创制体格文字而非文者。诗何必古选,文何必先秦。降而为六朝,变而为近体;又变而为传奇,变而为院本,为杂剧,为《西厢曲》,为《水浒传》,为今之举子业,皆古今至文,不可得而时势先后论也。②

独《说书》四十四篇,真为可喜,发圣言之精蕴,阐日用之平常,可使读者一过目便知入圣之无难,出世之非假也。信如传注,则是欲入而闭之门,非以诱人,实以绝人矣,乌乎可! 其为说,原于看朋友作时文,故《说书》亦佑时文,然不佑者故多也。③

李贽赞扬时文为时代至文,又鄙薄传注,以时文形式表述自己的思想。显而易见,李贽是充分肯定有明八股文的。李贽此处所言之八股文,主要指所谓"场下之文"。不同于应试八股之所谓"场上之文","场下之文"是指按照八股文样式,作者自己命题立意之作。黄强认为,"场上之文"和"场下之文"主要区别在于:"第一,'场上之文'题目由主司给定,有话说无话说都得敷衍成篇,'场下之文'的作者可以自由地选择自己感兴趣的题目。第二,'场上之文'以应试求取功名为目的,必须谨遵朱注、顾及时好与考官胃口,否则难以中彀。写'场下之文',作者无须仰人鼻息,而是以自己的好恶决定一切。第三,'场上之文'必须谨守程式,否则便是'违式'。八股之式'排比有定',无论内容如何,都只能'斤斤然栉句比字而不敢或乱'……'场下之文'大可不必

① 《焚书》,中华书局 2009 年版,第 117 页。
② 《焚书》,中华书局 2009 年版,第 99 页。
③ 《焚书》,中华书局 2009 年版,"自序"第 1 页。

如此拘谨,因文害意。"①李贽在《童心说》中称举子业乃"天下之至文"的话,往往为学者所不解。实际上,用"场下之文",一方面,能够从心所欲而不逾八股之矩,随意挥洒,表达自己的观点;另一方面,通过作场下之时文,体现出有明文章体制之盛,便于流传作者思想,何乐而不为?确如李贽所言,只要出于"童心",包括八股文在内的一切"创制体格文字"都是"天下之至文"。李贽一向把《说书》的重要性与其《藏书》、《焚书》等量齐观,就是意在说明,其《说书》中的"场下时文"不同于信守传注,以获取功名为目的之"场上之文"。《说书》"场下时文"的形式,可以更加方便、简洁地阐发自己的思想,并使之发挥社会影响。明此,就可以理解李贽为什么说自己的《说书》"亦佑时文,然不佑者故多也"之本意了。②

---

①　黄强:《论李贽的八股文观及其实践》,载《扬州教育学院学报》第 22 卷第 4 期,第 2—3 页。

②　附《说书·不患人不己知患不知人》:"世间人谁不说我能知人,然夫子独以为患,而帝尧独以为难,则世间自说能知人者,皆妄也。于问学上亲切,则能知人,能知人则能自知。是知人为自知之要务,故曰'我知言',又曰'不知言,无以知人'也。于用世上亲切不虚,则自能知人,能知人由于能自知。是自知为知人之要务,故曰'知人则哲,能官人'。'尧、舜之知而不遍物,急先务也'。先务者,亲贤之谓也。亲贤者,知贤之谓也。自古明君贤相,孰不欲得贤而亲之,而卒所亲者皆不贤,则以不知其人之为不贤而妄以为贤而亲之也。故又曰'不知其人,可乎'。知人则不失人,不失人则天下安矣。此尧之所难,夫子大圣人之所深患者,而世人乃易视之。呜呼!亦何其猖狂不思之甚也!况乎以一时之喜怒,一人之爱憎,而欲视天下高蹈远引之士,混俗和光之徒,皮毛臭秽之夫,如周、丘其人者哉!"(《焚书》,中华书局 2009 年版,第 47 页。)

第三章　入道之门：从王学开始

一、生命的困顿：从辉县教谕到两京国子监

李贽中举后，两次参加会试不第。按照明廷规定，"乙科"举人会试不第者，有两条出路：一者，入国子监或回原籍读书，以待下科；二者，就是申请吏部安排教职。教职地位低下，升迁无望，举人一般会选择再考。但是，如果会试三试不中，就不得再考，径由吏部安排官职，否则贬为吏。① 在两次会试期间，李贽前有弟妹婚嫁之事（嘉靖三十三年，1556 年）、后有长子之丧（嘉靖三十四年，1557 年），加之家庭生活困难，"以困乏不再上公车"。② 连试不第，现实生活的困苦，加上作为长子的家庭责任感，使李贽最终放弃了继续攀爬"甲榜"进士的努力，此后，李贽不得不"假升斗之禄以为养"为念，"不容不与世俗相接"，③开始在下层官僚生活中沉浮。

1. 辉县：落落不闻道的五年

嘉靖三十五年（1556 年），再次会试不第的李贽，向吏部申请派官，本意乞请江南便地。不久，吏部命下，派李贽任河南辉县教谕。自此直至万历八年（1580 年）卸任云南姚安知府，李贽渡过了长达 24 年的仕宦生涯。

辉县五年，李贽认真履行了作为县教谕之职责。倔犟个性所致，使得他和上司不能和谐相处，而求道的信念，却一步步地加深了。

---

① 白钢主编，杜婉言、方志远：《中国政治制度通史·明代》，人民出版社 1996 年版，第425 页。

② 林海权：《李贽年谱考略》，福建人民出版社 2005 年版，第 35 页。

③ 《王阳明全集》（下），上海古籍出版社 1992 年版，第 1604 页。

在《卓吾论略》中，李贽这样回忆了中举直到任辉县教谕期间的往事：

居士曰："吾初意乞一官，得江南便地，不意走共城万里，反遗父忧。虽然，共城，宋李之才官游地也，有邵尧夫安乐窝在焉。尧夫居洛，不远千里就之才问道。吾父子倘亦闻道于此，虽万里可也。且闻邵氏苦志参学，晚而有得，乃归洛，始婚娶，亦既四十矣。使其不闻道，则终身不娶也。余年二十九而丧长子，且甚戚。夫不戚戚于道之谋，而唯情是念，视康节不益愧乎！"安乐窝在苏门山百泉之上。居士生于泉，泉为温陵禅师福地。居士谓"吾温陵人，当号温陵居士"。至是日游遂百泉之上，曰："吾泉而生，又泉而官：泉于吾有夙缘哉！"故自谓百泉人，又号百泉居士云。在百泉五载，落落竟不闻道，卒迁南雍以去。①

可以看出，在这一次人生转折点，求道的意识，仍然强烈地左右着李贽的思想和价值取向：邵雍不远千里的求道精神，苦志参学，不以家事为念一心向道的志向，深深地感染和激励着李贽父子。② 如果说李贽少年时期的求道意识，是受父亲影响，是一个懵懂倔犟少年朦朦胧胧心理趋向的话，此时，已经渐渐地有了求道以为生存意义所系之萌芽了。丧子之痛，固然刺痛了李贽，但是，受先进一心向道精神感召，这些痛苦也开始变得不是那么不可逾越，甚至是可堪惭愧之事了。

任职辉县教谕期间，李贽"德器凝重，施教有方"③然而，由于李贽性格倔犟与人寡和，"为县博士，即与县令、提学触"。④ 李贽虽然"拜揖公堂之外，固闭户自若"⑤以求道，但是，由于没有名师良友提携，直到五年后去任，也是"落

---

① 《焚书》，中华书局 2009 年版，第 84 页。
② 邵雍自小读书为乐，19 岁时母亲过世，后李之才闻其好学，上门施教。邵雍 35 岁时，李之才过世，于是，邵雍开始发奋自学，直到 43 岁在弟子的帮助下才结婚，45 岁才有儿子。邵雍在 43 岁之前，完全是安贫乐道，苦学乐学的典范。（参见唐明邦：《邵雍评传》，南京大学出版社 1998 年版。）
③ 见光绪重修《辉县志》卷二《职官表》，转自林海权：《李贽年谱考略》，福建人民出版社 2005 年版，第 40 页。
④ 《焚书》，中华书局 2009 年版，第 187 页。
⑤ 《王阳明全集》（下），上海古籍出版社 1992 年版，第 1604 页。

落竟不闻道"而已。

2. 两京国子监博士：生命的困境

嘉靖三十八年(1559年)，李贽升任南京国子监博士。到任数月，父白斋殁，李贽丁父忧，归泉守制：

> 时倭夷窃肆，海上所在兵燹。居士间关夜行昼伏，余六月方抵家。抵家又不暇试孝子事，墨衰率其弟若侄，昼夜登陴击柝为城守备。城下矢石交，米斗斛十千无籴处。居士家口零三十，几无以自活。三年服阕，尽室入京，盖庶几欲以免难云。①

三年守制期间，泉州倭患正盛，②李贽也曾身穿孝服参加守城的战斗。此时，福建和泉州地区正是农民暴动、饥荒、疫情等盛行。世事家事，天灾人祸，使得李贽生活陷入一片狼藉纷乱之中。

李贽服阕入京后，不得缺，又假馆授徒。嘉靖四十三年(1564年)，在授徒

---

① 《焚书》，中华书局2009年版，第84页。

② 嘉靖时的倭患亦即历史上所谓"嘉靖倭患"。"嘉靖倭患"的形成，是由于明廷严厉海禁，致使东南沿海的私人海外贸易集团公然武力与明廷对抗所致，因此，"嘉靖倭患"实质上是一场海禁和反海禁的斗争。在被称为"倭寇"的海商中，十之八九是中国海商，真倭是极少数。最大的"倭寇"头目即是徽商王直。在闽、浙沿海，尤其是福建漳州、泉州一带，因土地瘠薄，田不足养，老百姓大都以海为生。嘉靖年间，这些地区的私人海外贸易一般可获得十倍左右利润，由于明廷严禁对日贸易，使得去日贸易利润特别高。在这种高额利润的引诱下，大批无以为生的贫民便纷纷投入到海外走私贸易的行列中来，使海商集团越结越大。由于海禁断了他们的"生路"，以致他们公然抢掠，与严海禁的官军相对抗。李贽家乡泉州深受其害的，就是这样的"倭寇"。

　　晁中辰指出："嘉靖倭患"问题"有一点需加以特别说明，即在历史上正义性和进步性并不总是统一的。作为一个主权国家，明王朝完全有权实行海禁，既不许外国人来进行贸易，也不许中国人私自出海，从法理上来看完全是正义之举。但是，这种正义之举却带有很大的落后性，不合于当时世界进步的潮流。因为当时已进入16世纪中期，西欧已进入了资本主义时期，世界市场正逐步形成。嘉靖皇帝昧于海外情势，抱定'祖训'不放，仍厉行海禁，从而限制了海外市场的扩大，严重阻碍了正常的中外经济文化交流。海禁不合于历史潮流，它必然遭到海商们的激烈反抗。当隆庆皇帝部分开放海禁后，这场祸乱也就平息下去了。"(晁中辰：《明代海禁与海外贸易》，人民出版社2005年版，第200页；亦可参见樊树志：《晚明史(1573—1644年)》，"导论——'全球化'视野下的晚明"，复旦大学出版社2003年版。)

十月后,得缺,任北京国子监博士。上任不久,不幸又接踵而至:先是祖父故去,接着次子病死,刚刚稳定下来的生活,又一次陷入困境。李贽心里充满了悲苦:"嗟嗟! 人生岂不苦,谁谓仕宦乐。仕宦若居士,不乃更苦耶!"①也正是这个时候,身为长子长孙的李贽,作出了回归故里,归葬三世,一了三世业缘的决定:

> 吾先曾大父大母殁五十多年矣,所以未归土者,为贫不能求葬地;又重违俗,恐取不孝讥。夫为人子孙者,以安亲为孝,未闻以卜吉自卫暴露为孝也。天道神明,吾恐决不肯留吉地以与不孝之人,吾不孝罪莫赎矣。此归,必令三世依土。②

归葬三世亲人,为祖父泉州守制,又是三年。

嘉靖四十五年(1566 年),荒诞自大、刻薄寡恩而崇奉道教的嘉靖皇帝走到了他生命中的最后一年。③ 本年夏间,40 岁的李贽④服满到辉县接妻女回京。见到妻女悲喜交集的一幕,令李贽刻骨铭心,终生难忘:

> 居士曰:"吾时过家葬毕,幸了三世业缘,无宦意矣。回首天涯,不胜万里妻孥之想,乃复抵共城。入门见室家,欢甚。问二女,又知归未数月俱不育矣。"此时黄宜人泪相随在目睫间,见居士色变,乃作礼,问葬事,及其母安乐。居士曰:"是夕也,吾与室人秉烛相对,真如梦寐矣。乃知妇人势逼情真,吾故矫情镇之,到此方觉展齿之折也!"⑤

上失亲养,下绝子嗣,世事无常变幻,痛彻心肺的苦痛体会,至此,已经刻入李贽的骨髓。

---

① 《焚书》,中华书局 2009 年版,第 85 页。

② 《焚书》,中华书局 2009 年版,第 85 页。

③ 胡凡:《嘉靖传》,人民出版社 2004 年版;许文继、陈时龙:《正说明朝十六帝》,中华书局 2005 年版。

④ 嘉靖四十五年(1566 年)十二月嘉靖皇帝驾崩。子载垕继位,是为隆庆帝,此前李贽叫李载贽,自此避讳改名李贽。

⑤ 《焚书》,中华书局 2009 年版,第 85—86 页。

从嘉靖三十五年(1555年)李贽任辉县教谕开始,直至嘉靖四十五年(1566年)北京补礼部司务为止,作为长子长孙,李贽一方面以家族责任为念,渡过了他生命中最为困苦的10年:弟妹婚嫁、父亲、祖父故去、连丧二子二女锥心之痛、守制期间天灾人祸等,生命的困苦,在这十年里似乎来了一个总爆发。李贽忍受着身体和心灵的苦痛,默默地完成着作为长子长孙应尽的责任。与此同时,生命的苦痛,磨砺了他的意志,也成就了他求道之决心和真志。当李贽在科举中打拼的时候,虽然不能契朱夫子深心,也不得不做些八股文章,求功名以养家糊口,尽子孙孝道,以免被人耻笑。而一旦等到弟妹婚嫁已毕,"幸了三世业缘"之后,功名富贵,已经不在他考虑之列,从此之后,生活穷困,宦海沉浮,便已不足以使他挂怀。志道,苦苦寻求生命下落,成了他生存的全部意义所在。① 嘉靖四十五年(1566年)秋末冬初,李贽到北京补任礼部司务。其后五年,他在师友提掖下,如饥似渴地求道,踏上了作为思想家和学者之人生旅途。可以说,从尝尽悲辛的不惑之年开始,李贽开始了他作为学者和思想家的生命历程。

二、潜心道妙:道之饥渴与师友劝掖

李贽在礼部司务五年的求道生涯,开启于李逢阳、徐用检、李才(号见罗)等道友的劝掖。李贽说:

> 不幸年逾四十,为友人李逢阳、徐用检所诱,告我龙溪先生语,示我阳明先生书,乃知得道真人不死,实与真佛、真仙同,虽倔强,不得不信之矣。②

① 江灿腾指出了李贽40岁前生命困苦和其求道以解决性命下落的关系:"一个人的所思所为,和他所处的时代息息相关,而和他本人的生活经验或家庭环境尤其关系重大。李卓吾的生平,虽然相当复杂,但在复杂中仍有一核心部分,即死亡及佛教的问题,此一部分始终盘绕在他的脑海中,他的一生思想和作为,虽具有一些戏剧性转变和不可解的矛盾表象,其实是反映了寻求解脱死亡恐怖的挣扎过程。而这一过程,在整理40岁前的李卓吾的生活背景时,自然而然地会发觉:李卓吾实际上承受了家族亲人死亡和生活艰困的强大压力,因而才发生转变。"(江灿腾:《晚明佛教改革史》,广西师范大学出版社2006年版,第242页。)
② 《王阳明全集》(下),上海古籍出版社1992年版,第1604页。

（许用检）在都门从赵大洲讲学，礼部司务李贽不肯赴会，先生以手书《金刚经》示之，曰："此不死学问也，若亦不讲乎?"贽始折节向学。尝晨起俟门，先生出，辄摄衣上马去，不接一语。如是者再，贽信向益坚，语人曰："徐公钳锤如是。"①

昔在京师时，多承诸公接引，而承先生（李见罗）接引尤勤。发蒙启蔽，时或未省，而退实沉思。既久，稍通解耳。师友深恩，永矢不忘，非敢佞也。②

可见，道友们的诱掖，使得李贽开始接触和学习王阳明以及王畿之学；师友机锋，及李贽参加京师讲会参禅等活动，坚定了他学习佛学的志向。此外，李贽又开始"专治《老子》"，认为历代解老著述，要数北宋苏辙（子由）最好。③事实上，正是由于徐用检、李见罗等道友提携，李贽才真正开始接触三教学问，迈入学术研究之门。李贽自云，五载春官，潜心道妙。于上可见，接触王阳明著作、听闻王畿言论，阅读《金刚经》，专治《老子》而崇信佛道，以及听徐用检等讲学，这就是李贽后来所说"就学于燕"的具体内容。

李贽是受朋友的启发和督促入道的，倔强如李贽者，尽管和以往一样与上司和不来。但是，源于求道的一念赤诚，李贽自此以后对求道的同志，却是非常尊重的："自40岁以至今日，不敢一日触犯于友朋。"④

在北京礼部司务的五年，李贽"潜心道妙"颇有心得。此时，他"憾不能起白斋公于九原"，"思白斋公也益甚"，又自号"思斋居士"⑤。李贽这种心理活动再次表明，其求道心理，受父亲影响颇大。而触犯上司却重视朋友，更说明了李贽一向无意仕途以及求道之真诚。在朋友帮助和自己努力下，此时李贽

---

① 《明儒学案》（修订本）（上），中华书局2008年版，第303页。

② 《焚书》，中华书局2009年版，第6页。

③ "自此专治《老子》，而时获子由《老子解》读之。解《老子》者众矣，而子由称最。子由之引《中庸》曰：'喜怒哀乐之未发谓之中。'夫未发之中，万物之奥，宋儒自明道以后，递相传授，每令门弟子看其气象为何如者也。子由乃独得微言于残篇断简之中，宜其善发《老子》之蕴，使五千余言烂然如皎日，学者断断乎不可以一日去手也。"（《焚书》，中华书局2009年版，第110—111页。）

④ 《焚书》，中华书局2009年版，第68页。

⑤ 《焚书》，中华书局2009年版，第86页。

接触到了王学及其后学,对佛老之道,也有了一些初步认识和研究,已经开始慢慢迈入学术研究之门。个人生活经历,使他对探求生命之道的下落,有着极大的热情。但是,对于道究竟是什么,什么才是他所要求的道,李贽还是不清楚的。漫漫求道之途,他才刚刚上路。

嘉靖七年(1528 年),王阳明过世。李贽当时还是一个两岁的孩童。李贽的青少年时代,无论庭训还是后来学校以及科举考试,他所接触到的知识,都是儒教社会体制化内关于儒学知识的一般,基本上是科举化的程朱一系思想。李贽自幼不能满意于僵化的朱子思想和假道学家;及长,养家糊口之外,汲汲于求道,然而,直到年近不惑的时候,他才开始接触到当时风行学界的王学以及释道二教内容。自此以后,李贽才从茫然的知识渴求,迈入了学问的门槛。

李贽入道虽晚,但是,由于早年困苦生活的磨炼,和早已萌生日渐深刻的求道热忱,使得此时安贫乐道、如饥似渴地求道,成为一种真切而自然的选择:

至京,补礼部司务。人或谓居士曰:"司务之穷,穷于国子,虽子能堪忍,独不闻'焉往而不得贫贱'语乎?"盖讥其不知止也。居士曰:"吾所谓穷,非世穷也。穷莫穷于不闻道,乐莫乐于安汝止。吾十年余奔走南北,只为家事,全忘却温陵、百泉安乐之想矣。吾闻京师人士所都,盖将访而学焉。"①

食之于饱,一也。南人食稻而甘,北人食黍而甘,此一南一北者未始相美也。然使两人者易地而食焉,则又未始相弃也。道之于孔、老,犹稻黍之于南北也,足乎此者,虽无美于彼,而顾可弃之哉!何也?至饱者各足,而真饥者无择也。

盖尝北学而食于主人之家矣。天寒,大雨雪三日,绝粮七日,饥冻困踣,望主人而向往焉。主人怜我,炊黍饷我,信口大嚼,未暇辨也。撤案而后问曰:"岂稻粱也欤!奚其有此美也?"主人笑曰:"此黍稷也,与稻粱埒。且今之黍稷也,非有异于向之黍稷者也。唯甚饥,故甚美;唯甚美,故甚饱。子今以往,不做稻粱想,不做黍稷想矣。"余闻之,慨然而叹,使余

---

① 《焚书》,中华书局 2009 年版,第 86 页。

之于道若今之望食，则孔、老眼择乎！……嗟夫！亦唯真饥而后能得之也。①

　　从李贽求道的饥渴所表现出的"真饥无择"和"真饥而后能得"的观点看，从入道之初，李贽就是从道的高度平等看待和评判三教学问的，但凡有道，都是李贽饥渴以求的，名分判教等，一开始就不是他求学的目的。② 虽然此时李贽思想尚未成熟，但是，其求道的真诚和饥渴，使其从一开始就有着非常宽广的学术视野和规模。道，超过一切。早年"丐食于卫"，奔走南北以为家事也好，后来 50 至滇糊口万里之外也罢，无论经历什么样困苦人生，李贽始终将求道这件事情放在首位。

三、狂者的担当：对深造自得之学的呼唤

　　李贽学术生涯开始时所面临之学术界，正是王学及其后学盛行的时代。如

---

　　①　《焚书》，中华书局 2009 年版，第 110—111 页。
　　②　沟口雄三解释道：李贽求道的饥渴感，使得三教甚至所有教派的境界都被打破；因为忘我而无暇辨别境界，宣告了"丧失自己的自己"："不是陷于饥饿的自己，是自觉饥饿的自己，是从自觉饥饿的底层宣告眼中没有三教境界的自己。不是因忘我而看不到境界。饥饿的强烈，自觉这一强烈的自觉的强烈，排除了境界。可以排除三教境界的那种饥饿感的强烈，可以说就是自己主张的强烈。但这当然不是主张自己的充实，不是所谓自我的主张，而是主张自己的空洞。三教的境界换句话说就是既成的秩序、既成的道统观、社会共识等。这些不是对现在（现存之物）的自我的主张，依据这些不能充实自我，这就是他的空洞主张。"（［日］沟口雄三：《中国前近代思想的演变》，索介然、龚颖译，中华书局 2005 年版，第 59 页。）沟口实际上是想说，李贽求道的饥饿感，基于"主张自己的空洞"基础上"自己主张的强烈"。这种源于"空洞"无所执的强烈的"自己"，排除了三教判教问题、无视所谓既成秩序、道统和社会共识。
　　沟口从哲学抽象思辨上去探讨李贽饥饿感的由来，强调了李贽在无我基础上强烈的自我感。实际上，李贽这种饥饿感，是寻求自家性命下落未果，由对性命之道焦虑所导致。周汝登（1547—1629 年，字继元，号海门，浙江嵊州人）说："禅与儒，名言耳，一碗饭在前，可以充饥，可以养生，只管吃便了，又要问是和尚家煮的，百姓家煮的？"（《周海门先生文录》卷二，《四库全书存目丛书》第 165 集，第 177 页。）由此看见，晚明学者确乎对性命之道有着一种饥不择食的状况存在。李贽这篇序言写于万历二年（1574 年），且是在回忆在北京礼部司务任上的故事。（林海权：《李贽年谱考略》，第 60、92 页）此时李贽的思想，尚未达到所谓"空洞"自己的境界。就此篇序言说明李贽教派无择，唯道是究这一点尚可，申言空洞自我云云，是没有历史依据的过度诠释了。实际上，将对道的渴求和真饥无择相类比，恰恰说明在李贽的思想世界里面，道不是用来空想的，而是用来受用的。

果说程朱理学确立了传统儒教社会之官方正统思想,规范着整个社会的运作;那么,阳明学之兴起,标志着心学成为儒学中与朱学并行之另一翼的最终完成。①

明朝,通过科举考试和学校教育,程朱之学成为稳居儒教社会官方正统地位的思想。而科举考试和出仕的直接联系,使得程朱之学某种意义上成为士子们谋取功名利禄之手段和工具。本来高扬道德理想主义特重践履的程朱之学,由于和现实利益结合,也渐渐地丧失了其原意。科举考试重言不重行,重辞章而不以实践的现实要求,以及功名利禄的巨大诱惑,致使儒家仁义道德忠信孝悌等德目,从原本的道德理想和安身立命的根本,渐渐蜕化为徒口说的具文。正德、嘉靖年间,由科举、学校等所致的儒家道德之功利化、虚伪化等积久成弊,假饰天理仁义,而行自私自利之假道学充斥社会,巧诈伪饰遂成为一时之社会风气。

王阳明对上述朱学功利虚伪化流弊有着真切的认识,对其所造成的社会恶果,表示出极大的忧虑和愤慨,并予以严厉的批判:

> 后世大患,全是士夫以虚文相诳,略不知有诚心实意。流积成风,虽有忠信之质,亦且迷溺其间,不自知觉。是故以之为子,则非孝;以之为臣,则非忠。流毒扇祸,生民之乱,尚未知所抵极。②

> 世之学者,章绘句琢以夸俗,诡心色取,相饰以伪,谓圣人之道劳苦无功,非复人之所可为,而徒取辩于言词之间;古之人有终生不能究者,今吾皆能言其略,自以为若是亦足矣,而圣人之学遂废。③

> 自科举之业盛,士皆驰骛于记诵辞章,而功利得丧分惑其心,于是师之所教,弟子之所学者,遂不复知有明伦之意矣。④

---

① 阳明学的形成、内容和发展研究,参见陈来:《有无之境:王阳明哲学的精神》,北京大学出版社 2006 年版;陈来:《宋明理学》,华东师范大学出版社 2004 年版;杨国荣:《心学之思:王阳明哲学的阐释》,三联书店 1997 年版;张祥浩:《王守仁评传》,南京大学出版社 1997 年版;左东岭:《王学与中晚明士人心态》,人民文学出版社 2000 年版;钱明:《阳明学的形成与发展》,江苏古籍出版社 2002 年版;吴震:《阳明后学研究》,上海人民出版社 2003 年版;林继平:《王学探微十讲》,兰台出版社 2001 年版;彭国翔:《良知学的展开:王龙溪与中晚明的阳明学》,三联书店 2005年版;蔡仁厚:《王学流衍》,人民出版社 2006 年版;[日]冈田武彦:《王阳明与明末儒学》,吴光、钱明、屠承先译,上海古籍出版社 2000 年版。
② 《王阳明全集》(上),上海古籍出版社 1992 年版,第 205 页。
③ 《王阳明全集》(上),上海古籍出版社 1992 年版,第 230—231 页。
④ 《王阳明全集》(上),上海古籍出版社 1992 年版,第 253 页。

世之学者,业辞章,习训诂,工技艺,探颐而索隐,弊精极力,勤苦终身,非无所谓深造之者。然亦辞章而已耳,训诂而已耳,技艺而已耳。非所以深造于道也,则亦外物而已耳,宁有所谓自得逢原者哉![1]

士皆巧文博词以饰诈,相规以伪,相轧以利,外冠裳而内禽兽,而犹或自以为从事于圣贤之学。如是而欲挽而复之三代,呜呼其难哉![2]

圣贤之学,其久见弃于世也,不啻如土苴。苟有言论及之,则众共非笑诋斥,以为怪物。唯世之号称贤士大夫者,乃始或有以之而相讲究,然至考其立身行己之实,与其平日家庭之间所以训督期望其子孙者,则又未尝不汲汲焉惟功利之为务;而所谓圣贤之学者,则徒以资其谈论、粉饰文具于其外,如是者常十而八九矣。[3]

王阳明认为,对举业功利的追逐,使得本来强调忠孝明伦、明德亲民等务求深造自得之圣贤学问,成为"以虚文相诳"之伪学。而所谓社会贤达,也大多不过是一群以功利为急务,以圣贤之学为谈资,"外冠裳而内禽兽"之流。他们败坏了诚心实意之成圣成贤学问,其流毒所及,足以"扇祸"而生民之乱,造成了非常严重的社会后果。王学之兴起,无疑便是以对治此制度化程朱学术之流弊,以整肃礼教之乱为旨归的。[4]

---

[1] 《王阳明全集》(上),上海古籍出版社1992年版,第265—266页。

[2] 《王阳明全集》(上),上海古籍出版社1992年版,第282页。

[3] 《王阳明全集》(上),上海古籍出版社1992年版,第283页。

[4] 王阳明对朱学流弊的批判,并不能说明其对科举制度和程朱学持完全否定的态度。事实上,诚如吕妙芬所言,阳明学与科举和程朱学是既倚赖又排拒的关系:"一方面,程朱学曾是王阳明最认真学习的课题,规范着王阳明学说的重要内涵与进程,程朱之作圣精神也是王阳明仰慕学习的榜样;另一方面,程朱学又被王阳明批评为违离圣人之教、不契入道之方,也是阳明学说主要欲去纠正的内容,而程朱官学主导的科举士习更是王阳明主要攻击与纠正的对象。王阳明学说与科举文化间这种复杂的依违关系,与阳明学者面对科举考试的态度相呼应,他们一方面相信科举考试应该可以发挥所标榜的儒家圣学理想,是士人当然的职责与奋力之所在;另一方面又严厉指斥现实中考试的功利影响。这种对科举制度及制度背后的政治权力所显出的既依附又试图超越之、既追求又不免指斥的态度,是了解阳明学派建构的重要关键之一。虽然王阳明学说在某些意义上带有不驯于官方专制思想的大胆风格,但绝不是一种反抗既有体制与政权的革命学说。相反的,从王阳明开始,企图在既有体制内争取圣学的正统性便是这学派一贯的努力,这项努力终于在万历年间获得实现。"(吕妙芬:《阳明学士人群体:历史、思想与实践》,新星出版社2006年版,第33—34页。)

四、良知:生命困境激发之领悟

阳明学形成,不仅和具体历史环境息息相关,也是其个人人生独特经历的产物。王阳明(1472—1528 年)名守仁,字伯安,谥文成。祖籍浙江余姚,后居住于山阴(越城),因曾经结庐修学论讲于越城之阳明洞,故号阳明。乃父王华,明成化十七年(1481 年)状元,仁恕坦直,与人为善,侍亲至孝。[①] 王阳明幼承庭训,其父常常相与讲习经义,奠定了王阳明的儒者性格。

王阳明少有文名,热心骑射,研究兵法。少年时便有"读书学圣贤"为"第一等事"之思想。21 岁时,曾身体力行宋儒格物之学,取竹格之,以至于病倒,后来又转向仙佛之学。28 岁中进士,历任刑部主事、吏部主事、员外郎、郎中、南京太仆寺少卿、鸿胪寺卿、左佥都御史、右副都御史、南京兵部尚书等。正德十四年(1519 年),江西宁王朱宸濠以十万大军发动叛乱,王阳明用了三十五天,三战而生擒朱宸濠,平定了震惊朝野的叛乱。后又平息了广西少数民族的暴动,为朱明王朝立下了不世之功。但是,赫赫战功反而使王阳明屡屡遭到迫害,陷入了"百死千难"的政治和生命危机。

正德三年(1508 年),王阳明时年 37 岁,因得罪权贵,谪守自然环境恶劣的贵州贵阳之龙场驿,任龙场驿丞。王阳明年轻时便有成圣的理想,性格狂放而感情丰富,蔑视权贵,个人气质近于豪雄。虽有很高的文学天赋,但对求道的"第一等事"有着终生不悔的追求。在此居夷处困、九死一生、百难备尝的生命困境中,王阳明动心忍性,苦思圣人处困之道,"忽中夜大悟格物致知之旨","始知圣人之道,吾性自足,向之求理于事物者误也",[②]因此悟,王阳明得以独创良知之学,斯之谓"龙场悟道"。这种源于人生痛苦体验和深切解悟的学说,不仅是一种学术上的见解,更是实实在在地来源和作用于生活实践

[①] 《明史》记载:王华"字德辉,成化十七年进士第一。授修撰。弘治中,累官学士、少詹事。华有器度,在讲幄最久,孝宗甚眷之。李广贵幸,华讲《大学衍义》,至唐李辅国与张后表里用事,指陈甚切。帝命中官赐食劳焉。正德初,进礼部左侍郎。以守仁忤刘瑾,出为南京吏部尚书,坐事罢。旋以《会典》小误,降右侍郎。瑾败,乃复故,无何卒。华性孝,母岑年逾百岁卒。华已年七十余,犹寝苦蔬食,士论多之。"(《明史》(十七),中华书局 1974 年版,第 5159 页。)

[②] 《王阳明全集》(下),上海古籍出版社 1992 年版,第 1228 页。

之道。

《明史》记载：王阳明"谓宋周、程二子后，唯象山陆氏简易直捷，有以接孟氏之传。而朱子《集注》、《或问》之类，乃中年未定之说。学者翕然从之，世遂有'阳明学'云"①。从学术渊源来讲，阳明学继承和发展了孟子"良知"学说和陆九渊心学思想，并对禅宗思维模式有所借鉴。阳明学为学与为教，各有一个"三变"的发展变化过程。王阳明高足钱德洪梳理了这一进程：

> 先生之学凡三变，其为教也亦三变：少之时，驰骋于辞章；已而出入二氏；继乃居夷处困，豁然有得于圣贤之旨：是三变而至道也。居贵阳时，首与学者为"知行合一"之说；自滁阳后，多教学者静坐；江右以来，始单提"致良知"三字，直指本体，令学者言下有悟：是教亦三变也。②

学由辞章而佛道而创立阳明心学，由博返约，终归儒教；教旨从主张知行合一到静坐功夫，最后落实到致良知直达本体，渐转深沉而精粹。此对阳明一生学术活动与学说发展脉络之概括，可谓的当。

五、良知与致良知

王阳明"良知"说来源于孟子良知良能说。孟子曰："人之所不学而能者，其良能也。所不虑而知者，其良知也。孩提之童，无不知爱其亲者，及其长也，无不知敬其兄也。"③孟子之良知良能，主要是指人不依赖于后天教育而自身具有的能力；以及先天内在于人自身当中，无须后天学习的知识。此人自身本具之能力与知识，即儒教之道德条目。

王阳明基于孟子良知良能说，发展出了其良知理论：

> 夫良知即是道，良知之在人心，不但圣贤，虽常人亦无不如此。④

---

① 《明史》（十七），中华书局 1974 年版，第 5168 页。
② 《王阳明全集》（下），上海古籍出版社 1992 年版，第 1574 页。
③ 《孟子注疏》，北京大学出版社 1999 年版，第 359 页。
④ 《王阳明全集》（上），上海古籍出版社 1992 年版，第 69 页。

知是心之本体,心自然会知:见父自然知孝,见兄自然知弟,见孺子入井自然知恻隐,此便是良知,不假外求。①

道即是良知。良知原是完完全全,是的还他是,非的还他非,是非只依着他,更无有不是处。这良知还是你的明师。②

夫心之本体,即天理也。天理之昭明灵觉,所谓良知也。③

吾心之良知,即所谓天理也。致吾心良知之天理于事事物物,则事事物物皆得其理矣。④

尔那一点良知,是尔自家底准则。尔意念着处,他是便知是,非便知非,更瞒他一些不得。⑤

孟子云:"是非之心,知也。""是非之心,人皆有之。"即所谓良知也。⑥

良知只是个是非之心,是非只是个好恶,只好恶就尽了是非,只是非就尽了万事万变。⑦

自圣人以至于愚人,自一人之心,以达于四海之远,自千古之前以至于万代之后,无有不同。是良知也者,是所谓"天下之大本"也。⑧

由上可见,所谓良知,非由外而来,为人心所固有、实有;良知是心之本体,人人相同,古今不异;良知即道,即天理,是是非好恶的自然标准;孝悌恻隐等儒教道德,即是良知本具的内容。王阳明把孟子的良知良能提高到了心本体的高度,与道、天理相等,赋予了良知最高范畴的地位,并以之建构了他的学说整体。

在高扬良知大旗的同时,王阳明更揭示了致良知的重要性,从功夫论的层面,更加具体深化了其良知学说。《明史》曰:王阳明"其为教,专以致良知为

---

① 《王阳明全集》(上),上海古籍出版社 1992 年版,第 6 页。
② 《王阳明全集》(上),上海古籍出版社 1992 年版,第 105 页。
③ 《王阳明全集》(上),上海古籍出版社 1992 年版,第 190 页。
④ 《王阳明全集》(上),上海古籍出版社 1992 年版,第 45 页。
⑤ 《王阳明全集》(上),上海古籍出版社 1992 年版,第 92 页。
⑥ 《王阳明全集》(上),上海古籍出版社 1992 年版,第 189 页。
⑦ 《王阳明全集》(上),上海古籍出版社 1992 年版,第 111 页。
⑧ 《王阳明全集》(上),上海古籍出版社 1992 年版,第 279 页。

主。"①王阳明高足王畿、钱德洪都指出,教人入道之门为"致良知",是王阳明晚年"所操益熟、所得益化"时所为。近人荒木见悟认为:"阳明学的血脉骨髓无疑在良知二字,然而他全面提倡致良知的教说是到了晚年以后的事了。"②吕妙芬说:"'致良知'是阳明学派一面鲜明的旗帜,成功地标举并宣扬阳明学说;它更是一套精辟的学说,吸引当时以及后代许多学者的思索与体悟、诠释与论辩。直至今日,许多学者在研究阳明学分派的课题时,仍然以各家对'致良知'的诠释作为一个关键的判准点。"③如果说良知说是阳明学根本,"致良知"无疑是良知说最后落脚点。

王阳明致良知说源自《大学》"格物致知"之说。实际上,在王阳明之前,探讨格物致知内涵,已经成为宋明理学最为根本的论题之一。王阳明早年格朱子之理不成,也是其由朱学格物致知论出发,而最终走向朱学反面的一个重要缘由。王阳明后来强调《大学》古本和朱子改订本的分别,强调朱子晚年定论云云,实质上即源于其对格物致知的理解,与朱子有着根本不同:

> 朱子所谓"格物"云者,在即物而穷其理也。即物穷理,是就事事物物上求其所谓定理者也。是以吾心而求理于事事物物之中,析"心"与"理"而为二矣。夫求理于事事物物者,如求孝之理于其亲之谓也。求孝之理于其亲,则孝之理其果在于吾之心邪?抑果在于亲之身邪?假而果在于亲之身,则亲没之后,吾心遂无孝之理欤?见孺子之入井,必有恻隐之理,是恻隐之理果在于孺子之身欤?抑在于吾心之良知欤?其或不可以从之于井欤?其或可以手而援之欤?是皆所谓理也,是果在于孺子之身欤?抑果出于吾心之良知欤?以是例之,万事万物之理,莫不皆然。是可以知析心与理为二之非矣。夫析心与理而为二,此告子"义外"之说,孟子之所深辟也。务外遗内,博而寡要,吾子既已知之矣。是果何谓而然哉?谓之玩物丧志,尚犹以为不可欤?若鄙人所谓致知格物者,致吾心之良知于事事物物也。吾心之良知,即所谓天理也。致吾心良知之天理于

---

① 《明史》(十七),中华书局1974年版,第5168页。

② [日]荒木见悟:《佛教与儒教》,杜勤、舒志田等译,中州古籍出版社2005年版,第258页。

③ 吕妙芬:《阳明学士人社群:历史、思想与实践》,新星出版社2006年版,第44页。

事事物物,则事事物物皆得其理矣。致吾心之良知者,致知也。事事物物皆得其理者,格物也。是合心与理而为一者也。①

在王阳明看来,朱子所谓格物致知、即物穷理,②是把心与理割裂开,求理于万千外物,是认为理在外而非人心本具,于情理不通;如此理解格物致知,是务外遗内,博而寡要,玩物丧志,迹同异端邪说。王阳明以为,知即良知,为人心本具;所谓致知就是"致良知",亦即致人心固有良知于事事物物,使事物各得其理。这才是和内外,统心理的真正格物致知。致良知是恢复本心中固有天理,其关键在于笃行:

若良知之发,更无私意障碍,即所谓"充其恻隐之心,而仁不可胜用矣"。然在常人不能无私意障碍,所以须用致知格物之功胜私复理。即心之良知更无障碍,得充塞流行,便是致其知。③

人心是天渊。心之本体无所不该,原是一个天。只为私欲障碍,则天之本体失了。心之理无穷尽,原是一个渊。只为私欲窒塞,则渊之本体失了。如今念念致良知,将此障碍窒塞一齐去尽,则本体已复,便是天渊了。④

昏暗之士,果能随事随物精察此心之天理,以致其本然之良知,则虽愚必明,虽柔必强,大本立而达道行,九经之属可一以贯之而无遗矣。⑤

盖日用之间,见闻酬酢,虽千头万绪,莫非良知之发用流行,除却见闻酬酢,亦无良知可致矣。⑥

────────────

① 《王阳明全集》(上),上海古籍出版社1992年版,第44—45页。
② 朱熹格物致知说见《大学章句》,其曰:"所谓致知在格物者,言欲致吾之知,在即物而穷其理也。盖人心之灵莫不有知,而天下之物莫不有理,唯于理有未穷,故其知有不尽也。是以《大学》始教,必使学者即凡天下之物,莫不因其已知之理而益穷之,以求至乎其极。至于用力之久,而一旦豁然贯通焉,则众物之表里精粗无不到,而吾心之全体大用无不明矣。此谓物格,此谓知之至也。"(《四书章句集注》,中华书局1983年版,第6—7页。)
③ 《王阳明全集》(上),上海古籍出版社1992年版,第6页。
④ 《王阳明全集》(上),上海古籍出版社1992年版,第95—96页。
⑤ 《王阳明全集》(上),上海古籍出版社1992年版,第47页。
⑥ 《王阳明全集》(上),上海古籍出版社1992年版,第71页。

致知之必在于行,而不行之不可以为致知也,明矣。①

知如何而为温清之节,知如何而为奉养之宜者,所谓知也,而未可谓之致知。必致其知如何为温清之节者之知,而实以之温清;致其知如何为奉养之宜者之知,而实以之奉养,然后谓之致知。②

心理合一之体,知行并进之功,所以异于后世之说者,正在于是。今吾子特举学、问、思、辨以穷天下之理,而不及笃行,是专以学、问、思、辨为知,而谓穷理为无行也已。天下岂有不行而学者邪? 岂有不行而遂可谓之穷理者邪? ……夫学、问、思、辨、笃行之功,虽其困勉至于人一己百,而扩充之极,至于尽性知天,亦不过致吾心之良知而已。良知之外,岂复有加于毫末乎?③

人之良知为心之本体,亦是天理,为每个人心中所固有。常人、昏暗之士由于为私欲所障碍,是故无法认清此良知天理。因此,需要用格物致知功夫去除私欲习心,以期恢复其心之本体,内心固有之良知天理。致良知之要,在于笃行,不行不可以谓之致良知。学问思辨本身是学行;冬温夏清,奉养之属,是更重要的实行。唯有不断地行,不断地致良知于世间事物,才能真正地尽人之本性,实现内心固有之良知天理。王阳明自信如此此格物致知,才能避免朱子"析心与理为二"的弊端,才是以"知行并进之功"实现"心理合一之体"。

"四句教"总结了王学关于本体和功夫,亦即良知与致良知之间的关系,正体现了王学知行并进、心理合一的特点。"四句教"见之于"天泉证道":④

是月初八日,德洪与畿访张元冲舟中,因论为学宗旨。畿曰:"先生说知善知恶是良知,为善去恶是格物,此恐未是究竟话头。"德洪曰:"何

---

① 《王阳明全集》(上),上海古籍出版社1992年版,第50页。

② 《王阳明全集》(上),上海古籍出版社1992年版,第48—49页。

③ 《王阳明全集》(上),上海古籍出版社1992年版,第46页。

④ "天泉证道"《王阳明全集》中凡两见(上海古籍出版社1992年版,上册第117—118页、下册第1306—1307页),内容大同小异,两相比较,《年谱》所载较详,且文意为长。关于"天泉证道"相关史料的考辨,参见吴震:《天泉证道小考》,吴光主编:《阳明学研究》,上海古籍出版社2000年版,第168—181页;钱明:《阳明学的形成与发展》,江苏古籍出版社2002年版,第128—131页。

如?"畿曰:"心体既是无善无恶,意亦是无善无恶,知亦是无善无恶,物亦是无善无恶。若说意有善有恶,毕竟心亦未是无善无恶。"德洪曰:"心体原来无善无恶,今习染既久,觉心体上见有善恶在,为善去恶,正是复那本体功夫。若见得本体如此,只说无功夫可用,恐只是见耳。"畿曰:"明日先生启行,晚可同进请问。"是日夜分,客始散,先生将入内,闻洪与畿候立庭下,先生复出,使移席天泉桥上。德洪举与畿论辩请问。先生喜曰:"正要二君有此一问!我今将行,朋友中更无有论证及此者,二君之见正好相取,不可相病。汝中须用德洪功夫,德洪须透汝中本体。二君相取为益,吾学更无遗念矣。"德洪请问。先生曰:"有只是你自有,良知本体原来无有,本体只是太虚。太虚之中,日月星辰,风雨露雷,阴霾饐气,何物不有?而又何一物得为太虚之障?人心本体亦复如是。太虚无形,一过而化,亦何费纤毫气力?德洪功夫须要如此,便是合得本体功夫。"畿请问。先生曰:"汝中见得此意,只好默默自修,不可执以接人。上根之人,世亦难遇。一悟本体,即见功夫,物我内外,一齐尽透,此颜子、明道不敢承当,岂可轻易望人?二君已后与学者言,务要依我四句宗旨:无善无恶是心之体,有善有恶是意之动,知善知恶是良知,为善去恶是格物。以此自修,直跻圣位;以此接人,更无差失。"畿曰:"本体透后,于此四句宗旨何如?"先生曰:"此是彻上彻下语,自初学以至圣人,只此功夫。初学用此,循循有入,虽至圣人,穷究无尽。尧、舜精一功夫,亦只如此。"先生又重嘱咐曰:"二君以后再不可更此四句宗旨。此四句中人上下无不接着。我年来立教,亦更几番,今始立此四句。人心自有知识以来,已为习俗所染,今不教他在良知上实用为善去恶功夫,只去悬空想个本体,一切事为,俱不著实。此病痛不是小小,不可不早说破。"是日洪、畿俱有省。①

"天泉证道"事在嘉靖六年丁亥(1527年),是王阳明对"四句教法"这一学说宗旨的最后定论。所谓"四句教法",亦即"无善无恶是心之体,有善有恶是意之动,知善知恶是良知,为善去恶是格物"。弟子钱德洪、王畿对"四句教"理解有差,大致在于钱以为心体原本无善恶,习染而有善恶,只有为善去

---

① 《王阳明全集》(下),上海古籍出版社1992年版,第1306—1307页。

恶,才能恢复无善恶的本体,如果意、知、物皆无善恶,功夫也就没有什么用处了;王看重本体,认为心本体既无善恶,意、知、物相应地也就无所谓善恶,不然,心体就有善恶。准王畿之言,阳明学就只是良知学,而无所谓致良知可言了。王阳明指出,钱德洪偏重于功夫,而王畿则执泥于本体,正确地理解"四句教"应当是"汝中须用德洪功夫,德洪须透汝中本体",两位弟子相参补足,才是正途。就钱而言,应该理解人心本体,亦即所谓良知,产生万物而不是具体事物,就其本质而言,是无。只有参透良知本体是无,所做的功夫,才是真正致良知的功夫,合本体的功夫;就王而言,当明白"四无说"虽参透无我无别,本体功夫无二,可谓"彻上"。然而,此论只可以对上根之人言说,并非彻上彻下之说。四句教宗旨,在于无论初学抑或圣人,都有门径可循,可以通过致良知的功夫,回复人心之本体:良知。

王阳明最后嘱托,应当在良知上实用为善去恶功夫,以去人之习心;并特别强调如果只去悬空想个本体,一切事为俱不着实,不过养成一个虚寂。此个病痛不是小小,不可不早说破。与朱子一样,王阳明虽阴用佛教理论,但却严守儒教经世致用立场,修齐治平之旨归。作为区别于佛道之处,"致良知"尤其反对空谈心性,脱离人伦和治平事业去玄思,是不言而喻的。

六、由私学到圣学:王学的影响

阳明学笼罩了明末,良知之教成为一时之风气,产生了巨大的学术和社会影响,《明史》载:

> 原夫明初诸儒,皆朱子门人之支流余裔,师承有自,矩矱秩然。曹端、胡居仁笃践履,谨绳墨,守儒先之正传,无敢改错。学术之分,则自陈献章、王守仁始。宗献章者曰江门之学,孤行独诣,其传不远。宗守仁者曰姚江之学,别立宗旨,显与朱子背驰,门徒遍天下,流传逾百年,其教大行,其弊滋甚。嘉、隆而后,笃信程、朱,不迁异说者,无复几人矣。①

---

① 《明史》(二四),中华书局1974年版,第7222页。

　　立德、立功、立言，号称"三不朽"，是儒家学者期许的最高成就和理想。①在中国儒学史上，王阳明是少数能够同时在这三个方面都作出杰出成就的人物。阳明学及其后学之所以风行一时，形成了影响晚明之社会思潮，除了阳明学本身针对时弊，适应时代要求之学术创新外，也和王阳明及其后学能够将政治、军事成就等资源转化为学术文化资源有直接关系。在地方或中央，由于王阳明及其后学借助阳明事功扩大王学影响，又能够运用民间自发私学的力量，提倡讲会、建立书院等，阳明学取得广泛的社会基础和巨大的影响。也正是由于王学后学的努力，王阳明终于于万历十二年（1584 年）陪祀孔庙，自此，阳明学获得官方肯定，取得了圣学正统的地位。②

　　李贽本人求道问学从接触王学开始，此后，其求道之生命历程，参与了王学后学之建构。而当李贽思想影响社会之时，适值王学运动由盛而衰。因此，李贽之学与王学思潮相始终的，标志着王学充分展开而达到成熟的极点。③

---

　　①　语出《左传·襄公二十四年》："豹闻之，'大上有立德，其次有立功，其次有立言。'虽久不废，此之谓不朽。"（《春秋左传正义》（中），北京大学出版社 1999 年版，第 1003—1004 页。）

　　②　王学为官方正统认可的过程，参见吕妙芬：《阳明学士人社群：历史、思想与实践》，新星出版社 2006 年版。关于王学争取正统地位以及其和朱学的关系，龚鹏程不无偏颇地宣称："从大趋势上来说，晚明恐怕并不以阳明学为主要的思潮。虽说王学流布天下，法席盛行，但嘉靖以前是王阳明之学崛起，挑战程朱体系的局面；嘉靖之后迄于清初，其实是各界对王学所造成之挑战的回应，是对王学的反省时期……讨论晚明，而以王学之流衍为主要着眼点，必然会使我们把大趋势看偏了，不但会误以为被批判反省者为主流正叙述，也无法解释万历、崇祯以迄清初的学风趋向。"（龚鹏程：《晚明思潮》，商务印书馆 2005 年版，第 6 页。）在明末王学和朱学关系问题上，彭国翔、陈寒鸣、吕妙芬等人的观点，比较平实和更具有说服力。彭国翔指出："事实上，阳明学自兴起之初便始终受到来自官方意识形态以及其他儒家学派的压力而不得不以私学的形式存在。如果从祀孔庙可以作为传统社会中获得儒家正统地位的标志，那么从万历二年到十二年有关阳明从祀的十年争议，便鲜明地反映了阳明学在中晚明整个思想界和意识形态中的挣扎。"（彭国翔：《良知学的展开：王龙溪与中晚明的阳明学》，三联书店 2005 年版，第 11 页）；陈寒鸣认为："阳明学虽为其时学说思想的中心，但朱学在明代不仅始终处于官学地位，而且作为一种学术潮流亦贯穿始终。并且，正是由于朱学的存在、流变与激荡，方才有阳明心学的崛起与兴盛。"（陈寒鸣：《明代朱学流变》，网址：http://www.confucius2000.com/admin/list.asp? id=2598 访问时间：2011 年 3 月 2 日）；吕妙芬更是从阳明学与程朱官学冲突、官僚体制内的权力竞争、朱学学者特别是罗钦顺（1465—1547 年）顾璘（1476—1545 年）陈建（1497—1567 年）等人对王学的批判等角度，全面说明了王学与朱学之间相互斗争而依存的复杂关系。（吕妙芬"第一章 学派的建构与发展"，见《阳明学士人社群：历史、思想与实践》，新星出版社 2006 年版。）

　　③　阳明学从王阳明到李贽的发展，从来是学者考察的要点；岛田虔次、沟口雄三、狄白瑞等学者，更是将李贽心学思想视为良知学发展的顶点，从而认为李贽思想是王学的成熟和完成。

第四章　求道师友:李贽的学术渊源

隆庆四年(1570年),李贽"厌京师浮繁,乞就留都",任南京刑部员外郎中,[①]一直到万历四年(1576年)。

一、留都讲会

1368年,明朝定都应天,称南京,洪武十一年(1378年)改称京师。此后直至永乐十八年(1420年),南京一直是明王朝政治和经济中心。永乐十八年九月,永乐帝诏告天下,以北京为京师,改"京师"为南京。英宗正统六年(1441年)正式定都北京,南京成为陪都,从此确立了明皇朝南北两京制度。

江南地区人文荟萃经济繁荣,农业、手工业、商业发达,使其成为明王朝财富命脉。首都北迁,有利于明朝政治和军事中心的重合。而设南京为陪都,有利于皇权政府对江南财赋之地的控制。两京制度的存在,使得明朝政治经济军事中心得以有机地结合起来。[②] 事实上,由于南京也设有和北京大致相同的中央政府机构,官员品秩完全相同,并接受同样要求的考察。因此,南京政治地位仍非常突出,从而成为全国次政治中心。在其辐射下,江南地区也始终在整个政治格局中占据着不可或缺的重要位置。然而,"南京的政府机构主要负责江南地区的安全和赋税征收,因而规模和编制较小,官属中副职、虚职和缺员较多。相同品级的官员,南京官的权限多有限制和削弱,其待遇、影响和前途也远不及北京。在实际的政治运作中,北京政府掌握实权,而南京政府

[①] 《李贽参考资料》第一辑,福建人民出版社1975年版,第20页。

[②] 张显清、林金树:《明代政治史》(上),广西师范大学出版社2003年版,第234页;杜婉言、方志远:《中国政治制度通史·明代》,人民出版社1996年版,第188页。

则被视为安排闲职的养望之所,官员由北京调往南京成为一种贬谪。"①

南京刑部员外郎中是个闲职,李贽一心以求道为念,居此便有了更多时间讲学论道。在南京,参访道友,参与讲会,成为李贽此时生活最为重要的内容。此时的讲会,主要表现为阳明讲会。阳明学兴起及其传播,阳明讲会发挥了重大作用。阳明讲会主要在书院和寺庙举行,是"一种始于明代中期,由乡绅士子们结集而成,以阳明学为主导且兼具学术与道德修养目的的定期聚会"。②邹守益、王畿、钱德洪、王艮、罗汝芳等都曾是热心主持讲会的阳明学者。讲会特重亲师友的生活方式,极力强调朋友之伦的重要性。学者"高举友伦于其他四伦之上,以道义联属之同志朋友为社群生活中最基本、最重要的关系,此便改写了传统五伦的位序,也为明代的友伦开出一番新的涵义"。③ 李贽讲学活动,开始于嘉靖四十五年(1566 年)在北京礼部任上。在南京,李贽虽然非常重视朋友之间的讲会,并认为讲会存在的意义,在于重道重友,④但是,他并非忙碌于讲会之事,即便参加讲会,亦非如讲学家般忙于接引。⑤

二、求道于胜己之友

与当时阳明学者一样,求学访友,尤其是求胜己之友的强烈念头,使得李贽对朋友一伦,尤为重视。李贽一生求道天下,四海为家,身边始终有一群志同道合的朋友。他们共同质证学术、穷究性命下落,既是相互切磋学问的道友,也在生活上相互帮助。李贽后来虽然屡遭迫害,但并不乏知己及追随者。之所以如此,与李贽以朋友为性命之信念,以及对朋友之道有着深刻认识和实践有关。道友、追随者袁中道描述李贽嗜友如命之情况曰:

① 陈江:《明代中后期的江南社会与社会生活》,上海社会科学出版社 2006 年版,第 23 页。
② 吕妙芬:《阳明学士人社群:历史、思想与实践》,新星出版社 2006 年版,第 63 页。
③ 吕妙芬:《阳明学士人社群:历史、思想与实践》,新星出版社 2006 年版,第 266 页。关于阳明学讲会的内容、成员、与书院传统关系等,参见吕妙芬"第二章,何谓讲会","第七章,讲学同志的联属",见《阳明学士人社群:历史、思想与实践》,新星出版社 2006 年版;朱来:《明嘉靖时期王学知识人的会讲活动》,见《中国近世思想史研究》,商务印书馆 2003 年版,第 338—408 页。
④ 《焚书》,中华书局 2009 年版,第 74 页。
⑤ 陈时龙:《明代中晚期讲学运动(1522—1626 年)》,复旦大学出版社 2005 年版,第 267—268 页。

予窃念公少而有朋友之癖，不论居官悬车，皆如是也。生平不以妻子为家，而以朋友为家；不以故乡为乡，而以朋友之故乡为乡；不以命为命，而以朋友之命为命；穷而遇朋友则忘穷，老而遇朋友则忘老。至于风雨之夕，病苦之际，块处之时，见故人书，则奋起起舞，愁为之破，而灾为之消也。以公不能一日忘朋友如此。①

李贽自己也坦承自己以友为"过活物件"，"专以良友为生"：

第各人各自有过活物件。以酒为乐者，以酒为生，如某是也。以色为乐者，以色为命，如某是也。至如种种，或以博弈，或以妻子，或以功业，或以文章，或以富贵，随其一件，皆可度日。独余不知何说，专以良友为生。故有之则乐，舍之则忧，甚者驰神于数千里之外。明知不可必得，而神思奔逸，不可得而制也。此岂非天之所独苦耶！②

李贽自谓平生交友最广："盖举一世之人，毋有如余之广交者矣。"③实际情况也大致如此。与其交往的朋友中，既有学界泰斗、达官显贵、地方士绅和社会名流等，也有普通百姓。老老少少朋友中，不仅有同性朋友，也不乏异性知己。李贽一生以朋友为命，源于其对交友之道有深入见解：

盖独学难成，唯友为益也。④

夫天下无朋久矣。何也？举世皆嗜利，无嗜义者。嗜义则视死犹生，而况幼孤之托，身家之寄，其又何辞也？嗜利则虽生犹死，则凡攘臂而夺之食，下石以灭其口，皆其能事矣。今天下之所称友朋者，皆其生而犹死者也。此无他，嗜利者也，非嗜友朋也。今天下曷尝有嗜友朋之义哉！既未尝有嗜义之友朋，则谓之曰无朋可也。以此事君，有何赖焉？⑤

---

① 袁中道：《珂雪斋集》中，上海古籍出版社1989年版，第807页。
② 《焚书》，中华书局2009年版，第26页。
③ 《焚书》，中华书局2009年版，第129页。
④ 《续焚书》，中华书局2009年版，第42页。
⑤ 《焚书》，中华书局2009年版，第222页。

　　学道人脚跟未稳当,离不得朋友;脚跟既稳当,尤离不得朋友。何者?友者有也,故曰道德由师友有之,此可以见朋不可离矣。然世间真友难得,而同志真实友尤其难得。古人得一同志,胜于同胞,良以同胞者形,而同志者可与践其形也。孔、孟走遍天下,为着甚么? 无非为寻同志焉耳。①

　　余谓师友原是一样,有两样耶? 但世人不知友之即师,乃以四拜受业者谓之师;又不知师之即友,徒以结交亲密者谓之友。夫使友而不可以四拜受业也,则必不可以与之友矣;师而不可以心腹告语也,则亦不可以事之为师矣。古人知朋友所系之重,故特加师字于友之上,以见所友无不可师者,若不可师,即不可友。大概言之,总不过友之一字而已,故言友则师在其中矣。②

　　孔子求友之胜己者,欲以传道,所谓智过于师,方堪传授是也。吾辈求友之胜己者,欲以证道。③

　　独一念好贤又根诸性,非近大城郭则不可以得胜己之友……所赖向往真诚,求友专切,平居惟耽胜己友朋,不如己者不愿与处。④

　　苟不遇良朋胜友,其迷何时返乎? 以此思胜己之友一日不可离也。⑤

　　凡能明我者则亲之;其不如己者,不敢亲也;便佞者、善柔者皆我之损,不敢亲也。既不敢亲,则恶我者从生焉,我恶之者亦从生焉,亦自然之理耳。⑥

　　幸赖真切友朋针砭膏肓,不少假借,始乃觉悟知非。⑦

　　生非护惜人也,但能攻发吾之过恶,便是吾之师。吾求公施大炉锤久矣。物不经锻炼,终难成器;人不得切琢,终不成人。吾来求友,非求名也;吾来求道,非求声称也。公其勿重为我盖覆可焉! 我不喜吾之无过而

---

① 《续焚书》,中华书局2009年版,第17页。
② 《焚书》,中华书局2009年版,第80—81页。
③ 《焚书》,中华书局2009年版,第28—29页。
④ 《续焚书》,中华书局2009年版,第36页。
⑤ 《焚书》,中华书局2009年版,第52页。
⑥ 《焚书》,中华书局2009年版,第253—254页。
⑦ 《焚书》,中华书局2009年版,第261页。

喜吾过之在人,我不患吾之有过而患吾过之不显。①

儒家向来重视朋友在求学问道中的重要作用,朋友被视做修德成善之主要辅助。就有道、毋友不如己、以友辅仁、责善、友德等,构成了儒家主要的交友观。② 李贽交友观充分体现了上述特点。以道、义为交友的唯一目的和最高原则;就有道以求同志;求真切师友针砭,以去迷去非,借以培育自身道德。李贽遵循孔子去损友就益友的教导,特别强调结交胜己之友,认为欲证道非求胜己之友不可,堪为师者,才是真友;孔子求胜己之友,是因为"智过于师,方堪传授",而真正能够传道的人,一定存乎胜己者。以求道证道为交友唯一目的,李贽特别欢迎真切友朋对自己的针砭,认为唯经过如此锻炼、切琢,才能成器、成人,方能达成交友的目的。李贽如是交友观,无疑是对儒家交友观之展开。求道乃李贽生命意义之所系,求胜己之友与志同道合者,无疑是李贽最为重要的交友原则。

三、李贽与焦竑

李贽说孔孟走遍天下无非为寻同志,他自己何尝不是如此呢? 求证四方,李贽就是要寻找这种亦师亦友的同志而已。真正够得上李贽道友的,先有北京李逢阳、徐用检、李见罗等人引其入道。而在南京,正是通过焦竑、耿定理、王畿、罗汝芳等胜己之友,奠定了李贽的学术根基。

焦竑无疑是李贽终生生死以托的道友。焦竑(1540—1619 年)字弱侯,号

① 《焚书》,中华书局 2009 年版,第 36 页。
② 子曰:"君子不重则不威,学则不固。主忠信,无友不如己者。过则勿惮改。"(《论语·学而》,第 8 页。)子曰:"君子食无求饱,居无求安,敏于事而慎于言,就有道而正焉,可谓好学也已。"(《论语·学而》,第 11 页。)曾子曰:"君子以文会友,以友辅仁。"(《论语·颜渊》,第 169 页。)孔子:"益者三友,损者三友。友直、友谅、友多闻,益矣。友便辟,友善柔,友便佞,损矣。"(《论语·季氏》,第 226 页。)(本注《论语》页码,皆出自《论语注疏》,北京大学出版社 1999 年版。)《兑·大象》:"丽泽,兑;君子以朋友讲习。"(《周易本义》,中华书局 2009 年版,第 202 页。)孟子曰:"责善,朋友之道也。"(《孟子·离娄下》,第 236 页。)又说:"友也者,友其德也,不可以有挟也。"(《孟子·万章下》,第 276 页。)(本注《孟子》页码,皆出自《孟子注疏》,北京大学出版社 1999 年版。)

澹园,又号漪园,人称澹园、漪园先生、焦太史。江苏南京人。焦竑自幼生性倔
犟,好刚使气,为诸生时,便极负才名。焦竑是耿定向门人,曾经师事罗汝芳。
耿定向督学南京时,极为赏识焦竑,耿定向创办崇正书院,拔江南名士于此读
书讲学,便令焦竑为学生之长,主持书院讲习之事,令焦竑名声大振。焦竑从
嘉靖四十三年(1564 年)25 岁中举开始,耗时 25 年参加会试,终于在万历十
七年(1589 年)高中己丑科殿试一甲第一名,成为有明之状元郎。焦竑学问广
博。又重内修以探求性命下落。其为学宗旨主"知性":"君子之学,知性而
已。性无不备,知其性而率之以动,斯仁义出焉。"①他又强调礼的本体性,主
张儒佛会通、以道补儒,表现出明显的经史兼取、融合三教的为学规模和
气度。②

　　李贽长焦竑 14 岁,但是,两人都性格倔犟,对性命下落问题追寻,为其共
同关注点。且治学上皆主张会通三教、主张率性而为、学贵自得,因此,很快成
为莫逆之交。李贽自述与焦竑相识相知的过程曰:"余至京师,即闻白下有焦
弱侯其人矣;又三年,始识侯。既而徙官留都,始与侯朝夕促膝穷诣彼此实际。
夫不诣则已,诣则必尔,乃为冥契也。故宏甫之学虽无所授,其得之弱侯者亦
甚有力。夫侯千古人也,世之愿交侯者众矣:其为文章欲以立言则师弱侯;为
制科以资进取,显功名不世之业则师弱侯。又其大者,则曰:'是啜菽饮水以
善事其亲者也,是立德也。'故世之为不朽故以交于侯者,非一宏甫也。然唯
宏甫为深知侯,故弱侯亦自以宏甫为知己。"③李贽推尊焦竑学问德行,自许深
知其人其道,并誉之为将名垂青史之人。焦竑更是"笃信卓吾之学,以为未必
是圣人,可肩一狂字,坐圣门第二席"。④ 就求学问道而言,李贽豪杰之气,关
切性命下落,志道坚贞,深刻影响着焦竑生活态度;而焦竑学通四部,学识广
博,亦开拓了李贽的眼界和学术规模。焦、李二人性格相合,志趣相投,学术上
相互切磋,生活上相互帮助,遂为一生相知之挚友。

---

① 焦竑:《澹园集》(上),中华书局 1999 年版,第 131 页。
② 焦竑相关研究,参见李剑雄:《焦竑评传》,南京大学出版社 1998 年版;容肇祖:《焦竑及
其思想》,见《容肇祖集》,齐鲁书社 1989 年版;张学智:《明代哲学史》,北京大学出版社 2000 年
版;龚鹏程:《晚明思潮》,商务印书馆 2005 年版;刘海滨:《焦竑与晚明会通思潮》,华东师范大学
出版社 2010 年版。
③ 《续焚书》,中华书局 2009 年版,第 55 页。
④ 黄宗羲:《明儒学案》(修订本)(下),中华书局 2008 年版,第 829 页。

四、李贽与耿定理、王襞

李贽在南京结识的另一位道友,是耿定理。耿定理(1533—1584年),字子庸,号楚倥,学者称其八先生。湖北黄安人,耿定向之弟。耿定理求学"始事方湛一。湛一本不知学,而好虚名,故去之。最后得一切平实之旨于太湖,复能收视返听,得黑漆无人无门之旨于心隐,乃始充然自足,深信而不复疑也"。① 耿定理"有德不耀","有才无官","始终以学道为事",超然于尘俗之上,不求名,不科考。其学识高过当时之人,觉得"唯世人莫可告语者,故遂终身不谈",只是和其兄"讲论于家庭之间而已"。二耿兄弟互为师,而其兄学问赖耿定理之力为多。② 李贽赞许耿定理入道之深曰:"虽学道,人亦不见其有学道之处,故终日口不论道,然目击而道斯存也。"③

楚倥为学"不烦言说,当机指点",隆庆六年(1572年),李贽和耿定理商学于金陵,李贽记载道:"岁壬申,楚倥游白下,余时懵然无知,而好谈说。先生默默无言,但问余曰:'学贵自信,故曰'吾斯之未能信。'又怕自是,故又曰'自以为是,不可与入尧、舜之道。'试看自信与自是有何分别?'余时骤应之曰:'自以为是,故不可与入尧、舜之道;不自以为是,亦不可与入尧、舜之道。'楚倥遂大笑而别,盖深喜余之终可入道也。余自是而后,思念楚倥不置。"④ 自耿定理随机点拨李贽之后,李贽便引之以为师友,并最终弃家不回,去耿定理之家共同证道。耿定理学问重在学道的根基上用力,主张《学》、《庸》、《语》、《孟》最切之语,莫过于"未发之中"一语。⑤ 李贽超然于名利之外的出世思想得之于耿定理。与耿楚倥之间的切磋,使李贽学道从此更加导向探寻心之本体,探寻超然世俗之道。

李贽曾说"心斋之子东崖公,贽之师"。⑥ 东崖公即王阳明高足王艮

---

① 《焚书》,中华书局2009年版,第142页。
② 此处表述见《焚书》,中华书局2009年版,第141—142页。
③ 《焚书》,中华书局2009年版,第142页。
④ 《焚书》,中华书局2009年版,第142页。
⑤ 《焚书》,中华书局2009年版,第142页。
⑥ 《续焚书》,中华书局2009年版,第90页;又见《续藏书》(下),中华书局1959年版,第426页。

(1483—1541 年)次子王襞①(1511—1587 年)。王襞字宗顺,号东崖,晚年别号天南逸叟,江苏泰州安丰场人。少年随父从学王阳明,受到王阳明赞扬。后又从学钱德洪、王畿等王学著名学者。王阳明卒,王襞帮助父亲授徒淮南。父没,王襞"望日隆,四方聘以主教者沓至"。"归则随村落大小,扁舟往来,歌声与林樾相激发,闻者以为舞雩咏归之风复出。至是风教彬彬,盈宇内矣。"②55岁左右,王襞至南京,③之后"与多士讲习,连榻累旬,博问精讨,靡不惬其欲以去。"④李贽学习王襞之学,大概就在这一时期。⑤

王襞之学,归宗为乐学。王襞乐学思想,主要源自王艮《乐学歌》:"人心本自乐,自将私欲缚。私欲一萌时,良知还自觉。一觉便消除,人心依旧乐。乐是乐此学,学是学此乐。不乐不是学,不学不是乐。乐便然后学,学便然后乐。乐是学,学是乐。呜呼!天下之乐,何如此学?天下之学,何如此乐?"⑥王艮《乐学歌》,在于说明真学在于用良知去除私欲,以得人心真正之乐。本质是强调学是学天理良知,得天理良知于人心,才有真乐。王襞之学,则以"不犯手为妙。鸟啼花落,山峙川流,饥食渴饮,夏葛冬裘,至道无余蕴矣"。"今人才提学字,便起几层意思,将议论讲说之间,规矩戒严之际,工焉而心日劳,勤焉而动日拙,忍欲希名而夸好善,持念藏机而谓改过,心神震动,血气靡宁。不知原无一物,原自见成。但不碍其流行之体,真乐自见,学者所以全其乐也,不乐则非学矣。"⑦如此可见,王襞乐学主自然而然,不假人为。倘一加于人为善恶,好名功利之心,则虽劳而无从得道;相反,见得天理流行,真乐自然显现,此时方可真学。

通过《续藏书》为王襞立传之内容,不难发现李贽对王襞乐学思想有着深

---

① 《续藏书》、《澹园集》作"王璧",《明儒学案》(修订本)(下)(中华书局 2008 年版,第718 页)作"王襞"。

② 《续藏书》(下),中华书局 1959 年版,第 434 页。

③ 据《王艮评传》,王襞讲学南京,大概在 55 岁之后。(龚杰:《王艮评传》,南京大学出版社 2001 年版,第 149 页。)

④ 《续藏书》(下),中华书局 1959 年版,第 434 页。

⑤ 方祖猷认为,王襞是广义的李贽之"师",李贽从未拜人为师,亦从未受人之拜以为师。(方祖猷:《王畿评传》,南京大学出版社 2001 年版,第 423—424 页。)

⑥ 《明儒学案》(修订本)(下),中华书局 2008 年版,第 718 页。

⑦ 《明儒学案》(修订本)(下),中华书局 2008 年版,第 719 页。

刻理解:"东崖子至而论学也,问:'学何以?'曰:'乐。'又问曰:'乐者,心体也;有不乐,非其体也。吾求以复之而已,然则如之何而后乐?'曰:'吾体自乐。'曰:'如之何而后乐? 是加于体之外也。然则学可废乎?'曰:'否。莫非学也,而皆以求此乐也。乐者乐此学,学者学此乐,吾先子盖言之矣。''乐有辨乎?'曰:'有所倚而乐者,乐以人也,丧其所倚则不乐;无所倚而乐者,乐以天也,舒惨失得,欣戚荣悴,无之而不可。'曰:'无倚而乐,非乐道耶?'曰:'乐即道也。而曰乐道,是床上之床也。学顾止此乎?'曰:'孔颜曰"不改其乐",曰"乐在其中",于此盖终身焉,而何以加诸?''然则何以曰忧道?'曰:'君子非以外物为戚戚也,所忧者道也。忧道者,忧其不得乎乐也云尔。'平生孔孟之言,未尝一日去于口,其推而与世共也,未尝一日忘于心。而大意具此矣。"①如上论辩看见,王襞之乐,是指心体(实为良知天理)之本然,也是得道者的得道境界和状态。心体本来就是乐,不是因为学而后乐;学可以觉悟心体之乐,觉后之乐,不过乐此心体本来之乐,故不可废学。真乐纯任天理,不依赖于外在环境,不以心情变化而改变。而所谓忧道,是学道而未得道(乐)时的一种状态。

安贫乐道是儒家一个重要论题,延至宋明理学,孔颜乐处更成为理学家们反复讨论的重要问题。② 所谓曾点之意、孔颜乐处,更是儒家士子向往的精神境界,代表着儒家最高的精神追求。此追求与境界,到王艮父子所提出乐学思想,达到了本体与功夫、知与行、修养与境界的高度统一,体现出孔颜乐处新的时代意义。李贽一生求道、乐道,手不释卷,老而不辍。他以读书为乐,既知"束书不观,吾何以欢?"又明"何必读书,然后为乐?"③王襞乐学思想的影响,可谓终老不歇。

---

① 《续藏书》(下),中华书局1959年版,第434页。焦竑:《王东崖先生墓志铭》(《澹园集》(上),中华书局1999年版,第493—495页。)相关内容与《续藏书》基本相同。

② 关于宋明理学的孔颜之乐问题,参见李煌明:《宋明理学中的"孔颜之乐"问题》,云南人民出版社2006年版。

③ 《焚书》,中华书局2009年版,第227页。

五、李贽与"二溪"

　　李贽所称许服膺之学者,无疑是"二溪":王畿与罗汝芳。① 李贽弟子深有曾说:"某自从公(李贽)游,于今九年矣,每一听公谈,谈必首及王先生(王畿)也,以及先生(罗汝芳)。② 癸未之冬,王公讣至,公即为文告之,礼数加焉,不待诏也。忆公告某曰:'我于南都得再见王先生者再,罗先生者一。及入滇,复于龙里得再见罗先生焉。'然此丁丑以前事也。自后无岁不读二先生之书,无口不谈二先生之腹。"③李贽虽不曾亲受业于二溪之门,一生仅仅两次得见"二溪",但是,对两人学问的尊崇,却是终生的;其为二溪之私淑弟子,也是自不待言的。

　　罗汝芳(1515—1588 年)字惟德,号近溪,门人私谥明德,江西建昌府南城县人。嘉靖三十二年(1553 年)进士,历任太湖知县,刑部主事,宁国、东昌知府,云南副史、参政。因讲学结怨张居正,被劾致仕。归家后与弟子讲学苏浙闽广间,有《近溪子集》传世。罗怀智(罗汝芳之孙)归纳罗汝芳一生治学经历为:"盖公十有五而定志于洵水,二十有六而证学于山农,三十有四而悟《易》

---

　　① 王畿别号龙溪,罗汝芳号近溪,故学者并称二人为"二溪"。(周群:《"二溪"卓吾关系论》,载《东南学术》2004 年第 1 期。)关于"二溪"之学与阳明学的关系,牟宗三说:"如果以罗近溪与王龙溪相比,王龙溪较为高旷超洁,而罗近溪则更为清新俊逸,通透圆熟。其所以能如此,一因本泰州派之传统风格,二因特重光景之拆穿,三因归宗于仁,知体与仁体全然是一,以言生化与万物一体。阳明后,能调适上遂而完成王学之风格者是在龙溪与近溪,世称二溪。"又说,"阳明后,唯王龙溪与罗近溪是王学之调适而上遂者,此可说是真正属于王学者。顺王龙溪之风格,可误引至'虚玄而荡',顺罗近溪之风格(严格言之,当说顺泰州派之风格),可误引至'情识而肆'。然这是人病,并非法病。欲对治此种人病,一须义理分际清楚,二须真切作无工夫的工夫。若是义理分际混乱(即不精熟于王学之义理),则虽不荡不肆,亦非真正的王学也。"(牟宗三:《从陆象山到刘蕺山》,上海古籍出版社 2001 年版,第 204、211 页。)关于李贽之学和"二溪"的关系,许孚远(1535—1604 年)云:"姚江之派复分为三,吉州(罗念庵)仅守其传;淮南(王艮)亢而高之;山阴(王畿)圆而通之。而亢与圆者,各有其流弊,颜(颜钧)、梁(何心隐)之徒本于亢而流于业肆;盱江(罗汝芳)之学出于亢而入于圆;其后姚安(李贽)者出,合圆与肆而纵横其间,始于怪僻,卒于悖乱,盖学之大变也。"(《敬和堂集》卷五,《答周海门司封谛解》;转引自吴震:《泰州学派研究》,中国人民大学出版社 2009 年版,第 31 页。)许氏此言,不足以说明李贽之学的全部,却部分说明了李贽和阳明后学关系,尤其说明了李贽融贯"二溪"之学又有创新的特点。

　　② 三个括号内人名为本书著者所加。

　　③ 《焚书》,中华书局 2009 年版,第 123 页。

于胡生，四十有六而授道于泰山丈人，七十而问心于武夷先生。其他顺风下拜者不计其数，接引友朋，随机开发者，亦不知其数。"①罗近溪弟子杨起元（1547—1599 年，字贞复，号复所，广东归善县人）辈曰："吾师之学，发志最早，自髫乱之年，以及壮强衰老，孜孜务学，未尝少倦，参求于四方高贤宿德，唯恐不及。德无常师，善无常主，但闻一言之益，即四拜顿首谢之。"②可见，罗汝芳一生志道专精而恒久，学无常师，好学不厌，诲人不倦，儒者之风灿然。

综观罗汝芳求道历程，"早岁于释典玄宗，无不探讨"，③后研习《近思录》、《性理大全》，又倾心于薛瑄（1389—1465 年，字温德，号敬轩，山西河津人）克制私欲之说，刻苦实践，志在圣贤，而终因苦修过度，乃成病。26 岁见颜钧（1504—1596 年，字子和，号山农），得"体仁制欲"之救"心火"之方，"如大梦得醒"，不但得治心病，也"纳拜称弟子，尽受其学"，④从此回归孔孟。⑤ 颜钧师从徐樾（？—1552 年，字子直，号波石，江西贵溪人）徐樾乃王艮之高足，心斋临殁以"大成之学"相授，为"得泰州之传"者。因此，罗汝芳为王艮三传弟子，泰州学派之后劲。⑥《明儒学案》称罗汝芳为学宗旨曰："先生之学，以赤子良心、不学不虑为的，以天地万物同体、彻形骸、忘物我为大。此理生生不息，不须把持，不须接续，当下浑沦顺适。工夫难得凑泊，即以不屑凑泊为工夫，胸次茫无畔岸，便以不依畔岸为胸次，解缆放船，顺风张棹，无之非是。"⑦在罗汝芳看来，儒学工夫下手处，在于希圣希天，天"莫之为而为，莫之至而至"，圣人"不思而得，不勉而中"，而天、圣之道，俱见之于赤子之心。"赤子之心，浑然天理，细看其知不必虑，能不必学，果然与莫之为而为，莫之致而至的体段，浑然打得对同过。然则圣人之为圣人，只是把自己不虑不学的见在，对同莫为莫致的源头，久久便自然成个不思不勉而从容中道的圣人也。"⑧罗汝

---

① 罗汝芳：《罗汝芳集》（下），江苏古籍出版社 2007 年版，第 832 页。
② 罗汝芳：《罗汝芳集》（下），江苏古籍出版社 2007 年版，第 924 页。
③ 《明儒学案》（修订本）（下），中华书局 2008 年版，第 762 页。
④ 《明儒学案》（修订本）（下），中华书局 2008 年版，第 761 页。
⑤ 关于颜钧与罗汝芳初遇，以及如何治疗罗心理疾病之过程，参见王汎森：《明代心学家的社会角色：以颜钧的"急救心火"为例》，见《晚明清初思想十论》，复旦大学出版社 2004 年版。
⑥ 参见龚杰：《王艮评传》，南京大学出版社 2001 年版，第 205—215 页。
⑦ 《明儒学案》（修订本）（下），中华书局 2008 年版，第 762 页。
⑧ 《明儒学案》（修订本）（下），中华书局 2008 年版，第 764 页。

芳又从童子端茶等发蒙,指出当下不思而知,不虑而能的意识状态,就是中和戒惧之良知本体,不需此外别有所谓修养工夫。罗汝芳又进一步强调工夫存诸"自然":"不追心之既往,不逆心之将来,任他宽洪活泼,真是水流物生,充天机之自然,至于恒久不息而无难矣。"①识得当下,即得自然,此为恒久不息之工夫。"我今与汝终日语默动静,出入起居,虽是人意周旋,却自自然然,莫非天机活泼也。"②此言天地中和之道,不过在人情极平易处。常人语默动静能够自然而然,便是工夫之极致。"若果然有大襟期,有大气力,有大识见,就此安心乐意而居天下之广居,明目张胆而行天下之大道。工夫难到凑泊,即以不屑凑泊为工夫,胸次茫无畔岸,便以不依畔岸为胸次,解缆放船,顺风张棹,则巨浸汪洋,纵横任我,岂不一大快事也哉!""若到性命透彻之地,工夫纯熟之时,则终日终年,长是简简淡淡,温温醇醇,未尝不广大而未尝广大,未尝广大而实未尝不广大也。是则无穷无尽而极其广大,亦无方无体而极其精微也已。"③罗汝芳进言自然工夫极广大而尽精微,非人力所能勉强为之。修行之道,实在于"志气坚锐,道理深远,精神凝聚",④日久才能透彻性命而简淡温醇。果如是,便可以应事,可名为工夫,从而通过渐学工夫达圣人之域。

罗汝芳对李贽人生道德学问影响显而易见。在《罗近溪先生告文》中,李贽对罗汝芳出仕居家度己度人之形迹,赞许有加,乃至将其比作孔圣。李贽还自视为罗汝芳以天下为重,好学不倦精神之真知己。李贽童心说,显然深受罗汝芳赤子之心说启发。对罗汝芳学无传人,李贽深表痛惜之情,并恨不能为罗之门人:"虽不曾亲受业于先生之门,而愿买田筑室厝骸于先生之旁者,念无时而置也。"⑤

然而,李贽对罗近溪学问评价并不高:"若近溪先生,则原是生死大事在念,后来虽好接引儒生,扯着《论语》、《中庸》,亦谓伴口过日耳。"⑥"二溪"相较,李贽无疑更加推服王畿之学问:"龙溪先生全刻,千万记心遗我!若近溪

---

①　《明儒学案》(修订本)(下),中华书局 2008 年版,第 772 页。
②　《明儒学案》(修订本)(下),中华书局 2008 年版,第 787 页。
③　《明儒学案》(修订本)(下),中华书局 2008 年版,第 766 页。
④　《明儒学案》(修订本)(下),中华书局 2008 年版,第 766 页。
⑤　《焚书》,中华书局 2009 年版,第 124 页。
⑥　《续焚书》,中华书局 2009 年版,第 27—28 页。

先生刻,不足观也。盖《近溪语录》须领悟者乃能观于言语之外,不然,未免反加绳束,非如王先生字字皆解脱门,既得者读之足以印心,未得者读之足以证入也。"①又说:"龙溪先生全刻,虽背诵之可。学问在此,文章在此,取科第在此,就功名在此,为经纶参赞之业亦在此。只熟读此,无用他求,他求反不精、不得力矣。"②李贽以求性命下落为评判标准,以为罗汝芳之学,一则好接引以为人师,且学问规模有限;再则著述讲理不够简明,需有道之人才能理解。其较之王畿之学为逊。王畿之学,讲理透彻明快,不分学问高低都能指示人以解脱之门。欲求文章功名,成圣成贤之道,背诵王畿之书亦不为过。李贽偏好王畿之学,毫不掩饰。

王畿(1498—1583年),字汝中,别号龙溪,浙江绍兴府山阴县人,王阳明高足。嘉靖十一年(1532年)进士,官南京职方主事,兵部武选郎中,因为得罪时相夏贵溪,不久被罢黜。③ 王畿居官时短,一生主要以讲学为生,其自述:"予自闻阳明夫子良知之教,无日不讲学,无日不与四方同志相往来聚处。"④事实确实如此。王畿"林下四十余年,无日不讲学,自两都及吴、楚、闽、越、江、浙,皆有讲舍,莫不以先生为宗盟。年八十,犹周流不倦"⑤。无论是受教于王阳明,居官期间抑或为林下之人,王畿无时无处不讲学。王畿一生精力全部用在了讲学,他到处主持讲会,宣扬乃师之良知说,可谓不遗余力,死而后已。⑥

王畿阐发王阳明良知学,是从发挥乃师"四句教"开始。王阳明四句教云:"无善无恶心之体,有善有恶意之动,知善知恶是良知,为善去恶是格物",是为阳明学之宗旨。同为阳明门下之"教授师",王畿和钱德洪(1496—1574年,字洪甫,号绪山,浙江余姚人)对四句教法理解不同:钱以为四句教是"定本";王以为是"权法","未可执定"。

王畿"四无说"曰:"体用显微只是一机,心意知物只是一事。若悟得心是

---

① 《焚书》,中华书局2009年版,第48页。

② 《续焚书》,中华书局2009年版,第31页。

③ 参见《续藏书》(下),中华书局1959年版,第438页。

④ 王畿:《王畿集》,江苏古籍出版社2007年版,第648页。

⑤ 《明儒学案》(修订本)(上),中华书局2008年版,第237页。

⑥ 参见方祖猷:《王畿评传》,南京大学出版社2001年版,第17—82页。

无善无恶之心,意即是无善无恶之意,知即是无善无恶之知,物即是无善无恶之物。盖无心之心则藏密,无意之意则应圆,无知之知则体寂,无物之物则用神。天命之性,猝然至善,神感神应,其机自不容已,无善可名。恶固本无,善亦不可得而有也,是谓无善无恶。若有善有恶,则意动于物,非自然之流行,著于有矣。自性流行者,动而无动,著于有者,动而动也。意是心之所发,若是有善有恶之意,则知与物一齐皆有,心亦不可谓之无矣。"①"四无说"强调从本体良知处立教。认为天命良知之性,自然流行,无善恶可言。此体之发用为意,自然无善恶可言;良知本无善恶,其发用自然亦无所谓善恶;本体落实于物,自然物也无善恶。王畿以为,唯有如是"四无",心、意、知、物才能藏密、应圆、体寂、用神。

天泉证道,王阳明称"四无说""为上根人说法",是"顿悟之学"。王阳明虽然强调钱德洪之"四有说"和王畿的"四无说"应"相互取益",才能使教法"上下皆通"。但是,从王阳明自谓"我久欲发,恐人信不及,徒为躐等",并许王畿为说破天机,后来叮嘱门人从王畿之处质证良知之学来讲,王畿无疑是王阳明心目中真正的传人。②

王畿之学主张从良知本体无处立根基,以顿悟心体为工夫,来发挥和实现良知,后又自称之为"先天之学"。《明儒学案》云:王畿之学"以正心为先天之学,诚意为后天之学。从心上立根,无善无恶之心即是无善无恶之意,是先天统后天"。③ 此实为王畿论学宗旨之所在。王畿又通过辨疏"良知异见",④阐发自己良知之说:

凡在同门,得于见闻之所及者,虽良知宗说不敢有违,未免各以其性

---

① 王畿:《王畿集》,江苏古籍出版社 2007 年版,第 1 页。

② 王畿:《王畿集》,江苏古籍出版社 2007 年版,第 2 页;《续藏书》(下),中华书局 1959 年版,第 438 页。相较于《王阳明年谱》版"天泉证道"阳明"说破"玄想本体之病,《天泉证道纪》版之阳明则认为"四无"说破"传心秘藏",如此,两个版本都作了有利于自己的解释。但是,"四有"、"四无"说应互相取益以期上下皆通,则是两版共同记载。王畿为阳明高足,王学真正传人,是没有问题的。

③ 《明儒学案》(修订本)(上),中华书局 2008 年版,第 238 页。

④ 王学后学诸"良知异见"详辨,参见彭国翔:《良知学的展开:王龙溪与中晚明的阳明学》,三联书店 2005 年版,第 321—343 页。

之所近,拟议掺和,纷成异见。有谓良知非觉照,须本于归寂而始得。如镜之照物,明体寂然,而妍媸自辨。滞于照,则明反眩矣。有谓良知无见成,由于修正而始全,如金之在矿,非火符锻炼,则金不可得而成也。有谓良知是从已发立教,非未发无知之本旨。有谓良知本来无欲,直心以动,无不是道,不待复加销欲之功。有谓学有主宰,有流行,主宰所以立性,流行所以立命,而以良知分体用。有谓学贵循序,求之有本末,得之无内外,而以致知别始终。此皆论学同异之见,差若毫厘,而其谬乃至千里,不容以不辨者也。

寂者,心之本体,寂以照为用。守其空知而遗照,是乖其用也。见入井之孺子而恻隐,见呼蹴之食而羞恶,仁义之心,本来完具,感触神应,不学而能也。若谓良知由修而后全,挠其体也。良知原是未发之中,无知而无不知,若良知之前复求未发,即为沉空之见矣。古人立教,原为有欲设,销欲正所以复还无欲之体,非有所加也。主宰即流行之体,流行即主宰之用,体用一原,不可得而分,分则离矣。所求即得之之因,所得即求之之证,始终一贯,不可得而别,别则支矣。吾人服膺良知之训,幸相默证,以解学者惑,务求不失其宗,庶为善学也已。①

阳明学,良知学也。阳明后学之分野,实在于王门弟子对良知理解不同,此处毫厘之差,论学不能不殊途。在王畿看来,同门良知异见,虽共守良知宗旨,却难免因个人性情差异,对良知本旨理解有所偏差:归寂派之重体轻用、修正派之特重工夫、已发派之重用轻体、无欲派之任心即道、体用派之性命两分、致知派之学贵循序,都不足以呈现良知学之本意。批判上述良知异见之后,王畿提出了自己关于良知的见解:良知即心之本体,为空寂、为未发之中、为主宰;良知同时亦是心体之用,为寂照、为已发、为主宰之用(即流行)。良知是无欲之体,去人欲之功夫,不过是恢复此无欲之体,并非别求他物。总之,王畿主张良知有体有用,体即用,用即体。本体与功夫体用一原,始终一贯,密不可分。王畿强调即本体为功夫,并非反对渐修功夫。相反,他认为就去欲复性而言,渐入与悟入,实则殊途同归:"夫圣贤之学,致知虽一,而所入不同。从顿

---

① 王畿:《王畿集》,江苏古籍出版社2007年版,第26—27页。

入者,即本体为功夫,天机常运,终日兢业保任,不离性体。虽有欲念,一觉便化,不致为累,所谓性之也。从渐入者,用功夫以复本体,终日扫荡欲根,祛除邪念,以顺其天机,不使为累,所谓反之也。若其必以去欲为主,求复其性,则顿与渐未尝异也。"①王畿此处之论,强调渐入悟入、性之反之,不过是致良知的功夫途径有差,就其存天理去人欲的本质而言,并无二致,共为致圣贤之良途。王畿此论,对治学者假现成良知鄙视渐修功夫,放肆无忌惮从而蔑弃儒教伦理之病,用心良苦。然而,四无说毕竟不是四有说,悟入不同于渐入,王畿学宗旨,决定了其后学难免放肆无忌惮,最终堕入二教异端之流弊。事实上,王畿本人也不避异端名色。通过与佛道二教人物之交游,融通二教观念,借鉴调息、静坐等实践工夫,试图从本体与功夫层面消化吸收佛道二教思想,通过创造性诠释良知说使之成为"范围三教之宗"。在儒学基本立场上融合三教,本为阳明学之圆通特质。在中晚明三教合一日盛的历史背景下,王畿发展了这个特质,使之成为阳明后学一个基本特征。②

质证学问,宣扬乃师良知学,是王畿念兹在兹,终生身体力行的:

> 年八十余,犹不废出游。有止之者,辄对曰:"不肖岂真好劳,但念时常处家,以习心对习事,因循隐约,有密制其命而不自觉者。才离家出游,精神意思,便觉不同。与士夫交承,非此学不究;与朋侪酬答,非此学不谈。晨夕聚处,干办此一事,闲思妄念与世情俗态,无从而入。盖欲究极自己性命,自然不得不与同志相切劘。若同志中因此有所兴起,欲与共了性命,则是众中自能取益,非吾有法可以授之也。"又曰:"不肖百念已灰,而耿耿于怀,不容自己者有二:师门宗说,幸有所闻,常年出游,思得一二法器,相与证明,衍此一脉。天壤悠悠,谁当负荷?《六经》、《四书》之文,厄于后儒之臆测附会,道晦学荒,盖千百年于兹矣。先师首倡良知之旨,千圣学脉,赖以复续。不肖晨夕参侍,谬承受记,时举《六经》疑义,面相指授,欣然有契。稽诸遗编,所可征者,十才一二。衰年日力有限,若复秘而不传,后将复悔,师门之罪人也。思得偕同志数辈,相与辨析折中,间举

---

① 王畿:《王畿集》,江苏古籍出版社 2007 年版,第 42—43 页。

② 王畿之学与二教的关系,参见彭国翔:《良知学的展开:王龙溪与中晚明的阳明学》,三联书店 2005 年版,第 228—319 页。

所闻,编摩纂辑,勒为成典,藏之名山,以俟后圣于无穷。岂惟道脉足征,亦将以图报师门于万一也。"①

由此可见,王畿游学,一则为了质证和相互讲究良知性命之学;二则寻师道传人,以免成为师门罪人。常怀良知之学"天壤悠悠,谁当负荷"之忧,王畿遂不顾年老力衰,汲汲于"辨析折中",编纂书籍以传诸后世。不仅如此,又常想得遇有法器之人,以传衍乃师之道,"真能以性命相许者,相与证明领受,衍此一脉如线之传"。② 其于师门道统存亡绝续之念,何其深也! 王畿重视学派建设和学术传承工作,其后也颇有些传人,无奈及门者并无多大学术建树,名不见扬。③

六、龙溪传人

李贽无疑是弘扬王畿之学之得力者。黄节《李氏焚书跋》云:"卓吾学术渊源姚江。""夫卓吾以孔子之是非为不足据,而尊龙溪乃至是。由是言之,亦可以知卓吾学所从来矣。"④事实确实如此。李贽宣扬王畿学说,是不遗余力的。如果不拘囿于及门弟子,私淑王畿之李贽,无疑是王畿之学继承发扬者。

李贽对王畿的尊奉,无以复加:"圣代儒宗,人天法眼;白玉无瑕,黄金百炼。今其没矣,后将何仰!"⑤王畿纯然圣人矣。论王畿之学,则曰:"世间讲学诸书,明快透髓,自古至今未有如龙溪先生者。"⑥"《龙溪王先生集》共二十卷,无一卷不是谈学之书;卷凡数十篇,无一篇不是论学之言。夫学问之道,一言可蔽,卷若积至二十,篇或累至数十,能无赘乎? 然读之忘倦,卷卷若不相袭,览者唯恐易尽,何也? 盖先生学问融贯,温故知新,若沧州瀛海,根于心,发于言,自时出而不可穷,自然不厌而文且理也。而其谁能赘之欤! 故余尝谓先

---

① 《续藏书》(下),中华书局 1959 年版,第 439 页。
② 王畿:《王畿集》,江苏古籍出版社 2007 年版,第 427 页。
③ 参见方祖猷:《王畿评传》,南京大学出版社 2001 年版,第 421—428 页。
④ 《焚书》,中华书局 2009 年版,第 251 页。
⑤ 《焚书》,中华书局 2009 年版,第 121 页。
⑥ 《焚书》,中华书局 2009 年版,第 47 页。

生此书,前无往古,今无将来,后有学者可以无复著书矣,盖逆料其决不能条达明显一过于斯也。"①"遂令良知密藏,昭然揭日月而行中天;顿令洙、泗渊源,沛乎决江、河而达四海。非直斯文之未丧,实见吾道之大明。先生之功,于斯为盛!"②学者"唯读龙溪先生书无不喜者。以此知先生之功在天下后世不浅矣"。③赞王畿之学融会贯通"明快透髓",言根于心"条达明显"。不仅能弘扬乃师良知之说,使之风行天下;更是有功于儒学斯文,使得儒道正统大明于天下后世。在李贽眼中,王畿实在是前无古人后无来者,儒门领袖,儒教圣人了。

李贽心目中,王畿之学才是阳明学真正继承者:"非龙溪先生缉熙继续,亦未见得阳明先生之妙处,此有家者所以贵于有得力贤子,有道者所以尤贵有好得力儿孙也","王龙溪先生之于阳明是得好儿子以继承其先者也。"④阳明学能够风行有明百年,影响甚巨,王畿不遗余力,终生弘扬乃师之道,是其中一个重要原因。

李贽更为看重王畿学的,是王畿学之精髓和旨归:

> 所怪学道者病在爱身而不爱道,是以不知前人付托之重,而徒为自私自利之计;病在尊名而不尊己,是以不念儿孙陷溺之苦,而务为远嫌远谤之图。嗟夫! 以此设心,是灭道也,非传道也;是失己也,非成己也。先生其忍之乎? 嗟我先生! 唯以世人之聋瞽为念,是故苟可以坐进此道,不敢解嘲也;唯以子孙之陷溺为忧,是故同舟而遇风,则吴、越必相救,不自知其丧身而失命也。此先生付托之重所不能已也。此余小子所以一面先生而遂信其为非常人也。虽生也晚,居非近,其所为凝眸而注神,倾心而悚听者,独先生尔矣。先生今既没矣,余小子将何仰乎?
>
> 嗟乎! "嘿而成之,存乎其人;不言而信,存乎德行。"先生以言教天下,而学者每咕哗其语言,以为先生之妙若斯也,而不知其糟粕也,先生不贵也。先生以行示天下,而学者每惊疑其所行,以为先生之不妙若斯也,

---

① 《焚书》,中华书局 2009 年版,第 117—118 页。
② 《焚书》,中华书局 2009 年版,第 121 页。
③ 《焚书》,中华书局 2009 年版,第 47 页。
④ 《续焚书》,中华书局 2009 年版,第 28 页。

而不知其精神也,是先生之所重也。我思古人实未有如先生者也,故因闻先生之讣也,独反覆而致意焉。先生神游八极,道冠终古;天寿不二,生死若一。吾知先生虽亡,故存者也。其必以我为知言也夫! 其必以我知先生也夫!①

王畿对道学传承之担当意识,对生民教化之慈悲情怀,以及对性命之学的身体力行,才是李贽真正服膺王畿的本质所在。不计私利,不远嫌远谤;非尊名而不尊己,不计性命危难而行道。这些王学神髓,无疑深刻影响了李贽求道生涯。李贽深深感喟"其必以我为知言也夫","其必以我知先生也夫",足见李贽慨然以王畿知己自许,自视为王畿之学真正传人的。

黄宗羲(1610—1695 年,字太冲,号南雷,学者称梨洲先生,浙江余姚人)总结阳明学传承曰:"阳明先生之学,有泰州、龙溪而风行天下,亦因泰州、龙溪而渐失其传。泰州、龙溪时时不满其师说,益启瞿昙之秘而归之师,盖跻阳明而为禅矣。然龙溪之后,力量无过于龙溪者,又得江右为之救正,故不至于十分决裂。泰州之后,其人多能以赤手搏龙蛇,传至颜山农、何心隐一派,遂复非名教之所能羁络矣。"②王畿、王艮等对阳明学之发挥和宣讲,使得王学在晚明风行天下。黄宗羲以儒教正统观念批判王艮、王畿使阳明学堕入禅道,尤其是泰州后学(所谓狂禅派),更是直接挑战儒教社会道德底线,成为阳明学之罪人。以往学者顺黄宗羲此说,认为李贽即是此泰州后学,狂禅之代表人物。李贽虽受王畿、罗汝芳等泰州学派学者影响,然而,其学三教共进,百家兼许,经史并容,以探究性命下落为旨归,一心向道,殊非泰州一派所能拘囿。吴震说李贽"是一位超出当时任何学派的学无常师而又特立独行的思想家",③此论公允。

南都六年,居闲官之李贽尚未形成自己成熟的思想体系。虽然他此时也研读《老子》,并有意识接触佛学,但是,此时对他学术思想影响最大的,主要是与阳明后学学者的讲习讨论。特别是"二溪"、"二王"、焦竑、耿定理等师友的思想、学风、人格、风骨等,更是直接奠定了李贽其后学术规模、精神特质和思想基础。

---

① 《焚书》,中华书局 2009 年版,第 121—122 页。
② 《明儒学案》(修订本)(下),中华书局 2008 年版,第 703 页。
③ 吴震:《泰州学派研究》,中国人民大学出版社 2009 年版,第 38 页。

第五章　牧民与参禅:治平事业之践履

　　万历五年(1577 年),李贽出任云南姚安府知府。明知府,正四品,"掌一府之政,宣风化,平狱讼,均赋役,以教养百姓"。"凡宾兴科贡,提调学校,修明祀典之事,咸掌之。若籍帐、军匠、驿递、马牧、盗贼、仓库、河渠、沟防、道路之事,虽有专官,皆总领而稽核之。"①明朝,府县基层官员以《到任须知》为主要考核内容,凡三十一条:"一祀神;二恤孤;三狱囚;四田粮;五制书榜文;六吏典;七吏典不许那移;八承行事务;九印信衙门;十仓库;十一所属仓场库务;十二系官头匹;十三会计粮储;十四各色课程;十五鱼湖;十六金银场;十七窑冶;十八盐场;十九公廨;二十系官房屋;二十一书生员数;二十二耆宿;二十三孝子顺孙,义夫节妇;二十四官户;二十五境内儒者;二十六起灭词讼;二十七好闲不务生理;二十八祇禁弓兵;二十九犯法官吏;三十犯法民户;三十一警迹人。"②政教风化,理刑问狱,完成赋役,推举人才,总领各种事务等,作为地方官,知府对地方的政治、经济、文化等事物的管理可谓无所不及。在一般有明地方行政职能之外,由于特殊的历史、地理、民族等原因,云南政区的治所还表现出了不同于内地的一些特征。③

---

　　① 《明史》(六),中华书局 1974 年版,第 1849 页。

　　② 《到任须知》实为有明地方官入仕之门、为官之要:"士人未官,不可不知受任应行之事。但肯于闲中先知《到任须知》,明白为官之道,更有何加? 若提此纲领,举是大意以推之,诸事无有不知办与不办;若人懒于观是纲领,虽是聪敏过人,为官之事亦不能成。若能善读勤观,则永葆禄位,事不劳而疾办。此书所载,学生及野人辈皆可预先讲读,以待任用。且《五经四书》,修身为治之道,有志之士固已讲习。此书虽粗俗,实为官之要机,熟读最良。"(《明会典》卷十,文渊阁《四库全书》第 617 册,第 90 页。)

　　③ 关于明代云南政区治所的地理、历史沿革特点,以及其地治所功能的探析,参见陈庆江:《明代云南政区治所研究》,民族出版社 2002 年版。

姚安行政事务属云南布政使司管辖。有明省级地方管理实行三司分治体制:承宣布政使司主管行政、提刑按察使司主管检察刑狱、都指挥使司主管军事,三司相互牵制,共同对皇帝负责。洪武九年(1376 年),明太祖改行省为承宣布政使司(简称布政司、布司),并申明其意曰:"迩来朕有天下,更行省为承宣布政使司。所以承者,朕命也;宣者,代言之也;布者,张陈之也;所以政者,军民休戚,国之利病;所以使者,必去民之恶而导民之善,使知有畏从。于斯之职,可不重乎!"①可见明初设立承宣布政使司,旨在代行天子之命,事关国家权威,地方治乱。洪武十五年(1382 年),置云南布政司。

姚安战国时属楚国;汉代此地设弄栋、蜻蛉二县,属于益州郡;唐代置都督府,以民多姚姓,故称姚州。唐天宝年间,南诏蒙氏改称弄栋府;宋时,云南段氏改称姚州;元初立统矢千户所,天历间,升姚安路;明代洪武十五年(1382 年)设姚安府。后又改称姚安军民府。明代姚安府下辖一州(姚州)一县(大姚县)。②

《滇志》记载姚安形势曰:"崇山修谷,平畴广川,各居其半。实六诏之中分,滇蜀之要会。洎李唐以逮胜国,皆自此地而南;忠武征蛮,驻兹筹笔。专以滇中西北论,门庭锁钥,非此不可。其他烟萝金秀,青蛉蛟江,又皆选胜之壮观矣。"③由此记载可见,姚安地处滇蜀二地交通要道,自古以来由北而南必经之地,为进入云南之门庭锁钥,地理位置非常重要。山水环绕,自然风景可观。

万历天启年间,姚安有五千多户,人口近二万八千。④ 姚安城居民以彝族、汉族和回族为主。历史上看,彝族是土著先民,回族是元忽必烈进攻大理政权时带来的,汉族则在长期历史发展中融入了少数民族之中。明洪武和正德年间,随着江浙地区大量移民迁人,汉族逐渐成为姚安人口最多的民族。之后,由于汉族歧视压迫少数民族,姚安地区民族纠纷不断。从洪武十五年(1382 年)至三十年(1397 年)这十五年间,先后有近十次叛乱;嘉靖四十四年

---

① "承宣布政使诰",《明太祖文集》卷四,文渊阁《四库全书》第 1223 册,第 39 页。

② 参见《明史》(二七),中华书局 1974 年版,第 8091—8092 页;《滇志》,云南教育出版社 1991 年版,第 60 页。

③ 《滇志》,云南教育出版社 1991 年版,第 69 页。

④ "姚安府,户口:户五千一百零三;口二万七千七百九十七。"(《滇志》,云南教育出版社 1991 年版,第 236 页。)

(1565年)武定凤继祖阴结姚安府同知高钦及弟钧叛;神宗万历元年（1573年），姚安地区铁索箐、罗思等又叛。万历间姚安叛乱，因涉及面广，死伤众多，对朝廷、百姓均影响很大，民族矛盾更加尖锐激烈。加上当时赋税沉重、①姚安大旱等天灾人祸，李贽出任姚安知府之时，正是姚安多事之秋。②

一、姚安牧民

1. 勤政爱民的循吏

自从踏上仕途，求道、寻胜己之友，早已成为李贽人生最终目的和生活意义所在。李贽后来说："五十而至滇，非谋道矣，直糊口万里之外耳。"③可见，居官姚安，本意不过是为了养家糊口而已。这点，在他赴姚安任途经黄安时，已经清楚地表白："丁丑入滇，道经团风，遂舍舟登岸，直抵黄安见楚侗，并睹天台，便有弃官留住之意。楚侗见余萧然，劝余复入，余乃留吾女并吾婿庄纯夫于黄安，而因与之约曰：'待吾三年满，收拾得正四品禄俸归来为居食计，即与先生同登斯岸矣。'"④在李贽心里，求道较之仕宦，更为重要和有意义。他之所以不得不当官，不过是为了解决求道的居食问题而已。

李贽为官几三十年，历辉县教谕、南北京国子监博士、礼部司务、南刑部员外郎、郎中等凡二十余年，总体上是闲职。出仕姚安知府，主持一方政务，才算是真正治民的官。也正是在姚安知府任上，李贽才开始初步形成自己的思想。

王夫之这样描述李贽居滇为官："贽为郡守，恣其贪暴，凌轹士民，故滇人切齿恨之"；又说："李贽生祠，贽死即拆毁，弃其像于沟壑。"⑤但是，从时人、同僚、朋友以及相关文献的记载来看，实际情况却恰恰相反。李贽为官一任，是官民共赞，非常称职的官员。

---

① 当时朝廷对云南课税沉重。以矿税为例，嘉靖以前，云南每年矿税为黄金四百两，银一万两。但嘉靖十年，黄金突增至岁两千两，为定制之五倍。隆庆六年，又加为三千两。明廷的重课，使滇民苦于输纳。一方面激化了地方势力与中央王朝的矛盾，另一方面也严重损害了各民族人民的利益。（郝晓莉：《李贽宦滇事迹考述》，载《云南社会科学》2000年增刊。）

② 参见薛丽云：《李贽与姚安》，载《云南民族学院学报》第18卷第5期。

③ 《焚书》，中华书局2009年版，第255页。

④ 《焚书》，中华书局2009年版，第142页。

⑤ 《船山全书》第12册，岳麓书社1996年版，第625页。

时云南巡按御史刘维说:"姚安守,贤者也。"①云南布政司右参议骆问礼曰:"姚安李使君省刑薄敛,兴礼乐,崇教化,猝然一出于正。"②云南洱海道佥事顾养谦说:"温陵李先生为姚安府且三年,大治。"③时贤李元阳(1497—1580年,字仁甫,号中溪,明大理府太和县人)在《姚安太守卓吾先生善政序》里说:李贽"自下车以至今日,几三载矣。唯务以德化民,而民随以自化。""凡关系山川、风土形势,有改作不易者,制度不可阙者,皆悉力为之,处置有法,而民不知劳。节俭自将而惠不啬己,退食自公,载见箪水豆蘆之趣,燕寝凝香,而有枕石漱流之风。啸咏发于郡斋,图书参于案牍。不与时官同宿,而法令靡遗;民隐唯恐不闻,而讼庭多暇。"④又作诗赞云:"姚安太守古贤豪,倚剑青冥道独高。僧话不嫌参吏牍,俸钱常喜赎民劳。八风空影摇山岳,半夜歌声出海涛。我欲从君问真谛,梅花霜月正萧骚。"⑤在上司及地方贤达眼中,李贽无疑是勤政爱民,治民有方且政绩斐然的好官。

挚友焦竑曾道:李贽"兢兢一郡,唯恐后时,譬则细人之理其家然,不为千岁之计不止也。凡一切备御经久之费,靡不日新,而孰知其旦暮决去哉!"⑥袁中道《李温陵传》说李贽在姚安任上,"为守,法令清简,不言而治","禄俸之外,了无长物",又说"公为士居官,清节凛凛"。⑦ 清廉、敬业、勤政,是朋友及追随者眼里的李贽形象。

李贽"初仕时,亲见南倭、北虏之乱矣;最后入滇,又熟闻土官、猺、僮之变矣。"⑧对社会动乱和人民疾苦,李贽有着真切体会。因此,治理姚安,李贽时刻以体察民瘼、清正廉洁自勉。曾自题楹联云:

---

①　《焚书》,中华书局 2009 年版,第 78 页。

②　《万一楼集》卷 36。转引自林海权:《李贽年谱考略》,福建人民出版社 2005 年版,第108 页。

③　《焚书》,中华书局 2009 年版,第 77 页。

④　厦门大学历史系编:《李贽研究参考资料》第二辑,福建人民出版社 1976 年版,第 28—29 页。

⑤　厦门大学历史系编:《李贽研究参考资料》第二辑,福建人民出版社 1976 年版,第 29—30 页。

⑥　焦竑:《焦氏笔乘》(上),中华书局 2008 年版,第 84 页。

⑦　《焚书》,中华书局 2009 年版,第 3、7 页。

⑧　《焚书》,中华书局 2009 年版,第 208 页。

从故乡而来,两地疮痍同满目;

当兵事之后,万家疾苦总关心。

听政有余闲,不妨觑运陶斋,花栽潘县;

做官无别物,只此一庭明月,两袖清风。①

姚安知府任上,李贽修建了连场桥,"利行旅,通往来"。②

万历八年(1580年),当地居民罹火灾,李贽主持修建火神庙,为民祷禳。为此写了《光明宫记》,其中有言曰:

卓吾子来守姚安,姚州罗君谒予,历历为予言姚事。其最初言火神未有祠,以今祠为急,盖民间楼屋木植,连络辄数十,不用砖石包砌,留火道以相隔援,以故被患尤剧。予首肯之而未暇。三年三设醮,为坛祈请,幸无事。至是乃贾地鸠工,为光明宫于城东门外,塑火神安妥其中,规模堂构,足称壮丽矣。呜呼!幽明一理,神人无二。舍民事而专务谄祭,则虽神弗飨;苟尽其在我,而又先事祷告,以求其默助其不逮,则神之应之也如响,又何惑焉?故特述其创建之由,以告后人,使知所以理神而勤民焉。③

为民事礼敬神明,李贽爱民忧民之心,可谓诚笃。姚安地区,至今仍然流传着"设局缉盗"、"悬鱼示众"、"老马识途"、"计审关公"等李贽为民分忧解难,秉公断案的传说。④ 李贽辞官时,士民自发送行,场面感人:"在官三年,自劾免归。士民攀辕卧道,车不能发。""囊中仅图书数卷。"⑤这些说明,李贽为官一任,老百姓对他的政绩是充分肯定的。

----

① 厦门大学历史系编:《李贽研究参考资料》第二辑,福建人民出版社1976年版,第248页。

② 连场桥亦称连厂桥、连仓桥,今称李贽桥。参见林海权:《李贽年谱考略》,福建人民出版社2005年版,第104页。

③ 厦门大学历史系编:《李贽研究参考资料》第二辑,福建人民出版社1976年版,第236页。

④ 李辉良:《李贽的传说》,海峡文艺出版社1987年版。

⑤ 厦门大学历史系编:《李贽研究参考资料》第一辑,福建人民出版社1975年版,第37、34页。

2. 从民好恶,因性牖民

李贽治绩,源于其对治道的理解:"从政者欲与民同其好恶,必先知好恶之所在,而后能得知,是性命之情也。"①同民好恶,尽性命之情以行政,是李贽行政思想之主要内容。在姚安任上,他也确实是这样做的。姚安地处少数民族地区,历史及现实原因,使得社会矛盾丛生,民情世故,尤其显得复杂。一方面,"土官、猡、僮之变"频发,社会动荡;另一方面,当时云南地区"上官严刻,吏民多不安"。② 李贽以为,"严刻"政策不利于解决复杂的民族矛盾。而上级对下级的苛责,致使人人自危影响了行政效率。李贽劝上官应当严己宽人,体恤边地之民的难处:"边方杂夷,法难尽执,日过一日,与军与夷共享太平足矣。仕于此者,无家则难住;携家则万里崎岖而入,狼狈而去。尤不可不体念之! 但有一能,即为贤者,岂容备责? 但无人告发,即装聋哑,何须细问? 盖清谨勇往,只可责己,不可责人,若尽责人,则我之清能亦不足为美矣,况天下事亦只宜如此耶!"③

体恤民情,也体现在李贽对少数民族土官的态度上。时为姚安府同知的土官高金宸,"父祖作逆",李贽不以其先辈作为而对其有偏见。李贽一方面宣示朝廷"流土并建,文教敷治"制度的良苦用心,使之明白作为土官得朝廷格外关照,享受到格外恩宠;另一方面,又赞许高氏曰:"高子年幼质美,深沉有智,循循雅饬,有儒生之风焉。其务世其家以求克盖前人者,尤可嘉也。"最后申言明朝对高氏之先恩德至厚,劝勉高氏"知恩报恩"、"谨守礼而重犯法",以"无负于我国家"。④ 作为明朝少数民族地区官员,李贽很好地贯彻了明朝少数民族政策。对土官恩威并重,动之以情晓之以理,治内很好地解决了长期困扰姚安地区少数民族时常叛乱的问题。

李贽不仅有治民的实迹,而且在总结治民经验的基础上,提出了"顺性因人"的"牖民"说:

---

① 厦门大学历史系编:《李贽研究参考资料》第二辑,福建人民出版社 1976 年版,第239 页。

② 厦门大学历史系编:《李贽研究参考资料》第一辑,福建人民出版社 1975 年版,第30 页。

③ 《焚书》,中华书局 2009 年版,第 187 页。

④ 《焚书》,中华书局 2009 年版,第 111—113 页。

　　盖余尝闻于有道者而深有惑于"因性牖民"之说焉。夫道者,路也,不止一途;性者,心所生也,亦非止一种已也。有仕于土者,乃以身之所经历者而欲人之同往,以己之所种艺者而欲人之同灌溉。是以有方之治而驭无方之民也,不亦昧于理软!且夫君子之治,本诸身者也;至人之治,因乎人者也。本诸身者取必于己,因乎人者恒顺于民,其治效固已异矣。夫人之与己不相若也。有诸己矣,而望人之同有;无诸己矣,而望人之同无。此其心非不恕也,然此乃一身之有无也,而非通于天下之有无也,而欲为一切有无之法以整齐之,惑也。于是有条教之繁,有刑法之施,而民日以多事矣。其智而贤者,相率而归吾之教,而愚不肖则远矣。于是有旌别淑慝之令,而君子小人从此分矣。岂非别白太甚,而导之使争乎?至人则不然:因其政不易其俗,顺其性不拂其能。闻见熟矣,不欲求知新于耳目,恐其未寤而惊也。动止安矣,不欲重之以桎梏,恐其絷而颠且仆也。今余之治郡也,取善太恕,而疾恶也过严。夫取善太恕,似矣;而疾人之恶,安知己之无恶乎?其于反身之治且未之能也,况望其能因性以牖民乎?①

　　李贽区分了"本诸身"的"君子之治"和"因乎人"、"因性牖民"的"至人之治"。李贽认为,"君子之治"基于治者主观好恶,使天下顺从自己的意愿。这样的治理强调主观人为,区分智愚贤不肖、划分人群为君子小人,导致条教繁复、刑法严苛、政教纷乱、人民相争的恶果,欲治而不能。"至人之治"则与"君子之治"相反:施政以宽为要,以民俗民性为本。"至人之治",不以自己好恶左右施政,而是从民之好恶。顺应以往政教,不求改易民俗,以达成安民之效;顺百姓之本性而不妨碍其才能的发挥。李贽自谦不懂"因性牖民"之说,不能做到至人之治的高度,而事实上李贽治姚,一切从民之好恶,持简易,任自然,很好地实践了"因性牖民"的理论,并且取得了良好效果:

　　先生为姚安,一切持简易,任自然,务以德化人,不贾世俗能声。其为人汪洋停蓄,深博无涯涘,人莫得其端倪,而其见先生也不言而意自消。自僚属、士民、胥隶、夷酋,无不化先生者,而先生无有也。此所谓无事而

────────────

① 《焚书》,中华书局2009年版,第87—88页。

事事,无为而无不为者耶。①

李贽治民思想的理论依据,无疑是黄老自然无为思想。李贽《送郑大姚序》云:"至道无为,至治无声,至教无言",称赞郑大姚"陶陶然若不以邑事为意,而邑中亦自无事。嗟夫! 君岂亦学黄、老而有得者耶! 抑天资冥契,与道合真,不自知其至于斯也! 不然,将惧儒者窃笑而共指之矣,而宁能遽尔也耶"!② 西南边地,民情大不同于内地。李贽顺应特殊的施政环境,以"因性牖民"、自然无为为施政要领,取得了良好的治理效果。但是,其激赏黄老无为而治,背离了儒教社会礼法立国的根本理念,也是自不待言的。实际上,李贽因人顺性,"因性牖民"说,也有针对骆问礼苛政而发的意思。因此,上司骆问礼虽然欣赏李贽的具体政绩,但是,对其奉行佛老之治,反对"君子之治",是抱持批评态度的:"姚安李使君为姚州罗刺史作《论政篇》,其意甚高词甚美,而大率归于黄老之说。""使君儒者而尤好佛老,宜其说如此,吾与刺史素不谙佛老说,礼乐刑政,未敢以桎梏视之也。"③虽则因地制宜,治效显著,在固守儒教礼法者眼中,李贽以黄老为本的施政理念不庄不正,得罪名教,在所难免。

二、教化:儒教与异教之间

作为明朝地方官员,知府职掌地方风化、学校、礼乐之事。从史料来看,李贽对姚安地方风教,也是尽职尽责、尽心尽力的。

"出守郡,讲学如为郎时。"④一如南京时,李贽此时依然非常重视讲学。任上,改丰德寺禅堂,创立三台书院,为讲学之所。⑤ 集生徒讲学,务求以德化民:"先生以郎署出守姚安。自下车以至今日,几三载矣。惟务以德化民,而民随以自化。日集生徒于堂下,授以经义,训以辞章,谆谆亹亹,日昃忘倦。庙

① 《焚书》,中华书局 2009 年版,第 77 页。

② 《焚书》,中华书局 2009 年版,第 113—114 页。

③ 《万一楼外集》卷 3。转引自林海权:《李贽年谱考略》,福建人民出版社 2005 年版,第 117 页。

④ 厦门大学历史系编:《李贽研究参考资料》第二辑,福建人民出版社 1976 年版,第 168 页。

⑤ 参见林海权:《李贽年谱考略》,福建人民出版社 2005 年版,第 102 页。

学颓圮,罄俸以营之;祀典废缺,殚力以致之。"①殚精竭虑于地方教育场所营建,以经义、辞章圣贤之学教育生徒,李贽兢兢于姚安学校、风化,可谓不遗余力。如果说两都讲学,李贽是为了自身求道证道。此时兴学讲学,则在兴起学风,以德化民,归宗于地方风教。

对于自身来讲,探求性命下落之驱使,李贽此时问学参论的内容,还是以佛学为主。公事余暇,李贽常与僧徒讨论佛学,甚至在佛寺处理公事:"每至伽蓝,判了公事,坐堂皇上,或真名僧其间,簿书有隙,即与参论玄虚。人皆怪之,公亦不顾。"②作为有明官僚,身担教化地方之责。在深具正统观念的上司眼中,李贽佞佛,无疑偏离了儒教正统,有伤风化,是不能够容忍的。李贽和骆问礼的冲突,便是由此而起。

骆问礼是程朱信徒,恪守程朱之学,强调正统异端之辨。他一方面担心李贽的讲学,会导致"好名讲学,而使伪徒出入公门"。加之时相张居正正厉行毁书院、禁讲学政策。③ 因此,骆问礼便以"查理冒滥津贴"的行政手段迫使李贽停止讲学;④另一方面,骆问礼批评李贽"时讲学者多入于禅,而此公尤甚"。⑤ 又特意申述程朱学与异端邪说势不两立:"大抵吾儒与异端不能两存,犹薰莸之不可同器。以吾儒读佛老之书,如读操、莽、荀、斯等传,非即效而法之,正以辨其用心之差耳。""孔、孟、程、朱不恒于世,窃恐异端之徒得以自恣,而儒道日湮矣。"⑥"今之学者,重异阳明,而轻异朱子,诐淫邪道,无所不至,而自以为直接孔孟之传,害将不小。"⑦学术事关治化,作为儒教正统观念之卫道士,骆问礼力辩正统异端,决意直道而行,以剔除孔孟程朱以外的异端邪说。

---

① 厦门大学历史系编:《李贽研究参考资料》第二辑,福建人民出版社1976年版,第28页。
② 《焚书》,中华书局2009年版,第3页。
③ 参见邓志峰:《王学与晚明的师道复兴运动》,社会科学文献出版社2004年版,第358—402页。
④ 《万一楼集》卷26;转引自林海权:《李贽年谱考略》,福建人民出版社2005年版,第102页。
⑤ 《万一楼集》卷56;转引自林海权:《李贽年谱考略》,福建人民出版社2005年版,第102页。
⑥ 《万一楼集》卷26;转引自林海权:《李贽年谱考略》,福建人民出版社2005年版,第103页。
⑦ 《万一楼集》卷26;转引自林海权:《李贽年谱考略》,福建人民出版社2005年版,第103页。

李贽最为看重的讲学求道活动,遭上官憎恶,不禁自叹:"其并时诸上官,又谁是不恶我者?"①事实上,骆问礼虽不认可李贽异端思想行为,但是,对于李贽的理学素养还是认可的:"姚安李使君素以理学自任,而明见力行,卒不畔于圣贤,非世之徒有志者比也。""予未知程、朱之说而拜使君之下风久矣。"②"今之论学者,唯使君可与语此。"③李贽也称自己与骆问礼"最相知,其人最号有能有守,有文学,有实行"。④ 李骆二人学术上视同知己,由于在讲学、施政理念上的冲突,最终却不免抵牾,反映了儒教社会中求道者与卫道者正统异端思想不得不相触的实况。但是,在涉及下层愚夫愚妇教化时,两人也并非难以调和。

万历六年(1578 年),为了弥补政教刑罚之不足,李贽重刻《太上感应篇》,骆问礼便为之作序曰:《太上感应篇》"大率近于轮回之说。盖佛氏之徒为之者,为凡民设也"。"作善降祥,作不善降殃。""夫古之君子,岂不欲以己之所能者教天下,而使之一蹴而同归于至善哉! 顾气禀习俗之不齐,有不容不为之区别而概诬之者,而民尚不能从。于是不得不齐之以刑。刑罚穷而报应之说兴焉。天定胜人,虽迟速不同,而终不能逃,即或近于荒诞,要在使人悔过而迁善。所待者凡民,而所以待之者君子之心也。"李贽"复梓是篇,其纳民于善之心,无不至矣。爰喜而书之"。⑤ 可以看出,在重刻《太上感应篇》这件事情上,李、骆还是步调一致的。只要能"悔过而迁善",即便是"佛氏之徒为之"的著述,骆问礼也是可以容忍的。对愚夫愚妇的教化,他还是取变通实际的态度,所谓正统异端之辨,并非完全水火不容的。

在南京时,针对有人以为《太上感应篇》最肤浅的论调,李贽和焦竑等同志刻行过《太上感应篇》,并为《太上感应篇》作序曰:

---

① 《焚书》,中华书局 2009 年版,第 76—77 页。
② 《万一楼集》卷 36;转引自林海权:《李贽年谱考略》,福建人民出版社 2005 年版,第 103—104 页。
③ 《万一楼集》卷 36;转引自林海权:《李贽年谱考略》,福建人民出版社 2005 年版,第 102—103 页。
④ 《焚书》,中华书局 2009 年版,第 187 页。
⑤ 《万一楼集》卷 36;转引自林海权:《李贽年谱考略》,福建人民出版社 2005 年版,第 108 页。

天下之理,感应而已。感则必应,应复为感,儒者盖极言之。且夫上帝何尝之有?作善降之百祥,作不善降之百殃。故曰:"获罪于天,无所祷也。"天人感通之理,示人显矣。彼谈性命者,以福禄寿为幻梦;纵欲乐者,以杀盗淫为天性。不能修慝辨惑,而谓报应非圣人之经;不能爱物仁民,而谓去杀乃惑世之语。噫!见其生不忍见其死,闻其声不忍食其肉,虽祭祀谶给,礼不可废,亦必远庖厨焉。圣贤岂导人于杀乎?爱物如此,仁民可知。此大德者,所以必得其位、必得其禄、其名与寿也。如感应之理为诬,圣人何用谆谆焉明五福以劝之,而为是断然必得之语哉!是篇言简旨严,易读易晓,足以破小人行险侥幸之心,以阴助刑赏之不及。凡我有官君子,道学先生,但知与善之公,勿执异同之见,则言出人信,靡感不通,岂直愚民之福,某也受赐多矣!①

　　李贽认为,佛教感应因果之说,即儒者感应之说。刊刻习读《太上感应篇》"近者延年,远者昌,厥后次则生天,高则径生净士,岂肤浅也哉!"②《太上感应篇》言简旨严,易读易晓,讲述感应报应之理,不但有"破小人行险侥幸之心,以阴助刑赏之不及"之教化"愚民"一面,也是"有官君子,道学先生"的必修课,为儒释二教所共倡,有益世道人心,实助刑罚不足。对于教化而言,是"最不肤浅也"。李贽对善书《太上感应篇》的重视,一定程度上反映了明末社会上层文化和下层文化界限消融的实况,也包含着士商互动对礼教等级观念的冲击。明清时善书和功过格的盛行,说明三教合流已经成为时风,使得以正统卫道士自居的骆问礼,也随着当时社会风气而对《太上感应篇》有所奖许。③

---

① 《李贽全集注》第18册,社会科学文献出版社2010年版,第7页。

② 《李贽全集注》第18册,社会科学文献出版社2010年版,第7页。

③ 余英时认为,"在16世纪儒家的知识分子中,渐渐有一种趋势,即将形而上学的空论落实于各阶层都能接受的信条。引人深思的是:这样的新发展是否与当时商业文化的勃兴有关?就我们所知,当时的商人非常相信所谓的'天报'或'神助'的观念,并视之为非人所能控制的命运法则。晚明以来善书的风行反映了商人的心态,他们相信商业风险巨大,但成功与否则端视个人道德行为而定。尤其是在17世纪到19世纪特别风行的《太上感应篇》,晚明的李贽(1527—1602年)、焦竑(1540—1620年)、屠隆(1542—1605年)都曾宣扬过此书。结果在16、17世纪造成了一波翻印与注解的热潮。清代的经学家朱珪(1731—1801年)与汪辉祖(1731—1807年)都曾说他们'每日诵读是书',使他们有所警惕,'不敢放纵'。章学诚(1738—1801年)也提到他的父亲与祖父都对此书有很大的兴趣,他的父亲并想为此书作注。值得注意的是清代经学大师惠栋

三、佛都探藏:对性命下落的窥测

作为皇明地方官,李贽无疑认真履行了自己的行政职责,并且取得了相当的政绩,得到了官民一致肯定。但是,李贽从来没有忘记自己为官初衷,在恪尽职守同时,求道,始终是他全力以赴的志业。如果说两京时李贽主要钟情于王学及其后学,姚安三年,研习佛教,无疑是其求道行道的主要内容。

李贽后来作《圣教小引》总结一生求道历程时,将50岁作为一个非常重要的转折点:"五十以后,大衰欲死,因得友朋劝诲,翻阅贝经,幸于生死之原窥见斑点。"[1]事实确实如此。50岁以前,李贽虽然汲汲于求道事业,但是,总体而言随人脚跟,是对王学及其后学追随和学习的过程。李贽早年遭遇人生苦痛,使其对性命下落探寻,成为四方求道之主要动力。方此时也,身处偏僻边地,加上个体生命"大衰欲死"的困苦,更使得他不得不面对自身,对自己性命问题求一个解决。因缘所致,此时"翻阅贝经",深究佛理,使其开始走出人云亦云,"随人说妍"的境地,并逐渐找到了自己的为学宗旨和路向。[2]

李贽早年丧亲之痛以及艰难生活环境,为官始终与上司相触的境遇,使其对人生性命下落问题焦虑不安。生命之苦,使他时刻关注解脱之道。北京时经朋友劝说,初步接触了佛教。南都之时,亦涉足佛教三宝。及至姚安任上,边地生活困苦,与上司关系紧张,无人相与论道的苦闷,加上此地佛教的兴盛,

---

(1697—1758年),也曾为此书作了广泛的注解。惠氏的注解在学界受到普遍的欢迎,而且再版了多次。虽然我们应该避免将知识分子喜好《太上感应篇》的原因直截了当地就归诸商业文化兴起的背景,但是,首要应该切记的是士商阶级界线的消融,是与上层文化与下层文化之间界线的消融一致的。而且最近的研究已经显示,明清变迁时期商人财富的重要性与社会地位的改善,完整地反映在此时大批善书与功过格的盛行上。"([美]余英时:《儒家伦理与商人精神》,广西师范大学出版社2004年版,第158—159页。)李贽晚年辑《因果录》,作《因果序》,云"感应因果,名殊理一"(《李贽全集注》第18册,社会科学文献出版社2010年版,第7页。)李贽又选录《睽车志》,作《选录睽车志叙》,称"不知者以为好怪,其知者则以为可与《因果录》、《感应篇》同观。若能与《感应篇》同观,则此《睽车志》岂曰'载鬼一车'也乎哉?固《太上》之旨矣。"(《续焚书》,中华书局2009年版,第63页。)可见李贽时刻以世风教化为念,劝民向善之心,思之不置。

①　《续焚书》,中华书局2009年版,第66页。

②　关于李贽在姚安任上翻阅贝经及其思想的重要转变,参见许建平:《李贽思想演变中的两个问题考辨》,载《广州大学学报(社会科学版)》第4卷第8期;又见许建平:《李贽思想演变史》第三章,人民出版社2005年版。

各种因缘际会,李贽开始全副身心投入佛法研习之中。从其此时所读的书目、形迹、著述中,可以看出他无论从思想和具体行动上都在深入理解和实践着佛法。姚安三年,无疑是李贽真正体悟佛教生死学问的时期。

一如前述,李贽在公事余暇,常与僧徒讨论佛学,甚至在佛寺处理公事。与得道高僧参佛,已经成为李贽生活重要的组成部分,他对自己佞佛无所避讳。李贽此时所游历者多佛教名胜和寺院,从其诗歌中,不难看出他对佛教的痴迷:

雨后访段严庵禅室兼怀焦弱侯旧友　二首

其一

郡斋多暇日,乘兴一登临。雨过青山色,僧归绿柳阴。

关河来远梦,明月隔同心。为有清风在,因之披素襟。

其二

伯牙去已久,何处觅知音！独有菩提树,时时风雨吟。

兴来聊倚玉,老去欲抽簪。按剑投苍璧,凭高感慨深！

钵盂庵听诵华严并喜雨　二首

其一

山中闻胜事,闲寂更逃禅。竺法惊朝雨,经声落紫烟。

清斋野老供,一食此生缘。千载留衣钵,卢能自不传！

其二

《华严》真法海,彼岸我先登。雨过千峰壮,泉飞万壑争。

山中迎太守,物外引孤僧。寄语传经者:谁探最上乘?①

万历六年(1578年)秋冬间,李贽奉命到永昌府会议平定少数民族叛乱。乘机与友人同游鸡足山,寓大觉寺,与小月禅人论佛教净土法门,写有《念佛答问》、《六度解》等论述佛法文章。又到大理感通寺拜访李元阳,白天同游山水,夜里清谈演大乘。八年(1580年)三月,离知府任期满尚有几月,李贽封府

---

① 《续焚书》,中华书局2009年版,第119—120页。

库,携妻到楚雄面见巡抚刘维请辞。上官不准,李贽"遂入鸡足山阅《龙藏》不出"。① 陈垣《明季滇黔佛教考》考证:滇黔之开辟,有赖于僧侣。而鸡足山"大寺八,小寺三十四,庵寺六十五,静室一百七十余所";又云鸡足山"有藏经十部,各建专室,特设知藏,所贮与书院藏书埒,或且过之,与尊经阁之常拥虚名,藉培风水者,尤不可同日语,则当时佛教之盛,非偶然也。"②可见鸡足山实乃佛教圣地,宝藏之所。李贽入山中大觉寺、迎祥寺等处阅《藏》听经,与高僧谈经说法,无疑奠定了后来佛学的基础。

从上述记述不难看出,姚安任上,李贽行经之地和其主要学术活动,几乎都和佛教活动有关。可以说,李贽的生活几乎被参求佛道之事占满了。

李贽生活时代,是禅宗和净土宗融合正盛的时候。从北京到南京,李贽读《金刚经》,师友施之于钳锤、坦言"不佞终当被剃"等,李贽的佛学研习,主要是接触禅学、精研净土,这些是和晚明佛教思想进路一致的。③ 姚安任上,还是因为生死问题,李贽进出佛教寺院,拜会名僧探研佛理等,其对佛法的领悟,无疑又达到了更高境地。从李贽当时著述《念佛问答》、《六度解》可以看出,这一时期他苦读的贝叶经,主要还是从净土宗入手的。从文献考辨还可看出,李贽此时研读的佛教经典主要有《坛经》、《般若经》、《心经》、《中观论》、《楞伽经》、《法华经》、《金刚经》等,也可能读过《维摩诘经》、《无量寿经》。李贽学净土而不拘泥于净土,表现出净土、禅宗、天台兼修的学佛规模。④ 于此可见李贽深入生死学问、追究解脱之道的饥渴和真诚。因其对佛法认识已深,故对自我生命之解脱越发看重,因此,更加坚定了他退职问学求道以求性命下落的念头。

李贽四十岁左右便已经"宦意全无",居官云南,也不过"糊口万里之外耳"。秉持一贯的求道赤诚,又有与黄安耿氏"同登斯岸"相约在前,因此,即便此时有"加恩上迁"机会,李贽还是决计辞官而去。顾养谦这样描述李贽辞官时候的情形:

① 《焚书》,中华书局2009年版,第3页。
② 陈垣:《明季滇黔佛教考》(上),河北教育出版社2000年版,第290、303页。
③ 参见江灿腾:《晚明佛教改革史》,广西师范大学出版社2006年版,第247—256页。
④ 李贽姚安阅读佛经内容考辨,参见许建平:《李贽思想演变史》,人民出版社2005年版,第97—120页。

　　是时,先生历官且三年满矣,少需之,得上其绩,且加恩或上迁。而侍御刘公方按楚雄,先生一日谢簿书,封府库,携其家,去姚安而来楚雄,乞侍御公一言以去。御公曰:"姚安守,贤者也。贤者而去之,吾不忍,——非所以为国,不可以为风,吾不敢以为言。即欲去,不两月所为上其绩而以荣名终也,不其无恨于李君乎?"先生曰:"非其任而居之,是旷官也,贽不敢也。需满以幸恩,是贪荣也,贽不为也。名声闻于朝矣而去之,是钓名也,贽不能也。去即去耳,何能顾其他?"而两台皆勿许,于是先生还其家姚安,而走大理之鸡足。鸡足者,滇西名山也。两台知其意已决,不可留,乃为请于朝,得致其仕。①

　　自称不称职,不敢沽名钓誉等,自然是李贽的托词。李贽政绩,得到了上官认可,按照常理,升迁本指日可待。可是,李贽辞官致仕以求道的欲望,远远超过了居官食俸之诱惑,这是他辞官的真正理由。李贽对挚友焦竑自述辞官心路曰:

　　弟尝谓世间有三等人,致使世间不得太平,皆由两头照管。第一等,怕居官束缚,而心中又舍不得官。既苦其外,又苦其内。此其人颇高,而其心最苦,直至舍了官方得自在,弟等是也。又有一等,本为富贵,而外矫词以为不愿,实欲托此以为荣身之梯,又兼采道德仁义之事以自盖。此其人身心俱劳,无足言者。独有一等,怕做官便舍官,喜做官便做官;喜讲学便讲学,不喜讲学便不肯讲学。此一等人心身俱泰,手足轻安,既无两头照顾之患,又无掩盖表扬之丑,故可称也。②

　　世间胜己者少,虽略有数个,或东或西,或南或北,令我终日七上八下。老人肚肠能有几许,断而复续,徒增郁抑,何自苦耶! 是以决计归老名山,绝此邪念,眼不亲书,耳不闻人语,坐听鸟鸣,手持禅杖,以冷眼观众僧之睡梦,以闲身入炼魔之道场,如是而已!③

----

①《焚书》,中华书局 2009 年版,第 78 页。
②《焚书》,中华书局 2009 年版,第 46 页。
③《续焚书》,中华书局 2009 年版,第 9—10 页。

　　焦竑是李贽至交,因此,从上述信件,完全可以看出李贽辞官的真实想法
和心情:李贽辞官是不无矛盾的。他一方面"怕居官束缚",另一方面,心中也
是有些舍不得官的。而李贽辞官之前虽有一些"两头照管",但是,受其一贯
的求胜己之友以证道、寻求性命下落强烈念头驱使,其弃官也是必然的。李贽
不以世俗荣华为念,一心向道。即便是曾经以正统自居而对李贽佞佛颇有微
辞的骆问礼,也对李贽老而弥坚,坚定不移的求道信念,极表敬佩之意:"卓吾
兄洁守宏才,正宜晋用,而归志甚急。不孝力挽。三年屈首,非其本心,今遂其
高矣。士类中有此,真足为顽儒者一表率。近世儒者高谈仁义,大都堂奥佛老
而支离程朱,至于趋炎附热,则无所不至,视此老有余愧矣。"①

　　嘉靖三十四年(1555年)出任河南辉县教谕,万历八年(1580年)辞官姚
安知府,李贽为官近三十年。虽如其所言,出仕只是为了为居食计,且在任上
始终和上司不和,言行略显异端。但是,综观其为官历程,李贽无疑是一个恪
尽职守的循吏。儒学根本规模,在于修齐治平,儒教社会士子,无不以之自勉。
李贽为官,其修身所依未必是儒学,但是,作为有明官吏,他无疑很好地践行了
儒生士子治平的社会责任。

---

　　①　《万一楼集》卷26;转引自林海权:《李贽年谱考略》,福建人民出版社2005年版,第
124页。

第六章　安身立命与儒道儒教之辩

万历九年辛巳(1581年),李贽时年55岁,在辞去姚安知府之后,他并没有像一般致仕官员那样荣归故里,而是选择来到黄安,寓居在五云山耿定向家的天窝书院。

一、客寓求道

袁中道《李温陵传》载:李贽"初与楚黄安耿子庸善,罢郡遂不归。曰:'我老矣,得一二胜友,终日晤言以遣余日,即为至快,何必故乡也!'遂携妻女客黄安。"①辞官后,求胜友以证道,是李贽首先考虑的事情,道之所在,即是故乡。李贽一向求道诚笃,此时不回故里而安家于黄安,一点也不令人奇怪。此外,生平不愿受人管束,也是他不愿回故乡的重要原因:"缘我平生不爱属人管。夫人生出世,此身便属人管了。幼时不必言;从训蒙师时又不必言;既长而入学,即属师父与提学宗师管矣;入官,即为官管矣。弃官回家,即属本府本县公祖父母管矣。来而迎,去而送;出分金,摆酒席;出轴金,贺寿旦。一毫不谨,失其欢心,则祸患立至,其为管束至入木埋下土未已也,管束得更苦矣。我是以宁漂流四外,不归家也。"②崇尚身心自由,倔强而不愿为人管束,既是李贽个性所致,同时,也是其特立独行、一心求道、追求思想自由的必然。

悲苦的人生履历,使得寻求性命下落,始终是李贽不能释怀的重大问题,这也是他不归故里的根本原因。在给有救命之恩的朋友邓石阳的信件中,他

---

① 《焚书》,中华书局2009年版,第3页。
② 《焚书》,中华书局2009年版,第185页。

倾吐了如此心声："年来每深叹憾,光阴去矣,而一官三十余年,未尝分毫为国出力,徒窃俸余以自润。既幸双亲归土,弟妹七人婚嫁各毕。各幸而不缺衣食,各生儿孙。独余连生四男三女,唯留一女在耳。而年逼耳顺,体素羸弱,以为弟侄已满目,可以无歉矣,遂自安慰焉。盖所谓欲之而不能,非能之而自不欲也。唯此一件人生大事未能明了,心下时时烦懑,故遂弃官入楚,事善知识以求少得。盖皆陷溺之久,老而始觉,绝未曾自弃于人伦之外者。"①对于李贽而言,其人生追求不在升官发财光前裕后。辞官之后,李贽俯仰无愧怍,觉得自己已经完成了家族、社会责任。齐家之事可以不用考虑,是该对长期困扰自己的性命下落问题,求一个真实解决的时候了。

　　李贽生活在儒教社会充分成熟、皇权社会高度发展之明朝。从童蒙开始,他就接受儒家教育。不管其本人对程朱理学和科举制度有什么看法,如何对仕途生涯不以为意,寓居黄安之前,也还是按照一般儒生正常人生轨迹一路走过来:学校、科举、做官,忠实地履行了家族和社会责任,以忠孝循良为念,完成了儒教社会对长子长孙、地方官员之要求。虽与上司时有冲突,也是其个性倔强、不愿受人管束,以及治民理念不同使然。受形迹近佛老之讥,其思想和言论也绝不干涉对皇权社会有什么不敬,更不用说对儒教社会有什么批判了。按照儒家修齐治平之思想和实践来讲,齐家、治平之事,李贽已然践履了。其在此过程中之为良儒、循吏,也是没有问题的。

二、生死情切的时风

　　弘治(1488—1505 年)以后,有明皇权社会渐趋腐朽。延至嘉隆万时期,皇权泛滥,打破了明朝先皇处心积虑制定的种种严密制度,社会乱象迅速滋长蔓延:官僚腐败、贪污成风、朋党团结、厂卫横行、土地兼并、财政匮乏、边防费驰、思想混乱、民众暴乱等一系列社会问题,极大地销蚀了皇权统治的基础。②虽有"救时宰相"张居正(1525—1582 年,原名张白圭,字叔大,号太岳,湖北江陵人,时人称张江陵)匡时救弊之大规模和富有成效的改革,在皇权专制之背

---

①　《焚书》,中华书局 2009 年版,第 10 页。
②　参见《中国政治制度通史·明代》,人民出版社 1996 年版,第 473 页。

景下,也难免人亡政息,未能扭转有明滑向分崩离析,最终覆亡之结局。①

　　正德(1506—1521 年)、嘉靖(1522—1566 年)、隆庆(1567—1572 年)、万历(1573—1620 年)年间,皇帝昏庸荒唐,从仕环境恶劣,当时士子在个体生存和儒家理想之间,存在着很大的紧张和焦虑。阳明心学产生及其风行一时,很大程度上也是由于当时士子面对这种紧张和焦虑,试图在治平事业和个体生命安顿之间求得一个平衡的产物。左冬岭认为,阳明心学境界,正是为了摆脱现实环境困扰,安顿自我生命,其目的,是为了更好地关怀社会。王学在中、晚明的流行,是因为"王学乃是士人的个体宗教,或者说是一种内在超越之学。它可以为进取者安顿好自我而更有利于进取,但一旦现实不允许其进取时,它便只能解决自我的安顿。依王阳明的本意,他是要救世与自适而兼得的"。②左氏正确指出了王学具有的安顿士人性命下落之功能。但是,从历史上看,"穷则独善其身,达则兼善天下"一向是儒者安顿出世入世之持身法则。儒家之出世、归隐,说到底是为了坚守道德理想的权宜;用世、出仕才是儒家本色。左氏言王学是"士人的个体宗教"、"一种内在超越之学",无疑是现代学术视野下,对王学价值和意义的一种现代化"创造性诠释"。从历史事实看,王学虽然对释道二教有借鉴,但是其学术思想之旨归,依然是儒家修齐治平的路子,而并非宗教。

　　有宋以降,儒家学者常以对死亡的态度不同来作为儒佛之分别。比如,程子曰:"佛学只是以生死恐动人。可怪两千年来,无一人觉此,是被他恐动也。圣贤以生死为本分事,无可惧,故不论死生";③陆九渊说,"释氏立教,本欲脱离生死,唯主于成其私耳。此其病根也";④朱熹更明确表示:"儒教本人事,释教本死生"。⑤　可见,佛教是以生死问题为立教之基;而人间世、家国天下是儒家擅长和学说最终指向。儒家对生死性命问题代表性观点,是张载所谓"存,

---

　　①　张居正生平事迹,参见朱东润:《张居正大传》,百花文艺出版社 2000 年版;樊树志:《晚明史(1573—1644 年)》(上),复旦大学出版社 2003 年版;刘志琴:《张居正评传》,南京大学出版社 2006 年版。

　　②　左冬岭:《王学与中晚明士人心态》,人民文学出版社 2000 年版,第 528 页。明末士人心态,亦可参见罗宗强:《明代后期士人心态研究》,南开大学出版社 2006 年版。

　　③　《二程集》(上),中华书局 1981 年版,第 3 页。

　　④　《陆九渊集》,中华书局 1980 年版,第 399 页。

　　⑤　《朱子全书》第 22 册,上海古籍出版社、安徽教育出版社 2002 年版,第 1956 页。

吾顺事;没,吾宁也":①活着恪尽职守,尽社会责任;死了,顺应自然变化而归于宁静。这一表述,正是儒家关于生死问题之正解。

晚明学者由于当时从政环境恶劣,人人自危,使得他们不得不格外关注自身生存问题。于是,对生死问题的关切、焦虑,成为王学及其后学士子们普遍问题,也是当时学者主要的致思方向之一。彭国翔指出,生死问题的焦虑,是王阳明、王畿、周汝登、徐用检、管志道、邹元标、焦竑等阳明学者共同关注的基本问题。"儒家传统讳言生死的情况在中晚明的思想界发生了明显的改变,生死关切在儒家的问题意识中由'幕后'转至'前台',从以往较为边缘的话语地位凸显成为当时以阳明学者为代表的儒家学者问题意识的焦点之一。死亡已不再是儒者讳言的问题,而成为关联于圣人之道的一项重要指标。"②龚鹏程进一步认为,延至晚明,李贽、焦竑和三袁兄弟这个交游圈,以"生死情切"为根本问题意识,"其核心关怀与存在之焦虑,是生死问题;他们也努力用其三教知识去处理这个问题。其处理之方法,则基本上是'以禅释儒,使知两家合一之旨',而反对修命长生之说。认为只有佛教无生之旨才能真正解决生命的困惑,让人摆脱生死轮回。"其"以禅释儒"的方法,亦即"以佛家之'觉悟'来解释阳明的复其良知工夫"。③ 可见,生死情切,是从政环境恶劣的产物,也是当时士子时风和重要学术关注点。

李贽仕途生涯一去三十几年,公事之外,他出入三教,苦思生死问题不置。苦觅性命下落,既和时风有关,而自身悲苦的人生经历,更使得他对生死问题之关切,远远超出同时代学者。

三、李贽为己之学

无论居官还是致仕,无论何处何时,寻求性命下落,始终是李贽探寻不已之核心问题。各种机缘凑合,求性命之道的饥渴感,使得李贽能够超越三教正统异端之成见,凡"阳明先生之徒若孙及临济的派、丹阳正脉,但有一言之几

---

① 《张载集》,中华书局1978年版,第63页。
② 彭国翔:《儒家传统:宗教与人文主义之间》,北京大学出版社2007年版,第131页。
③ 龚鹏程:《晚明思潮》,商务印书馆2005年版,第183页。

乎道者,皆某所参礼也,不扣尽底蕴固不止矣"。① 无论三教,只要能对解决性命问题有助益,李贽都好学深思,竭尽全力以寻求真谛。从安顿性命所最终达到的结果而言,李贽实际上也确实超越了三教分际。一方面,他从佛法说明了出离生死、安顿生命下落之境地;另一方面,又竭力说明三教圣人关注性命,对生死问题有着共同思想基础。

李贽出脱生死苦恼之途径,是佛教解脱法门。佛、法、僧三宝中,李贽首先十分重视阅读佛典。他反复申言参悟佛经之意义:

> 佛之心法,尽载之经。经中一字透不得,即是自家生死透不得,唯不识字者无可奈何耳。若谓经不必读,则是经亦不必留,佛亦不用有经矣。昔人谓读经有三益:有起发之益,有开悟之益,又有印证之益。其益如此,曷可不读也! 世人忙忙不暇读,愚人懵懵不能读,今幸生此闲身,得为世间读经之人而不肯读,比前二辈反在其后矣。快克期定志立限读之,务俾此身真实可以死乃得。②

求生死解脱法门,必先依附法宝,参阅佛经,此为前提。

李贽认为,参禅学道,是出脱生死苦恼之根本大事,学道者必须首先出脱功名富贵,"视人世繁华极乐为极苦",③才有入道得真的可能。根器浅弱者,以人世繁华为极乐,执著于人世间功名富贵,是不能够承担求道这样的大事情的。之所以如此,就是因为一般世人沉迷于名利场中,生死念头尚未萌动,为人世繁华所累,"无真实为生死苦恼怕欲求出脱也"。④ 李贽特别指出:

> 学道人大抵要跟脚真耳,若始初以怕死为跟脚,则必以得脱生死、离苦海、免恐怕为究竟。虽迟速不同,决无有不证涅槃到彼岸者。若始初只以好名为跟脚,则终其身只成就得一个虚名而已,虚名于我何与也? 此事在各人自查考,别人无能为也。今人纵十分学道,亦多不是怕死。夫佛以

---

① 《焚书》,中华书局 2009 年版,第 254—255 页。
② 《焚书》,中华书局 2009 年版,第 167—168 页。
③ 《焚书》,中华书局 2009 年版,第 137 页。
④ 《焚书》,中华书局 2009 年版,第 79 页。

生死为苦海,而今学者反以生死为极乐,是北辕而南其辙,去彼岸愈远矣。世间功名富贵之人,以生为乐也,不待言也。欲学出世之法,而唯在于好名,名只在于一生而已,是亦以生为乐也,非以生为苦海也。苦海有八,生其一也。即今上亦不得,下又不得,学亦不得,不学亦不得,便可以见有生之苦矣。佛为此故,大生恐怖。试看我辈今日何曾以此生身为苦为患,而决求以出离之也。寻常亦会说得此身是苦,其实亦只是一句说话耳,非真真见得此身在陷阱坑坎之中,不能一朝居者也。①

求性命下落,脱离生死之道,其入道之门在于"以怕死为跟脚"、"以生死为苦海"。必当参透世间功名富贵,见有生之苦;认清以求好名为跟脚,终生不过成就一个虚名,无法出离生死之苦。

李贽找到出离生死之苦的解脱法门,在于"原无生死":

　　既自信,如何又说放不下;既放不下,如何又说自信也？试问自信者是信个甚么？放不下者又是放不下个甚么？于此最好参取。信者自也,不信者亦自也。放得下者自也,放不下者亦自也。放不下是生,放下是死;信不及是死,信得及是生。信不信,放下不放下,总属生死。总属生死,则总属自也,非人能使之不信不放下,又信又放下也。于此着实参取,便自得之。然自得亦是自,来来去去,生生死死,皆是自,可信也矣。来书"原无生死"四字,虽是诸佛现成语,然真实是第一等要紧语也。既说原无生死,则亦原无自信,亦原无不自信也;原无放下,亦原无不放下也。"原无"二字甚不可不理会:既说原无,则非人能使之无可知矣,亦非今日方始无又可知矣。若待今日方始无,则亦不得谓之原无矣。若人能使之无,则亦不得谓之原无矣。"原无"二字总说不通也。故知原无生者,则虽千生总不妨也。何者？虽千生终不能生,此原无生也。使原无生而可生,则亦不得谓之原无生矣。故知原无死者,则虽万死总无碍也。何者？虽万死终不能死,此原无死也。使原无死而可死,则亦不得谓之原无死

① 《焚书》,中华书局 2009 年版,第 168—169 页。

矣。故"原无生死"四字,不可只恁麽草草读过,急着精彩,便见四字下落。①

总无死,何必怕死乎? 然此不怕死总自十分怕死中来。世人唯不怕死,故贪此血肉之身,卒至流浪生死而不歇;圣人唯万分怕死,故穷究生死之因,直证无生而后已。无生则无死,无死则无怕,非有死而强说不怕也。②

修习佛法在于自信、放下,自信、放下与否,皆源于修习者对生死的认知和觉悟。讲究生死大原,探究性命下落的解脱法门,首先在于"十分怕死"、"万分怕死",如此才能深究生死,直证佛法"无生无死"、"原无生死"一说。千生万死,表象而已;真实究竟,只是原无生死。既然原无生死,便无生可生,无死可死;无生无死,即无所谓生死。识得原无生死,便可无惧生死,超越生死,得解脱法门。觉悟生死尚且原无,自信、放下亦当原无;既原无,也就无所谓自信、放下与否了。

李贽比较了儒释二教圣人生死观,认为"怕死为甚",是二教圣人共同特点:"自古唯佛、圣人怕死为甚,故曰:'子之所慎,斋战疾',又曰:'临事而惧,若死而无悔者吾不与',其怕死何如也? 但记者不知圣人怕死之大耳。怕死之大者,必朝闻而后可免于夕死之怕也,故曰:'朝闻道夕死可矣'。曰可者,言可以死而不怕也;再不复死,亦再不复怕。"③李贽认为儒教圣人"临事而惧"、慎于"斋战疾"、朝闻夕死,也是怕死之念为重使然。无疑,李贽用佛法无生无死、出脱生死之旨来诠释儒学生死观,其理论资源,仍然是佛教的。

出脱生死,安顿性命,是李贽安身立命最为根本的问题。出入三教,实际上只是为寻求此问题的答案。及其学问进化处,李贽更认为唯有性命之学才是真正的学问,也是三教圣人殊途同归之处:

---

① 《焚书》,中华书局 2009 年版,第 170 页。
② 《焚书》,中华书局 2009 年版,第 171 页。
③ 《焚书》,中华书局 2009 年版,第 171 页。

凡为学皆为穷究自己生死根由，探讨自家性命下落。是故有弃官不顾者，有弃家不顾者，又有视其身若无有，至一麻一麦，鹊巢其顶而不知者。无他故焉，爱性命之极也。孰不爱性命，而卒弃置不爱者，所爱只于七尺之躯，所知只于百年之内而已，而不知自己性命悠久，实与天地作配于无疆。是以谓之凡民，谓之愚夫焉者也。

唯三教大圣人知之，故竭平生之力以穷之，虽得手应心之后，作用各个不同，然其不同者特面貌尔。既是分为三人，安有同一面貌之理？强三人面貌而欲使之同，自是后人不智，何干三圣人事，曷不于三圣人之所以同者而日事探讨乎？能探讨而得其所以同，则不但三教圣人不得而自异，虽天地亦不得而自异也。非但天地不能自异于圣人，虽愚夫愚妇亦不敢自谓我实不同于天地也。夫妇也，天地也，既已同其元矣，而谓三教圣人各别可乎？则谓三教圣人不同者，真妄也。"团地一声"，道家教人参学之话头也；"未生以前"，释家教人参学之话头也；"未发之中"，吾儒家教人参学之话头也。同乎，不同乎？唯真实为己性命者默默自知之，此三教圣人所以同为性命之所宗也。下此，皆非性命之学矣。虽各各著书立言、欲以垂训后世，此不知正堕在好为人师之病上。千古英杰，其可欺乎！又安能欺之乎！噫！已矣，勿言之矣。①

性命之学非一世之学，实与天地同悠久。真正学问，存诸穷究生死根由，探讨自家性命下落之中。三教圣人不同于愚夫凡民，就是因为其深谙性命悠久之道，故竭平生之力以穷之。在李贽看来，儒释道三教不过是面貌有异，究其实，根底同为性命之学，并无本质不同。入道之初，探寻性命下落便是李贽所最为关注的问题。出仕抑或致仕，他出入三教求索不已，也正是为了求解此问题。由上可见，李贽修身为己之学，实在是以求解性命下落为最终旨归的。这种性命之学，绝非以著书立言、垂训后世为动机，而是真实为自己性命下落，只求自身受用的。此外，李贽学术来源于"二溪"，其对两人学术归本于"见得此身甚重"、"生死大事在念"的强调，更可见李贽学术以性命之学为最终致思

---

① 《续焚书》，中华书局 2009 年版，第 1—2 页。

方向的特点和本质。①

四、正统与异端：耿李论战

李贽寓居黄安，意在要与耿定理等胜己之友一起，共证性命之道。耿定理对出世性命之学有着深刻的造诣，还在南都时，李贽受耿定理点化，"自是而后，思念楚倥不置，又以未得见天台为恨"。② 居官姚安前，李贽与耿氏兄弟相见，留爱女及婿于耿氏家乡黄安，并与耿定理相约："待吾三年满，收拾得正四品禄俸归来为居食计，即与先生同登斯岸矣"。③ 现在，李贽终于得偿夙愿，能

---

① 岛田虔次说明了在三教合一思潮之下，心学从最终极的本来面目，亦即从性命之学来把握人的特点。同时也指出了李贽非常强调二溪注重性命之学的事实："性理学——心学受佛教恩惠绝大这件事，即使在当时也已经为众人所见；儒佛道三教合一的思潮，在近世士大夫之间，已成为难以截断的潜流。学者之所以敢坚持儒佛之别，就是因为佛氏弃人伦，只谋求个人的安心立命，其立场毕竟是独善主义，总而言之就是不能治理天下国家。然而心学的课题就在于，要在连政治人伦都要超越的最终极的本来面目上把握人，以此作为出发点。""政治也好文化也好，对人来说都是应该警戒的东西，然而绝不是最初应该关心的东西。就像一切都被归结为伦理的分野中而使五伦五常成立一样，在每个人中，灵觉的德性才是终极的；而且，追求是如此之激烈，以至于连停留于此都不允许。人归根结底只有在'生死大事'的终极关头才能被认真把握（不用说，这里有佛教的影响，但是单去指责佛教的影响，什么也都说明不了）。成为心学运动最后顶峰人物的李卓吾在议论前辈学者时说：'龙溪先生非从幼多病爱身。见得此身甚重。亦不便到此。然非多历年所，亦不到也'，'若近溪先生。则原是生死大事在念。后来虽好接引儒生。扯着《论语》、《中庸》。亦谓伴口过日耳'。这些话正传达出了这当中的信息。求'内'、求'本'不止的合理主义精神，终于到了超越儒佛境界之地步，这是当然的归结。"（[日]岛田虔次：《中国近代思维的挫折》，江苏人民出版社 2005 年版，第 69 页。）龚鹏程通过考察袁宏道（1568—1610 年，字中郎，又字无学，号石公，湖广公安人）对性命之学的探究历程，指出：由于袁宏道根本关切在于了脱生死，他并非仅就佛学来讲如何了生死，"而是以其关怀为核心，儒道释各家，凡有助于解答这个问题的，都被运用汲取，并不专守学术的客观分界与门户。这就不是学究式或教徒式的路子，而是讲究如何'受用'的方式了"。（龚鹏程：《晚明思潮》，中华书局 2005 年版，第 124 页。）龚氏上述对袁宏道的评述，亦适用于李贽。邓志峰认为，王畿开创了王学的会通派，其代表人物先后有罗汝芳、李贽、杨起元、周汝登、管志道等。此派早期仅以佛道释儒，晚期则百无禁忌，"创造了晚明社会百家争鸣的多元文化格局"。此派以"世出世法"，亦即在家出家为法门：不愿舍离现实此岸世界，同时又追求灵魂超越和解脱。此派根本取向，即在于穷究性命之道，追求个体生命的自我解脱。（邓志峰：《第三章 会通与乐学》，《王学与晚明的师道复兴运动》，社会科学文献出版社 2004 年版。）

② 《焚书》，中华书局 2009 年版，第 142 页。

③ 《焚书》，中华书局 2009 年版，第 142 页。

够和耿氏兄弟相聚黄安,质证师友、求学问道了。李贽没有想到,他冲着耿定理去黄安,而真正改变他此后命运的,却是耿定理长兄耿定向。

卫道与不容已之学

耿定向(1524—1596年),字在伦,号楚侗,因晚年隐居家乡天台山,学者又称天台先生。楚黄州府麻城县(湖北黄安县)人。嘉靖三十五丙辰(1556年)进士,一生仕途通达,历任监察御史、南京学政、大理寺丞、太仆寺少卿、右佥都御史、福建巡抚、刑部侍郎、南京右都御史、户部尚书等。居官时,与严嵩、徐阶、张居正、申时行等历届内阁首辅关系良好。致仕后,归隐天台山讲学著述,年七十三而卒,赠太子少保,谥恭简。耿定向督学南畿时,建书院,倡讲学,网罗了焦竑、管志道(1536—1608年,字登之,号东冥,江苏吴县人)等当时著名学者于门下;任职大理寺寺丞时,"踞师儒之任","陈言邪说,披剥解散",士子"雷动从之","海内士习,几为之一变"。[1] 耿定向是典型的学者型官僚,其学无常师,曾私淑王艮,推崇王艮为"海内儒宗",在南京学政任上,建吴陵书院以祀王艮,制《王心斋先生传》以颂扬之;又推服邹守益(1491—1562年,字谦之,号东廓,江西安福人)戒惧恐慎、庸言庸行之学,誉之为纯正无暇,"确然孔孟之的脉,圣人复起不能易者"。认为王阳明"及门诸贤有得者不鲜,顾实承宗传、秉正印者,余唯归心东廓邹先生一人而已。"[2]此外,罗汝芳、王畿、罗洪先(1504—1564年,字达夫,号念庵,江西吉水人)、胡直(1517—1585年,字正甫,号庐山,江西太和人)、王时槐(1522—1605年,字子植,号塘南,江西安福人)等人,也影响了耿定向思想之形成。

---

① 耿定向生平事迹及学问,参见《明史》(十九),中华书局1974年版,第5816—5817页;《澹园集》(上),中华书局1999年版,第524—534页;《明儒学案》(修订本)(下),中华书局2008年版,第814—825页;陈时龙:《明代中晚期讲学运动(1522—1626年)》,复旦大学出版社2005年版,第145—156页;邓志峰:《王学与晚明的师道复兴运动》,社会科学文献出版社2004年版,第327—357页。

② 耿定向:《广德州祠碑》,《耿天台先生文集》卷12,《四库全书存目丛书》第131集,第316页。耿定向推服邹守益之具体表述,另参见《邹文庄公年谱序》(《耿天台先生文集》卷11,《四库全书存目丛书》第131集,第285—286页);"邹伯子墓志铭"(《耿天台先生文集》卷12,《四库全书存目丛书》第131集,第308—311页);"东廓邹先生传"(《耿天台先生文集》卷14,《四库全书存目丛书》第131集,第353—362页);"读东廓先生语录"(《耿天台先生文集》卷19,《四库全书存目丛书》第131集,第460页)。

"二溪"相较,耿定向对罗汝芳虽不无微词,但是,也赞叹"《近溪集》中,其言孔孟血脉路径处,即圣人复起,不能易者"。① 耿定向与王畿讲学问道,颇为相得,②然而,受强烈卫道意识驱使,耿定向对王畿"四无"说则颇为不满。他以为,王阳明"四句教","无善无恶心之体""乃起意发知之原本,无物而体物不遗者,是集道凝德之舍,而吾人生身立命之都。达此而后知善知恶是真知,为善去恶为真修。"③圣凡性体相同,为善去恶则虽圣人有不能尽者。因此,执定"四无"说,势必忽略知善知恶、为善去恶的工夫,导致托性体本无为口实,引起道德混乱,"是将此本体为集垢稔匿之薮,长傲遂非之困矣"。④ 耿定向严厉批判王畿"四无说"等心学末流的弊病:"顾近承学者,第觑此些子光景,便自侈得最上乘法。高者耽虚归寂,至于遗物离伦;卑者任性恣情,至谓一切皆是,淫纵恣睢,以讼悔为轮回,以迁改为粘缀,以尽伦为情缘。至谓见景即动,既动即为者为见性,而以羞恶是非之本心为尘障,尽欲抹杀,伤风败化,戕人蠹物,蔑不至已。乃劣质下根,乐其便于情欲,一唱百和,从之如流水,而且借口谓文成宗旨原是如此。吁,岂非斯道之一大厄哉! 愚为此日常仰屋而吁,夕至扶枕而涕者,几矣。"⑤"四无"说流行之下,学者沉溺于虚寂,离弃人伦;一般人则恣意妄为,伤风败化。以卫道自任的耿定向,对此痛心疾首严斥不怠。焦竑评价乃师卫道意识曰:"淫诐之词,诡异之教,则排斥之不少假借。盖国朝理学开于白沙,大明于文成。文成之后一再传,而遂失之。承学后进,窃其管窥筐举,寄径而穴焉,以至发城抉樊,受衍于荒淫之陂,而失其大宗。先生重忧之,为坊甚力。"⑥王世贞称赞耿定向:"楚老有实见实力,又勇于卫道,确然迥澜之柱也。"⑦可见,耿定向卫道热情和行动,为世所公认,可看做儒教社会正统派官僚型学者思想之典型。

对耿定向思想形成有决定性影响者,无疑是其仲弟耿定理。耿定向早岁

---

① 耿定向:《耿天台先生文集》卷三,《四库全书存目丛书》第 131 集,第 85 页。
② 参见《王畿集》、《耿天台先生文集》相互书答。《东游会语》(《王畿集》卷四)等处。
③ 耿定向:《耿天台先生文集》卷八,《四库全书存目丛书》第 131 集,第 220 页。
④ 耿定向:《耿天台先生文集》卷八,《四库全书存目丛书》第 131 集,第 221 页。
⑤ 耿定向:《耿天台先生文集》卷八,《四库全书存目丛书》第 131 集,第 221 页。
⑥ 《澹园集》(上),中华书局 1999 年版,第 532 页。
⑦ 王世贞:《管金宪》,《弇州四部稿·续稿》卷 210,文渊阁《四库全书本》第 1284 册,第 843 页。

笃信朱学,自述于阳明学"初间不惟不信,反加訾议,所以兴起信心,全在楚倥舍弟"。① 而入门王学之后,同样是受耿定理、胡直启发,益之于自己长期思考体证,耿定向终于确立了"不容已"的学术宗旨:"嘉靖辛酉秋,余偕仲子晤胡正甫于汉江之浒,相与订学宗旨。余时笃信文成良知之宗,以常知为学……正甫则曰:'吾学以无念为宗。'仲子曰:'吾学以不容已为宗'。正甫首肯数四,余懊然失己,盖讶仲子忽立此新论也。胸中蓄疑十余年,密参显证,远稽近质,后始怃然有省,窃服正甫之知言,嗟叹仲子之天启也,比年来益笃信此为尧舜周孔仁脉,虽圣人复起不能易矣。"② 耿定向又云:"无念"即"所谓心体尽头","自然生机"。"无念之生机,乃是天体;天体之生机,即是无念,原是一贯。"无念亦即"心体不容自已处"。③历经十余年之久,耿定向从最初主常知为学,最终以"从无声无臭发根,高之不涉虚玄;从庸言庸行证果,卑之不落情念"④之"不容已"为自己学术宗旨,标志其学说的成熟。

耿定理之死

李贽寓居黄安之初,生活颇为平静安宁:"侗天为我筑室天窝,甚整。时共少虞、柳塘二丈老焉,绝世嚣,怡野逸,实无别样出游志念,盖年来精神衰甚,只宜隐也。"⑤"唯有朝夕读书,手不敢释卷,笔不敢停挥,自56岁以至今年74岁,日日如是而已。关门闭户,著书甚多,不暇接人,亦不暇去教人。"⑥读书写作,与当地学者相与讲学,李贽此时的生活,无疑是惬意而舒适的。然而,好景不长,万历十二年(1584年),耿定理卒。此后,李贽的生活便完全变了样。

---

① 《王畿集》,江苏古籍出版社2007年版,第84页。

② 耿定向:《耿天台先生文集》卷八,《四库全书存目丛书》第131集,第206—207页。《楚倥论学语》有类似记载:"胡庐山会天台、楚倥于汉江之浒,相与订学宗旨。天台曰:'以常知为学。'庐山曰:'吾学以无念为宗。'楚倥曰:'吾学以不容已为宗。不容已者,从无声无臭发根,从庸言庸行证果。禹、稷之犹饥犹溺,伊尹之若挞若沟,视亲骸而泚颡,遇呼蹴而不屑,见入井而怵惕,原不知何来,委不知何止,天命之性如此也,故曰'於穆不已'。如模拟孔氏之匡廓,非此不容已者为之血脉,则捧土揭木为偶人而已。'"(《明儒学案》(修订本)(下),中华书局2008年版,第826—827页。)

③ 耿定向:《耿天台先生文集》卷三,《四库全书存目丛书》第131集,第84页。

④ 耿定向:《耿天台先生文集》卷八,《四库全书存目丛书》第131集,第207页。

⑤ 《续焚书》,中华书局2009年版,第46页。

⑥ 《续焚书》,中华书局2009年版,第5—6页。

李贽视耿定理为肺腑知己,胜己之友。痛失此良师益友,李贽无疑是十分悲痛的。在《复耿中丞》(万历十二年作)一文中,李贽三致其意,表达自己痛失知己之孤苦情愫:"四海虽大而朋友实难,豪士无多而好学者益鲜。若夫一往参诣,务于自得,直至不见是而无闷,不见知而不悔者,则令弟子庸一人实当之,而今不幸死矣!仆尚友四方,愿欲生死于友朋之手而不可得,故一见于庸,遂自谓可以死矣,而讵意子庸乃先我以死也耶!兴言及此,我怀何如也!公素笃于天伦,五内之割,不言可知。且不待远求而自得同志之朋于家庭之内,祝予之叹,岂虚也哉!屡欲附一书奉慰,第神绪忽忽,自心且不能平,而敢遽以世俗游词奉劝于公也耶?今已矣!唯念此问学一事,非小小根器者所能造诣耳。夫古人明以此学为大学,此人为大人矣。夫大人者,岂寻常人之所能识耶?当老子时,识老子者唯孔子一人;当孔子时,识孔子者又止颜子一人。盖知己之难如此。使令弟子庸在时,若再有一人能知之,则亦不足以为子庸矣。嗟嗟!勿言之矣!今所憾者,仆数千里之来,直为公兄弟二人耳。今公又在朝矣,旷然离索,其谁陶铸我也?夫为学而不求友与求友而不务胜己者,不能屈耻忍痛,甘受天下之大炉锤,虽曰好学,吾不信也。欲成大器,为大人,称大学,可得耶?"①李贽盛赞耿定理学务自得,具潜龙之德;是非寻常之人所能理解,是有大根器之得道"大人"。寓居黄安,李贽本意也正在求学问道,受耿氏兄弟陶铸。失掉生死相以之道友,其悲苦之心,可想而知。李贽又作《哭耿子庸》四首,追溯两人相识相知,推崇师友学问德行,感叹知己之难:

其一

楚国有一士,胸中无一字。令人读《汉书》,便道赖有此。盖世聪明者,非君竟谁与?所以罗盱江,平生独推许。行年五十一,今朝真死矣!君生良不虚,君死何曾死!

其二

我是君之友,君是我之师。我年长于君,视君是先知。君言"吾少也",如梦亦如痴。去去学神仙,中道复弃之。归来山中坐,静极心自怡。大事苟未明,兀坐空尔为。行行还出门,逝者在于斯。反照未生前,我心

① 《焚书》,中华书局2009年版,第258页。

不动移。仰天一长啸,兹事何太奇! 从此一声雷,平地任所施。开口向人
难,谁是心相知?

其三

　　太真终日语,东方容易谈。本是闽越人,来此共闲闲。君子有德音,
听之使人惭。白门追随后,万里走滇南。移家恨已满,敢曰青于蓝? 志士
苦妆饰,世儒乐苟安。谓君未免俗,令人坐长叹。

其四

　　君心未易知,吾言何恻恻! 大言北海若,小言西河伯。缓言微风入,
疾言养叔射。粗言杂俚语,无不可思绎。和光混俗者,见之但争席。浩气
满乾坤,收敛无遗迹。时来一鼓琴,与君共晨夕。已矣莫我知,虽生亦
何益![1]

　　耿定理之死,不仅使李贽失去了一位“生死在念,万分精进”[2]的朋友,致
其求道之事遭受挫折。更加令李贽始料不及的是,由耿定理之死所触发,耿定
向开始对李贽发难,导致了两人之间长达十二年(万历十二年耿定理殁,至万
历二十四年耿定向卒)的论战。也正是这场论战,把李贽推向了历史前台,一
方面,论战使李贽颠沛流离、生活困苦不堪;另一方面,也正是这场论战,使李
贽名声大噪,某种意义上成就了其作为著名学者和思想家的历史地位。

　　耿定向少有为官成圣之志,[3]一生仕宦生涯也颇为顺达。耿定理亡故之
时,耿定向正由都察院左佥都御史升为左副都御史。[4] 耿定向以孔学正脉自
居,有强烈卫道意识。随着官越做越大,其光前裕后之心愈切。眼看耿定理之
后,耿家子侄辈举业不顺,又无意于仕途,这些无疑使他放心不下,焦虑不安。
耿定向担心耿家子侄受李贽影响,“好超脱”不以嗣续功名为重,“有遗弃之
病”。因此,“数至箴切”于李贽。[5]

---

　　[1] 《焚书》,中华书局 2009 年版,第 229—230 页。
　　[2] 《续焚书》,中华书局 2009 年版,第 21 页。
　　[3] 焦竑《天台耿先生行状》载:“先生(耿定向)一日绕膝下,以官级问,递至公卿矣,曰:‘更
有上者否?’鸣甫公(耿定向祖父)曰:‘独有圣人耳。’先生应声曰:‘儿异日当为圣人。’鸣甫公奇
其志,已心仪其为大人器矣。”(《澹园集》(上),中华书局 1999 年版,第 524—525 页。)
　　[4] 林海权:《李贽年谱考略》,福建人民出版社 2005 年版,第 158 页。
　　[5] 《焚书》,中华书局 2009 年版,第 3 页。

此时,李贽一方面痛失知己、亲人①悲痛不已;另一方面,还要承受来自耿定向及其弟子、同僚们不断的责难、迫害。倔强的个性加之心中郁积多年的愤懑一时爆发,不可遏止。耿李二人,一个是坚定的卫道士,另一个是绝不妥协的求道者,于是,两人之间展开了一场纠缠着各种复杂情节的旷日持久之论战。

儒教与儒道之辩

耿李论战,主要通过书信往来进行。通观二人论战具体内容,有掺杂个人情绪的责难与回应,有学术问题的往复辩驳,也有评骘人物的各持己见等。②

1. 功名与求道

两人论战,肇端于耿定向批评李贽好解脱。耿怪李作为耿家子弟之师,好超脱不以嗣续功名为念的思想和行为,贻害了耿家子弟。李贽不无愤慨而刻薄地回应道:"吁吁! 生子生孙何事也,乃亦效人乎! 且超脱又不当生子乎! 即儿好超脱,故未有孙,而公不超脱者也,何故不见多男子乎? 我连生四子俱不育,老来无力,故以命自安,实未尝超脱也。公何诬我之甚乎!"又曰:"吁吁! 卓吾自二十九岁做官以至五十三岁乃休,何曾有半点超脱也! 克明年年去北京进场,功名何曾轻乎! 时运未至,渠亦未尝不坚忍以俟。而翁性急,乃归咎于举业之不工,是而翁欲心太急也。""今公自谓不超脱者固能理家;而克明之超脱者亦未尝弃家不理也,又何可以超脱憾之也!""此皆多欲之故,故致背戾,故致错乱,故致昏蔽如此耳。且克明何如人也,筋骨如铁,而肯效颦学步从人脚跟走乎! 即依人便是优人,亦不得谓之克明矣。故使克明即不中举,即不中进士,即不作大官,亦当为天地间有数奇品,超类绝伦,而可以公眼前蹊径限之欤?"③多子多孙以纳福,读书求科第,居官求尊显,借此以光前裕后,此为儒教社会一般读书人之正途。自居孔学正脉名教正宗,耿定向当然非常看重这些。在他看来,耿家子侄辈不重举子业,不以生子生孙为念,全然是受到了

---

① 万历十五年,养子贵儿溺水身亡。(林海权:《李贽年谱考略》,福建人民出版社 2005 年版,第 194 页。)

② 耿李论争主要内容详见《耿天台先生文集》、《焚书》、《续焚书》等。另参见厦门大学历史系编:《李贽研究参考资料》第二辑,福建人民出版社 1976 年版,第 75—103 页。

③ 《焚书》,中华书局 2009 年版,第 36—37 页。

李贽舍弃功名、自我解脱、不求子嗣的毒害。李贽当然有理由回击这些无端指责:自己从仕三十几年,绝非出世超脱;耿定向长子耿汝愚(字克明)年年进科场,何曾有出脱之病? 而超脱与否,更和生子生孙,了无干涉。李贽指出,归根结底,利欲熏心,致昏蔽错乱,才是耿定向之病根。

耿定向门生,对耿言听计从的吴少虞责备李贽:"楚侗放肆无忌惮,皆尔教之。"①面对如此无稽之谈,李贽怒不可遏:"安得此无天理之谈乎?""吁吁!楚侗何曾放肆乎? 且彼乃吾师,吾唯知师之而已。渠眼空四海,而又肯随人脚跟走乎? 苟如此,亦不得谓之楚侗矣。大抵吴之一言一动,皆自公来,若出自公意,公亦太乖张矣。纵不具只眼,独可无眼乎! 吾谓公且虚心以听贱子一言,勿蹉跎误了一生也。如欲专为光前裕后事,吾知公必不甘,吾知公决兼为继往开来之事者也。一身而二任,虽孔圣必不能。故鲤死则死矣,颜死则恸焉,妻出更不复再娶,鲤死更不闻再买妾以求复生子。无他,为重道也;为道既重,则其他自不入念矣。公于此亦可遽以超脱病之乎!"②从南京定交直至耿定理亡故,李贽从来视其为得道真人、胜己之良师益友,以至于宁愿不回故里,也要万里追随之。因此,当然不能容忍吴少虞对耿定理的诋毁。在李贽看来,光前裕后和继往开来,即便是圣人如孔子也不能"一身而二任"。对于求道者而言,因其重道,故更加看重继往开来之志业。职此之故,生子、功名、光前裕后,从来不是求道者时时在念,汲汲为之的。真正求道者,生死以之,更无杂念;而非耿定向"实未尝有传道之意,实未尝有重道之念"③者所能为之。

对于功名,耿李态度截然不同:耿定向遵循儒教正途,以家族兴衰为念,督导子侄走攀爬举业、延续子嗣之路,为此不惜对胞弟好友发逐客令;李贽则秉承一贯求道之信念,遵从先圣事迹,继开为念,唯道是从,既已舍弃光前裕后之想,功名富贵,更非其所计也。

2. 孔学之"术"

耿定向主张"学有三关:初解即心即道;已解即事即心;其究也须慎术。""近世以学自命者,或在闻识上研究以为知,或在格式上修检以为行,知即心即道鲜矣。间知反观近里者,则又多耽虚执见,知即事即心者尤鲜。抑有直下

---

① 《焚书》,中华书局 2009 年版,第 37 页。
② 《焚书》,中华书局 2009 年版,第 37—38 页。
③ 《焚书》,中华书局 2009 年版,第 38 页。

承当,信即事即心者,顾漫然无辨,悍然不顾,日趋于下达异流,卒不可与共学适道者,则不知慎术之故也。何者?离事言心,幻妄其心者也,固非学;混事言心,污漫其心者也,尤非学。唯《孟子》'慎术'一章,参透吾人心髓,即心择术,因术了心,发千古事心之秘诀矣。①岂不直截,岂不易简哉!何谓慎术?曰:皆事故皆心也。顾有大人之事,有小人之事。学为大人乎,抑为小人乎?心剖判于此,事亦剖判于此;事剖判于此,人亦剖判于此矣。孔子十五志学,学大人之事也。孟子善择术,故曰:'乃所愿,则学孔子。'盖学孔子之学者,犹业巫函之术者也,不必别为制心之功,未有不仁者矣。子思子谓其无不持载,无不覆帱,并育不害,并行不悖,有以也。舍孔子之术以为学,虽均之为仁,有不容不堕于矢匠之术者矣。此非参透造化之精,未可与议。"②耿定向设定了学术三关。起初,学者当明了"即心即道":道存于自己本心,不假外求,反观本心,即是求道;其后,如果仅仅是反求本心,往往会流于固执己见,自以为是,虚妄不经。或者,把心本体混同于具体事物,玷污本心的本体位置。因此,还须参透"即事即心":本心高于具体事情,而又必须落实于具体事情,才见本心之全体大用。明了"即心即道"、"即事即心"之后,学术最后也是最为重要的一关,就是"慎术":谨慎选择之术。虽言"即事即心",而事有大人之事、小人之事。制心之功,在于慎择,在于为大人之事。心本体至善无恶,如欲"即心择术,因术了心",就要像孟子般善择而学孔子之学,宗仁、居仁而已。明学术正人心,是耿定向一向的主张。其所谓学术,"非玄虚而无实",而"切志于天下国家",究其实,归旨于孔子求仁之学。③耿定向曾言:"外孔孟之训而他求,是舍日月之明而希光于萤爝之微也,不亦谬乎!"④可见,他是格外看重孔孟正学,严于正

---

① "慎术"见《孟子·公孙丑上》:"孟子曰:'矢人岂不仁于函人哉!矢人唯恐不伤人,函人唯恐伤人。巫匠亦然,故术不可不慎也。孔子曰:"里仁为美,择不处仁,焉得智?"夫仁,天之尊爵也,人之安宅也,莫之御而不仁,是不智也。不仁不智,无礼无义,人役也。人役而耻为役,由弓人而耻为弓,矢人而耻为矢也。如耻之,莫如为仁。仁者如射,射者正己而后发,发而不中,不怨胜己者,反求诸己而已矣。'"《正义》概括此章大意,曰:"此章指言各治其术。术有善恶,祸福之来,随行而作。耻为人役,不若居仁,治术之忌,勿为矢人也。"(《孟子注疏》,北京大学出版社1999年版,第95—97页。)

② 耿定向:《耿天台先生文集》卷七,《四库全书存目丛书》第131集,第203—204页。

③ 参耿定向隆庆元年(1567年)"明学术正人心疏",《耿天台先生文集》卷二,《四库全书存目丛书》第131集,第35—37页。

④ 耿定向:《耿天台先生文集》卷19,《四库全书存目丛书》第131集,第472页。

统异端之辨的。

耿定向学宗孔孟、求仁居仁之学术观,遭到李贽激烈批驳:"'学其可无术欤',此公至言也,此公所得于孔子而深信之以为家法者也。仆又何言之哉!然此乃孔氏之言也,非我也。夫天生一人,自有一人之用,不待取给予孔子而后足也。若必待取足于孔子,则千古以前无孔子,终不得为人乎? 故为愿学孔子之说者,乃孟子之所以止于孟子,仆方痛憾其非夫,而公谓我愿之欤? 且孔子未尝教人之学孔子也。使孔子而教人以学孔子,何以颜渊问仁,而曰'为仁由己'而不由人也欤哉! 何以曰'古之学者为己',又曰'君子求诸已'也欤哉! 唯其由已,故诸子自不必问仁于孔子;唯其为己,故孔子自无学术以授门人。是无人无己之学也。无已,故学莫先于克己;无人,故教唯在于因人。""孔子亦何尝教人之学孔子也哉! 夫孔子未尝教人之学孔子,而学孔子者务舍己而必以孔子为学,虽公亦必以为真可笑矣。"①在李贽看来,孔子并未教人学自己,孔门之教,唯在于因人之性,顺成学者固有道德而已,此为"无人";孔子学术,主于为己、求诸己,克己复礼即为仁,实在也不必学于人,此为"无己"。既然学者道德本具,又能克己,没有必要舍己从人向孔子学习,孔子本质上也没有学术可以教人。李贽以为,耿定向居仁、求仁之所谓学术,不过是株守于孔子只言片语,以孔子身教为仁,未得孔子"无人无己之学"的真髓旨归。而孟子称愿学孔子,也不过是囿于孔子之迹,李贽也深不以之为然。

从"无人无己之学"出发,李贽申言贪货利名位,是人之本性,圣人当从民所好,各骋其所长,使万物得所,如此才是真能明明德于天下,而致天下太平者。相反,所谓"仁者"以德礼刑政条理民物,反使天下失所,不得太平。李贽最后得出结论:"孔氏之学术亦妙矣,则虽谓孔子有学有术以教人亦可也。然则无学无术者,其兹孔子之学术钦!"②以"无人无己之学"教人,自然可言孔子"有学有术";就此学本质为无人无己、唯在因人而言,当然孔子无学术可以教人。

耿定向执定一说,坚守儒学名教立场,严于正统异端之辨;李贽则儒道诸子并举,立足道、法,融贯孔老以立学术论辩之基。由于两人学术立场、借助学

---

① 《焚书》,中华书局 2009 年版,第 16—17 页。
② 《焚书》,中华书局 2009 年版,第 17 页。

术资源不同,关于孔子学的之辩,实际是不会有结果的。李贽超迈正统成见之"无人无己之学"说,无疑是自得而深刻的。问题是,其狂放之自信,尤其是放言孔子学说,并非是人之所以为人者之依据;亚圣不过株守孔子之说,有执定之非;否认礼教治国平天下之合理性等。在以抱持儒教立国、圣经为本之正统观念者看来,自然是非圣无法、异端邪说了。

3. 原淡

万历乙酉年(1585 年),耿定向作《纪梦》,云梦中悟得王阳明良知之旨为"淡":"惟淡,知乃良;不淡,知弗良矣。淡固良知之宗祖也。"又言,要保持此"淡体",必加之于"湔磨刷涤"以去除深锢积习方可。① 李贽讥其梦曰:"世人白昼寐语,公独于寐中作白昼语,可谓常惺惺矣"。② 接着申说道:"夫古之圣人,盖尝用湔刷之功矣。但所谓湔磨者,乃湔磨其意识;所谓刷涤者,乃刷涤其闻见。若当下意识不行,闻见不立,则此皆为寐语,但有纤毫,便不是淡,非常惺惺法也。盖必不厌,然后可以语淡。故曰'君子之道,淡而不厌'。若苟有所忻羡,则必有所厌舍,非淡也。又惟淡则自然不厌,故曰'我学不厌'。若以不厌为学的,而务学之以至于不厌,则终不免有厌时矣,非淡也,非虞廷精一之旨也。盖精则一,一则纯;不精则不一,不一则杂,杂则不淡矣。"③在李贽眼中,湔磨刷涤工夫,对治于意识闻见。倘若意识不行,闻见不立,也就用不着这些工夫了。《中庸》所谓"淡而不厌"之旨,在于无忻羡,故无厌舍;真正的"淡",存乎精纯之"一"。反之,有忻羡,即有厌舍,已然不一,则必不能"淡"。

李贽又说:"人能放开眼目,固无寻常而不奇怪,亦无奇怪而不寻常也。经世之外,宁别有出世之方乎?出世之旨,岂复有外于经世之事乎?故达人宏识,一见虞廷揖让,便与三杯酒齐观;巍巍尧、舜事业,便与太虚空浮云并寿。无他故也,其见大也。见大故心泰,心泰故无不足。既无不足矣,而又何羡耶?若只以平日之所忨闻习见者为平常,而以其罕闻骤见者为怪异,则怪异平常便是两事,经世出世便是两心。勋、华之盛,揖逊之隆,比之三家村里瓮牖酒人,真不啻几千万里矣。虽欲淡,得钦?虽欲'无然歆羡',又将能钦?此无他,其

---

① 耿定向:《耿天台先生文集》卷 19,《四库全书存目丛书》第 131 集,第 474—475 页。
② 《焚书》,中华书局 2009 年版,第 24 页。
③ 《焚书》,中华书局 2009 年版,第 24 页。

见小也。"①李贽认为，处淡之方，在于"放开眼目"，有"达人宏识"；借此观之，寻常与奇怪并非两事、经世与出世亦非两端。去除分别之心，不执著己见，故能无歆羡，不期淡而淡矣；反此，则生分别歆羡之心，无从淡也。

李贽最后开出处淡之方："愿公更不必论湔磨刷涤之功，而惟直言问学开大之益；更不必虑虚见积习之深，而惟切究师友渊源之自。则康节所谓'玄酒味方淡，大音声正希'者，当自得之，不期淡而自淡矣，不亦庶乎契公作人之微旨，而不谬为'常惺惺'语也耶！"②李贽认为，耿定向囿于学识，见识太小。因此，劝耿定向"直言问学"、"切究师友"以开大其见识，自然"不期淡而淡"。

耿定向所谓良知之淡，实为孔孟仁脉之淡。良知、仁脉之本体，即是人心未发之中，纯然至善；落实于现世功用，即是所谓人伦道德。此人伦道德，事关家国天下之治，须去除二教玄虚之见，痛下"湔磨刷涤"之功夫以养成。常人以为孔学之言诠，不过日常人伦，实在常而无奇，淡而无味，简而无文。耿定向则以为，这实际上是人们不察孔学之全体大用，不明仁脉即本体即功夫，精微而易简，淡而不淡所致。③ 耿定向宗仁卫道为念，常怀杞人之忧；李贽立足佛道二教理论，讥讽耿氏见识狭小，奉劝其去除意识闻见、分别之心，不期淡而淡云云，实在是各说各话而已。

4. 真机：童心的回归

耿李关于真机问题各有论述。耿定向《与周柳塘》书云："忆昔年卓吾寓兄湖上时，兄谓余重名教，卓吾识真机。亡弟诮兄曰：'拆篱放犬！'意盖讶兄与余营道同术者而作是分别，未究余学所主，语若右卓吾云尔。兄时不解，曾以语余，余哂而不答，盖冀兄之自解也。乃近书来，复曰余以继往开来为重，而卓吾以任真自得为趣，则亡弟此诮，兄到今未会矣。亡弟非讶兄轻余而轩卓吾也，盖慨兄之不识真也。夫孔孟之学，学求真耳，其教，教求真耳。舍此一'真'，何以继往？何以开来哉？近日学术，淆乱正原，以妄乱真，坏教毒世，无以绍前启后，不容已于呶呶者，亦其真机不容已也。如不识真而徒为圣贤护名教，妄希继往开来之美名，亦可羞已，不已与兄大隔藩篱耶？若卓吾果识真机，

---

① 《焚书》，中华书局 2009 年版，第 24 页。

② 《焚书》，中华书局 2009 年版，第 25 页。

③ 参见《学彖》(《耿天台先生文集》卷九，《四库全书存目丛书》第 131 集，第 230—238 页)等处。

任真自得,余家兄弟自当终身北面之,亡弟安忍如此引喻,置之篱外哉?""古先圣人,识此真机,制为燕享交际婚丧之礼,非以为名也,所以达此真机也。自今言之,仁义真心也,入孝出弟,非真机耶? 孔孟之明明德于天下者,唯以此达之耳。""吾儒之教,以仁为宗,正以其得不容已之真机也。彼以寂灭灭己为真,或以一切任情从欲为真,可无辨哉!"①可见,耿定向认为儒教孔孟之学,其目的正是教人求真。人不同于禽兽,人之本性真机,实在存之于人伦礼教,而非李贽以妄乱真、寂灭灭己、任情纵欲之所谓"真机"。而以仁为宗,正是孔孟不容已之真机。所谓继往开来、绍前启后、为圣贤护名教等,不过是延续护持此不容已之真机而已。

李贽反驳耿定向真机说,论真人、真心之作,便是《童心说》,全文如下:

龙洞山人叙《西厢》末语云:"知者勿谓我尚有童心可也。"夫童心者,真心也。若以童心为不可,是以真心为不可也。夫童心者,绝假纯真,最初一念之本心也。若失却童心,便失却真心;失却真心,便失却真人。人而非真,全不复有初矣。

童子者,人之初也;童心者,心之初也。夫心之初曷可失也! 然童心胡然而遽失也? 盖方其始也,有闻见从耳目而入,而以为主于其内而童心失。其长也,有道理从闻见而入,而以为主于其内而童心失。其久也,道理闻见日以益多,则所知所觉日以益广,于是焉又知美名之可好也,而务欲以扬之而童心失;知不美之名之可丑也,而务欲以掩之而童心失。夫道理闻见,皆自多读书识义理而来也。古之圣人,曷尝不读书哉! 然纵不读书,童心固自在也,纵多读书,亦以护此童心而使之勿失焉耳,非若学者反以多读书识义理而反障之也。夫学者既以多读书识义理障其童心矣,圣人又何用多著书立言以障学人为耶? 童心既障,于是发而为言语,则言语不由衷;见而为政事,则政事无根柢;著而为文辞,则文辞不能达。非内含于章美也,非笃实生辉光也,欲求一句有德之言,卒不可得。所以者何? 以童心既障,而以从外入者闻见道理为之心也。

夫既以闻见道理为心矣,则所言者皆闻见道理之言,非童心自出之言

---

① 耿定向:《耿天台先生文集》卷三,《四库全书存目丛书》第131集,第87—88页。

也。言虽工，于我何与，岂非以假人言假言，而事假事文假文乎？盖其人既假，则无所不假矣。由是而以假言与假人言，则假人喜；以假事与假人道，则假人喜；以假文与假人谈，则假人喜。无所不假，则无所不喜。满场是假，矮人何辩也？然则虽有天下之至文，其湮灭于假人而不尽见于后世者，又岂少哉！何也？天下之至文，未有不出于童心焉者也。苟童心常存，则道理不行，闻见不立，无时不文，无人不文，无一样创制体格文字而非文者。诗何必古选，文何必先秦。降而为六朝，变而为近体；又变而为传奇，变而为院本，为杂剧，为《西厢曲》，为《水浒传》，为今之举子业，皆古今至文，不可得而时势先后论也。故吾因是而有感于童心者之自文也，更说甚么《六经》，更说甚么《语》、《孟》乎？

　　夫《六经》、《语》、《孟》，非其史官过为褒崇之词，则其臣子极为赞美之语。又不然，则其迂阔门徒、懵懂弟子，记忆师说，有头无尾，得后遗前，随其所见，笔之于书。后学不察，便谓出自圣人之口也，决定目之为经矣，孰知其大半非圣人之言乎？纵出自圣人，要亦有为而发，不过因病发药，随时处方，以救此一等懵懂弟子，迂腐门徒云耳。药医假病，方难定执，是岂可遽以为万世之论乎？然则《六经》、《语》、《孟》，乃道学之口实，假人之渊薮也，断断乎其不可以语于童心之言明矣。呜呼！吾又安得真正大圣人之童心未曾失者而与之一言文哉！①

　　童心即真心，是纯粹无假之最初本心，人之真假，全在是否失掉童心而已。在李贽看来，众人以后天外来闻见、道理为心之主，越读书识理，越知好名掩恶，障蔽童心而为假人。假人本心已假，于是言不由衷、政事无根柢、文章不通达；圣人与之相反，其不失本真童心，多读书识义理，只是为了护持不失童心而已，故为真人、为圣人。以道理闻见而非以童心为心之假人，言语、行事、作文，一概为假。假人盛行，发自童心真心的至文便无以行世。欲求至文，必须童心不失，舍弃道理闻见；童心所在，则无时、无人、无一体格而不至文。儒教经典，虚文居多，大半非圣人之言；而所谓圣人之言，因人因时而发，实不可定执为万世至论。道学家多读书识义理反而障其童心，执定《六经》、《语》、《孟》以为

---

① 《焚书》，中华书局2009年版，第98—99页。

口实,实际上就是一群失掉童心的假人,假借经典自欺欺人而已。

"童心说"向为学者视为李贽思想之核心。细观原文,《童心说》强调了童心为最初一念之本心、绝假纯真,为真人、圣人之根源;讲述了天下至文出于童心的道理;批驳了失掉童心,一味执定经典之假道学。总体而言,《童心说》是一篇文论,可以看做是对耿定向真机观的部分回应。① 通观李贽全部思想内容,《童心说》并不具有中心地位。

耿李二人真机之辩中,耿定向严于儒佛分际、人禽之辨,坚守儒教人伦礼教本色,凸显不容已之仁德为孔孟真机,以达成继往开来、去妄存真、护持名教之目的;而李贽以"童心"立说,批判偏执于儒教经典,以闻见道理障其童心,自欺欺人之假道学。耿为热心护教之卫士,李是崇真不欺之求道者。和其他方面分歧一样,耿李二人之真机观,仍然不可调和而针锋相对。

5. 迩言与本心

李贽和耿定向又就《中庸》"舜好察迩言章"论辩了一番。②

李贽对耿定向门生邓应祁(字永清,号鼎石,时任麻城知县)道:"夫舜之好察迩言者,余以为非至圣则不能察,非不自圣则亦不能察也。已至于圣,则自能知众言之非迩,无一迩言而非真圣人之言者。无一迩言而非真圣人之言,则天下无一人而不是真圣人之人明矣。非强为也,彼盖曾实用知人之功,而真见本来面目无人故也;实从事为我之学,而亲见本来面目无我故也。本来无我,故本来无圣,本来无圣,又安得见己之为圣人,而天下之人非圣人耶? 本来无人,则本来无迩,本来无迩,又安见迩言之不可察,而更有圣人之言之可以察也耶?"李贽申明:"我之所好察者,百姓日用之迩言也。""如好货,如好色,如勤学,如进取,如多积金宝,如多买田宅为子孙谋,博求风水为儿孙福荫,凡世间一切治生产业等事,皆其所共好而共习,共知而共言者,是真迩言也。于此果能反而求之,顿得此心,顿见一切贤圣佛祖大机大用,识得本来面目,则无

---

① 林海权通过考证认为,《童心说》完成于万历十四年,是李贽为了回应耿定向"以妄乱真"之指责而作。(林海权:《李贽〈童心说〉的写作缘起与年代考》,载《福建师范大学学报》(哲学社会科学版)2006年第5期。)

② 《中庸》原文为:"子曰:'舜其大知也与? 舜好问而好察迩言,隐恶而扬善,执其两端,用其中于民,其斯以为舜乎!'"《礼记正义》注之曰:"迩,近也。近言而善,易以进人,察而行之也。'两端',过与不及也。'用其中于民',贤与不肖皆能行之也。""此一经明舜能行中庸之行,先察近言而后至于中庸也。"(参见《礼记正义》(下),北京大学出版社1999年版,第1425—1426页。)

始旷劫未明大事,当下了毕。此予之实证实得处也,而皆自于好察迩言得之。""然此好察迩言,原是要紧之事,亦原是最难之事。何者? 能好察则得本心,然非实得本心者决必不能好察。故愚每每大言曰:'如今海内无人。'正谓此也。所以无人者,以世之学者但知欲做无我无人工夫,而不知原来无我无人,自不容做也。若有做作,即有安排,便不能久,不免流入欺己欺人不能诚意之病。欲其自得,终无日矣。""吾且以迩言证之:凡今之人,自生至老,自一家以至万家,自一国以至天下,凡迩言中事,孰待教而后行乎? 趋利避害,人人同心。是谓天成,是谓众巧,迩言之所以为妙也,大舜之所以好察而为古今之大智也。今令师之所以自为者,未尝有一厘自背于迩言;而所以诏学者,则必曰专志道德,无求功名,不可贪位慕禄也,不可患得患失也,不可贪货贪色,多买宠妾田宅为子孙业也。视一切迩言,皆如毒药利刃,非但不好察之矣。审如是,其谁听之?"①

李贽认为,迩言相对于圣人之言而言。真正圣明者,实用知人之功、实从事为我之学,故能实得本心,识得本来面目是无我无人;无我无人,故本无圣凡之别:即凡即圣,即圣即凡。因此,迩言(众言)即圣言,反之亦然。李贽以为,举凡好货、好色、勤学、进取、多积金宝、多买田宅为子孙谋、博求风水为儿孙福荫等一切治生产业等事,百姓人人同心、不教而行;共好共习、共知共言,此趋利避害,原本天成的东西,即为真迩言。百姓日用之常,即真迩言。舜好察迩言,只是顺此本来天成的真迩言而已,并非别有至理,要做无我无人工夫而后能得。因此,真迩言不需要格外造作安排,也不需加意勉强为之,否则,将陷于自欺欺人之地。李贽讥讽耿定向,一方面,勤于一切治生产业,行真迩言之实;另一方面,却诏示学者,不可求功名、贪位慕禄、营生为念,而应专志道德。如此言行相违,视一切真迩言如毒药利刃,有谁会信服呢?

耿定向见李贽此书信,作《与邓令君》给以回击:"往见卓老与君候书,诮余不察迩言。余赋质钝下,不解参佛乘,不解会玄诠,实是寡见浅闻,但往于间左山村之迩言,妄自负稍解察耳。不知卓老所云迩言,又是何等迩言也? 窃谓善察迩言者莫如舜,舜察迩言已隐恶而扬其善,即善矣,又且择而用其中,其审也如此。如父子有亲,君臣有义,此迩言也。舜察之而用以命契敷教如是耳,

① 《焚书》,中华书局 2009 年版,第 39—42 页。

不闻曰君臣父子是假合，而以忠孝为剩谈也。夫妇有别，长幼有序，此迩言也。舜察之而用以命契敷教如是耳；不闻唯以食色为性，谓见境即动，动即为人，至极无廉耻乃性真也。舜不唯察迩言，且明庶物矣。如豺虎之暴有父子，蜂蚁之细有君臣，鸿雁鸥鹥之有序有别，牛羊鱼鸟之乐群，是皆天机之不容已者。舜明此机以尽性、尽伦，万世为天下道，为法为则，不闻以是为情缘浅事，而别有明明德之无上妙道也。余尝念学术，对自心不过非学术，通人不去非学术，证之先圣而谬，俟之后圣而惑，质之天地鬼神而悖且疑，皆非学术。唯我高皇帝汛扫夷氛，开天辟地，且敷教兴化，一归宗孔孟，若揭日月而丽中天者，何其盛哉！世真有一人开眼，的的确确寻着孔孟血脉，明明白白走着孔孟路迳，诸种种邪见罔谈，直如枭鸣孤号，安敢纷纷呶呶横逞如此哉！余为是仰屋而叹，抚膺而嗟，伏枕而流涕者，不知几矣。嗟嗟！神之听之，孰知我心忧哉！病余感慨，发狂如是。"①

耿定向明确指出，李贽之迩言，全以佛道二教立言，实际是空发玄虚之旨，绝无舜察迩言之实。耿认为，舜察迩言，目的在于隐恶扬善，并用中道行善而已。迩言的具体内容，不过舜察之而用以命契所行之五教，②亦即父子有亲、君臣有义、夫妇有别、长幼有序等这些儒教社会人伦日常而已。不仅察迩言，舜亦明察庶物，了解禽兽也有君臣父子之意，序、别、乐群之事。唯舜能如此，所以才能尽性、尽伦、明明德，才能顺应天机为法作则，为万世立道。若准君臣父子是假合，唯以食色为人性之论，则伦常毁坏，廉耻无存，绝非舜察迩言敷教兴化之意。可见，耿定向强调，所谓舜察迩言，实为天机不容已之发用，不过君臣父子夫妇之伦常而已，并非别有玄道。耿定向涕泣痛陈，此不容已之迩言，内则证之于人之本心，外则证之于通人、先圣、后圣，乃至天地鬼神而不悖疑，诚为孔孟血脉和路径，是为真正之学术。舍此种种，皆为邪见罔谈，直如枭鸣孤号而已。

李贽以佛释儒，混同圣凡，以为察迩言不过民生货利，百姓日用趋利避害而已；耿定向坚守儒教本意，以舜尽性明伦、隐恶扬善为察迩言之实。一则站在学术创新角度立言，无圣无凡，非圣无法；一则关注世风教化，谨遵孔孟之

---

① 耿定向：《耿天台先生文集》卷六，《四库全书存目丛书》第131集，第164—165页。

② 《尚书·舜典》："帝曰：'契，百姓不亲，五品不逊，汝作司徒，敬敷五教，在宽。'"《尚书正义》曰："文十八年《左传》云：'布五教于四方，父义、母慈、兄友、弟恭、子孝'，是'布五常之教'也。"（参见《尚书正义》，北京大学出版社1999年版，第75页。）

训,教化是念。

6."不容已"之辩

"不容已"是耿定向为学宗旨,是其据以和李贽辩驳之根本立足点。围绕着对"不容已"的争论,无疑是耿李论战之核心。

耿定向"不容已"之学发端于仲弟耿定理,其言曰:耿定理"所揭不容已者,从无声无臭发根,高之不涉虚玄;从庸言庸行证果,卑之不落情念。禹稷之犹饥犹溺,伊尹之若挞若沟,它若视亲骸而泚颡,遇呼蹴之食而不屑,见入井之孺子而怵惕,原不知何来,委不知何止,天命之性如此也。故曰'唯天之命,于穆不已'。天不变,则道亦不变,顾人契之有深有不深,充之有至有不至耳。往如模拟孔氏之匡廓者,曰如此方成家风似矣,不知此等作用犹模人形躯也,非此不容已者为之血脉,则捧土揭木为偶而已。"① "吾孔孟之教,唯以此不容已之仁根为宗耳。试观自古圣帝、明王、哲宰、硕辅所以开物成务,经世宰物,俾尔我见在受享于覆载间者,种种作用,孰非此不容已之根为之者? 然即此不容已之仁根,原自虚无中来。顾此虚无,何可以言诠哉! 侈言之者,由有这见在也,着见便自是两截矣。圣人第于不容已处立教,使人由之,不使知之。"② 又道:"先王孝弟之道,常道耳。孟子守此须待后学不及行辈,何哉? 正以其道特常,高明者便要寻无上妙道,以祈有述;彼尚蒙者,又日用不知,难与审谛。此孔孟之道所由难明也。夫此入孝出弟就是穿衣吃饭的,这个穿衣吃饭的,原自无声无臭,亦自不生不灭,极其玄妙者。"③ "吾人能于子臣弟友不轻放过,务实尽其心者,是其性真之不容自已也。性真之不容自已,原是天命之于穆不已,非情缘也。"④

耿定向自言学旨:"只在粗浅中探讨精微,谓精微原不离粗浅。"⑤由上可见,耿定向所谓不容已,兼涉体用精粗:一方面,从本源处讲,不容已发自虚无,源于天命之性,合乎天道,为孔孟仁德所自从出。此不容已非思虑所能把握,超乎言语表述,高于百姓日用之常。另一方面,本源虚无的不容已之本心,却

① 耿定向:《耿天台先生文集》卷八,《四库全书存目丛书》第 131 集,第 207 页。
② 耿定向:《耿天台先生文集》卷三,《四库全书存目丛书》第 131 集,第 76 页。
③ 耿定向:《耿天台先生文集》卷三,《四库全书存目丛书》第 131 集,第 85 页。
④ 耿定向:《耿天台先生文集》卷三,《四库全书存目丛书》第 131 集,第 83 页。
⑤ 耿定向:《耿天台先生文集》卷三,《四库全书存目丛书》第 131 集,第 86 页。

有着种种现实可见的作用：从历代圣哲明王开物成务、治平天下的事迹中呈现；从人不思不虑而表现出的良知良能中体现；更是孔孟之教在子臣弟友这些人伦关系中表现。总之，不容已为孔孟心性之妙，体用一源，虚实融贯，精粗兼备。此道贯虚实的不容已，绝非佛道二教一味堕入虚无可比。真正的虚无神妙，存诸极高明而道中庸、圆融的不容已，而"今世之谈虚无者，何曾能虚能无哉？深之傍见高谈，浅之口足背驰，大都皆两截也"。①

耿定向与李贽讨论不容已之旨，见《与李卓吾》，其曰："来教谓余日用之间果能不依仿古人模样不？果能不依凭闻见道理不？窃谓古人有与世推移、因时变化的模样，有自生民以来千古不容改易的模样。有从闻见上来名义格式的道理，有根心不容自已的道理。夫所谓千古不容改易的模样，古人原从根心不容已的道理作出，所谓天则、所谓心矩是已。此非特不可不依仿，亦自不能不依仿，不容不依仿也。自开辟以来，众生均陶铸于古人此模样中相生相养，日用而未之察耳。乃若伊尹乐尧舜之道矣，而不能依仿其揖逊之模样；孟子愿学孔子矣，而不能依仿其尊周之模样。何以故？时世异也。至于若挞若沟之痛视，犹饥犹溺之忧，千古一模样也；无父无君之忧，视乱臣贼子之戚，千古一模样也。古人苦心积虑作此模样，使尔我安于平土，饱暖于衣食，又教之人伦，使免于禽兽。即孔孟无位者，亦著之言论使人晓然知乱贼滔波之祸，是数圣人者，岂有依仿为之哉？语云：春蚕结茧，因物付形，彼其根心之不容自已者，岂诚如异教所云情缘哉？天也，惟天之命，于穆不已，古人继天之不已者以为心，虽欲自已，不容自已矣。彼于不可已者而已之，至于无所不已，此在以寂灭为宗者或能之，余不能学矣。想公览余此语，必谓又自道理中来，未肯俯省。顾区区一种苦心不容自已处，更有哑子吃苦瓜，说不出者；即欲说出，非公志矣。盖公志于出世者，出世者亦自有出世的模样，安敢强聒？乃余固陋，第念降生出世一场，多少不尽分处，不成一个模样在。比来目见学术浇漓，人心陷溺，虽不敢妄拟孔子模样，窃亦抱杞人天坠之忧矣。"②

李贽讥讽耿定向只是依仿古人行事模样，讲一些日常见闻道理，实在粗浅。耿定向则认为，古人有因时变异的模样，有从闻见上来名义格式的道理，

---

① 耿定向：《耿天台先生文集》卷三，《四库全书存目丛书》第131集，第77页。
② 耿定向：《耿天台先生文集》卷四，《四库全书存目丛书》第131集，第111—112页。

此两者自然不可学、不必学；而从"根心不容已"处所发出的道理，则是"天则"、"心矩"，是"自生民以来""千古不容改易"模样之所自。源于"根心不容已"的道理，才有君臣父子之义、爱民如子视民如伤、圣人苦心安顿天下之人伦事物。此千古不容改易之模样，为人伦之本，治平天下之基，"非特不可不依仿，亦自不能不依仿，不容不依仿"。佛教寂灭出世为宗，幻灭天命之不容已，使得人不能成一个真正的人的模样，耿定向深以为恨，并对李贽苦心相劝。综上，耿定向不容已之道理，出乎卫道热情，志在世道人心，落实于辟异端，用孔孟之道维护礼教社会纲常伦理。

　　面对耿定向的责难，李贽以洋洋近万言之《答耿司寇》回应之。于两人"不容已"之分殊，其曰："惟公之所不容已者，在于泛爱人，而不欲其择人；我之所不容已者，在于为吾道得人，而不欲轻以与人：微觉不同耳。公之所不容已者，乃人生十五岁以前《弟子职》诸篇入孝出弟等事，我之所不容已者，乃十五成人以后为大人明《大学》，欲去明明德于天下等事。公之所不容已者博，而惟在于痛痒之末；我之所不容已者专，而惟直收吾开眼之功。公之所不容已者，多雨露之滋润，是故不请而自至，如村学训蒙师然，以故取效寡而用力艰；我之所不容已者，多霜雪之凛冽，是故必待价而后沽，又如大将用兵，直先擒王，以故用力少而奏功大。虽各各手段不同，然其为不容已之本心一也。心苟一矣，则公不容已之论，固可以相忘于无言矣。若谓公之不容已者为是，我之不容已者为非；公之不容已者是圣学，我之不容已者是异学：则吾不能知之矣。公之不容已者是知其不可以，而必欲其不已者，为真不容已；我之不容已者，是不知其不容已，而自然不容已者，非孔圣人之不容已：则吾又不能知之矣。恐公于此，尚有执己自是之病在。恐未可遽以人皆悦之，而遂自以为是，而遽非人之不是也。恐未可遽以在邦必闻，而遂居之不疑，而遂以人尽异学，通非孔、孟之正脉笑之也。我谓公之不容已处若果是，则世人之不容已处总皆是；若世人之不容已处诚未是，则公之不容已处亦未必是也。此又我之真不容已处耳。未知是否，幸一教焉！"[1]

　　李贽相信，自己的不容已同样是孔孟正脉，并非异学；两人不容已并无本质不同，差别之处，不过是手段和深浅不同罢了。由上不难看出，李贽自认是

---

[1]　《焚书》，中华书局 2009 年版，第 29—30 页。

从"大人"之学的高度和深度讲述孔孟"不容已"的,其不容已旨在得人行道,苟非其人,宁愿待价而沽,以求"用力少而奏功大"之效果。反过来,李贽认为耿定向自以为是的"不容已"之学,不过是村学小儿训蒙所用,是浮泛、宽博,不得道原而为"痛痒之末"罢了。

不仅如此,李贽更进一步认为,耿定向所谓不容已之学,实为言不顾行,自欺欺人而已:"试观公之行事,殊无甚异于人者。人尽如此,我亦如此,公亦如此。自朝至暮,自有知识以至今日,均之耕田而求食,买地而求种,架屋而求安,读书而求科第,居官而求尊显,博求风水以求福荫子孙。种种日用,皆为自己身家计虑,无一厘为人谋者。及乎开口谈学,便说尔为自己,我为他人;尔为自私,我欲利他;我怜东家之饥矣,又思西家之寒难可忍也;某等肯上门教人矣,是孔、孟之志也,某等不肯会人,是自私自利之徒也;某行虽不谨,而肯与人为善,某等行虽端谨,而好以佛法害人。以此而观,所讲者未必公之所行,所行者又公之所不讲,其与言顾行、行顾言何异乎?以是谓为孔圣之训可乎?""夫孔子所云言顾行者,何也?彼自谓于子臣弟友之道有未能,盖真未之能,非假谦也。人生世间,唯是此四者终身用之,安有尽期?若谓我能,则自止而不复有进矣。圣人知此最难尽,故自谓未能。己实未能,则说我不能,是言顾其行也。说我未能,实是不能,是行顾其言也。故为慥慥,故为有恒,故为主忠信,故为毋自欺,故为真圣人耳。不似今人全不知己之未能,而务以此四者责人教人。所求于人者重,而所自任者轻,人其肯信之乎?"①李贽刺耿定向身体力行者,与常人无异,不过是功名利禄之事,全为自家自身计谋;及开口讲学,则自诩继孔孟之志,为他利人。如此言不顾行,实在有悖孔圣之训。子臣弟友之道,当行之终身未有尽期,孔子以之为难而自曰未能,此诚为言顾其行,不自欺而已。耿定向向以子臣弟友为孔孟不容已之道的落实,自以为能之,并以之教人。如此思虑作为,在李贽看来实在是自欺欺人,令人厌恶。

李贽认为,耿定向责人甚于责己、言不顾行,是因为他不解不容已的真谛,所以言行相违,与圣人之道相悖:"圣人不责人之必能,是以人人皆可以为圣。故阳明先生曰:'满街皆圣人。'佛氏亦曰:'即心即佛,人人是佛。'夫唯人人之皆圣人也,是以圣人无别不容已道理可以示人也,故曰:'予欲无言'。夫唯人

①　《焚书》,中华书局 2009 年版,第 30—31 页。

人之皆佛也,是以佛未尝度众生也。无众生相,安有人相? 无道理相,安有我相? 无我相,故能舍己;无人相,故能从人。非强之也,以亲见人人之皆佛而善与人同故也。善既与人同,何独于我而有善乎? 人与我既同此善,何有一人之善而不可取乎? 故曰:'自耕稼陶渔以至为帝,无非取诸人者。'后人推而诵之曰:即此取人为善,便自与人为善矣。舜初未尝有欲与人为善之心也,使舜先存与善之心以取人,则其取善也必不诚。人心至神,亦遂不之与,舜亦必不能以与之矣。舜唯终身知善之在人,吾唯取之而已。耕稼陶渔之人既无不可取,则千圣万贤之善,独不可取乎? 又何必专学孔子而后为正脉也。"[1]

李贽认为,儒、佛二教圣人,都以为无论圣凡,人人具备良知、佛性;善为人人所本能,不待圣人责备而本具。所谓圣贤,不过是认识到此真谛,不自以为是,无分别之心,舍己从人,顺取其善而已。如此,所谓习孔道者,不必区分圣凡专学一人,无非取自身固有之善而已。在李贽看来,耿定向不容已之学,区别圣凡,一味求善责人,实际上不过执己自是、自欺欺人而已,究其源,是因为分别心太重,且不明白人我通善、顺成人善的圣人之道罢了。

一心向道,嫉恶如仇个性所致,李贽对耿定向进行了严厉攻击:"我知公详矣,公其再勿说谎也!"[2]并断言耿定向"名心太重也,回护太多也。实多恶也,而专谈志仁无恶;实偏私所好也,而专谈泛爱博爱;实执定己见也,而专谈不可自是。"[3]职是之故,是不可能达到不容已境地的。

耿李二人关于不容已的辩驳,其问题意识和最终关注点不同:耿定向出于儒教社会现实治乱的考量,是所谓政治的、官僚的立场;而李贽追求的则是学术和思想的深刻,是基于佛道二教理论,纯粹求道者的学术立场。两人主观上都有为儒教社会寻求长治久安的"不容已"在。然而,现实社会伦理纲常和学术创新殊途之处,尤其是佛道二教是出世间法,而儒教关注现世治平天下的道理,两者有着本质的不同和冲突。耿李二人根本是在两种语境和立场中言说,看似在辩驳,实则不过是自说自话而已。

7. 乡原与狂狷

"乡原",出自《论语·阳货》:"子曰:'乡原,德之贼也。'"何晏注曰:"谓

---

[1]　《焚书》,中华书局2009年版,第31页。

[2]　《焚书》,中华书局2009年版,第33页。

[3]　《焚书》,中华书局2009年版,第33页。

人不能刚毅,而见人辄原其趣向,容媚而合之,言此所以贼德也。"①《孟子·尽心下》载万章问:"何如斯可谓之乡原矣?"孟子答曰:"何以是嘤嘤也? 言不顾行,行不顾言,则曰'古之人,古之人。行何为踽踽凉凉? 生斯世也,为斯世也,善斯可矣'。阉然媚於世也者,是乡原也。"乡原之人"非之无举也,刺之无刺也。同乎流俗,合乎污世。居之似忠信,行之似廉洁,众皆悦之,自以为是,而不可与入尧、舜之道,故曰德之贼也。孔子曰:'恶似而非者,恶莠,恐其乱苗也;恶佞,恐其乱义也;恶利口,恐其乱信也;恶郑声,恐其乱乐也;恶紫,恐其乱朱也;恶乡原,恐其乱德也。"②所谓乡原者,内心并不认可古人,然表面上自称好古之人,言谈举止也试图模仿古人,以迎合世人好恶,为众人所赞许。乡原之人,善于隐匿其恶,因而行无大错,无可指责,为人处世看似忠信、廉洁,因此易为众人所喜爱、所称道,自己也因之自以为是。此类人,虽能以外在善言善行博得众人喜好,然内心本无仁义之实。杂草如苗、淫声似乐、紫色乱红,乡原者,口言仁义道德,行似尊礼好古,其实杂草、淫声、紫色而已,不过是乱人耳目、惑乱仁义,确乎似是而非,乱德之贼人罢了,是故为孔孟圣人所厌弃。

狂狷之说,出自《论语·子路》篇:"子曰:'不得中行而与之,必也狂、狷乎? 狂者进取,狷者有所不为也。'"③孟子于此句解释曰:"孔子岂不欲中道哉? 不可必得,故思其次也。'敢问何如斯可谓狂矣?'曰:'如琴张、曾皙、牧皮者,孔子之所谓狂矣。''何以谓之狂也?'曰:'其志嘤嘤然,曰古之人,古之人,夷考其行,而不掩焉者也。狂者又不可得,欲得不屑不洁之士而与之,是狷也,是又其次也。'"④朱熹进一步阐发狂狷之意,云:"狂者,志极高而行不掩。狷者,知未及而守有余。盖圣人本欲得中道之人而教之,然既不可得,而徒得谨厚之人,则未必能自振拔而有为也。故不若得此狂狷之人,犹可因其志节,而激励裁抑之以进于道,非与其终于此而已也。"⑤可见,孔子本欲求能行中庸之道者,以为理想的传道之人。此类人不可得,则退而求其次者,着意性秉狂狷之人。狂者,勇于进取善道,知进而不知退。但是,又好为大言,常常志过其

---

① 《论语注疏》,北京大学出版社 1999 年版,第 238—239 页。

② 《孟子注疏》,北京大学出版社 1999 年版,第 405—408 页。

③ 《论语注疏》,北京大学出版社 1999 年版,第 179 页。

④ 《孟子注疏》,北京大学出版社 1999 年版,第 405—407 页。

⑤ 《四书章句集注》,中华书局 1983 年版,第 147 页。

行,言不掩行;狷者,虽才智不足,却能守死善道、贞定自洁。狂狷二者,一过一不及,俱非得中道而行者。然而,较谨厚平庸的人而言,狂狷者真实激越,有志有节,只要教导有方,更容易进于道。

李贽对儒教狂狷之说,有着深刻解读:"凡人之生,负阴而抱阳。阳轻清而直上,故得之则为狂;阴坚凝而执固,故得之则为狷。虽或多寡不同,参差难一,未能纯乎其纯,然大概如是而已。唯彼纯阳之健,纯阴之顺,则其人难得见,故夫子思之。自今观之,圣人者,中行之狂狷也;君子者,大而未化之圣人也;善人者,狂士之徽称也;有恒者,狷者之别名也。是皆信心人也。故曰:'忠信之人,可以学礼。'曰:'主忠信。'夫善人而至于信,则骎骎矣。是信者,狂狷之所以成始成终者也。唯其不学,则谓之善人;从事于学,则谓之君子;由有学而悟无学,则谓之中行,而信实根柢之矣。学者不识善人之实,乃以廉洁退让笃行谨默之士当之,是入乡愿之室,而冒焉以为登善人之堂也,一何视善人之浅哉!"①天纯阳,其德为健;地纯阴,其德为顺。能一味发扬乾健之德,则为狂人;可贞定坤顺之品,是谓狷者。人得天地阴阳之气而成,所谓圣人,是能效法天地,以中道化行乾坤健顺之德的人,亦即所谓以中道行狂狷者;较之圣人,君子亦能秉持天地之道,然尚不能化用;善人、有恒者,执天地阴阳之一偏,一为狂,一为狷。如上四类,或阴或阳,或兼或化,源于学道境地有别,虽层次不同,究其实都能真实地践行天地阴阳之道,皆以信实为根基。乡原之人,则无体道践行之实,无信实之根,表里不一,似是而非而已。

狂狷善人,绝不践迹学步:"夫人之所以终不成者,谓其效颦学步,徒慕前人之迹为也。不思前人往矣,所过之迹,亦与其人俱往矣,尚如何而践之?此如婴儿然。婴儿之初生也,未能行立,须借父母怀抱提携,乃能有往。稍长,便不用矣。况既长且大欤?今之践迹者,皆婴儿之类,须赖有人在前为之指引者也,非大人事也。夫大人之学,止于至善。至善者,无善之谓。无善则无迹,尚如何而践之?然则非但不必践、不可践、不当践,虽欲践之而不得焉者也。夫孔子非迹乎?然而孔子何迹也?今之所谓师弟子,皆相循而欲践彼迹者也,可不大哀乎?唯是世间一种善人,自然吻合乎至善之初,生来便自不肯依人脚

---

① 《藏书》第三册,中华书局 1959 年版,第 521 页。

迹,作辕下之驹。故孔子屡称之,而极言其不可得见尔。"①乡原之人,实婴儿在抱,践迹学步,不能深究道之真源、圣人之所以然,而终究不能成就真道德。孔子深许狂狷善人,缘其能独立自主,不作人辕下马,不盲目随人脚跟行事,而终究能够成就道德事业。李贽又充分列举三代神圣、孔门贤人、儒道诸子、历代隐逸、忠臣文学之士等,极言圣贤非狂即狷,非狂狷不可以入道,舍狂狷无从而入圣人之门。②颂扬狂狷,批驳乡原,可谓深且切矣。

　　李贽曾道:"孔子教人,教人求仁,唯求之而不得,则无可奈何。待价而沽、不欲求售者,以天下之无豪杰也。求豪杰必在于狂狷,必在于破绽之夫。若指乡愿之徒遂以为圣人,则圣门之得道者多矣。"③可见,李贽以为,传孔子求仁之道者,唯在于狂狷豪杰之人;与"破绽之夫"相反,所谓性格言行完美的乡原之人,不能真正得道,不能真正入圣人之门。

　　在李贽看来,孔子终生凄凄遑遑,唯恐失人,不过是为了求得中行之人以传道。中行不可得,退而求其次,亦不失得于狂狷之人。狂狷者皆非平常之类:狂者如凤凰翔于千仞之上,不蹈故袭,不践往迹,见识高卓;狷者似虎豹在山,百兽震恐,其行一不义、杀一不辜而得天下不为,贞定其守。虽然狂者高而不实,狷者定而不虚,皆非得中道而行者,但是,传孔子之道者,不过是如曾点、曾参这样狂狷之人而已。孔子得此二人,其道传矣,无失人之憾了。相反,孔子对于贼德之乡原,则虽过门而不欲其入室,深为拒绝乃至于不以人类视之。圣人好恶之情,显而易见。

　　耿定向自居孔孟之道传人,李贽以孔子得人之实、狂狷乡原之论,深责耿定向言不顾行。李贽发愿,虽然不被乡原之人理解,也要尽忠告之诚,宁可失言,不可失人:"新邑明睿,唯公家二三子侄,可以语上。可与言而不与之言,失人,此则不肖之罪也。其余诸年少或聪明未启,或志向未专,所谓不可与言而与之言,则为失言,此则仆无是矣。虽然,宁可失言,不可失人。失言犹可,失人岂可乎哉!盖人才自古为难也。夫以人才难得如此,苟幸一得焉,而又失之,岂不憾哉!"④"今事不得已,亦且与乡愿为侣,方且尽忠告之诚,欲以纳之

---

①　《藏书》第三册,中华书局 1959 年版,第 520—521 页。
②　参见《藏书》第三册,中华书局 1959 年版,第 520—522 页。
③　《续焚书》,中华书局 2009 年版,第 16 页。
④　《焚书》,中华书局 2009 年版,第 27 页。

于道,其为所仇疾,无足怪也,失言故耳。虽然,失言亦何害乎?所患唯恐失人耳。苟万分一有失人之悔,则终身抱痛,死且不瞑目矣。盖论好人极好相处,则乡愿为第一;论载道而承千圣绝学,则舍狂狷将何之乎?公今宦游半天下矣,两京又人物之渊,左顾右盼,招提接引,亦曾得斯人乎?抑求之而未得也,抑亦未尝求之者欤?抑求而得者皆非狂狷之士,纵有狂者,终以不实见弃;而清如伯夷,反以行之似廉洁者当之也?审如此,则公终不免有失人之悔矣。"①在李贽心中,道高于一切,与后生小子相接,求载道而承千圣绝学者,比什么都重要。因此,他不惜为人所仇疾,冒失言之讥,也要忠告乡原、寄语年少聪明者,以求传道。李贽深知,学道传道者,非狂狷不可:"学道而非此辈,终不可以得道;传道而非此辈,终不可以语道。有狂狷而不闻道者有之,未有非狂狷而能闻道者也。"②正因如此,李贽惋惜于耿定向有失人之悔者,唯在于耿不以狂狷者为然而已。

耿定向回应李贽乡原之讥曰:"来札中所谓乡愿之拟,循省实非其伦。尝惟乡愿模样大类中行,孔孟薄诮之者,只为自以为是,不可入尧舜之道耳。今仰思尧舜之道何道哉?只是这些子不容自己的仁脉流传,至于孔孟,其模样历千万岁可睹也。今世禅活子不修不证,撑眉张吻,自以为是微妙处,余虽不知,其模样可概睹已。意即彼释迦之道且亦难入,而强与言尧舜、孔孟之道,岂不由耳食哉!"③耿定向以为,孔孟之学,存乎不容已,"似此古人模样,虽有圣人复起不能易者。今说及此,便是道理常谈,便是情缘,岂不充塞仁义,诬世惑民哉"!④和以往两人争辩一样,耿定向仍然坚信尧舜孔孟之道在于不容已仁脉,有千古不变模样。在耿定向看来,所谓乡愿者,不过是未睹此仁脉、模样,而自以为是之人而已。耿定向进一步认为李贽习染狂禅,不事修正,连佛道亦不能入,而强与言尧舜孔孟之道,实在是诬世惑民。狂狷、乡原之辨,耿李二人依然是自说自话而已。

如上所述,李贽深入阐发狂狷之意,将狂狷作为天地之德、圣贤之本、豪杰之实,以为非狂狷者不足以言道、行道,得狂狷者,方为得人。同时,又痛切鄙

---

① 《焚书》,中华书局2009年版,第28页。
② 《焚书》,中华书局2009年版,第28页。
③ 耿定向:《耿天台先生文集》卷四,《四库全书存目丛书》第131集,第112页。
④ 耿定向:《耿天台先生文集》卷四,《四库全书存目丛书》第131集,第112页。

视乡原之人，认为如此似是而非，践迹、婴儿之类，不足以闻道，更不能行道。从李贽生平事迹、学问思行来看，他无疑是以狂狷自期、自诩的。①

综观耿李二人论战，耿为学者型官僚，儒教卫道士，其学说基于所谓"从无声无臭发根，高之不涉虚玄；从庸言庸行证果，卑之不落情念"的不容已之学，护持孔孟仁脉，坚守礼教纲常，忧心世风教化，严于正统异端之辨。耿定向学说也许粗浅，要之为孔孟正脉，儒教正统。李贽则是一心向道的学者，其学说立足于释道二教理论，平视百家之学，归宗于狂狷者自适为己之学。李贽虽自信其学术不出儒教门墙，然二教出世之学，根基处毕竟不同于儒家用世之学。站在正统儒教立场，李贽之学自然难免非圣无法、异端邪说的责难。正是由于立场和学术基础根本不同，耿李二人论战，除了语涉偏激、人身攻击内容之外，总体上表现出自说自话，各言其所见的特点。

8. 落发之"儒"

万历十六年（1588 年）夏天，李贽在居住地维摩庵落发，仅留鬓须。李贽解释落发原因，一曰是由于洁癖，"恶头痒，倦于梳栉"、不能容忍头热而"蒸蒸出死人气，秽不可当"，乃"除而快焉"；②再曰落发是因此可以免得泉州家人"以俗事强我，故我剃发以示不归"，③痛陈"余唯以不肯受人管束之故，然后落发，又岂容易哉！"④又说："某偶尔游方之外，略示形骸虚幻于人世如此，且因以逃名避谴于一时所谓贤圣大人者。"⑤以行动示人佛法、隐居逃世，也是落发原因。此外，众人以李贽好讲佛法，援佛入儒，视其为异端。倔强个性所致，

①　张建业以为，从李贽尖锐激烈的反传统之言谈议论、狂痴矜高、好高倨傲之个性、大胆而不愿受人管束之行径，以及许多惊世骇俗之举动来看，李贽堪称为"一代狂狷"。狂狷是李贽之所以能成为明代杰出思想家的根本原因。李贽的狂狷，是由于其具有过人的眼力、超人的胆量、毫不妥协的斗争精神，以及"只知进就，不知退去"、"不畏死"、"不怕人"、"不靠势"，头可断而身不可辱的大无畏精神所致。（张建业：《一代狂狷（代前言）》，见《李贽评传》；张建业：《一代狂狷—李贽的狂狷性格与民主思想及其历史意义》，见张建业主编：《李贽学术国际研讨会论文集》，首都师范大学出版社 1994 年版，第 32—47 页）；关于李贽狂狷性格产生、表现等，参见许建平：《李贽思想演变史》第五章。（许建平：《李贽思想演变史》，人民出版社 2005 年版，第 231—255 页。）

②　《焚书》，中华书局 2009 年版，第 4 页；汪可受：《卓吾老子墓碑》（厦门大学历史系编：《李贽研究参考资料》第一辑，福建人民出版社 1975 年版，第 17 页）。

③　《焚书》，中华书局 2009 年版，第 53 页。

④　《焚书》，中华书局 2009 年版，第 186 页。

⑤　《焚书》，中华书局 2009 年版，第 39 页。

李贽不无悲愤地落发以蔑视之："又今世俗子与一切假道学，共以异端目我，我谓不如遂为异端，免彼等以虚名加我，何如？夫我既已出家矣，特余此种种耳，又何惜此种种而不以成此名耶！"①不如"遂为异端以成彼竖子之名"。②

求道之事思之不置，"士贵为己，务自适"之理念，以及对与耿氏论战无益之反思，是李贽最终出家落发的根本原因：

> 老子曰："挫其锐，解其纷，和其光，同其尘"。"处众人之所恶，则几于道矣。"仆在黄安时，终日杜门，不能与众同尘；到麻城，然后游戏三昧，出入于花街柳市之间，始能与众同尘矣，而又未能和光也。何也？以与中丞犹有辩学诸书也。自今思之，辩有何益？只见纷纷不解，彼此锋锐益甚，光芒愈炽，非但无益而反涉于务骄，自蹈于宋儒攻新法之故辙而不自知矣。岂非以不知为己，不知自适，故不能和光，而务欲以自炫其光之故欤？静言思之，实为可耻。故决意去发，欲以入山之深，免与世人争长较短。盖未能对面忘情，其势不得不复为闭户独处之计耳。虽生死大事不必如此，但自愧劳扰一生，年已六十二，风前之烛，曾无几时，况自此以往，皆未死之年，待死之身，便宜岁月日时也乎！若又不知自适，更待何时乃得自适也耶？且游戏玩耍者，众人之所同，而儒者之所恶；若落发毁貌，则非但儒生恶之，虽众人亦恶之矣。和光之道，莫甚于此，仆又何惜此几茎毛而不处于众人之所恶耶？非敢自谓庶几于道，特以居卑处辱，居退处下，居虚处独，水之为物，本自至善，人特不能似之耳。仆是以勉强为此举动，盖老而无用，尤相宜也。③

如上，李贽落发，本质上源于为己自适，方便精进求道之事；④也与崇尚自由，不愿受人管束有关；倔强个性所致，以之蔑视世俗与假道学加给他的异端名色而已。然而，李贽出家落发，依然不是僧侣。正如江灿腾指出，李贽"并

----

① 《焚书》，中华书局 2009 年版，第 8 页。
② 《焚书》，中华书局 2009 年版，第 53 页。
③ 《焚书》，中华书局 2009 年版，第 259 页。
④ 耿定向以为李贽落发，其"心髓""原是发愤求精进耳"，"吾侪悠悠度日，自谓学已有见有得，视之可深省矣"。（《耿天台先生文集》卷三，《四库全书存目丛书》第 131 集，第 90 页。）

未正式皈受具足戒；他连沙弥戒也未曾受过，却居住在佛寺中，以僧众的导师态度出现，教谕僧众佛法，或答外人问难。这也仅能在佛教戒律荡然无存、朝廷放松出家规定的时期，才可能出现这样的怪现象。"①

虽有"不如遂为异端"之激愤语，并且已然落发出家，但是，李贽还是非常在意自己儒家学者身份认同的。李贽"落发为僧"之初著有《初潭集》。此书之序，开宗明义表示了自己的儒家立场："夫卓吾子之落发也有故，故虽落发为僧，而实儒也。是以首纂儒书焉，首纂儒书而复以德行冠其首。然则善读儒书而善言德行者，实莫过于卓吾子也。"并称"余既自幼习孔氏之学矣，是故亦以其学纂书焉。"②《初潭集》序言申述在儒家德行、言语、政事、文学等"四科"中，首德行而后三科，德行涵盖后三者；德行为"虚位"，后三科为"实施"。德行内则施之于夫妇、父子、昆弟；外则施之于朋友、君臣。言语、政事、文学三科之落实，其实无非"五常"而已。李贽综论"四科"、"五常"，强调儒教德行；又费尽心力，编纂点评"五常"之史迹，可见他还是不愿落实出家僧身份，实际上不能忘情于用世，内心中还是认同儒家身份的。

李贽又挂孔子像于佛堂，并写《题孔子像于芝佛院》，其曰："人皆以孔子为大圣，吾亦以为大圣；皆以老、佛为异端，吾亦以为异端。人人非真知大圣与异端也，以所闻于父师之教者熟也；父师非真知大圣与异端也，以所闻于儒先之教者熟也；儒先亦非真知大圣与异端也，以孔子有是言也。其曰'圣则吾不能'，是居谦也。其曰'攻乎异端'，是必为老与佛。儒先亿度而言之，父师沿袭而诵之，小子朦聋而听之。万口一词，不可破也；千年一律，不自知也。不曰'徒诵其言'，而曰'已知其人'；不曰'强不知以为知'，而曰'知之为知之'。至今日，虽有目，无所用矣。余何人也，敢谓有目？亦从众耳。既从众而圣之，亦从众而事之，是故吾从众事孔子于芝佛之院。"③佛堂挂孔子像之举，表明了

①　江灿腾：《晚明佛教改革史》，广西师范大学出版社2006年版，第253页。关于明代度牒制度及僧道人口控制问题，参见赵轶峰：《明代国家宗教管理制度与政策研究》，中国社会科学出版社2008年版。明代佛教管理制度以及其与政治文化的关系，参见郭朋：《明清佛教》，福建人民出版社1982年版；周齐：《明代佛教与政治文化》，人民出版社2005年版；任宜敏：《中国佛教史·明代》，人民出版社2009年版。儒教士人和地方寺院关系，参见［加］卜正民：《为权力祈祷：佛教与晚明士绅社会的形成》，张华译，江苏人民出版社2005年版。

②　《初潭集》，中华书局2009年版，第1—2页。

③　《续焚书》，中华书局2009年版，第100页。

李贽站在三教平等立场上，对儒学的认同、对孔子的敬仰。同时，对众人强不知以为知，皮相理解儒教圣人与所谓异端的做法，深为不满。其言"从众"，"敢谓有目"云云，实则表示自己别具只眼，是真正理解孔子和儒学思想精意的。

李贽此时还写有《三教归儒说》，表明自己的学术立场，和对儒释道三教之道的独特理解：

> 儒、道、释之学，一也，以其初皆期于闻道也。必闻道然后可以死，故曰："朝闻道，夕死可矣。"非闻道则未可以死，故又曰："吾以女为死矣。"唯志在闻道，故其视富贵若浮云，弃天下如敝屣然也。然曰浮云，直轻之耳；曰敝屣，直贱之耳：未以为害也。若夫道人则视富贵如粪秽，视有天下若枷锁，唯恐其去之不速矣。然粪秽臭也，枷锁累也，犹未甚害也。乃释子则又甚矣：彼其视富贵若虎豹之在陷阱，鱼鸟之入网罗，活人之赴汤火然，求死不得，求生不得，一如是甚也。此儒、道、释之所以异也，然其期于闻道以出世一也。盖必出世，然后可以免富贵之苦也。
>
> 尧之让舜也，唯恐舜之复洗耳也，苟得摄位，即为幸事，盖推而远之，唯恐其不可得也，非以舜之治天下有过于尧，而故让之位以为生民计也。此其至著者也。孔之疏食，颜之陋巷，非尧心欤！自颜氏没，微言绝，圣学亡，则儒不传矣。故曰："天丧予。"何也？以诸子虽学，夫尝以闻道为心也。则亦不免士大夫之家为富贵所移尔矣，况继此而为汉儒之附会，宋儒之穿凿乎？又况继此而以宋儒为标的，穿凿为指归乎？人益鄙而风益下矣！无怪其流弊至于今日，阳为道学，阴为富贵，被服儒雅，行若狗彘然也。
>
> 夫世之不讲道学而致荣华富贵者不少也，何必讲道学而后为富贵之资也？此无他，不待讲道学而自富贵者，其人盖有学有才，有为有守，虽欲不与之富贵，不可得也。夫唯无才无学，若不以讲圣人道学之名要之，则终身贫且贱焉，耻矣，此所以必讲道学以为取富贵之资也。然则今之无才无学，无为无识，而欲致大富贵者，断断乎不可以不讲道学矣。今之欲真实讲道学以求儒、道、释出世之旨，免富贵之苦者，断断乎不可以不剃头做和尚矣。①

---

① 《续焚书》，中华书局 2009 年版，第 75—76 页。

在李贽看来,虽方法不同,程度有差,儒释道三教本意皆期于闻道,求出世以免除人世富贵所带来的痛苦。儒教圣人尧、舜、孔、颜,对道本身有着超乎寻常之热情和追求,乃至可以朝闻夕死不以为意;对人世富贵,避之唯恐不及,而宁愿疏食陋巷。颜回之后,诸儒不再以闻道为心,是故不再有儒教圣学。汉宋穿凿附会,不思践行圣学而世风日下。及至今日道学者,本无才学行识,而唯以富贵为念,借讲圣人之学以要名、猎取富贵而已。儒教圣人逃富贵以求道之心,荡然无存矣。显然,李贽之所谓三教归儒,落实于三教归于求道,归于出世以免除富贵之苦。其意在弘扬儒教圣人献身于道的精神,批判当时唯以富贵为念之假道学。就儒教儒学以治平天下为旨归而言,李贽此说与其说是儒教的,不如说是二教立场的。李贽之所谓三教归儒,因此有名无实。

第七章　礼教视野下李贽妇女思想

万历三十年(1602 年),礼科都给事中张问达疏劾李贽,其中道:李贽"以卓文君为善择佳偶","尤可恨者,寄居麻城,肆行不简,与无良辈游于庵,拉妓女,白昼同浴。勾引士人妻女,入庵讲法,至有携衾枕而宿庵观者,一境如狂。又作《观音问》一书。所谓观音者,皆士人妻女也。而后生小子,喜其猖狂放肆,相率煽惑,至于明劫人财,强搂人妇,同于禽兽而不足恤"。① 疏上当日,明神宗就下旨严拿治罪,李贽随即被捕,系狱近一月后,用剃刀自尽。② 观置李贽于死地的疏劾内容,论卓文君善择佳偶之论,尤其是在麻城"拉妓女"、"勾引士人妻女"、"作《观音问》"云云,构成了李贽罪名的实质内容。李贽罹难,与其女性观及其与女性往来,有着密切关联。因此,深入了解儒教社会妇女问题,具体考察李贽女性思想及其践履,对于理解儒教社会特点,深入发掘李贽在中国思想史上的价值,有着特殊重要的意义。

一、《六经》女性观

儒学《六经》,无不涉及女学、女教问题:《易》以道阴阳,明女贞;《礼》以行礼教,定女则;《诗》以兴风化,别贞淫。至于女行女德散见于《尚书》、《春秋》内外之传者,要为女中圣贤、女德典范,特不专书而已。③ 女教女德,实由

① 《明实录·神宗实录》卷 369,《明实录》第 59 册,中央研究院历史语言研究所,第 6918 页。

② 参见林海权:《李贽年谱考略》,福建人民出版社 2005 年版,第 448—456 页。

③ 女学女行散见于《春秋》等经书者,章学诚特别选出以表彰:"历览《春秋》内外诸传,诸侯夫人,大夫内子,并能称文道故,斐然有章。若乃盈满之祥,邓曼详推于天道;利贞之义,穆姜精解于乾元;鲁穆伯之令妻,典言垂训;齐司徒之内主,有礼加封;士师考终牖下,妻有诔文;国殇

《六经》所规范,故首列以说明,以见中国传统女学思想之源。

《易》学妇女观

《易》以道阴阳,《周易》无时无处不讲乾坤男女之事。虽如此,六十四卦中,也有专论坤道、男女、夫妇之卦,深发女子之德行,为后世女学思想所本。

1.坤道:含章可贞

《易》曰:"乾道成男,坤道成女。"①又曰:"乾,天也,故称乎父;坤,地也,故称乎母。"②"有天地,然后有万物;有万物,然后有男女;有男女,然后有夫妇;有夫妇,然后有父子;有父子,然后有君臣;有君臣,然后有上下;有上下,然后礼义有所错。"③天地为万物之父母。男女之道,实际上是分别效法天地之道而成。有男女,才有夫妇、父子、君臣等人伦关系;有了这些关系,礼教才有可能施行。天地男女,实为人伦关系之根基。

女性之道,要于效法坤道而为。《易》曰:"乾刚坤柔",④"夫坤,天下之至顺也"。⑤ 可见,坤道主柔顺,并以之为常道。《坤·文言》曰:"坤至柔而动也刚,至静而德方。后得主而有常,含万物而化光。坤道其顺乎! 承天而时行。"⑥程颐解释此章:"坤道至柔,而其动则刚;坤体至静,而其德则方。动刚故应乾不违,德方故生物有常。阴之道不倡而和,故居后为得,而主利成万物,坤之常也。含容万类,其功化光大也。""坤道其顺乎,承天而时行,承天之施,行不违时,赞坤道之顺也。"⑦坤以柔顺为常道,"其动也刚,不害其为柔也",⑧

魂返沙场,鳌辞郊吊。以致泉水悠流,委婉赋怀归之什;燕飞上下,凄凉送归滕之诗。凡斯经礼典法,文采风流,与名卿大夫有何殊别? 然皆因事牵连,偶见载籍,非特著也。若出后代,史必专篇,类征列女,则如曹昭、蔡琰故事,其为乔皇彪炳,当十倍于刘、范之书矣。"(叶瑛:《文史通义校注》(上),中华书局1985年版,第531页。)

① 朱熹:《周易本义》,中华书局2009年版,第222页。
② 朱熹:《周易本义》,中华书局2009年版,第265页。
③ 朱熹:《周易本义》,中华书局2009年版,第269页。
④ 朱熹:《周易本义》,中华书局2009年版,第271页。
⑤ 朱熹:《周易本义》,中华书局2009年版,第258页。
⑥ 朱熹:《周易本义》,中华书局2009年版,第47页。
⑦ 程颐:《周易程氏传》,中华书局2011年版,第18页。
⑧ 程颐:《周易程氏传》,中华书局2011年版,第14页。

故以健行利贞配乾道;地道又宁静不燥,以广博方直化生万物为常行。① 坤道不倡而和,顺天施,当时敬慎而动;坤虽能够"至顺极厚而无所不载",②养育万物而无所不成,也不敢自居其功善。《坤》六三曰:"含章可贞;或从王事,无成有终。"③《坤·文言》阐发其意曰:"阴虽有美,含之以从王事,弗敢成也。地道也,妻道也,臣道也。地道'无成'而代'有终'也。"④程颐解释:"为下之道,不居其功,含晦其章美,以从王事,代上以终其事而不敢有其成功也。犹地道代天终物而成功,则主于天也。妻道亦然。"⑤六三爻及其《文言》,推坤道以明妻道、臣道:处下之常,当致力于成就上者之事,功成而弗居,含晦其美。

总之,坤德主适时顺动,法乾健而行;其静也,方直极厚而化生万物。坤主顺从天施,不倡而和,不自居功,含章以贞。要之,女子之道,《坤》言如此:柔顺、贞固、健行、广厚、顺育万物、功成不居。

2.《家人》:利女贞

《易·家人》专言男女齐家之道。其《彖》曰:"家人,女正位乎内,男正位乎外;男女正,天地之大义也。家人有严君焉,父母之谓也。父父、子子、兄兄、弟弟、夫夫、妇妇,而家道正;正家而天下定矣。"⑥男女之事,有内外之别。男正位于外,女正位于内,男女各当其位,则天地大义可见。《家人》主家内之道,其为女子所主之事,所以"利女贞":⑦女正则家正。父母尊严,则父子、兄弟、夫妇各尽其职而家正,推而广之,天下可定。

正家之本,在于正身。《家人·象》曰:"风自火出,家人,君子以言有物而行有恒。"⑧治家者,观《家人》风自火出之象,当知谨言慎行,言之有物;常循法度,德行有恒。如此,"言慎行修,则身正而家治矣"。⑨ 正家之道,还在于

---

① 朱熹曰:"柔顺正固,坤之直也。赋形有定,坤之方也。"(《周易本义》,中华书局2009年版,第45页。)
② 朱熹:《周易本义》,中华书局2009年版,第44页。
③ 朱熹:《周易本义》,中华书局2009年版,第45页。
④ 朱熹:《周易本义》,中华书局2009年版,第48页。
⑤ 程颐:《周易程氏传》,中华书局2011年版,第19页。
⑥ 朱熹:《周易本义》,中华书局2009年版,第144—145页。
⑦ 朱熹:《周易本义》,中华书局2009年版,第144页。
⑧ 朱熹:《周易本义》,中华书局2009年版,第145页。
⑨ 程颐:《周易程氏传》,中华书局2011年版,第208页。

"交相爱"：夫爱其内助，妇爱其刑家，夫妇和睦恩爱。

《家人》六二爻辞、小象，专言妇道之正："无攸遂，在中馈，贞吉。"《象》曰："六二之吉，顺以巽也。"①《周易集解》引荀爽之论曰："六二处和得正，得正有应，有应有实，阴道之至美者也。坤道顺从，故无所得遂。供肴中馈，酒食是议，故曰'中馈'。居中守正，永贞其志则吉，故曰'贞吉'也。"②《家人》卦六二阴爻，处下卦之中位，应上卦之九五阳爻，因此为得正有应。云女子柔顺中正，专心于家中饮食事宜，温顺谦逊，顺夫而不独断专行。如此居中守正，是为妇道之至美。《诗·小雅·斯干》亦有类似表述："无非无仪，唯酒食是议，无父母诒罹。"③传、笺云："妇人质无威仪也。罹，忧也。笺云：仪，善也。妇人无所专于家事，有非非妇人也，有善亦非妇人也。妇人之事，惟议酒食尔，无遗父母之忧。"④家事之善恶，夫专断之事。妇人当恭谨于妇礼和家中饮食之事，勿因不谨被出，遗父母以忧。

《家人》上九："有孚，威如，终吉。"⑤程颐以为，此爻言家道之成，极言治家之本："治家之道，非至诚不能也，故必中有孚信，则能常久，而众人自化为善。不由至诚，己且不能常守也，况欲使人乎？故治家以有孚为本。治家者，在妻孥情爱之间，慈过则无严，恩胜则掩义，故家之患，常在礼法不足而渎蔓生也。长失尊严，少忘恭顺，而家不乱者，未之有也，故必有威严则能终吉。保家之终，在有孚威如二者而已。"⑥治家之道，当以诚信、威严为本。家人之间，常会因亲情慈爱，而忽视忘记礼义、法度。家道礼法不足，则长辈没有尊严，年少者不能恭顺，如此轻浮怠慢，不顾礼法，乱家、败家之道也。因此，正家之道，必至诚而有信，须立法度、正伦理，宁失于严谨，勿流于放肆。

3. 感通四卦

《易》曰："一阴一阳之谓道。"⑦阴阳交感，男女配合，此为天地之常理大

---

① 朱熹：《周易本义》，中华书局2009年版，第145页。
② 李鼎祚：《周易集解》卷八，文渊阁《四库全书》第7册，第727页。
③ 《毛诗正义》（中），北京大学出版社1999年版，第691页。
④ 《毛诗正义》（中），北京大学出版社1999年版，第691页。
⑤ 朱熹：《周易本义》，中华书局2009年版，第146页。
⑥ 程颐：《周易程氏传》，中华书局2011年版，第211页。
⑦ 朱熹：《周易本义》，中华书局2009年版，第228页。

义也。《易》有《咸》、《恒》、《渐》、《归妹》四卦,专明男女之道、夫妇之义。程颐于此四卦之义理,有着精深的理解:"卦有男女配合之义者四:《咸》、《恒》、《渐》、《归妹》也。《咸》,男女之相感也,男下女,二气感应,止而说,男女之情相感之象。《恒》,常也,男上女下,巽顺而动,阴阳皆相应,是男女居室夫妇倡随之常道。《渐》,女归之得其正也,男下女而各得正位,止静而巽顺,其进有渐,男女配合得其道也。《归妹》,女之嫁,归也,男上女下,女从男也,而有说少之义。""《咸》、《恒》夫妇之道,《渐》、《归妹》女归之义。《咸》与《归妹》,男女之情也,《咸》止而说,《归妹》动于说,皆以说也。《恒》与《渐》,夫妇之义也,《恒》巽而动,《渐》止而巽,皆以巽顺也。男女之道,夫妇之义,备于是矣。"①《咸》:男女感应之道,为夫妇人伦之始;少男谦下于少女,男止女悦,笃诚和合,则能正通而感。《恒》言夫妇长久之道:长男居上,长女居下,尊卑有序,此为居家之常。男动于外,制义而为,女顺于内,"从一而终",②刚柔相应,此为人理之常。《渐》:男能下女,男女得位而正;女子能渐进有序,配合有道,便能进而有功。《归妹》:少女从长男,男动而女悦。女归男,则男女相交而生生不息,此为人道之终始。

上述四卦,总论男女感通之事,为天地大义、人伦始终。感通之道:男女之情主于两相情悦;夫妇之道,存诸女归巽顺。其论男女之道,夫妇之宜,既精且详,为《易》学妇女观的集中表现。

女教与内则

女子自幼及嫁,当接受女学教育:"女子十年不出,姆教婉、娩、听从,执麻枲,治丝茧,织纴、组、紃,学女事以共衣服。观于祭祀,纳酒浆、笾豆、菹醢,礼相助奠。十有五年而笄。二十而嫁,有故,二十三年而嫁。聘则为妻,奔则为妾。"③"古者妇人先嫁三月,祖庙未毁,教于公宫。祖庙既毁,教于宗室。教以妇德、妇言、妇容、妇功。教成,祭之,牲用鱼,芼之以苹藻,所以成妇顺也。"④

---

① 程颐:《周易程氏传》,中华书局 2011 年版,第 309—310 页。
② 朱熹:《周易本义》,中华书局 2009 年版,第 133 页。
③ 《礼记正义》(中),北京大学出版社 1999 年版,第 870—871 页。
④ 《礼记正义》(下),北京大学出版社 1999 年版,第 1622 页。

十岁以后,女子居家不外出。由姆①教导其言语温婉、仪态美好、性格顺从;教习其纺织女工,以能供给衣服之女事;引导其观察并参与家祭之礼。女子十五岁行笄礼,可以谈婚论嫁;二十岁便可嫁人,遇到父母之丧,就等到二十三岁出嫁。明媒正娶,为人妻;未能,则当妾。日常教育之外,女子出嫁前三个月,在祖庙或公宫这样尊贵的地方,再接受妇德、妇言、妇容、妇功之教。教毕,用阴物祭祀先祖,表明女子贞顺妇德已成。

礼教重男女之别。《礼记·曲礼》:"男女不杂坐,不同椸枷,不同巾栉,不亲授。嫂叔不通问,诸母不漱裳。外言不入于梱,内言不出于梱。女子许嫁,缨,非有大故,不入其门。姑、姊、妹女子子已嫁而反,兄弟弗与同席而坐,弗与同器而食。""男女非有行媒,不相知名。非受币,不交不亲。故日月以告君,齐戒以告鬼神,为酒食以召乡党僚友,以厚其别也。娶妻不娶同姓,故买妾不知其姓,则卜之。寡妇之子,非有见焉,弗与为友。"②《礼记·内则》:"男不言内,女不言外","礼始于谨夫妇。为宫室,辨外内。男子居外,女子居内","七年,男女不同席,不共食。"③男女自小即不同席而坐,不在一起吃饭。男女授受不亲,不共用生活用品。女性家眷省亲,男性家属不同席、不同器而食。男子慎与寡妇之子交往。没有媒人提亲,男女不打听对方名字;娶妻不娶同姓,纳妾不知其姓而卜;没有行纳徵礼,男女双方不交往;女子已许嫁,没有大变故,不能进她的房门;要把娶妻的事情告知国君、鬼神、同乡、同事和朋友。夫妇居处之地内外有别。男主外,女主内,各司其职;非其本职,不从事、不谈论。

礼教于子事父母,妇事舅姑,男女出入之礼,长幼相事之法等,有详细的规定。④ 女子视听言动,无不以礼约之;侍奉舅姑,衣食住行无所不包。女子之礼义,主于教顺。亲迎之礼:"父送女,命之,曰:'戒之敬之,夙夜毋违命。'母施衿结帨,曰:'勉之敬之,夙夜无违宫事。'庶母及门内,施鞶,申之以父母之

---

① 《仪礼注疏》:"姆,妇人年五十无子,出而不复嫁,能以妇道教人者。"(《仪礼注疏》(上),北京大学出版社 1999 年版,第 77 页。)《白虎通》:"大夫之妾、士之妻老无子而明于妇道者。"(陈立:《白虎通疏证》(下),中华书局 1994 年版,第 485 页。)

② 《礼记正义》(上),北京大学出版社 1999 年版,第 51—52 页。

③ 《礼记正义》(中),北京大学出版社 1999 年版,第 836、858、869 页。

④ 详见《礼记·内则》篇。(《礼记正义》(中),北京大学出版社 1999 年版,第 828—871 页。)

命,命之曰:'敬恭听,宗尔父母之言。夙夜无愆,视诸衿鞶。'"①女方父母,无不嘱女以恭顺敬奉之事。昏礼次日早晨,女拜见舅姑,"成妇礼,明妇顺,又申之以著代,所以重责妇顺焉也。妇顺者,顺于舅姑,和于室人,而后当于夫,以成丝麻、布帛之事,以审守委积盖藏。是故妇顺备而后内和理,内和理而后家可长久也。故圣王重之"。②女子成为一家主妇,最为重要的德行,即为和顺:孝顺舅姑、和理家人、善理家务。主妇能如此,则家道可长。圣王重妇顺之德,在于教顺而后可平治天下:"天子之与后,犹日之与月,阴之与阳,相须而后成者也。天子修男教,父道也;后修女顺,母道也。"③"古者天子后立六宫、三夫人、九嫔、二十七世妇、八十一御妻,以听天下之内治,以明章妇顺,故天下内和而家理。天子立六官、三公、九卿、二十七大夫、八十一元士,以听天下之外治,以明章天下之男教,故外和而国治。故曰:'天子听男教,后听女顺;天子理阳道,后治阴德;天子听外治,后听内职。教顺成俗,外内和顺,国家理治,此之谓盛德。'"④修男教与妇顺,上则法天地阴阳之道,下涉男女内外之情,倘能内外皆和,则国治家理。

婚娶六礼

《白虎通·婚娶》曰:"人道所以有嫁娶何?以为情性之大,莫若男女。男女之交,人伦之始,莫若夫妇。《易》曰:'天地氤氲,万物化淳。男女构精,万物化生。'人承天地施阴阳,故设嫁娶之礼者,重人伦,广继嗣也。"⑤《礼记·昏义》道:"昏礼者,将合二姓之好,上以事宗庙,而下以继后世也,故君子重之。"⑥"男女有别,而后夫妇有义;夫妇有义,而后父子有亲;父子有亲,而后君臣有正。故曰:'昏礼者,礼之本也。'"⑦人道源于男女,人伦始于夫妇。夫妇之道,本之于天地阴阳,为人伦情性之大节。昏礼之设,意在成就礼教人伦之本,故为儒教社会所重。

---

① 《仪礼注疏》(上),北京大学出版社 1999 年版,第 105 页。
② 《礼记正义》(下),北京大学出版社 1999 年版,第 1622 页。
③ 《礼记正义》(下),北京大学出版社 1999 年版,第 1625 页。
④ 《礼记正义》(下),北京大学出版社 1999 年版,第 1624 页。
⑤ 陈立:《白虎通疏证》(下),中华书局 1994 年版,第 451 页。
⑥ 《礼记正义》(下),北京大学出版社 1999 年版,第 1618 页。
⑦ 《礼记正义》(下),北京大学出版社 1999 年版,第 1620 页。

　　婚礼仪节,分纳彩、问名、纳吉、纳徵、请期、亲迎六个主要环节。纳彩、问名,二事相因兼行。《仪礼·士昏礼》载:"婚礼。下达,纳彩用雁。"①注曰:"达,通也。将欲与彼合婚姻,必先使媒氏下通其言。女氏许之,乃后使人纳其采择之礼。""《诗》云:'娶妻如之何? 匪媒不得。'昏必由媒,交接设绍介,皆所以养廉耻。"②《白虎通》云:"男不自专娶,女不自专嫁,必由父母,须媒妁何? 远耻防淫佚也。"③纳彩即提亲,重父母之命,媒妁之言。婚礼仪节,亲迎之外,其他"五礼"皆由使者完成。这些要求和安排,意在于严男女之别,养男女廉耻之心,以防淫乱之事发生。纳彩礼毕,接着是问名之礼:问女之姓氏,将归卜其吉凶。纳吉之礼:"归卜于庙,得吉兆,复使使者往告,婚姻之事于是定。"④男方卜名定婚姻之事,礼告女方。纳徵之礼:"徵,成也。使使者纳币以成婚礼。"⑤男方以束帛为贽行礼,表明双方已确立婚姻关系。请期之礼:"婿之父使使纳徵讫,乃下卜婚月,得吉日,又使使往女家告日,是期由男家来。今以男家执谦,故遣使者请女家。若云期由女氏,故云'请期'。女氏知阳倡阴和,当由男家出,故主人辞之。使者既见主人辞,遂告主人期日也。"⑥如此,男女双方以请期之礼确定婚期。

　　亲迎,是婚礼最重要的仪节。亲迎之前五礼,皆由男方使者在早晨行礼,⑦而亲迎娶妻之礼,则由婿本人在"日入后二刻半"之昏时,亲自为之。因其以昏时为期,故名之曰"昏礼";而亲迎之义,即在于结欢心、防淫佚:"天子下至士,必亲迎授绥者何? 以阳下阴也,欲得其欢心,示亲之心也。必亲迎,御

---

　　① 关于婚礼用雁为贽者的原因:"婚礼有六,五礼用雁:纳彩、问名、纳吉、请期、亲迎是也,唯纳徵不用雁,以其自有币帛可执故也。""云'用雁为贽者,取其顺阴阳往来'者,案《周礼·大宗伯》云:'以禽作六挚,卿执羔,大夫执雁,士执雉。'此婚礼无问尊卑皆用雁,故郑注其意云取顺阴阳往来也。顺阴阳往来者,雁木落南翔,冰泮北徂,夫为阳、妇为阴,今用雁者,亦取妇人从夫之义,是以婚礼用焉。"(《仪礼注疏》(上),北京大学出版社1999年版,第60、61页。)

　　② 《仪礼注疏》(上),北京大学出版社1999年版,第60页。

　　③ 陈立:《白虎通疏证》(下),中华书局1994年版,第452页。

　　④ 《仪礼注疏》(上),北京大学出版社1999年版,第68页。

　　⑤ 《仪礼注疏》(上),北京大学出版社1999年版,第68页。

　　⑥ 《仪礼注疏》(上),北京大学出版社1999年版,第69页。

　　⑦ 《仪礼·士昏礼》:"男氏使向女家纳采、问名、纳吉、纳徵、请期五者,皆用昕。昕即明之始,君子举事尚早,故用朝旦也。"(《仪礼注疏》(上),北京大学出版社1999年版,第95页。)

轮三周,下车曲顾者,防淫佚也。"①由昏礼,而有男女"婚姻"、"嫁娶"之名:
"婚者昏时行礼,故曰婚。姻者,妇人因夫而成,故曰姻。《诗》云:'不惟旧
因。'谓夫也。又曰:'燕尔新婚。'谓妇也。所以昏时行礼何?示阳下阴也,婚
亦阴阳交时也。"②"男娶女嫁何?阴卑,不得自专,就阳而成之。故《传》曰:
'阳倡阴和,男行女随。'"③"嫁娶者,何谓也?嫁者,家也。妇人外成,以出适
人为家。娶者,取也。"④由上可见,昏礼之礼义:男下女亲,男倡女和,男女合
欢,女归男家,成就阴阳相交之道。

四事、三从、七出、三不去

《周礼》有内宰、九嫔、世妇、女祝、女史、内宗、外宗、女巫等执掌女事、女
学、女职之官员,主要涉及礼事、女德、女功等事宜。其中,《天官》之内宰、九
嫔所涉及的教育内容,对后世女学影响较大,值得关注。内宰之职:"以阴礼
教六宫,以阴礼教九嫔。以妇职之法教九御,使各有属,以作二事,正其服,禁
其奇衺,展其功绪。"⑤内宰主要负责教导王后、九嫔妇人之礼:"阴礼",主要
涉及祭祀、宾客、丧纪等礼仪。管理九御,以做好丝麻二事,禁止奇装异服等。
内宰之职,要在女式,强调仪容仪表教育。九嫔之职:"九嫔掌妇学之法,以教
九御妇德、妇言、妇容、妇功,各帅其属而以时御叙于王所。"⑥九嫔负责教育九
御,内容为女子之德行、言辞、仪容、女功等"四事"。郑玄注:"妇德谓贞顺,妇
言谓辞令,妇容谓婉娩,妇功谓丝枲。"⑦九嫔既懂得"四事",又熟悉女子从人
之道,故能以德行贞顺、言辞得体、容貌柔美、善治丝麻等内容教育其他女子。
此"四事",要为女子德行教育,影响所及,成为后世女学思想教育的根本
内容。

《大戴礼记·本命》解女子、妇人之字义,详说三从、五不取、七去、三不去
之意曰:

---

① 陈立:《白虎通疏证》(下),中华书局1994年版,第459—460页。
② 陈立:《白虎通疏证》(下),中华书局1994年版,第491—492页。
③ 陈立:《白虎通疏证》(下),中华书局1994年版,第452页。
④ 陈立:《白虎通疏证》(下),中华书局1994年版,第491页。
⑤ 《周礼注疏》(上),北京大学出版社1999年版,第178—179页。
⑥ 《周礼注疏》(上),北京大学出版社1999年版,第192页。
⑦ 《周礼注疏》(上),北京大学出版社1999年版,第192页。

女者如也,子者孳也,女子者,言如男子之教,而长其义理者也。故谓之妇人。妇人,伏于人也。是故无专制之义,有三从之道:在家从父,适人从夫,夫死从子,无所敢自遂也。教令不出闺门,事在馈食之间而已矣。是故女及日乎闺门之内,不百里而奔丧。事无独为,行无独成之道,参知而后动,可验而后言,宵夜行烛,宫事必量,六畜蕃于宫中,谓之信也,所以正妇德也。

女有五不取:逆家子不取,乱家子不取,世有刑人不取,世有恶疾不取,丧妇长子不取。逆家子者,为其逆德也;乱家子者,为其乱人伦也;世有刑人者,为其弃于人也;世有恶疾者,为其弃于天也;丧妇长子者,为其无所受命也。妇有七去:不顺父母去,无子去,淫去,妒去,有恶疾去,多言去,窃盗去。不顺父母去,为其逆德也;无子,为其绝世也;淫,为其乱族也;妒,为其乱家也;有恶疾,为其不可与共粢盛也;口多言,为其离亲也;盗窃,为其反义也。妇有三不去:有所取,无所归,不去;与更三年丧,不去;前贫贱,后富贵,不去。①

女,顺从,子,生生不已;女子,就是顺从男子之教,以增长自己的义理见识。所谓妇人,就是服从女教之礼以事人者。女子没有擅自决断的礼义,而有三从的道理:年少时,要听从父亲的教诲;嫁为人妇,要顺从夫君之命;夫亡依从其子,从不敢自作主张来做事。妇人的教训吩咐,只施行于家门之内,事关饮食家祭而已。因此,女子应勤于家内妇功,而没有百里奔丧之事。没有独做之事,更无独行能成的道理。女子当三思而后行,言而有实;夜行一定要点蜡烛;女功之事,一定要仔细思量;生养蕃息家中六畜。如此谨言慎行,堪称有信,可以此端正妇德。

有五种女子不能娶:女家有忤逆不孝的,不娶;女家有淫乱之行的,不娶;女家先世有受刑的罪人,不娶;女家先世有恶疾的,不娶;母亲早故,女儿迟嫁者,不娶。女家有上述五种情形违反孝道、破坏人伦、不容社会、为天所弃、不被母教,故不娶。妇人有七种情形必须黜出:不孝顺公婆,逆德当去;不能生育,断绝后嗣当去;淫荡乱伦,当去;嫉妒,使妻妾不和,当去;有恶疾,不能夫妇

---

① 王聘珍:《大戴礼记解诂》,中华书局 1983 年版,第 254—255 页。

共持家祭,当去;好搬弄是非,离间亲人,当去;盗窃,为不义,当去。但是,妇人有三种情形,不能去:嫁人后,娘家没有近亲的,不能去;夫妇共守公婆三年之丧的,不能去;夫妇生活先贫贱后富贵的,不能去。

《大戴礼记》训女子、妇人有"三从"巽顺之道,信实谨慎之德;道婚姻之事,有"五不取"、"七去"、"三不去"义。其对女德、女行之要求,更加详尽而具体了。

窈窕淑女,王者之风

《诗》教之用:"先王以是经夫妇,成孝敬,厚人伦,美教化,移风俗。"[1]王道教化,先之以夫妇之道。《诗·大雅·思齐》云周文王:"刑于寡妻,至于兄弟,以御于家邦。"[2]文王内正夫妇之道,以为治化之本,并进而推于兄弟亲族,以至于天下,此为文王之所以为圣之道。《诗·关雎·小序》云:"风之始也,所以风天下而正夫妇也,故用之乡人焉,用之邦国焉。"[3]《诗·大序》:"《周南》、《召南》,正始之道,王化之基。"[4]"二《南》皆是正始之道,先美家内之化。"[5]《正义》曰:"二《南》之风,实文王之化,而美后妃之德者,以夫妇之性,人伦之重,故夫妇正则父子亲,父子亲则君臣敬,是以《诗》者歌其性情。阴阳为重,所以《诗》之为体,多序男女之事。"[6]《诗》教以《风》为首,意在说明文王正其家而后治国。而《周南》、《召南》即所谓"二《南》",居《国风》之首,谓之"正风"。[7]"二《南》"详明文王正始之道,王化之基,实在于美后妃之德,兴夫妇之道,由家化而国治天下平。

《诗》之端,二《南》之首,是为《关雎》:

---

① 《毛诗正义》(上),北京大学出版社1999年版,第10页。
② 《毛诗正义》(下),北京大学出版社1999年版,第1010页。
③ 《毛诗正义》(上),北京大学出版社1999年版,第5页。
④ 《毛诗正义》(上),北京大学出版社1999年版,第20页。
⑤ 《毛诗正义》(上),北京大学出版社1999年版,第21页。
⑥ 《毛诗正义》(上),北京大学出版社1999年版,第5页。
⑦ 《周南》十一篇,系于周公,是所谓"圣人之化";《召南》十四篇,系于召公,是所谓"贤人之化"。圣贤之化,异乎诸侯之"变风",故《周南》、《召南》谓之"正风"。(《毛诗正义》(上),北京大学出版社1999年版,第2、15页。)

　　关关雎鸠,在河之洲;窈窕淑女,君子好逑。

　　参差荇菜,左右流之;窈窕淑女,寤寐求之。

　　求之不得,寤寐思服,优哉优哉,辗转反侧。

　　参差荇菜,左右采之;窈窕淑女,琴瑟友之。

　　参差荇菜,左右芼之,窈窕淑女,钟鼓乐之。①

　　《小序》云:"《关雎》之化行,则天下无犯非礼",②《正义》道:"古太平时,行《关雎》之化至极,能尽人之情,能尽物之性,太平化洽。"③《关雎》之化,关乎人情物性,礼教之行。如此,文王正风之始,王化之要,实见之于《关雎》。

　　《关雎》列《诗》之首,开宗明义道后妃之德,明文王风化之源:"后妃虽悦乐君子,不淫其色,能谨慎贞固,居在悠闲深宫之内,不妄淫亵君子,若雎鸠之有别,故以兴焉。后妃之德能如是,然后可以风化天下,使夫妇有别。夫妇有别,则性纯子孝,故能父子亲也,孝子为臣必忠,故父子亲则君臣敬。君臣既敬,则朝廷自然严正。朝廷既正,则天下无犯非礼,故王化得成也。"④德色俱美之后妃,虽然心悦于君子,却能明男女之大防,不以色求亲;谨慎于妇道,贞定以礼自持。君子能娶如此女子,自然能使夫妇有别、父子有亲、君臣有义、朝廷严正,如此,则天下无犯非礼,礼教风行而王化以成。后妃之美德,还在于能够恪尽妇责、谐和妻妾:"性行和谐,贞专化下,寤寐求贤,供奉职事。"⑤"心之所乐,乐得此贤善之女,以配己之君子;心之所忧,忧在进举贤女,不自淫恣其色;又哀伤处窈窕幽閒之女未得升进,思得贤才之人与之共事。"⑥后妃能为君主计,一方面,自身能够尽职分;另一方面,思求贤善之淑女,与之共同侍奉君王。

　　《关雎》之外,二《南》论妇德,为后妃、夫人之德的展开:"言告师氏,言告言归。"⑦女子待字,先于父母家接受女师教育。女教涉及妇德、妇言、妇容、妇

---

① 《毛诗正义》(上),北京大学出版社 1999 年版,第 22—27 页。
② 《毛诗正义》(上),北京大学出版社 1999 年版,第 59 页。
③ 《毛诗正义》(上),北京大学出版社 1999 年版,第 60 页。
④ 《毛诗正义》(上),北京大学出版社 1999 年版,第 24 页。
⑤ 《毛诗正义》(上),北京大学出版社 1999 年版,第 5 页。
⑥ 《毛诗正义》(上),北京大学出版社 1999 年版,第 21 页。
⑦ 《毛诗正义》(上),北京大学出版社 1999 年版,第 33 页。

功等妇道内容，女子循此法度，以为适人、为妇之道（《葛覃》、《采蘋》）；为人妇者，当有均壹之德，奉祭祀，不失职，肃敬雍和，勤劳无怨，夫唱乃随，以礼自防，过而能悔（《鹊巢》、《采蘩》、《草虫》、《江有汜》、《何彼襛矣》）；贤妻当劝告其夫，为上者，知臣下之勤劳，审官求贤；处下者，当知尽臣之义。如此，天下之人莫不好德，贤人众多，国得以治（《卷耳》、《兔罝》、《殷其雷》）；后妃夫人无妒忌之行，能次序、和谐众妾，使子孙繁盛（《樛木》、《螽斯》、《小星》）；后妃不犯礼，不妒忌，致男女以正，婚姻及时，国无鳏民（《桃夭》、《摽有梅》）等。

总之，女子之德，夫妇之道，实为风化之始，事关家国天下："文王行化，始于其妻，故用此为风教之始，所以风化天下之民，而使之皆正夫妇焉。周公制礼作乐，用之乡人焉，令乡大夫以之教其民也；又用之邦国焉，令天下诸侯以之教其臣也。欲使天子至于庶民，悉知此诗皆正夫妇也。"①《关雎》、二《南》，虽言后妃、夫人之德行，实则以之为仪表，意在教导天下之人，法圣贤正风，正夫妇之道，以达成儒教修齐治平之效。②

二、《列女传》、《女戒》：节烈与妇道

正史妇女事迹，主要见之于《后妃传》、《列女传》。上古典籍虽有妇德之论，亦有记载妇女事迹的内容，然而，编辑女性专书，却自刘向《列女传》始。章学诚云："列女名传，创于刘向，分汇七篇，义近乎子；缀《颂》述《雅》，学通乎《诗》；而比事属辞，实为史家之籍。班、马二史，均阙此传。自范蔚宗东汉书中，始载《列女》，后史因之，遂为定则。"③刘向罗列七类女子作《列女传》，虽可类比子书，形似诗学，而实际上是以叙事为主的史书。《史记》、《汉书》尚无

① 《毛诗正义》（上），北京大学出版社1999年版，第5页。
② 与二《南》正风相反，《郑风》、《卫风》之乐，虽程度有差，要则皆为邪风淫声。朱熹总结道："郑卫之乐，皆为淫声。然以诗考之，卫诗三十有九，而淫秽之诗才四之一。郑诗二十有一，而淫秽之诗已不翅七之五。卫犹为男悦女之词，而郑皆为女惑男之语。卫人犹多刺讥惩创之意，而郑人几于荡然无复羞愧悔悟之萌。是则郑声之淫，有甚于卫矣。故夫子论为邦，独以郑声为戒，而不及卫，盖举重而言，固自有次第也。诗可以观，岂不信哉！"（《诗集传》，《四书五经》（中），中国书店1985年版，第39页。）郑卫皆为淫声，是因为其中男女之行，不能循礼而动使然。二《南》与《郑》《卫》，一贞一淫，一正一邪，说明了儒教社会中，礼教男女大防的重要性。
③ 叶瑛：《文史通义校注》（下），中华书局1985年版，第829页。

《列女传》一例,自《后汉书·列女传》之后,《列女传》成为正史编纂的一个主要内容和重要体例。《汉书》记载刘向编纂《列女传》缘由曰:"向睹俗弥奢淫,而赵、卫之属起微贱,逾礼制。向以为王教由内及外,自近者始。故采取《诗》、《书》所载贤妃贞妇,兴国显家可法则,及孽嬖乱亡者,序次为《列女传》,凡八篇,以诫天子。"①可见刘向《列女传》之作,意在由家及国,以贤妃贞妇为范,乱亡家国者为戒,讽谏当政,旨在兴王教风化。

女鉴:从列女到烈女

刘向《列女传》主要讲述女子为人母、为人妻之道德,亦有个别涉及为人子之德行。《列女传》罗列女子共计 7 类 110 人。② 其中,善类:德行可兴国显家者,计有母仪 17 人、贤明 15 人、仁智 15 人、贞顺 16 人、节义 16 人、辩通 15人;恶类:败义致祸者,有孽嬖 16 人。

为人母仪者,举有弃母姜嫄之清静专一;契母简狄之仁而有礼、教子事理;"周室三母"(太姜、太任、太姒)之贞顺无失、胎教有方、仁明有德;孟母之深明妇道,渐化教子;文伯母之博达知礼、匡子过失;田稷母之廉洁正直,教子忠信不欺等。刘向序《母仪传》曰:"唯若母仪,贤圣有智。行为仪表,言则中义。胎养子孙,以渐教化。既成以德,致其功业。姑母察此,不可不法。"③赞女子教子有方,堪为仪表者。

贤明之妻,列有姜氏之引过推让、威仪有德;齐姜之洁而不渎、能育君子;周南妻之诚夫无怠、勉为父母;"女宗"之称引妇道、好礼知理;接舆妻之安贫乐道、持义远害等。刘向序《贤明传》曰:"唯若贤明,廉正以方。动作有节,言成文章。咸晓事理,知世纪纲。循法兴居,终日无殃。妃后贤焉,名号必扬。"④赞女子贤明方正,通晓事理者。

仁智之女,如许穆夫人之慈惠远识;卫灵夫人之明人道能识贤;曲沃负之明大节识纲纪等。刘向《仁智传》序曰:"惟若仁智,豫识难易。原度天道,祸

---

① 《汉书》(七),中华书局 1962 年版,第 1957—1958 页。
② 此处统计,"有虞二妃"、"周室三母"、"卫宗二顺"、"珠崖二义"、"卫二乱女"分开计数。
③ 《列女传、高士传》,辽宁教育出版社 1998 年版,"列女传小序"第 1 页。
④ 《列女传、高士传》,辽宁教育出版社 1998 年版,"列女传小序"第 1 页。

福所移,归义从安,危险必避。专专小心,永惧匪懈。夫人省兹,荣名必利。"①赞女子明人情事理,察天道而识微机,故能远祸者。

贞顺淑女,有召南申女之绝无礼之求,防淫欲之行;伯姬之贞行妇道、逮火而亡;孟姬之好礼执节、避嫌远别;伯嬴之坚固专一、勇于践义;梁寡高行之劓鼻刑身,贞专精纯。刘向《贞顺传》序:"唯若贞顺,修道正进。避嫌远别,为必可信。终不更二,天下之俊。勤正洁行,精专谨慎。诸姬观之,以为法训。"②赞女子贞固专一,高行践义者。

节义女子,举有盖将妻之据节锐精、为夫先死;鲁义姑之弃子抱侄、果于行义;周主忠妾之慈惠有序、忠全其主;魏节乳母之守节执事、遂死不顾;珠崖二义之继母假女、推让争死等。刘向《节义传》序:"唯若节义,必死无避。好善慕节,终不背义。诚信勇敢,何有险诐。义之所在,赴之不疑。姜姒法斯,以为世基。"③赞女子勇于节义,赴死不疑者。

辩通之女,记有管仲妾之说《白水》之诗,齐得以治;阿谷处女之言辞辩深、知礼达情;赵津女娟之通达有辞、父得不亡;无盐丑女之说齐四殆、齐乃大安;太仓女缇萦之言感圣意、终除父刑等。刘向《辩通传》序:"唯若辩通,文词可从。连类引譬,以投祸凶。推摧一切,后不复重。终能一心,开意甚公。妻妾则焉,为世所诵。"④赞女子能以文词避祸治国者。

孽嬖乱女,录有美色薄德、为乱无道之末喜;喜好淫乐、心地残忍之妲己;惑主不恤、祸乱不顾之褒姒;谋谮太子、毒酒弄权之骊姬;淫乱无礼、为乱五世之卫二乱女(南子及卫伯姬)等。刘向《孽嬖传》序:"唯若孽嬖,亦甚嫚易。淫妒荧惑,背节弃义,指是为非,终被祸败。"⑤言乱女无德弃义,祸乱国家者。

显然,刘向之列女七传,德不主一操,人无论善恶,意在取女子德行得失以为借鉴,所谓列女之"列",罗列之意而已,《后汉书·列女传》,尚能效法刘向此意。此后,正史《列女传》,渐变罗列之"列"为节烈、殉烈之"烈",专以烈女是载。虽刘向《列女传》之贞顺、节义二传,不无节烈、殉烈之意,然专此二传

---

①　《列女传、高士传》,辽宁教育出版社1998年版,"列女传小序"第1页。
②　《列女传、高士传》,辽宁教育出版社1998年版,"列女传小序"第1页。
③　《列女传、高士传》,辽宁教育出版社1998年版,"列女传小序"第1—2页。
④　《列女传、高士传》,辽宁教育出版社1998年版,"列女传小序"第2页。
⑤　《列女传、高士传》,辽宁教育出版社1998年版,"列女传小序"第2页。

人物而不及其他,已无刘向《列女传》仪法、借鉴之意了。

《后汉书》之后,《列女传》专以烈女为传的原因,正史多有说明。《北史·列女传》曰:"盖妇人之德,虽在于温柔;立节垂名,咸资于贞烈。温柔仁之本也,贞烈义之资也。非温柔无以成其仁,非贞烈无以显其义。是以《诗》、《书》所记,风俗所存,图像丹青,流声竹素。莫不守约以居正,杀身以成仁者也。"①"妇人主织纴中馈之事,其德以柔顺为先,斯乃举其中庸,未臻其极者也。至于明识远图,贞心峻节,志不可夺,唯义所高,考之图史,亦何代而无之哉!魏隋所叙列女,凡34人。自王公妃主,下至庶人女妻,盖有质迈寒松,心逾匪石,或忠壮诚恳,或文采可称。虽子政集之于前,元凯编之于后,比其美节,亦何以尚兹。故知兰玉芳贞,盖乃禀其性矣。"②《旧唐书·列女传》云:"女子禀阴柔之质,有从人之义。前代志贞妇烈女,盖善其能以礼自防。至若失身贼庭,不污非义,临白刃而慷慨,誓丹衷而激发,粉身不顾,视死如归,虽在壮夫,恐难守节,窈窕之操,不其贤乎!其次梁鸿之妻,无辞偕隐,共姜之誓,不践二庭,妇道母仪,克彰图史,又其长也。末代风靡,贞行寂寥,聊播椒兰,以贻闺壸,彤管之职,幸无忽焉。"③《新唐书·列女传》亦云:"女子之行,于亲也孝,妇也节,母也义而慈,止矣。""唐兴,风化陶淬且数百年,而闻家令姓窈窕淑女,至临大难,守礼节,白刃不能移,与哲人烈士争不朽名,寒如霜雪,亦可贵矣。"④

综上可见,儒教社会中,女子社会角色存诸为人子、为人妻、为人母三者;日常之行,要于为人子者孝亲,为人妻者守礼节,为人母者义而慈。女子禀阴柔之质而生,以主持家政为日常要务,因此,其中庸常行,当以顺从为主,以温柔为立仁之本。及事起临难,贞妇烈女,以礼自防,慷慨就义,视死如归者,代不乏人。此时之贞节高志,虽出自兰玉本质,然无贞烈之行,亦不足以显其美节,成就女义。女子本以温柔为仁、节烈为义,两者实不可分;然节烈贞行,于男子尚且为难,史书实应特载之,以显烈女不朽美名。正史《列女传》由罗列善恶演变为专美节烈者,以此。

---

① 《北史》(九),中华书局 1974 年版,第 2994 页。
② 《北史》(九),中华书局 1974 年版,第 3013 页。
③ 《旧唐书》(一六),中华书局 1975 年版,第 5138 页。
④ 《新唐书》(一八),中华书局 1975 年版,第 5816 页。

《女诫》：妇德之门

《女诫》是东汉女史学家班昭所作。班昭（约45—约117年），字惠班，一名姬，班彪之女、班固与班超之妹。昭博学高才，14岁嫁于同郡曹寿，早寡。班固著《汉书》，八《表》及《天文志》未竟而卒，和帝诏昭就东观藏书阁踵成之。帝又数召昭入宫，令皇后诸贵人师事之，号召大家。邓太后临朝，昭与闻政事。以出入之勤，特封子成关内侯，官至齐相。①

班昭年近花甲时作《女诫》，其自叙创作之由曰："鄙人愚暗，受性不敏，蒙先君之余宠，赖母师之典训。年十有四，执箕帚于曹氏，于今四十余载矣。战战兢兢，常惧绌辱，以增父母之羞，以益中外之累。夙夜劬心，勤不告劳，而今而后，乃知免耳。吾性疏顽，教道无素，唯恐子榖负辱清朝。圣恩横加，猥赐金紫，实非鄙人庶几所望也。男能自谋矣，吾不复以为忧也。但伤诸女方当适人，而不渐训诲，不闻妇礼，惧失容它门，取耻宗族。吾今疾在沈滞，性命无常，念汝曹如此，每用惆怅。间作《女诫》七章，愿诸女各写一通，庶有补益，裨助汝身。去矣，其勖勉之！"②班昭幼承家学，一生勤谨于妇道而有所成。及老，子曹榖已能自立无忧；所忧虑者，诸女当适嫁之龄，却不知妇礼妇德。昭唯恐女儿嫁人之后，因过差被出，有辱家门。因以病躯作《女诫》七章，垂训诸女，身体力行于妇道，切勿怠慢。

《女诫》正文凡七章，计有卑弱第一、夫妇第二、敬慎第三、妇行第四、专心第五、曲从第六、和叔妹第七。七篇要旨如下：③

卑弱第一：女子嫁人后，以内助其夫、整理家务、祭祀为主事；以下人、执勤、继祭祀三者为女人之常道。女德源于坤道之柔顺，因此，女子不能高傲、强梁，须以谦让恭敬，先人后己，有善莫名，有恶莫辞，忍辱含垢，常若畏惧之德行下人；以晚寝早作，勿惮夙夜，执务私事，不辞剧易，所作必成，手迹整理之劳作执勤；正色端操，以事夫主，清静自守，无好戏笑，洁齐酒食，以供祖宗之德行来继祭祀。女子德行果能全于常道，则无黜辱之忧。

夫妇第二：夫妇之道，源自天地阴阳，为天地之大义，人伦之大节。男女之

---

① 参见：《后汉书》（十），中华书局1965年版，第2784—2792页。
② 《后汉书》（十），中华书局1965年版，第2786页。
③ 《女诫》解义，多参考张居正：《女诫直解》。（张居正：《张太岳集》，上海古籍出版社1984年版，第134—144页。）

际,刚柔相济,和敬相与,足以通达神明。因此,夫妇之道不可不重。夫妇各有其道,男子尽夫道,方能管束其妇,成就其威仪,成其为夫主;女子尽妇道,才能承事其夫,礼义不堕于地,成其为妇人。后世之人,只知以小学、大学之法教训男子如何尽夫道,却不知同样教育女子如何尽妇道,如此以来,天地夫妇之道不明,男女分数便被遮蔽了。因此,应知兴女学以尽妇道。

敬慎第三:男属阳女属阴,阴阳之性不同,则男女之行各异。男子以阳刚为德,坚强为贵;女子以柔顺为德,柔弱为贵。敬顺之道,为妇人之大礼。妇人之敬,当常守持敬之心,止于敬即可;女子之顺,存之于宽裕此心,知分止足而不敢僭越,崇谦下而不骄傲。存心敬顺,则不生轻慢放肆,不起争讼愤怒之事,不至于侮慢夫主,夫妻反目。倘能敬顺,夫妇彼此恩爱,亲厚和谐;反之,亲情疏远,恩爱俱废,夫妇离心,黜辱遗羞。因此,为女子者,不可以不戒以敬顺之道。

妇行第四:女子有"四行":一曰妇德,二曰妇言,三曰妇容,四曰妇功。所谓妇德,不是说妇人才干聪明,绝出众人,而是指女子清纯守正,静定无妄;守礼有节,内外不乱;知耻而不为恶;言行举止符合礼法。所谓妇言,不是说能言善辩,而是指女子慎择语辞,言善不言恶,出言合理,为人所喜听不厌。所谓妇容,不必颜色美丽,娇娆动人,而是指女子衣服鲜洁,沐浴以时,不致垢秽即可。妇功不是强调工巧过人,而是指女子专心纺绩而不好戏笑,洁齐酒食以奉宾客而已。四行为女子之大德,四者俱全,方尽女子的道理。四行为之不难,要在四者常存于心而已。

专心第五:女子所以敬顺者,事夫之事而已。夫为妇之天,人不可逃于天,为妇者亦不可离于夫。夫丧妻有再娶之义,妇丧其则无二适再嫁之文;女人有违礼义,为夫者有遣辱之权利。女人得其夫之意,可以仰赖终身,若失夫意,则断送自己一生。女人欲求男人心意,唯有专心正色,以礼自处;尊行礼仪,视听言动、容行举止不为非礼之事。此为女子专心事夫之道。

曲从第六:女人定志专心事夫,自然也当敬事公婆,因为,失掉公婆欢心,也很难见容于夫君。事夫,于敬顺之外,尚有执正守义之举。然事公婆,虽于义有未合亦不可以不屈从。否则,即便夫妇恩爱相合,倘一失公婆欢心,也不得不恩重反自离,义重反自破。因此,于公婆之命,是固当从,非亦曲从,不可违逆。

和叔妹第七：公婆之爱，源于夫家弟妹之毁誉，夫家弟妹之心亦不可失，应当和亲之以求其心之悦。人孰无过，倘能与叔姑和气相处，以义相亲，笃厚其爱，崇恩以结，叔妹自能敬我。如此，便能远谤离恶，我有美，彼为之彰，有恶，彼为之隐。果如是，公婆怜爱、夫主嘉爱、美誉在邻，最终光显父母。和叔姑之道，要在能够谦顺，此为荣辱之本，不可不慎求。

总括七篇大意：夫妇之道，原本天地大义，蕴涵人伦大节。妇道之要，首在卑弱、敬顺。妇人常道有三：下人、执勤、继祭祀三事；德行有四：妇德、妇言、妇容、妇功。夫为妇天，妇人事夫当专心无二；事公婆当屈从无违；和叔姑当笃爱谦顺。果能四行在心，敬顺为念，礼义自处，勤谨常道，和亲夫家，则妇人之道，毕矣。

《女诫》为儒教社会妇德、妇道思想之集中总结，是正统女教观念的精练表述。此后，历代所谓《女孝经》、《女论语》、《内训》、《闺范》、《女范捷录》、《内则衍义》等女学教化之书，无不归本《女诫》，为其思想之展开而已。①《女诫》为儒教正统所推崇，其社会影响至深至远。

明代女教之盛

明代特重女教。《明史》载："明太祖鉴前代女祸，立纲陈纪，首严内教。洪武元年，命儒臣修女诫，谕翰林学士朱升曰：'治天下者，正家为先。正家之道，始于谨夫妇。后妃虽母仪天下，然不可俾预政事。至于嫔嫱之属，不过备职事，侍巾栉；恩宠或过，则骄恣犯分，上下失序。历代宫闱，政由内出，鲜不为祸。唯明主能察于未然，下此多为所惑。卿等其纂女诫及古贤妃事可为法者，使后世子孙知所持守。'升等乃编录上之。""诸妃位号亦惟取贤、淑、庄、敬、

---

① 唐陈邈妻郑氏撰《女孝经》，假班昭以立言，阐发女行孝义；唐代宋若莘、宋若昭姐妹仿效《论语》，以韦母宋氏代孔子，以班昭等比颜、闵，赞扬妇道所尚。二书虽不免"妄拟圣经"（《文史通义·妇学》语）之讥，然二书志存妇道、趋向雅正，要为儒教正统之说。（《女孝经》、《女论语》见《说郛》卷七十下，文渊阁《四库全书》第880册，第35—43页。）清初学者王相将母亲刘氏作《女范捷录》和《女诫》、《女论语》、《内训》三书合编为另一种《女四书》。（参见《女四书、女孝经》，中国华侨出版社2011年版。）清傅以渐（1609—1665年）奉旨编纂《内则衍义》，以《礼记·内则》篇为本，援引经史诸书，分八纲三十二子目，佐证推阐内教宗旨。（《御定内则衍义》，文渊阁《四库全书》第719册，第347—587页。）女学女教类作品，亦可参见正史《艺文志》、《经籍志》等目录类著作。

惠、顺、康、宁为称,闺房雍肃,旨寓深远。又命工部制红牌,镌戒谕后妃之词,悬于宫中。牌用铁,字饰以金。""终明之代,宫壶肃清,论者谓其家法之善,超轶汉、唐。"①明太祖整肃宫闱,重女德,理内政,严家法,是以能无前代后宫乱政之弊。

明成祖追述父母遗志,命儒臣编就《古今列女传》,该书编次古今后妃诸侯士庶大夫人妻之事,分为三卷,颁之六宫,行之天下,以利女教风化。②成祖仁孝文皇后则撰有《内训》,亦颁行天下,以为女则。是书凡二十篇:德性、修身、慎言、谨行、勤励、警戒、节俭、积善、迁善、崇圣训、景贤范、事父母、事君、事舅姑、奉祭祀、母仪、睦亲、慈幼、逮下、待外戚。《内训》强调女德、女行,较之前代女训类作品,内容更加具体详尽。③沈德符述明代内宫修女教之事曰:"本朝仁孝皇后著《内训》,又有《女诫》。至章圣皇太后又有《女训》,今俱刻之内府,颁在宇内。今上圣母慈圣皇太后所撰述《女鉴》一书,尤为详明典要,主上亲洒宸翰序之,真宫闱中盛事也。"④又云:"上之立法,直追三代。故列圣以来,不第后妃专司阴教,即以英庙及今上冲圣御宇长乐,居尊惟保护皇躬,未曾与闻一政,诒谋远矣。使宋祖以此示戒,则元祐时,宣仁后之谤,何自而兴?"⑤可见,有明一代,宫内女教之作不断,家法甚严。职是之故,后妃专司内政阴教,保证了明庭在皇上不理朝政的极端情况下,也没有出现内宫乱政的情况。太祖内政女教之制,实在是深谋远虑之举。

宫闱如此,民间亦有关注女教者。吕坤(1536—1618年)痛恨明末民间女教不行,又不满于前代女训诸书,于是自作《闺范》。是书"拟《列女传》,辑先哲嘉言、诸贤善行,绘之图像。其奇文奥义,则间为音释。又于每类之前,各题大旨,每传之后,各赞数言,以示激劝。"⑥此外,吕坤又作《四礼翼》,其中亦有发明女子、妇人之礼者。⑦明天启四年(1624年)《闺阁女四书集注》刊行,简称《女四书》,包括《女诫》、《女孝经》、《女论语》、《内训》。明代女教之盛,于此可见一斑。

---

① 《明史》(一二),中华书局1974年版,第3503—3504页。
② 《古今列女传》,文渊阁《四库全书》第452册,第37—119页。
③ 《内训》,文渊阁《四库全书》第709册,第721—740页。
④ 沈德符:《万历野获编》(上),中华书局1959年版,第71页。
⑤ 沈德符:《万历野获编》(上),中华书局1959年版,第71页。
⑥ 吕坤:《吕坤全集》(下),中华书局2008年版,第1409页。
⑦ 吕坤:《吕坤全集》(下),中华书局2008年版,第1341—1391页。

三、缠足与旌表

缠足：金莲双钩

中国女性缠足之发端，众说不一：有云始于商之妲己，或曰始于老莱之母、曾子之妻，也有始于战国、汉、晋、唐等诸说。以上，或流于传说，或基于猜度推敲，要之没有确实不疑之史料支撑。①

北宋张邦基《墨庄漫录》云："妇人之缠足，起于近世，前世书传，皆无所自。《南史》：齐东昏侯为潘贵妃凿金为莲花以帖地，令妃行其上。曰：'此步步生莲华。'然亦不言其弓小也。如《古乐府》、《玉台新咏》，皆六朝词人纤艳之言，类多体状美人容色之殊丽，又言妆饰之华，眉目、唇口、腰肢、手指之类，无一言称缠足者。如唐之杜牧、李白、李商隐之徒，作诗多言闺帏之事，亦无及之者。唯韩偓《香奁集》有《咏履子诗》云：'六雨肤圆光致致。'唐尺短，以今校之，亦自小也，而不言其弓。"②陶宗仪《南村辍耕录》载："《道山新闻》云：'李后主宫嫔窅娘，纤丽善舞。后主作金莲，高六尺，饰以宝物细带璎珞，莲中作品色瑞莲。令窅娘以帛绕脚，令纤小，屈上作新月状。素袜舞云中，回旋有凌云之态。唐镐诗曰："莲中花更好，云里月长新。"因窅娘作也。由是人皆效之。以纤弓为妙。'以此知札脚自五代以来方为之。如熙宁元丰以前人犹为者少，近年则人人相效，以不为者为耻也。"③可见，女子缠足之风，始于五代之末，由内宫首倡，因潘妃步步生金莲，窅娘小脚舞于金莲之上，后世遂将小脚称之为金莲。④ 北宋初年，民间有少数人效法缠足；宋神宗以后，开始流行，至元代，缠足盛行，并成为了一种社会风尚。明清二代，缠足之风更炽，虽有清廷严禁，亦旋禁旋弛，无可奈何。⑤

---

① 参见贾逸君：《中华妇女缠足考》，北平文化书社1926年版。姚灵犀编：《采菲精华录·莲史》，天津书局1941年版。

② 张邦基：《墨庄漫录》卷八，文渊阁《四库全书》第864册，第75页。

③ 陶宗仪：《南村辍耕录》卷十，中华书局1959年版，第127页。

④ 高洪兴认为，小脚称之为"金莲"，和佛教中鹿女传说，以及小脚时代人们以小脚为贵的习俗有关。（《缠足史》，上海文艺出版社1995年版，第44—45页。）

⑤ 参见贾逸君：《中华妇女缠足考》，北平文化书社1926年版。姚灵犀编：《采菲精华录·莲史》，天津书局1941年版。

　　女子"始缠之年",一般从六七岁时开始,由母亲亲自为之缠束,被视作女孩子必须过的难关。初缠之法:洗脚,剪去脚趾甲,依次将大拇指之外四指向脚心下压,使之紧拢在一起,再用裹脚布自足尖至足腰,密密扎扎包裹。之后,每隔七日重缠一次,一次比一次加紧;鞋子也一次比一次小。之后,由于缠束日紧,加之行走损伤,溃烂化脓、痛彻心脾。然而,为孩子婚嫁计,母亲严加课程,对女儿痛苦视而不见,名之曰"娇女不娇足"。如此痛苦不堪,尚需数年,民间是有所谓"小脚一双,泪水一缸"之说。① 小脚缠就,脚尖尖出、脚背折成弓形,足长不过三寸左右,故又称三寸金莲。因其形状稍异,又有所谓莲瓣、新月、和弓、竹萌、菱角等"香莲五式"之分。②

　　赞美人纤足,历代皆有。有宋之后,文人墨客咏金莲之作,更是俯拾皆是。③ 如苏轼《菩萨蛮·咏足》:"涂香莫惜莲承步,长愁罗袜凌波去。只见舞回风,都无行处踪。偷穿宫样稳,并立双趺困。纤妙说应难,须从掌上看。"④舞者裹足而舞,凌波微步,香风四溢,曼妙飘逸,美不可言,顿令人烦恼皆无。再看王实甫《西厢记》:"[幺篇]恰便似呖呖莺声花外啭,行一步可人怜。解舞腰肢娇又软,千般袅娜,万般旖旎,似垂柳晚风前。(红云)那壁有人,咱家去来。(旦回顾觑末下)(末云)和尚,恰怎么观音现来?(聪云)休胡说! 这是河中开府崔相国的小姐。(末云)世间有这等女子,岂非天姿国色乎? 休说那模样儿,则那一对小脚儿,价值百镒之金。(聪云)偌远地,他在那壁,你在这壁,系著长裙儿,你便怎知他脚儿小?(末云)法聪,来来来,你问我怎便知,你觑:[后庭花]若不是衬残红芳径软,怎显得步香尘底样儿浅。且休提眼角儿留情处,则这脚踪儿将心事传。慢俄延,投至到栊门儿前面,刚那了一步远。刚刚的打个照面,风魔了张解元。似神仙归洞天,空馀下杨柳烟,只闻得鸟雀喧。"⑤小脚足不任体,崔莺莺腰肢娇软,风姿袅娜,全赖此"价值百镒"的金莲为之。"那一对小脚儿",芳踪轻浅,顿令多情张解元神魂颠倒。明祝枝山《念

　　① 参见姚灵犀编:《采菲精华录·莲术》,天津书局1941年版。

　　② 关于对小脚的分类、品评、赏鉴等,参见清方绚:《香莲品藻》。(姚灵犀编:《采菲精华录》,天津书局1941年版,第17—42页。)

　　③ 历代咏莲诗词,参见姚灵犀编:《采菲精华录·莲咏》,天津书局1941年版。

　　④ 邹同庆、王宗堂:《苏轼词编年校注》(下),中华书局2007年版,第842页。

　　⑤ 《西厢记》,人民文学出版社1954年版,第9—10页。

奴娇·咏银制鞋杯》:"玉娇三寸,悭更得,一点曲生风味。味尽春心深更浅,何用揾罗挨绮。紧紧帮儿,口儿小小,更爱尖儿细。风流无限,怎教人不欢喜。遥想飞上吟肩,比掌中擎处,一般心醉。醉意蓇腾头上起,真到妖娆脚底。半缕顽涎,要吞吞未下,吐尤难矣。笑他当日,郭华无量干死。"①小脚千年风行,与之相应,弓鞋制作也越来越精良美观。② 非仅如此,自宋以迄元、明,历代皆有妓鞋行酒之习。③ 祝枝山之词,便是此风习达到极致时的真实写照。

　　缠足风行近千年,为上下男女所共好,是有其历史原因的。④ 礼教重男女

---

① 姚灵犀编:《采菲精华录·莲咏》,天津书局1941年版,第50页。

② 参见姚灵犀编:《采菲精华录·莲饰》,天津书局1941年版。

③ 参见姚灵犀编:《采菲精华录》,天津书局1941年版,第38—41页。姚灵犀编:《采菲录》,上海书店1998年版,第29页。《万历野获编》载:"元杨铁崖好以妓鞋纤小者行酒,此亦用宋人例。而倪元镇以秽,每见之,辄大怒避席去。隆庆中,云间何元朗觅得南院王赛玉红鞋,每出以觞客,坐中多因之酤酊,王弇州至作长歌以纪之。元镇洁癖,固宜有此。晚年受张士诚粪渍之酷,可似引满香尖时否?"(《万历野获编》(中),中华书局1959年版,第600页。)

④ 近代以来,凡谈及中国传统妇女缠足问题,无不加之以迫害、摧残等名目。近来国外女性学者的相关研究,却开始呈现出不同的样貌。如美国学者伊沛霞(Patricia Ebrey)说:"我们理解宋代精神世界时面临的一次考试就是把当代对缠足的看法抛到一边,试图看一看包括男女在内的宋代人,或者至少在上层社会,怎样把绑起来的纤足当做美丽的表现而不是压迫。"([美]伊沛霞:《内闱:宋代的婚姻和妇女生活》,胡志宏译,江苏人民出版社2004年版,第32页。)在努力厘清"儒"、"仁"等儒学观念的基础上,Li-Hsiang Lisa Rosenlee试图从阴阳、内外观念,女教类著作,孀妇守节、裹脚等个案,"哲学地"阐发儒学与妇女关系问题。其研究超越近代以来妇女研究中的男性压迫,女性被压迫的模式,将两性共同作为社会主体和道德理想的实践者加以探讨。(Li-Hsiang Lisa Rosenlee, *Confucianism and Women: A Philosophical Interpretation*, State University of New York Press, 2006.)更可关注的是高彦颐(Dorothy Ko)的中国传统妇女研究思路。高氏说,以祥林嫂的悲惨人生,以及中国妇女史是女性摧残史等观点和描述为代表,近代以来,中国传统女性是受害者,已成为相关学术研究的预设和一般人们的共识。悲惨的、受压迫的传统女性,已成为一种"五四"公式(the May Fourth formulations)、"五四"形象(the May Fourth image)。高氏指出,这种"封建的、父权的、压迫的'中国传统'是一项非历史的发明,它是三种意识形态和政治传统罕见合流的结果,这三种意识形态和政治传统是'五四'新文化运动、共产主义革命和西方女权主义学说。虽然这些传统为中国的现代性和女性的位置设想出了非常不同的模式,但它们却都对旧中国隔离、扭曲和从属的女性生存状态表示了愤慨。"而"受害的'封建'女性形象之所以根深蒂固,在某种程度上是出自一种分析上的混淆,即错误地将标准的规定视为经历过的现实,这种混淆的出现,是因缺乏某种历史性的考察,即从女性自身的视角来考察其所处的世界。我不赞同'五四'公式并不全因其不'真实',而是'五四'对传统的批判本身就是一种政治和意识形态建构,与其说是'传统社会'的本质,它更多告诉我们的是关于20世纪中国现代化的想象蓝图。尽管此真理不无纤毫道理,但受害女性形象势不可挡的流行,不但模糊了男、女关系间的动力,也模糊了作为整体的中国社会的运转动力。为了消除这种非历史的偏见和修改女性受害形

之别。女子7岁左右缠足,将礼教男女早别的理念更加具体化、仪式化。缠足,使得女性行动不便,出门困难。于是女子深居内闺,从事女工,行男主外女主内之礼,因此显得更加自然而合理。① 又,缠足使得女性身体特点更加突出,足不胜体的结果,把柔美、娇弱等女性之美表现得更加突出,易得男子欢心。此外,裹脚为身份高贵之象征、源于女性追逐风尚之本性、有助于男女之欢等,也是儒教社会金莲文化经久不衰的原因。②

旌表:光标高义,名重难为

清初修《明史》,《列女》卷分为三,卷一为元末明初,卷二要为嘉万年间,卷三为崇祯及年代不详者,人物近三百,涉及社会各阶层,以平民为主。③ 由于朝廷倡导,明代节烈风行,贞女烈妇无处不在,不可胜数。《明史》中,女子得以旌表为传者,虽《孝义》或有罗列,而以节烈特出者,《列女》尤多。

《明史·列女》云:"妇人之行,不出于闺门,故《诗》载《关雎》、《葛覃》、《桃夭》、《苤苢》,皆处常履顺,贞静和平,而内行之修,王化之行,具可考见。其变者,《行露》、《柏舟》,一二见而已。刘向传列女,取行事可为鉴戒,不存一操。范氏宗之,亦采才行高秀者,非独贵节烈也。魏、隋而降,史家乃多取患难颠沛、杀身殉义之事。盖挽近之情,毋庸行而尚奇激,国制所褒,志乘所录,与

象,中国妇女历史研究必须对特定的阶段和个别地区予以更多的关注,同时还要高度重视妇女之间的社会、阶层背景差异。最重要的是,妇女历史必须被更深地置于中国整体历史之中。"(《闺塾师:明末清初江南的才女文化》,江苏人民出版社 2005 年版,第3、4页。Dorothy Ko, *Teachers of the inner chambers:women and culture in seventeenth-century China*, Stanford University Press,1994, introduction pp. 3-4.)高氏之见,超越启蒙思维、摆脱政治和意识形态干预,试图以整体的、历史学的眼光重新关照中国传统妇女问题研究。这种思路,有益于回到历史现场,还原历史事件之所以然,其学术价值不言而喻。高氏的缠足研究,立足女性视角,强调缠足的地域性差别,用零碎的、矛盾的、拼图的方式,展现了缠足的复杂性、多样性、矛盾性。可看做作者反缠足启蒙论,试图以纯粹历史学、女性学角度解读缠足的一种有益尝试。(参见《闺塾师:明末清初江南的才女文化》的相关篇章,以及《缠足:"金莲崇拜"盛极而衰的演变》,江苏人民出版社 2009 年版。)

① 良家妇女以节庆、宗教性活动等,满足其出外参加娱乐性活动的愿望。参见赵世瑜:《狂欢与日常:明清以来的庙会与民间社会》,三联书店 2002 年版。

② 参见姚灵犀编:《采菲精华录》,天津书局 1941 年版。

③ 《明史·列女》人物构成分析,参见衣若兰:《史学与性别:〈明史·列女传〉与明代女性史之建构》,山西教育出版社 2011 年版,第65—71 页。

夫里巷所称道,流俗所震骇,胥以至奇至苦为难能。而文人墨客往往借傀傥非常之行,以发其伟丽激越跌宕可喜之思,故其传尤远,而其事尤著。然至性所存,伦常所系,正气之不至于沦澌,而斯人之所以异于禽兽,载笔者宜莫之敢忽也。"①女教德行、列传,魏、隋以前,德不主一操,善恶并举,书以借鉴;之后,史传则以节烈殉义为主,存人之所以异于禽兽者,提携正气,意在弘扬儒教伦常风教。《明史·列女》中,事迹关涉节烈、贞行、孝顺、仁义等节目,要以祸乱之世,杀身殉义、恪尽妇道,死节殉夫者为多。② 光标高义,名重难为,实在于激励女子廉耻重义之心。

有明一代,旌表盛行。旌表贞节之事,始于东汉安帝时期。元初六年(119年)春二月乙卯,安帝下诏:"《月令》仲春,'养幼小,存诸孤';季春,'赐贫穷,赈乏绝','省妇使'。表贞女,所以顺阳气,崇生长也。其赐人尤贫困、孤弱、单独谷,人三斛;贞妇有节义十斛,甄表门闾,旌显厥行。"③旌表既有物质奖励,更刻表门楼,以崇德行,以更重精神上的表彰。随着历代旌表制度发展,表彰对象和内容进一步扩展:举凡孝子、顺孙、义夫、节妇等皆在表彰之列;旌表形式更增赐名赠号、立碑、建坊、祠祀、免租税徭役、赐粟帛、易居里名称、入史书《列女传》等。④

明代之前,旌表施行尚不够普遍和全面。⑤ 自明代起,旌表则开始发挥日常化、制度化作用。《明会典》载:《诸司职掌》,"孝子、顺孙、义夫、节妇,理当旌表之人,直隶府州咨都察院,差委监察御史核实,各布政司所属从按察司核实着落。府州县官,同里甲亲邻保勘相同。然后明白奏闻,即行移本处,旌表门闾,以励风俗。"《大明令》,"凡孝子、顺孙、义夫、节妇,志行卓异者,有司正官举名,监察御史按察司体核,转达上司,旌表门闾"。⑥ 明代旌表的制度化、

①　《明史》(二五),中华书局1974年版,第7689页。

②　《明史·列女》事迹类型分析,参见衣若兰:《史学与性别:〈明史·列女传〉与明代女性史之建构》,山西教育出版社2011年版,第82—83页。

③　《后汉书》(一),中华书局1965年版,第229—230页。原书标点有误,据《礼记·月令》酌改。

④　参见章义和、陈春雷:《贞节史》,上海文艺出版社1999年版,第152—159页;衣若兰:《史学与性别:〈明史·列女传〉与明代女性史之建构》,山西教育出版社2011年版,"第四章 青史留名:旌表制度与《明史·列女传》的编纂"。

⑤　参见章义和、陈春雷:《贞节史》,上海文艺出版社1999年版,第152—156页。

⑥　《明会典》卷78,文渊阁《四库全书》第617册,第751页。

法令化,使得儒教孝义贞节观念,更加深入人心。旌表之中,节烈尤重:"凡民间寡妇三十以前夫亡,守志五十以后不改节者,旌表门闾,除免本家差役。"[1]表彰节烈,"著为规条,巡方督学岁上其事。大者赐祠祀,次亦树坊表,乌头绰楔,照耀井间,乃至僻壤下户之女,亦能以贞白自砥。其著于实录及郡邑志者,不下万余人,虽间有以文艺显,要之节烈为多。呜呼!何其盛也。岂非声教所被,廉耻之分明,故名节重而蹈义勇欤!"[2]有明旌表,法前朝之意,物质奖励与精神表彰并重。而旌表贞节之常态化、制度化,尤其是赐祠祀、树坊表等所确立的贞节牌坊等做法,影响社会风气至深,移风易俗作用更为明显。

四、生死理欲之间:宋明理学中的女性问题

穷人欲:大乱之道也

天理人欲命题,出自《礼记·乐记》篇:

> 人生而静,天之性也。感于物而动,性之欲也。物至知知,然后好恶形焉。好恶无节于内,知诱于外,不能反躬,天理灭矣。夫物之感人无穷,而人之好恶无节,则是物至而人化物也。人化物也者,灭天理而穷人欲者也。于是有悖逆诈伪之心,有淫泆作乱之事。是故强者胁弱,众者暴寡,知者诈愚,勇者苦怯,疾病不养,老幼孤独不得其所,此大乱之道也。[3]

朱熹有《乐记动静说》,专门阐明此章大意:

> 乐记曰:"人生而静,天之性也;感于物而动,性之欲也。何也?"曰:"此言性情之妙,人之所生而有者也。盖人受天地之中以生,其未感也,纯粹至善,万理具焉,所谓性也。然人有是性,则即有是形,有是形,则即有是心,而不能无感于物,感于物而动,则性之欲者出焉,而善恶于是乎分矣。性之欲,即所谓情也。"

---

[1]　《明会典》卷78,文渊阁《四库全书》第617册,第751—752页。

[2]　《明史》(二五),中华书局1974年版,第7689—7690页。

[3]　《礼记正义》(中),北京大学出版社1999年版,第1083—1084页。

又曰:"物至而知知,而后好恶形焉,何也?"曰:"上言性情之别,此指情之动处为言,而性在其中也。物至而知知之者,心之感也。好之恶之者,情也。形焉者,其动也。所以好恶而有自然之节者,性也。"

"好恶无节于内,知诱于外,不能反躬,天理灭矣,何也?"曰:"此言情之所以流,而性之所以失也。情之好恶,本有自然之节,唯其不自觉知,无所涵养,而大本不立,是以天则不明于内,外物又从而诱之,此所以流滥放逸而不自知也。苟能于此觉其所以然者,而反躬以求之,则其流也庶乎其可制矣。不能如是,而唯情是徇,则人欲炽盛,而天理灭息,尚何难之有哉!此一节,正天理人欲之机,间不容息处,唯其反躬自省,念念不忘,则天理益明,存养自固,而外诱不能夺矣。"

"夫物之感人无穷,而人之好恶无节,则是物至而人化物也。人化物也者,灭天理而穷人欲,何也?"曰:"上言情之所以流,此以其流之甚而不反者言之也。好恶之节,天之所以与我也,而至于无节;宰制万物,人之所以为贵也,而反化于物焉。天理唯恐其存之不至也,而反灭之;人欲唯恐其制之不力也,而反穷之。则人之所以为人者,至是尽矣。然天理秉彝,终非可殄灭者,虽化物穷欲,至于此极,苟能反躬以求天理之本然者,则初未尝灭也。但染习之深,难觉而易昧,难反而易流,非厉知耻之勇,而鼓百倍之功,则不足以复其初尔。"①

人天生有性、有情。所谓人性,即天理,是指人宁静而未感于外物之时,禀受天地之理,纯然至善的状态。人性不得不落实于人形,体现于人心;人心为外物所感而动,即表现为性之欲:人情。有人情,则有善恶之分。人心感物而动,便有好恶之情。性在情中,好恶之情合于自然之节者,即为人性之体现;反之,不明本性天则,人情为外物所诱,放纵而不合于自然之节者,即是人欲。人欲炽,则天理息。人之所以为人者,本在于以天理宰制万物,以人性为好恶之节;而好恶无节,徇情穷欲者,灭天理穷人欲,为物欲所化而丧失了人格。纵人欲灭天理,人则有悖逆诈伪之心,淫泆作乱之事,如此,则强者胁弱,众者暴寡,知者诈愚,勇者苦怯,疾病不养,老幼孤独不得其所,其恶果,必致天下大乱。

––––––––––––

① 《御纂朱子全书》卷37,文渊阁《四库全书》第721册,第127—128页。

然而,人本性天理始终没有丧失。纵欲化物者倘能反躬自求,知耻后勇,百倍用功于存天理去人欲之事,习染蒙昧固深,还是能够复其本性天理的。倘若人人能存天理去人欲,天理流行,自然能天下大治。

要之,人性即天理,纯然至善,为人道之正,人之所以为人者。好恶有节的人情,顺乎自然,也是天理,是善;纵欲无度、徇情无节的人情,是人欲,是恶。《乐记》曰:"先王之制礼乐也,非以极口腹耳目之欲也,将以教民平好恶,而反人道之正也。"①孙希旦注曰:"人道本无不正,唯其徇于好恶而失之;人之好恶之出于本然者,亦无不平,唯其徇于耳目口腹之欲而失之。"②儒教为礼乐之教,礼乐制作,本在于给人之求,养人之欲。其要在于节以制度,无过无不及。③ 唯存天理去人欲,才能实现礼乐教化之功能,反人道之正。

存天理去人欲:宋明儒之理欲观

天理人欲之辨,是宋明理学一个主要论题。宋明诸儒,于之言之甚详。举其要者,二程曰:"人心莫不有知,唯蔽于人欲,则忘天德(一作理)也";④"视听言动,非理不为,即是礼,礼即是理也。不是天理,便是私欲。人虽有意于为善,亦是非礼,无人欲即皆天理"。⑤ 朱熹道:"有个天理,便有个人欲。盖缘这个天理须有个安顿处,才安顿得不恰好,便有人欲出来。""'天理人欲分数有多少。天理本多,人欲便也是天理里面做出来。虽是人欲,人欲中自有天理。'问:'莫是本来全是天理否?'曰:'人生都是天理,人欲却是后来没巴鼻生底。'""人之一心,天理存则人欲亡,人欲胜则天理灭。未有天理人欲夹杂者,学者须要于此体认省察之。""天理人欲,几微之间。""问:'饮食之间,孰为天理,孰为人欲?'曰:'饮食者,天理也;要求美味,人欲也。'""不为物欲所昏,则浑然天理矣。""义理身心所自有,失而不知所以复之。富贵身外之物,求之唯恐不得。纵使得之,于身心无分毫之益,况不可必得乎! 若义理,求则得之。能不丧其所有,可以为圣为贤,利害甚明。人心之公,每为私欲所蔽,所以更放

---

① 《礼记正义》(中),北京大学出版社 1999 年版,第 1081 页。
② 孙希旦:《礼记集解》(下),中华书局 1989 年版,第 984 页。
③ 参见《荀子》之《礼论》、《乐论》篇。
④ 《二程集》(上),中华书局 1981 年版,第 123 页。
⑤ 《二程集》(上),中华书局 1981 年版,第 144 页。

不下。但常常以此两端体察,若见得时,自须猛省,急摆脱出来!"①王阳明说:"圣人述《六经》,只是要正人心,只是要存天理去人欲";②"只要去人欲、存天理,方是功夫。静时念念去人欲、存天理,动时念念去人欲、存天理,不管宁静不宁静";③"学者学圣人,不过是去人欲而存天理耳,犹炼金而求其足色"。④由上可见,一心当中,先有天理,后有人欲;天理先天固有,人欲后天可去。天理人欲,势不两立:天理为公义,人欲为私欲;欲动人心,天理遮蔽;天理遮蔽,人欲便出。天理人欲,分疏几微:存道于心,则为天理;纵欲徇外,即为人欲。如正常饮食有度,是天理;过分要求美味,则是人欲然。存天理须去私欲复公义;学圣学贤功夫,存诸读《六经》,非礼不为,动静念念存天理。

　　总之,宋明儒存天理灭人欲之论,符合礼教顺人情,给人欲(满足人的自然欲望)之礼义。其要灭、要去之人欲,是个人一己过分膨胀之私欲,实为禽兽之欲,而非合理的人之欲望。所谓存天理灭人欲,就是要发扬人性德性之光,剔除人心中荡于外物之兽性,防止由人欲所导致的暴乱、淫泆、诈伪,从而实现天下大同、大治之结果。

临难不苟免:饿死事小,失节事大

　　"饿死事小,失节事大",语出程颐:"问:'孀妇于理似不可取,如何?'曰:'然。凡取,以配身也。若取失节者以配身,是己失节也。'又问:'或有孤孀贫穷无托者,可再嫁否?'曰:'只是后世怕寒饿死,故有是说。然饿死事极小,失节事极大。'"⑤"或曰:'古语有之:出妻令其可嫁,绝友令其可交。乃此意否?'曰:'是也。'"⑥儒教社会中,女子在被触及夫亡两种情况下再嫁。程颐以为,妻子不贤,毋须隐忍隐恶,出之可矣。然出妻当遵古礼,不出恶声,以忠厚之道为之,使被出之妻,还可以再嫁。⑦ 而夫亡再嫁,则是失节,无论什么借口,都断无可行之理。程颐之论,遵守礼教出妻之义,固执儒教妇女节烈观,并

---

① 《朱子语类》(一),中华书局1986年版,第223—225页。
② 《王阳明全集》(上),上海古籍出版社1992年版,第9页。
③ 《王阳明全集》(上),上海古籍出版社1992年版,第13页。
④ 《王阳明全集》(上),上海古籍出版社1992年版,第28页。
⑤ 《二程集》(上),中华书局1981年版,第301页。
⑥ 《二程集》(上),中华书局1981年版,第243页。
⑦ 《二程集》(上),中华书局1981年版,第243页。

加以道德理想主义的提倡。朱熹也认为，节妇是"人伦之美事"，"昔伊川先生尝论此事，以为饿死事小，失节事大，自世俗观之，诚为迂阔。然自知经识理之君子观之，当有以知其不可易也"。① 可见，程朱从礼教大义、妇道之理看待节妇之事，认为孀妇守节不嫁，实为不二美德，应该不顾世俗之见，而加以提倡。

值得关注的是，程颐同时认为，妻子过世，大夫以上男子，也无再娶之义："又问：'再婚皆不合礼否？'曰：'大夫以上无再娶礼。凡人为夫妇时，岂有一人先死，一人再娶，一人再嫁之约？只约终身夫妇也。但自大夫以下，有不得已再娶者，盖缘奉公姑，或主内事尔。如大夫以上，至诸侯天子，自有嫔妃可以供祀礼，所以不许再娶也。"②"男女之配，终身不变者也，故无再配之礼。大夫而下，内无主则家道不立，故不得已而有再娶之礼。天子诸侯，内职具备，后夫人已可以摄治，无再娶之礼。"③大夫以上，妻死尚有嫔妃，当坚守婚约，终身不复娶。而大夫以下，妻死无主内者，不得已可以再娶。

总之，若非情非得已，理所不容，夫妇当不以生死为意，不因利害而苟且；当践行夫妇之义，终身厮守，至死不渝。"饿死事小，失节事大"，虽就孀妇再嫁问题起论，其影响所及，于女教之外，更成为后世儒教社会道义、气节论之典型。④

五、李贽妇女思想、言行与风教

无不是二，造端于夫妇

李贽认为，人伦社会种种，天地万物之派生，无不是由阴阳、天地、男女、夫

---

① 《朱子全书》第 21 册，上海古籍出版社、安徽教育出版社 2002 年版，第 1173—1174 页。

② 《二程集》(上)，中华书局 1981 年版，第 303 页。

③ 《二程集》(下)，中华书局 1981 年版，第 1088 页。

④ 如《易酌》云：饿死事小，失节事大，"事君者亦可以此意通之矣。"(《易酌》卷 5，文渊阁《四库全书》第 39 册，第 341 页。)《松阳讲义》："要知圣贤立身行政，只是一个正其谊不谋其利，明其道不计其功。平居筹划兵食，原都是道义，作用到生死关头，亦绝不肯离道义而谈兵食。程子所谓饿死事小，失节事大，就是这个意思。"(《松阳讲义》卷 8，文渊阁《四库全书》第 209 册，第 994 页。)值得关注的是，女子贞节，前代主要强调已婚女子道德操守。宋代开始，女子节操延伸到了婚前是否处女的问题。此后，元明清三代，处女嗜好越发深入，婚前性洁，成为贞节的重要内容。(参见陈东原：《中国妇女生活史》，中华书局 1937 年版，第 145—148、215—220 页；章义和、陈春雷：《贞节史》，上海文艺出版社 1999 年版，第 252—265 页；江晓原：《性张力下的中国人》，上海人民出版社 1995 年版，第 109—111 页。)

妇等交感而成。因此,世间万物由"二"而非"一"所化生:

> 夫妇,人之始也。有夫妇然后有父子,有父子然后有兄弟,有兄弟然后有上下。夫妇正,然后万事万物无不出于正矣。夫妇之为物始也如此。极而言之,天地,一夫妇也,是故有天地然后有万物。然则天下万物皆生于两,不生于一,明矣。而又谓"一能生二,理能生气,太极能生两仪",不亦惑欤!夫厥初生人,唯是阴阳二气,男女二命耳,初无所谓一与理也,而何太极之有!以今观之,所谓一者果何物,所谓理者果何在,所谓太极者果何所指也!若谓二生于一,一又安从生也!一与二为二,理与气为二,阴阳与太极为二,太极与无极为二,反复穷诘,无不是二,又乌睹所谓一者,而遽尔妄言之哉!故吾究物始,而但见夫妇之为造端也。是故但言夫妇二者而已,更不言一,亦不言理。一尚不言,而况言无?无上不言,而况言无无?何也?恐天下惑也。夫唯多言数穷,而反以滋人之惑,则不如相忘于无言,而但与天地人物共造端于夫妇之间,于焉食息,于焉语言,斯已矣。《易》曰:"大哉乾元,万物资始!至哉坤元,万物滋生!资始资生,变化无穷,保合太和,各正性命。"夫性命之正,正于太和;太和之合,合于乾坤。乾为夫,坤为妇。故性命各正,自无有不正者。然则夫妇之所系为何如,而可以如此也夫,可以如此也夫!①

所谓一生二、理生气、太极生两仪云云,无所确指,架空而言,徒然惑乱人心而已。事实上,世间万物、人伦社会的创生,无不是由于天地、阴阳、男女,两两相合才有可能,因此,万物生于二,"无不是二"。二生万物,关键在于生生不已,交感而成之功能。此体用,唯夫妇之道可以见之,因此,作为创生万物之天地、阴阳、男女,无不是夫妇之道而已。

端正质位,内外有别

李贽妇女思想的根基,首先源于他对天地、夫妇"正质"、"正位"的理解:

---

① 《初潭集》,中华书局 2009 年版,第 1—2 页。《焚书·夫妇论(因畜有感)》与此文大同小异。(《焚书》,中华书局 2009 年版,第 90—91 页。)

"乾坤定质,则一健一顺。苟责健以顺,责顺以健,健、顺皆失其质矣,《乾》、《坤》两卦,即为反常,非天尊地卑之正理也。乾坤定位,则一夫一妇。苟责夫以妇,责妇以夫,夫妇皆反其分矣。《乾》、《坤》两卦,总为失位,非君尊臣卑之正道也。是故上天下地,天下之乾坤也;一夫一妇,家家之乾坤也。其位定,故不可反以常;其质定,故不可易以能。"①乾坤、夫妇之"正质"在于一健一顺,"正位"存诸天尊地卑,各有其定质、职分之常。因此,人们应当本其性、正其位、顺其常而行,绝不可颠倒易位,反其常能而动。妇道法坤德,主以顺为常,"利牝马之贞"。乾为主为夫,坤妇之道,当"无敢为主,无敢当先,无敢朋党","唯主是从,则志意专一而不二。安居以听,则后顺得常而不迷。坤之利贞如此,是乃元亨也"。②"自止而不肯遽进,是谓渐之进也,此女归之所以吉也。"③"内止外巽","必人意说而后敢动"。④ 不妄动居先,一心安其本分、正位,顺主之悦而动,坤德如此,便能亨通有利。

　　人伦社会之夫妇各安其位,即男正乎外,女正乎内:"予读《关雎》之诗,感琴瑟钟鼓之乐,而知圣人亲履其盛矣。夫子喜而赞曰:女正位乎内,则男必正位乎外。未有男不能正位乎外,而能使女独正位乎内者也。文王归德于后妃,故独曰利女贞。夫子归德于文王,故复曰男正位乎外。有旨哉! 夫今日之夫妇,他日之父母也。今日之男女,他日之严君也。今日男女之位既正,即他日父父子子,兄兄弟弟,夫夫妇妇,一家之位无不出于正之明验也。故又曰:一正家而天下定矣。吁! 天下之定,观乎家人;家人之正,始于男女。然则男女岂细故哉! 家人岂细事哉!""反身而正,各安其位,故威也。不尚严,而家人咸以为有严君焉。此之谓能正位乎其外矣。呜呼! 正位乎外焉,尽之矣! 正位乎外,则女位自正,主中馈而不敢遂事也。"⑤《关雎》深明文王重女德,"女正而可以正邦"⑥的道理。孔子又进一步说明文王能正位于外,是以后妃能正位乎内。男女正位之道,首先在于男子能够正己安位,正位于外。男能正外,女

① 《李贽全集注》第15册,社会科学文献出版社2010年版,第12页。
② 《李贽全集注》第15册,社会科学文献出版社2010年版,第13页。
③ 《李贽全集注》第15册,社会科学文献出版社2010年版,第313页。
④ 《李贽全集注》第15册,社会科学文献出版社2010年版,第319页。
⑤ 《李贽全集注》第15册,社会科学文献出版社2010年版,第224页。
⑥ 《李贽全集注》第15册,社会科学文献出版社2010年版,第314页。

子自能安心于妇德女功,自然能正位于内。要之,男女之位正,父子、兄弟、夫妇之位亦正,推而广之,则家能正,天下能定。是故,夫妇男女之事,实为天下莫大之事,绝不可以轻忽。

《初潭》夫妇:始儒终佛

万历戊子(1588 年)秋,李贽落发龙潭,略取《世说新语》、《类林》内容,编纂而成《初潭集》。①《初潭集》凡 30 卷,以四科五常为编书之纲领,书分五部:夫妇、父子、兄弟、师友、君臣,每大部各分细目,抄史书故事,间以议论。李贽以为,儒门四科,德行存诸其他三科之内,为三科之本;而言语、政事、文学等三科,则是德行之显现和实施。四科"施内则有夫妇,有父子,有昆弟;施外则有朋友,有君臣。孰能阙一而可乎!"②又云:"言夫妇则五常可知,岂有舍五常而别有言语、政事、文学乎!"③四科实际见之于夫妇、父子、兄弟、师友、君臣等"五常","五常"又以夫妇为本。

《初潭集》"夫妇"部一分为四,四类下计有合婚、幽婚、丧偶、妒妇、才识、言语、文学、贤夫、贤妇、勇夫、俗夫、苦海诸媪、彼岸诸媪 13 目。总体而言,《初潭集》论夫妇,寓夫妇之道于言语、政事、文学等事之中;才艺文学,贞贤节烈女子兼备;人物或善或恶,评论有褒有贬;品评兼有妙趣与情理,亦有惊世骇俗、出人意料之论。

李贽自云"善读儒书而善言德行者,实莫过于卓吾子也"。④《初潭集》明夫妇之道,首重德行。如鲍宣妻修行妇道,乡邦称之;梁鸿、孟光安贫乐道,琴瑟和鸣;桓宣武妇,"虽妒色而能好德,过男子远矣";⑤陈定、王霸之妻劝夫清节自守,避乱世而隐遁,"一陈一王,赖有贤妻";⑥阮新妇论德色,使夫敬重,又临危不乱,有见识,"如此,男子不能";⑦孟仁母教儿远嫌,"此妇教子求道德

---

① 《初潭集》,中华书局 2009 年版,"初潭集序"第 1、4 页。
② 《初潭集》,中华书局 2009 年版,"初潭集序"第 1 页。
③ 《初潭集》,中华书局 2009 年版,"初潭集序"第 2 页。
④ 《初潭集》,中华书局 2009 年版,"初潭集序"第 1 页。
⑤ 《初潭集》,中华书局 2009 年版,第 16 页。
⑥ 《初潭集》,中华书局 2009 年版,第 20 页。
⑦ 《初潭集》,中华书局 2009 年版,第 23 页。

也";①赵娥为父报仇故事等。此类编纂,虽不以柔顺为女德之归,而意在重德轻色、重义轻利,也是女教正统观念所在,要在儒家门庭之内。

女中真男子,也是李贽关注的对象。班婕妤有大义远见;无忌之母隐忍避祸;黄巢姬妾拒斥庸君;吕母聚众为盗,为子报仇;孙翊妻有勇有谋,杀仇慰夫;李新声有大勇气、大见识;李侃妇劝夫死守城池以尽义。以上诸媪,皆为在大灾大难大节前,表现出极大的节义、见识和勇气,"皆的真男子也"。② 李贽赞曰:"天下皆男子,夫谁非真男子者,而曰真男子乎? 然天下多少男子又谁是真男子者,不言真,吾恐天下男子皆以我为男子也。故言男子而必系之以真也。"③真男子者,当情真意挚,有大见识、大节义、大勇气,敢做敢当。女子倘能如此,为女中豪杰,亦可当真男子之名;④徒有男儿身,并非皆为真男子。

李贽对女色破国亡家之说,很不以为然:"甚矣,声色之迷人也。破国亡家,丧身失志,伤风败类,无不由此,可不慎欤! 然汉武以雄才而拓地万余里,魏武以英雄而割据有中原,又何尝不自声色中来也。嗣宗、仲容流声后世,固以此耳。岂其所破败者自有所在,或在彼而未必在此欤! 吾以是观之,若使夏不妹喜,吴不西施,亦必立而败亡也。周之共主寄食东西,与贫乞何殊,一饭不能自给,又何声色之娱乎! 固知成身之理,其道甚大,建业之由,英雄为本。彼琐琐者,非恃才妄作,果于诛戮,则不才无断,威福在下也。此兴亡之所在也,不可不慎也。"⑤"夫而不贤,则虽不溺志于声色,有国必亡国,有家必败家,有身必丧身,无惑矣。彼卑卑者乃专咎于好酒及色,而不察其本,此俗儒不可议于治理欤!"⑥一味迷恋声色,其祸固足以破国亡家,丧身失志,伤风败类,是故

---

　　①　《初潭集》,中华书局2009年版,第24页。

　　②　《初潭集》,中华书局2009年版,第56页。杨慎《孝烈妇唐贵梅传》,载悍淫之姑,与奸夫、官府勾结,逼迫唐贵梅失节,而唐贵梅誓死不屈,为全姑名自尽的故事。李贽痛斥官商勾结,残害无辜。感叹唐贵梅死逼而不淫,实在当得起杨慎表彰,赞许其为孝烈之女。唐贵梅之节义、勇气,无疑堪当真男子之名了。(《焚书》,中华书局2009年版,第208—210页。)

　　③　《初潭集》,中华书局2009年版,第56页。

　　④　武则天召示群臣,曰朕忧劳天下、养安天下、不爱身而爱人,李贽连叹三个"真"。论及武氏赏罚分明,赞曰"快人";评价其用人不疑,不恤人言,更激赏道:"胜高宗十倍,中宗万倍矣。"(《藏书》第四册,中华书局1959年版,第1049、1050页。)在李贽眼里,这个正史中"牝鸡司晨"(《旧唐书·本纪第六语》),毁誉参半的女人,无疑是女中豪杰,当得起真男子的称号了。

　　⑤　《初潭集》,中华书局2009年版,第37页。

　　⑥　《初潭集》,中华书局2009年版,第49—50页。

不可不慎。然而,家国兴亡,在于修身有道;建立功业,行于英雄贤良。务其根本,则声色无关乎千秋功业;卑卑琐琐,虽无声色亦败家亡国。

还可关注李贽对于寡妇的态度。如,少女新寡改嫁,赞曰"好!"①痛批王戎戒亡子之妇再嫁,曰"王戎不成人,王戎大不成人!"②清寡妇能守家业,用财自卫,秦始皇以为贞妇,筑"女怀清台",李贽叹曰"异哉!"③又可留意李贽夫妇论中的佛教立场。如,竺僧度、苕华,未婚连遭亲丧,感世事无常而双双出家;薛恭祖丧妻不哭,李贽论曰:"婚娶未几,丧亡继之,娶之何难而丧之何易也!智者于此不可不发深省矣。夫既丧矣,则百年而丧与数年而丧一也。回视向者择配之审,合聚之难,苦切之痛,欢乐之极,如飘风过雨,虽影响无复有者。此悉达太子所以识之早也。"④更可关注李贽总论《初潭集》"夫妇类"编纂本意:"学者以生死为苦海,以得免生死轮回为到彼岸。若常在生死,不但沉溺声酒之极者,为没在苦而不能出,虽为节妇、为烈女,如卓老所夸羡以为非真男子不能至者,其有生之苦尤何如也!故特附三出世女于后,以示有生之苦,须早证无生之乐,庶不负卓老编辑《夫妇》之本意云。"⑤节妇、烈女、真男子等名号,固然为女教所倡,人人所羡。然而,世间名色,人伦种种,毕竟是飘风过雨,难免有生之苦。早证无生之乐,才是《初潭集》夫妇论之旨归。

李贽《初潭集》序、《夫妇篇总论》,赞人伦五常而归本夫妇之道,尚为儒教正统言说。及其赞寡妇改嫁,以夫妇为耦合,人伦为虚幻;终了归意于有生为苦,劝世人勿沉溺于声名好恶,当以早证无生之乐为念云云,非仅前后自相矛盾,更远远背离了儒教正统观念。既然以人伦为虚幻,所谓夫妇,所谓五常,以及四科种种,要皆无根之论矣。因此,李贽自诩善读儒书,落发为僧而实为儒云云,也实不过臆说罢了。

---

①　《初潭集》,中华书局 2009 年版,第 15 页。

②　《初潭集》,中华书局 2009 年版,第 15 页。

③　《初潭集》,中华书局 2009 年版,第 20 页。

④　《初潭集》,中华书局 2009 年版,第 15 页。

⑤　《初潭集》,中华书局 2009 年版,第 59—60 页。

上流妇人：蔡文姬

蔡文姬,名琰,字文姬,蔡邕之女。① 蔡文姬幼承家学,"博学有才辩,又妙于音律。适河东卫仲道。夫亡无子,归宁于家。兴平中,天下丧乱,文姬为胡骑所获,没于南匈奴左贤王,在胡中十二年,生二子。曹操素与邕善,痛其无嗣,乃遣使者以金璧赎之,而重嫁于祀"。② 蔡文姬天资聪慧,博学多才。奈何命运多舛,一生颠沛流离,三次嫁人。胡中十二年,历经辛酸屈辱;及得归还故土之时,又不得不面对骨肉分离、被人贱视的撕心之痛。蔡文姬后作诗以感伤身世,追怀此边地不堪往事:

> 嗟薄祜兮遭世患,宗族殄兮门户单。身执略兮入西关,历险阻兮之羌蛮。山谷眇兮路漫漫,眷东顾兮但悲叹。冥当寝兮不能安,饥当食兮不能餐,常流涕兮眦不干,薄志节兮念死难,虽苟活兮无形颜。唯彼方兮远阳精,阴气凝兮雪夏零。沙漠壅兮尘冥冥,有草木兮春不荣。人似禽兮食臭腥,言兜离兮状窈停。岁聿暮兮时迈征,夜悠长兮禁门扃。不能寐兮起屏营,登胡殿兮临广庭。玄云合兮翳月星,北风厉兮肃泠泠。胡笳动兮边马鸣,孤雁归兮声嘤嘤。乐人兴兮弹琴筝,音相和兮悲且清。心吐思兮匈愤盈,欲舒气兮恐彼惊,含哀咽兮涕沾颈。家既迎兮当归宁,临长路兮捐所生。儿呼母兮号失声,我掩耳兮不忍听。追持我兮走茕茕,顿复起兮毁颜形。还顾之兮破人情,心怛绝兮死复生。③

万历二十九年(1601 年),李贽作《书〈胡笳十八拍〉后》,对蔡文姬的不幸,深表同情:"此皆蔡伯喈之女所作也。流离鄙贱,朝汉暮羌,虽绝世才学,亦何足道! 余故详录以示学者,见生世之苦如此,欲无人而不自得焉,虽圣人亦必不能云耳。读之令人悲叹哀伤,五内欲裂,况身亲为之哉! 际此时,唯有一死快当,然而曰'薄志节兮念死难',则亦真情矣。故唯圣人乃能处死,不以

---

① 蔡邕(字伯喈,133—192 年),东汉著名学者,博经史、善属文、通音律、擅鼓琴。董卓厚待之,后被害狱死。传见《后汉书·蔡邕列传》(《后汉书》(七),中华书局 1965 年版,第 1979—2008 页。)

② 《后汉书》(十),中华书局 1965 年版,第 2800 页。

③ 《后汉书》(十),中华书局 1965 年版,第 2802—2803 页。

必死劝人。我愿学者再三吟哦,则朝闻夕死,何谓其不可也乎哉!"①在儒教正统观念看来,蔡文姬夫死数嫁,临辱不取义而死,实在是失节不堪之妇,难以为人所齿及。而李贽以为,蔡文姬心念故土,难舍亲儿,情真意切,故以一死为难。知死能死,唯圣人能之,常人难为,不必以死节之事,难常人之真情。与蔡文姬类似,王昭君色德俱佳,志不苟求,落得下嫁边胡。又终因子欲妻母,吞药自杀。李贽道:"蔡文姬、王明君同是上流妇人,生世不幸,皆可悲也。"②赞其才德,哀其不幸,李贽真堪为蔡、王二君之知己。

不有卓氏,琴心谁听?

司马相如和卓文君的故事,见于《汉书·司马相如传》:"临邛多富人,卓王孙僮客八百人,程郑亦数百人,乃相谓曰:'令有贵客,为具召之。并召令。'令既至,卓氏客以百数,至日中请司马长卿,长卿谢病不能临。临邛令不敢尝食,身自迎相如,相如为不得已而强往,一坐尽倾。酒酣,临邛令前奏琴曰:'窃闻长卿好之,愿以自娱。'相如辞谢,为鼓一再行。是时,卓王孙有女文君新寡,好音,故相如缪与令相重而以琴心挑之。相如时从车骑,雍容闲雅,甚都。及饮卓氏弄琴,文君窃从户窥,心说而好之,恐不得当也。既罢,相如乃令侍人重赐文君侍者通殷勤。文君夜亡奔相如,相如与驰归成都。家徒四壁立。卓王孙大怒曰:'女不材,我不忍杀,一钱不分也!'人或谓王孙,王孙终不听。文君久之不乐,谓长卿曰:'弟俱如临邛,从昆弟假贷,犹足以为生,何至自苦如此!'相如与俱之临邛,尽卖车骑,买酒舍,乃令文君当卢。相如身自著犊鼻裈,与庸保杂作,涤器于市中。卓王孙耻之,为杜门不出。昆弟诸公更谓王孙曰:'有一男两女,所不足者非财也。今文君既失身于司马长卿,长卿故倦游,虽贫,其人材足依也。且又令客,奈何相辱如此!'卓王孙不得已,分与文君僮百人、钱百万,及其嫁时衣被财物。文君乃与相如归成都,买田宅,为富人。"③

---

① 《续焚书》,中华书局 2009 年版,第 95 页。传世《胡笳十八拍》是否蔡文姬所作,尚有争议。李贽引用原文"薄志节兮念死难"一句,见于《后汉书·列女传》,而不见于今传《胡笳十八拍》。(参见《乐府诗集》第三册,中华书局 1979 年版,第 860—865 页。)李贽所见,或有传世《胡笳十八拍》,然其议论,要为上引诗作而发。

② 《初潭集》,中华书局 2009 年版,第 57 页。

③ 《汉书》(八),中华书局 1962 年版,第 2530—2531 页。

司马相如(约前179—前127年),字长卿,西汉大辞赋家。"相如口吃而善著书",①所著《子虚赋》、《上林赋》、《大人赋》,为汉武帝所赏,荣显一时。李贽以此君臣之事为奇:"论者以相如词赋为千古之绝,若非遭逢汉武,亦且徒然。故曰:谁为为之,孰令听之。听者希,则为者虽工,而其志不乐,况有天子知而好之,此相如之遭所以为大奇也。"②英武天子,为相如知音,此事固奇。然卓文君知相如琴心,更是一奇:

> 方相如之客临邛也。临邛富人如程郑、卓王孙等,皆财倾东南之产,而目不识一丁。令虽奏琴,空自鼓也,谁知琴心?其陪列宾席者,衣冠楚楚,亦何伟也。空自见金而不见人,但见相如之贫,不见相如之富也。不有卓氏,谁能听之?然则相如,卓氏之梁鸿也。使当其时,卓氏如孟光,必请于王孙,吾知王孙必不听也。嗟夫,斗筲小人,何足计事!徒失佳偶,空负良缘。不如早自抉择,忍小耻而就大计。《易》不云乎:同声相应,同气相求。同明相照,同类相招。云从龙,风从虎。归凤求凰,安可诬也!是又一奇也。悲夫!古今材士,数奇寡谐,奈之何?彼相如者,独抱二奇以游于世。予是以感慨而私论之,未敢以语人也。③

高山流水,琴贵知音。④李贽作《琴赋》,纵论琴为心吟,琴道之妙,存诸因声知心。⑤司马相如诗书满腹,雍容闲雅,难免曲高和寡。俗人只见相如之贫困,见金不见人;独卓文君聆音知心,不计俗见,以身相许。李贽激赏二人之举,以为声气应求、云龙风虎、归凤求凰,实为佳偶良缘,孟光梁鸿。⑥世人以

---

① 《汉书》(八),中华书局1962年版,第2589页。
② 《藏书》第三册,中华书局1959年版,第625页。
③ 《藏书》第三册,中华书局1959年版,第626页。
④ 伯牙,钟子期一善鼓一善听,生死相以之事,参见《列子·汤问》、《吕氏春秋·本味》、《韩诗外传》卷九、《说苑·尊贤》等。
⑤ 李贽:《琴赋》。(参见《焚书》,中华书局2009年版,第204—205页。)
⑥ 梁鸿、孟光以德相合,夫唱妇随,举案齐眉,相敬如宾,向为夫妇之典范。(参见《逸民列传·梁鸿》,《后汉书》(十),中华书局1965年版,第2765—2768页。)

为卓文君"失身",李贽偏说"正获身,非失身",①"忍小耻而就大计";卓王孙以女淫奔为耻,李贽痛斥其为斗筲小人,"天下至今知有卓王孙者,此女也,当大喜,何耻为!"②卓文君新寡不守妇道,司马相如琴挑春心,二人不待婚配而淫奔,在儒教正统观念看来,自然是禽兽之行。李贽为之高唱赞歌,其不见容于卫道士,终于因之获罪,有以也。

宜人黄氏:妇道备矣

李贽妻黄氏(1533—1588 年),诰封宜人,南安丰州人,"家颇温厚","彬彬德素人家"。③ 黄宜人"生五岁而丧其父黄公朝。事母林,有至孝,母病,终夜侍汤药,目睫不交。年十五归卓吾。家窘甚,佐以女红。糟糠不厌,而养其舅白斋公,务致甘脆品。④ 迨卓吾官尚书郎至太守,称贵显矣。宜人甘织,勤同女奴杂作。卓吾艾年拔绂,家无田宅,俸余仅仅供朝夕。宜人甘贫,约同隐深山。卓吾乐善好友,户外履常满,宜人蚤夜治具,无倦容。卓吾轻财好施,不问有余,悉以⑤振人之急,宜人脱珥推食无难色。卓吾以师道临诸弟甚庄;宜人待娌姒如同胞,抚诸从若己出。贤哉宜人,妇道备矣! 而卓吾尝曰:'是妇也,惠则惠矣,未知道也。'盖宜人举四子不育,仅一女适庄生凤文(字纯夫)。⑥ 蒸尝之事不能遣诸怀,虽从夫君寓四方,时时念在首丘,而⑦卓吾则达乎此矣。夫生而志四方,图不朽,丈夫事也。黄宜人之惠,妇道备矣。"⑧黄宜人幼而孝敬母亲,尽心竭力;嫁人后侍奉舅公,恭敬有加;待夫家兄嫂弟妹如同

---

①《藏书》第三册,中华书局 1959 年版,第 625 页。

②《藏书》第三册,中华书局 1959 年版,第 624 页。

③《李贽全集注》第 18 册,社会科学文献出版社 2010 年版,第 100 页。

④ 网络文章此处缺三字,《李贽年谱考略》为"甘脆品"。(林海权:《李贽年谱考略》,福建人民出版社 2005 年版,第 23 页。)

⑤ 网络文章此处为"悉",《李贽年谱考略》为"悉以"。(林海权:《李贽年谱考略》,福建人民出版社 2005 年版,第 23 页。)

⑥ 网络文章此处为"凰文",《李贽年谱考略》为"凤文(字纯夫)"。(林海权:《李贽年谱考略》,福建人民出版社 2005 年版,第 23 页。)

⑦ 网络文章此处为"而",《李贽年谱考略》为"乃"。(林海权:《李贽年谱考略》,福建人民出版社 2005 年版,第 23 页。)

⑧ 出处:泉州古墓,黄宜人墓,耿定力"诰封宜人黄氏墓表":http://qzhnet.dnscn.cn/qzh315.htm(访问时间:2011 年 3 月 2 日)。

胞;勤苦于家务女工;轻财好施,严守妇道;①安贫而顺遂夫君之愿。从夫漂流四方,却常以亲人、故乡、家祭为念,并终于叶落归根。妇道德行,黄宜人无一不备,确乎当得起"妇道备矣"之赞叹。

夫妇40年,情深意笃。黄宜人泉州亡故之际,李贽尚在麻城。"自闻讣后,无一夜不入梦,但俱不知是死。"②李贽虽以佛法自慰,示人镇定,然糟糠之情,永诀之痛,还是难以以理平复:"夫妇之际,恩情尤甚,非但枕席之私,亦以辛勤拮据,有内助之益。若平日有如宾之敬,齐眉之诚,孝友忠信,损己利人,胜似今世称学道者,徒有名而无实,则临别犹难割舍也。何也?情爱之中兼有妇行、妇功、妇言、妇德,更令人思念耳,尔岳母黄宜人是矣。独有讲学一事不信人言,稍稍可憾,余则皆今人所未有也。我虽铁石作肝,能不慨然!况临老各天,不及永诀耶!已矣,已矣!"③回忆宜人过往种种,恩情难舍,勤苦难忘。念及夫妻情深,又思黄氏女德兼备,更令李贽痛心而感佩不已。④ 其所憾不信讲学,"未知道也"云云,于李贽可见其求道之真挚,于黄氏妇道之全,则不免为苛求了。

李贽携妓问寡问题
1. 青楼往事⑤

中国娼妓,始于殷商巫娼。春秋,齐国管仲置"女闾"七百,征其夜合之资,以充国用,为官妓的开端。春秋战国之际,女乐风行,各国君主往往以女色

① 嘉靖四十三年(1564年),李贽奔丧归泉州,将黄宜人和三个女儿留在河南辉县。是年河南大旱,二女三女食不果腹,因病相继夭死。"老媪有告者曰:'人尽饥,官欲发粟。闻其来者为邓石阳推官,与居士旧,可一请。'宜人曰:'妇人无外事,不可。且彼若有旧,又何待请耶!'邓君果拨己俸二星,并驰书与僚长各二两者二至,宜人以半籴粟,半买花纺为布。三年衣食无缺,邓君之力也。"(《焚书》,中华书局2009年版,第85页。)黄宜人严守妇道,清节自守,善理家务,于此可见一斑。

② 《焚书》,中华书局2009年版,第45页。

③ 《焚书》,中华书局2009年版,第45页。

④ 李贽《哭黄宜人》:"其一结发为夫妇,恩情两不牵。今朝闻汝死,不觉情凄然!其二 不为恩情牵,含凄为汝贤。反目未曾有,齐眉四十年。其三 中表皆称孝,舅姑慰汝劳。宾朋日夜往,龟手事香醪。其四 慈心能割有,约己善持家,缘余贪佛去,别汝在天涯。其五 近水观鱼戏,春山独鸟啼。贫交犹不弃,何况糟糠妻!其六 冀缺与梁鸿,何人可比踪?丈夫志四海,恨汝不能从!"(《焚书》,中华书局2009年版,第232—233页。)

⑤ 本节内容,主要参考王书奴:《中国娼妓史》,岳麓书社1998年版。

制服强国、乱人之政、亡人宗社等。①《史记·货殖传》载："今夫赵女郑姬，设形容，揳鸣琴，揄长袂，蹑利屣，目挑心招，出不远千里，不择老少者，奔富厚也。"②可见，私娼亦于此时出现。汉武帝时，置营妓，以待军士之无妻室者；魏晋南北朝，蓄养家妓成为社会风气；延至唐代，娼妓名目繁多，有营妓、官使妇人、宫妓、官妓等。官宰上下，皆好冶游，文人学士，皆以风流相高，无不从事于此，娼妓大盛；宋代官妓之外，尚有私妓，妓女式样繁多，居所多样；元代游客狎妓，纯以歌舞，娼妓备受异族蹂躏；明清二代，虽奉严旨，娼妓业依旧不绝。

　　娼妓来源，一般有战俘、罪犯、人口买卖、误堕风尘、罪人家小籍没、卖身射利等多种途径。就娼妓管理而言，主要有官奴婢、乐户籍、教坊籍等形式，入此"贱籍"、"花籍"者，身份下于良民，等同奴婢，可以买卖。家妓身份，介于奴婢和妾之间，亦有因生子、悦主而升格为妾的。唐代娼妓以长安、洛阳、扬州等处为盛，长安妓声价甚高；宋以后，南妓勃兴，成都、苏州、杭州、扬州等地最为繁盛；明代中期以后，南京成为娼妓业最发达地区，时有所谓十二金钗、秦淮四美等。妓女主要以声、色、才、情谋生，色相妆容时新讲究，一般擅诙谐、讴歌、舞蹈、手谈、酒令等。此外，名妓往往兼通诗词歌赋、书画音律，能与士人名流唱和酬酢。上流妓女的出路，极少数能得皇帝宠信，也有妻妾于士流名人，寻富商为归宿者等；等而下之的多数，则凄惨不足观。青楼女子，以出卖色相、驱逐名利为主流，时能致人以丧身亡家；然其卓异者，如南齐苏小小、唐代薛涛、宋代李师师及明代陈圆圆、柳如是等，或才艺非凡，或艳绝一时，或倾国倾城；至于负气多情，侠肝义胆者，亦代不乏人。由于趋时尚新，长于歌曲，绝少禁忌，加之与文学名流过往甚密，相互促发，妓女对唐诗、宋词、元曲、明诗词之创新，

---

　　①　如齐以女乐退孔子：孔子大司寇行摄相事，"齐人闻而惧，曰：'孔子为政必霸，霸则吾地近焉，我之为先并矣。盍致地焉？'黎鉏曰：'请先尝沮之；沮之而不可则致地，庸迟乎！'于是选齐国中女子好者八十人，皆衣文衣而舞康乐，文马三十驷，遗鲁君。陈女乐文马于鲁城南高门外，季桓子微服往观再三，将受，乃语鲁君为周道游，往观终日，怠于政事。子路曰：'夫子可以行矣。'孔子曰：'鲁今且郊，如致膰乎大夫，则吾犹可以止。'桓子卒受齐女乐，三日不听政；郊，又不致膰俎于大夫。孔子遂行，宿乎屯。而师己送，曰：'夫子则非罪。'孔子曰：'吾歌可夫？'歌曰：'彼妇之口，可以出走；彼妇之谒，可以死败。盖优哉游哉，维以卒岁！'师己反，桓子曰：'孔子亦何言？'师己以实告。桓子喟然叹曰：'夫子罪我以群婢故也夫！'"（《史记》（六），中华书局1982年版，第1918页。）

　　②　《史记》（十），中华书局1982年版，第3271页。

起到了实际的推动作用。① 明代妓女通文史、工诗词、擅乐曲书画者甚多，②
使得世俗往往把女子之才，与失贞、薄命、不幸、低贱等联系在一起。于是，在
明朝末年，有了所谓"女子无才便是德"的说法。③

2. 官禁与妓风

明初，明太祖制定律令，严格限制官吏及其子孙娶宿娼妓："凡官吏娶乐
人为妻妾者，杖六十，并离异。若官员子孙娶者，罪亦如之。附过，候荫袭之
日，降一等，于边远叙用。其在洪武元年以前娶者，勿论。"④"凡官吏宿娼者，
杖六十。媒合人，减一等。若官员子孙宿娼者，罪亦如之，附过，候荫袭之日，
降一等，于边远叙用。"⑤正统十二年（1447 年）"武功中卫指挥使华嵩宿娼事
发，当杖赎，特命髡其首漆之，枷示教坊门，满日充大同卫军。坐与王振侄争娼
故也。"⑥王锜（1432—1499 年）道："唐、宋间，皆有官妓祗候，仕宦者被其牵
制，往往害政，虽正人君子亦多惑焉。至胜国时，愈无耻矣。我太祖尽革去之：
官吏宿娼，罪亚杀人一等；虽遇赦，终身弗叙。其风遂绝。"⑦弘治十三年（1500
年），又对军职宿娶娼妓作出严格规定："凡军职宿娼，及和娶乐人为妻妾者，
问调别卫，带俸差操。"⑧明朝早期，严禁军队及地方官宦携妓宿娼。此外，还
严禁卖良为娼。⑨ 令行禁止，一时起到了清正政风的作用。

---

① 元稹、白居易、欧阳修、苏东坡、柳永、周邦彦等人的创作，无不与青楼女子有着密切的关
系。青楼亦多擅长诗词歌赋者，并有作品传世。王书奴道："古今最不守旧，随时代风气为转移
者，莫如娼妓。时代尚诗，则能颂诗作诗，时代尚词，则能歌诗作词，时代尚曲，则能歌曲作曲。我
看了唐宋元诗妓，词妓，曲妓，多如过江之鲫，乃知娼妓不但为当时文人墨客之腻友，且为赞助时
代文化学术之功臣。"（王书奴：《中国娼妓史》，岳麓书社 1998 年版，第 132 页。）

② 《明词综》（《明词综》，辽宁教育出版社 1997 年版。）专节收录明妓之词。关于明中晚期
妓女之才学，参见梅鼎祚：《青泥莲花记》，黄山书社 1998 年版；王书奴：《中国娼妓史》，岳麓书社
1998 年版，第 136—156 页。

③ 关于女子无才便是德一语的产生，参见陈东原：《中国妇女生活史》，中华书局 1937 年
版，第 188—202 页。

④ 《明会典》卷 141，文渊阁《四库全书》第 618 册，第 415 页。

⑤ 《明会典》卷 141，文渊阁《四库全书》第 618 册，第 418 页。

⑥ 王世贞：《弇山堂别集》卷 91，文渊阁《四库全书》第 410 册，第 388 页。

⑦ 王锜：《寓圃杂记》，中华书局 1984 年版，第 7 页。

⑧ 《明会典》卷 132，文渊阁《四库全书》第 618 册，第 345 页。

⑨ 《大明律》："凡娼优乐人买良人子女为娼优及娶为妻妾，或乞养为子女者，杖一百。知
情嫁卖者，同罪。媒合人，减一等。财礼入官，子女归宗。"（《明会典》卷 141，文渊阁《四库全书》
第 618 册，第 418 页。）

明代中叶以后,情况发生了变化。《五杂组》载:"今时娼妓布满天下,其大都会之地动以千百计,其他穷州僻邑,在在有之,终日倚门献笑,卖淫为活,生计至此,亦可怜矣。两京教坊,官收其税,谓之'脂粉钱'。隶郡县者则为乐户,听使令而已。唐、宋皆以官伎佐酒,国初犹然,至宣德初始有禁,而缙绅家居者不论也。故虽绝迹公庭,而常充牣里闬。又有不隶于官,家居而卖奸者,谓之'土妓',俗谓之'私窠子',盖不胜数矣。"①可见,万历年间,娼妓大盛。官吏狎妓犹有禁,缙绅家居者则例外。又载:"维扬居天地之中,川泽秀媚,故女子多美丽,而性情温柔,举止婉慧。所谓泽气多,女亦其灵淑之气所钟,诸方不能敌也。然扬人习以此为奇货,市贩各处童女,加意装束,教以书、算、琴、棋之属,以徼厚直,谓之'瘦马'。然习与性成,与亲生者亦无别矣。古称燕、赵多佳人,今殊不尔。燕无论已,山右虽纤白足小,无奈其犷性何。大同妇女,姝丽而多恋土重迁,盖犹然京师之习也。此外则清源、金陵、姑苏、临安、荆州及吾闽之建阳、兴化,皆擅国色之乡,而瑕瑜不掩,要在人之所遇而已。"②《板桥杂记》载:"金陵都会之地,南曲靡丽之乡。纨茵浪子,潇洒词人,往来游戏,马如游龙,车相接也。其间风月楼台,尊罍丝管,以及栾童狎客,杂妓名优,献媚争妍,络绎奔赴。垂杨影外,片玉壶中,秋笛频吹,春莺乍啭,虽宋广平铁石为肠,不能不为梅花作赋也。"③就地域而言,此时娼妓中心在南方,尤其是扬州、南京等地。

3. 携妓问寡:禅机耶,率性耶?

明中期之后,尤其是正德、万历二朝,由于皇帝怠政、荒淫等原因,明初禁娼的禁令,已经不能严格执行了。此时的文人士大夫,常有文酒声妓之会,纵情于声色,以风流相竞。游学与游宦者,也常常以娼宿纳妾作为生活的调剂。④

时风所及,李贽亦有调弄优旦、冶游携妓之事:"我于丙戌之春,脾病载

① 谢肇淛:《五杂组》,上海书店 2001 年版,第 157 页。
② 谢肇淛:《五杂组》,上海书店 2001 年版,第 147 页。
③ 余怀:《板桥杂记》,上海古籍出版社 2000 年版,第 53 页。
④ 中晚明任情纵欲的时风,参见陈江:《明代中后期的江南社会与社会生活》,上海科学院出版社 2006 年版,第 204—213 页;晚明士子和妓女的交往,参见赵轶峰:《明代的变迁》,上海三联书店 2008 年版,第 103—122 页。柳如是与钱谦益,便是晚明妓女与士子名流交往的典例。(参见《绛云楼俊遇》,陈寅恪:《柳如是别传》(上、中、下),三联书店 2001 年版。)

余,几成老废,百计调理,药转无效。及家属既归,独身在楚,时时出游,恣意所适。然后饱闷自消,不需山查导化之剂;郁火自降,不用参著扶元之药:未及半载而故吾复矣。乃知真药非假金石,疾病多因牵强,则到处从众携手听歌,自是吾自取适,极乐真机,无一虚假掩覆之病,故假病自瘳耳。吾已吾病,何与禅机事乎?既在外,不得不用舍弟辈相随;弟以我故随我,我得所托矣。弟辈何故弃妻孥从我于数千里之外乎?心实怜之,故自体念之耳,又何禅机之有耶?"①对于李贽携妓之事,耿定向认为,正人君子,应当学程颐、朱熹,不近声色,严于人兽之别。② 至于李贽之学,"只图自了,原不管人,任其纵横可也。"即便李贽以此为禅机,劝导人放下、无分别等,其机锋亦不妙。③ 李贽则坦言,自己冶游携妓,治好了顽疾,此为自取其乐,率性而动,无须遮掩。而且,狎妓不过是从众而已,并无不妥。

　　慎入寡妇之门,是礼教社会男子的一般道德底线。李贽无所顾忌,率众僧入寡妇之门探问,在当地引起了轩然大坡。耿定向以为,李贽此举虽令寡妇蒙羞,也不过是不当禅机,效法子见南子的故事而已。④ 李贽认为,世俗习见习闻之丑恶观,本不足虑,没有必要遮遮掩掩。他自述与寡妇交往之事道:"自我入邑中来,遣家属后,彼氏时时送茶馈果,供奉肉身菩萨,极其虔恪矣。我初不问,唯有等视十方诸供佛者,但有接而无答也。后因事闻县中,言语颇杂,我亦怪之,叱去不受彼供,此又邑中诸友所知也。然我心终有一点疑:以为其人既誓不嫁二宗,虽强亦誓不许,专心供佛,希图来报,如此诚笃,何缘更有如此传闻事,故与大众共一访之耳。彼氏有嗣子三十余岁,请主陪客,自有主人,既一访问,乃知孤寡无聊,真实受人欺吓也。其氏年已

---

① 《焚书》,中华书局2009年版,第262页。

② 程颐警挟妓之事,见《人谱》:"二程先生一日同赴士夫家会饮。座中有二红裙侑觞,伊川见妓,即拂衣起去,明道同他客尽欢而罢。次早,明道至伊川斋头,语及昨事,伊川犹有怒色。明道笑曰:'某当时在彼与饮,座中有妓,心中原无妓。吾弟今日处斋头,斋中本无妓,心中却还有妓。'伊川不觉愧服。"又"周恭叔于酒席间属意一妓,既而密告人曰:'勿令尹彦明知之。'伊川归,和靖偶言及之,伊川曰:'此禽兽不若也。'父母遗体以偶贱娼,可乎?"(《人谱》,《人谱类记》卷下,文渊阁《四库全书》,第717册,第232页。)

③ 参见耿定向:《耿天台先生文集》卷三,《四库全书存目丛书》第131集,第89页;《焚书》,中华书局2009年版,第260—261页。

④ 《焚书》,中华书局2009年版,第261页。子见南子故事,参见《论语·雍也》、《史记·孔子世家》。

不称天之外矣,老年嫠身,系秣陵人氏,亲属无堪倚者,子女俱无,其情何如?流言止于智者,故余更不信而反怜之耳。此又与学道何与乎?念我入麻城以来,三年所矣,除相爱数人外,谁肯以升合见遗者?氏既初终如一,敬礼不废,我自报德而重念之,有冤必代雪,有屈必代申,亦其情然者,亦何禅机之有,而以见南子事相证也?大抵我一世俗庸众人心肠耳,虽孔夫子亦庸众人类也。人皆见南子,吾亦可以见南子,何禅而何机乎?子路不知,无怪其弗悦夫子之见也,而况千载之下耶!人皆可见,而夫子不可见,是夫子有不可也。夫子无不可者,而何不可见之有?若曰礼,若曰禅机,皆子路等伦,可无辩也。"①老妇人志在守寡,寓居麻城,常常受人欺压。于是,其一心向佛,虔诚供奉僧众,希图善报。李贽以为,妇人礼佛,僧众回访,代申冤屈,不过是礼尚往来,人之常情而已,与禅机、子见南子云云,概无关系。流言当止于智者。

李贽携妓问寡,本出于快乐自己、率性而为,就明末礼崩乐坏之世风而言,本不是什么大事。然而,考虑到其为致仕官宦、身处麻城、寄身佛寺等等原因,此挑战习见习闻之举,也足够令人侧目,惊世骇俗了。

观音问

李贽居麻城龙湖芝佛院时,梅国桢之女眷,常从其参禅读经。梅国桢(1542—1605 年),字客生(一字克生),号衡湘,麻城人。平定当时宁夏叛乱,立有战功,擢升太仆少卿,后迁右金都御史,巡抚大同。又迁兵部右侍郎,总督宣、大、山西军务。父丧归,未起而卒。赠右都御史。② 袁中道《梅大中丞传》载,梅国桢能诗文、善骑射,出入青楼酒肆,为骚坛主盟。又道"公性坦夷,外宽内严,终身不见有喜愠之色。毁誉当前,不复致辨"。梅国桢晚年通禅理,"女澹然以媚为尼,公不之禁。澹然戒律甚严,于道有入,父子书牍往来,颇有问难"。③ 梅国桢育有六女一男,三女名澹然,有才色,未嫁

　　① 《焚书》,中华书局 2009 年版,第 262—263 页。
　　② 参见《明史》(二十),中华书局 1974 年版,第 5979—5982 页;《万历野获编》(中),中华书局 1959 年版,第 449—450 页。
　　③ 袁中道:《珂雪斋集》(中),上海古籍出版社 1989 年版,第 717、718 页。

而寡,坚贞倔强。① 梅澹然向佛之志专贞,一心空门,最终家中落发,建佛寺,以绣为功课,名曰绣佛寺。② 李贽与梅国桢视同知己,梅澹然因之亦与二人书信往来,讨论佛法。

梅澹然有慧根,求道之心真切,深得李贽赏识:"梅澹然是出世丈夫,虽是女身,然男子未易及之,今既学道,有端的知见,我无忧矣。虽不曾拜我为师,——彼知我不肯为人师也——然已时时遣人走三十里问法,余虽欲不答得乎? 彼以师礼默默事我,我纵不受半个徒弟于世间,亦难以不答其请,故凡答彼请教之书,彼以师称我,我亦以澹然师答其称,终不欲犯此不为人师之戒也。呜呼! 不相见面相师,不独师而彼此皆以师称,亦异矣!"③李贽以为"参禅事大,量非根器浅弱者所能担。今时人最高者唯有好名,无真实为生死苦恼怕欲求出脱也。日过一日,壮者老,少者壮,而老者又欲死矣。"④因此,能够超脱名利,作出世丈夫实难。梅澹然能够毅然向道,女身而为出世丈夫之事,深为李贽敬服,是故以师称之。在梅澹然影响下,梅家女眷澄然、自信、明因、善因等,也投到李贽门下,向佛读经。李贽以之为难能,而赞众女为菩萨、佛子,并致敬意:"于澹然称师者,澹然已落发为佛子也。于众位称菩萨者,众位皆在家,故称菩萨也,然亦真正是菩萨。家殷而门户重,即亲戚往来常礼,亦自无闲旷之

---

① 《万历野获编》载:"麻城人黄取吾(建衷),素负时名,早登公车,风流自命。时同邑梅湘衡司马长女,嫠居有才色,结庵事佛,颇于宗门有悟入处,即李卓吾所称澹然师者是也。黄心欲挑之,苦无计。其爱妾亦姝丽能文,乃使诡称弟子,学禅于澹然。稍久,亦喜其慧黠,甚眷念之。因乘间渐以邪说进,且述厥夫殷懃意。澹然佯诺,谋于司马。姑勿露机,反更厚遇之,因令入司马家晤语。初亦伺司马他出始一来,既而习熟。司马忽戒远游之装,澹然与订期,俾弟子先至,而黄续赋多露可也。其妾甫及门,则女奴数辈竟拥香车入司马曲房,自是扃闭不复出,而澹然亦不复再过其旧庵矣。黄羞赧不敢言,为乡里所诮。"(《万历野获编》(中),中华书局1959年版,第594—595页。)沈德符以梅澹然为梅国桢长女,凌礼潮考证《梅氏族谱》,认为当为三女。(张建业主编:《李贽与麻城》,中国广播电视出版社2003年版,第215—216页。)麻城梅氏家族介绍,另可参见《李贽论丛》,北京燕山出版社2009年版,第222—224页。

② 参见林海权:《李贽年谱考略》,福建人民出版社2005年版,第298页。梅澹然建绣佛寺,李贽有《题绣佛精舍》赞叹之:"闻说澹然此日生,澹然此日却为僧。僧宝世间犹时有,佛宝今看绣佛灯。可笑成男月上女,大惊小怪称奇事。徒然不见舍利佛,男身复隐知谁是。我劝世人莫浪猜,绣佛精舍是天台。天欲散花愁汝著,龙女成佛今又来。"(《焚书》,中华书局2009年版,第229页。)

③ 《焚书》,中华书局2009年版,第183页。

④ 《焚书》,中华书局2009年版,第79页。

期,安得时时聚首共谈此事乎? 不聚而谈,则退而看经教,时时问话,皆有的据,此岂可以好名称之! 夫即使好名而后为,已是天下奇男子所希有之事,况实在为生死起念,早晚唯向佛门中勤渠拜请者乎? 敬之敬之!"①

李贽与众女弟子谈经论道,相与辨析之事,引起了人们的猜疑。有人致书李贽,以为女人见短,不堪学道,李贽答书曰:

> 昨闻大教,谓妇人见短,不堪学道。诚然哉! 诚然哉! 夫妇人不出阃域,而男子则桑弧蓬矢以射四方,见有长短,不待言也。但所谓短见者,谓所见不出闺阁之间;而远见者则深察乎昭旷之原也。短见者只见得百年之内,或近而子孙,又近而一身而已;远见则超于形骸之外,出乎死生之表,极于百千万亿劫不可算数譬喻之域是已。短见者只听得街谈巷议,市井小儿之语;而远见则能深畏乎大人,不敢侮于圣言,更不惑于流俗憎爱之口也。余窃谓欲论见之长短者当如此,不可止以妇人之见为见短也。故谓人有男女则可,谓见有男女岂可乎? 谓见有长短则可,谓男子之见尽长,女人之见尽短,又岂可乎? 设使女人其身而男子其见,乐闻正论而知俗语之不足听,乐学出世而知浮世之不足恋,则恐当世男子视之,皆当羞愧流汗,不敢出声矣。此盖孔圣人所以周流天下,欲庶几一遇而不可得者,今反视之为短见之人,不亦冤乎! 冤不冤与此人何与,但恐旁观者丑耳。
>
> 自今观之:邑姜以一妇人而足九人之数,不妨其与周、召、太公之流并列为十乱;文母以一圣女而正《二南》之风,不嫌其与散宜生、太颠之辈并称为四友。彼区区者特世间法,一时太平之业耳,犹然不敢以男女分别,短长异视,而况学出世道,欲为释迦老佛、孔圣人朝闻夕死之人乎? 此等若使间巷小人闻之,尽当责以窥观之见,索以利女之贞,而以文母、邑姜为罪人矣,岂不冤甚也哉! 故凡自负远见之士,须不为大人君子所笑,而莫汲汲欲为市井小儿所喜可也。若欲为市井小儿所喜,则亦市井小儿而已矣。其为远见乎,短见乎,当自辨也。余谓此等远见女子,正人家吉祥善

---

① 《焚书》,中华书局2009年版,第184页。

瑞,非数百年积德未易生也。①

见识长短,源于对道本身的理解,而非以男女活动区域大小论之。所谓道,是指超越时限、形骸、生死所限,达无量宽广、不可思议之域,深知浮世不足恋的出世之法。此道为圣人之道,非俗世短见者所能理解,必得不惑于流俗好恶之人,庶几得之。倘若不过市井巷议,虽男子亦是短见;女身而能敬畏圣人之言,不顾流俗而证成出世之学,即为得道之远见女子。治平之业为世间法,文母、姜邑以女身而有功其间,世人尚不敢视之为见短;出世之法,为二教圣人所重,女子学之,殊为难得,其为远见,更是不言而喻。

李贽与女弟子志趣相投,论学甚相得,②并将与女弟子论道往来书信,以《观音问》之名梓行。又劝导女弟子,勿以众人闲言碎语为念,当埋头究心佛道而勿与之辩:"世上人总无甚差别,唯学出世法,非出格丈夫不能。今我等既为出格丈夫之事,而欲世人知我信我,不亦惑乎!既不知我,不信我,又与之辩,其为惑益甚。若我则直为无可奈何,只为汝等欲学出世法者或为魔所扰乱,不得自在,故不得不出头作魔王以驱逐之,若汝等何足与辩耶!况此等皆非同住同食饮之辈,我为出世人,光彩不到他头上,我不为出世人,羞辱不到他头上,如何敢来与我理论!对面唾出,亦自不妨,愿始终坚心此件大事。释迦佛出家时,净饭王是其亲爷,亦自不理,况他人哉!成佛是何事,作佛是何等人,而可以世间情量为之。"③李贽虽可以不顾世俗,然而,正如梅国桢所言:"'佛高一尺,魔高一丈'。昔人此言,只要人知有佛即有魔,如形之有影,声之有响,必然不相离者。"④万历二十八年(1600 年),麻城反对梅国桢的人联合起来,以"僧尼宣淫"之罪,"逐游僧,毁淫寺"。李贽因之被驱逐,梅澹然遭谤

---

①　《焚书》,中华书局 2009 年版,第 59—60 页。

②　如李贽身在南京时,曾给梅澹然寄诗四首,追忆二人论道之事,颇能见相得之情:"其一 一回飞锡下江南,咫尺无由接笑谈。却羡婆须蜜氏女,发心犹愿见瞿昙。其二 持钵来归不坐禅,遥闻高论却澹然。如今男子知多少,尽道官高即是仙。其三 盈盈细抹随风雪,点点红妆带雨梅。莫道门前马车富,子规今已唤春回。其四 声声唤出自家身,生死如山不动尘。欲见观音今汝是,莲花原属似花人。"(《焚书》,中华书局 2009 年版,第 242 页。考证见林海权:《李贽年谱考略》,福建人民出版社 2005 年版,第 389、401 页。)

③　《焚书》,中华书局 2009 年版,第 62 页。

④　《焚书》,中华书局 2009 年版,第 66 页。

而死,年仅三十七。①

总之,李贽的女学思想,以夫妇和合为本,强调夫妇端正性位、内外有别,要在儒教门庭之内。及其品列夫妇一伦,虽不无女教正统之说,然其赞淫奔、美失节,归宗空门之教等,无一不是惊世骇俗之说,更多的则是在挑战礼教底线。而李贽携妓问寡,不避新寡,聚女徒往复讨论佛法等,又无一不是令人侧目之举。儒教社会中,风化之事,始于夫妇男女。李贽于女教离经叛道之言行,无疑最不能见容于礼教正统,终究获罪于此,风教使然。

六、女教本义

儒教社会女性思想,源于《周易》天地、男女、夫妇之道的论说。男女、夫妇之道,要在分别效法天地之性而动。就女性、妇道一极而言,即是要法地之德:顺从天施,不倡而和,化生万物,不自居功。女子之道,要为柔顺、贞固、广厚、顺育万物、功成不居。天地男女,密不可分,唯有各尽其本分,才能各自发挥其功用。人伦社会,由男女和合而成:有男女,才有夫妇;有夫妇,才有父子、兄弟、君臣、朋友等人伦关系的存在。因此,人伦之本,就是要端正男女夫妇之道。端正之道,就是男女夫妇各正其性、各正其位。就儒教的安排而言,即落实于具体礼乐教化,男女各自遵守礼义礼仪之要求,以期达成男正位乎外,女正位乎内,从而家齐、国治、天下平的效果。儒教社会之女性思想,从来不是单独就女性而谈女性,而是男女共举、夫妇合论;也不是仅就女性身体特点来讲说,而是从人伦关系、礼义道德角度立教。就原始礼义而言,男女社会分工不同,共同完成礼教之于自身的职责。儒教社会齐家之事,有家族和家庭两个层面,就女性主持家庭内务而言,儒教社会家庭齐家之事,实际上具体地落在了女性身上。家,是儒教社会之根本。家正则父子、兄弟、夫妇各尽其职,以此推而广之,天下可定。王道风化,始于齐家,儒教社会女子作用,实在于此。

礼教本义,在于顺遂人情自然,严于人兽之别。礼教落实于女性的要求,即是所谓妇德、妇言、妇容、妇功。妇德,为女子"四行"之首,强调女子守礼有节,贞定不淫,温柔巽顺,言行举止符合礼法要求;妇言、妇容,涉及女子仪容、

---

① 参见林海权:《李贽年谱考略》,福建人民出版社2005年版,第416—418页。

谈吐,要在顺礼仪而为、适度合宜;妇功,指专心纺绩,洁齐酒食以正内务,给家用之事责,当尽心尽力而为之。就女子社会角色而言,主要是为人子、为人妻、为人母三者,其德行当以孝亲、守节、慈义为先。女子常行,本之以温柔为仁;及非常之时,当临难勿苟免,以节烈为义,成就女义礼法之当然。儒教社会对节烈女子的表彰,其本意在于区分人之所以异于禽兽者,基于一种对女子人伦和人格的极端肯定,意在激励女子知廉耻、重节义之心。

第八章　李贽儒学思想:以经史为核心

儒教社会成熟时期,虽经史子集无不备载儒学之书,但四部中,唯经史之学是儒学之根本。《四库》馆臣称:"学者研理于经,可以正天下之是非;征事于史,可以明古今之成败,余皆杂学也。"①在正统儒家看来,经学载天下之公理,垂型万世;史学作用,在于以经学为依据,观始末,正是非,定褒贬。宋代李杞关于儒学经史间关系,有着深入的理解:"夫圣人之经,所以示万世有用之学,夫岂徒为是空言也哉! 故经辩其理,史纪其事,有是理必有是事,二者常相关而不可一缺焉。自后世以空言为学,岐经与史为二,尊经太过而《六经》之书往往反入于虚无旷荡之域。吁! 是亦不思而已矣。夫经固非史也,而史可以证经,以史证经,谓之驳焉可也,然不质之于史,则何以见圣人之经为万世有用之学也耶!"②就儒学正统观念来看,经史之学本一理一事:理为事本,事为理证。有经无史,则徒为空言,堕入虚无;以史证经,适可以见经学经世致用的本来面目。

经史之外立说,皆为子学。诸子之言,虽势同水火,但相灭相生、相反相成;子学不过是经学之"支与流裔",然其明道立言之处,可与经史旁参。经史学借鉴子学之道,在于博收而慎取。③ 总体而言,所谓儒学,即是以《六经》、《二十四史》、《资治通鉴》等儒教经典为本,诸子之学为辅,礼乐教化为内容,修齐治平为规模,究天人之际,观历来成败之事,"明天道,正人伦",④"助人

<hr />

① 《子部总叙》,《钦定四库全书总目》(整理本)(上),中华书局1997年版,第1191页。
② 李杞:《用易详解·序》,文渊阁《四库全书》第19册,第351页。
③ 如上论说,参见《汉志》"六艺"、"诸子"总论,《四库全书总目》经、史、子部"总叙"。
④ 《汉书》(十一),中华书局1962年版,第3589页。

君顺阴阳明教化"①之学。

儒学本为经史之学，李贽对此有着深入的认识。他在《经史相为表里》中说："经、史一物也。史而不经，则为秽史矣，何以垂借鉴乎？经而不史，则为说白话矣，何以彰事实乎？故《春秋》一经，春秋一时之史也。《诗经》、《书经》，二帝三王以来之史也。而《易经》则又示人以经之所自出，史之所从来，为道屡迁，变易匪常，不可以一定执也。故谓六经皆史可也。"②《六经》中，《春秋》、《诗经》、《书经》原本即史，《易经》则为其他经书以及史书之本。李贽所谓六经皆史，旨在说明六经或为史、或为史作之根本，"经而不史"，经义徒为言说，无从证实；反言之，史作之褒贬，实有赖于《六经》为其根据，是儒道经义之展开，"史而不经"，不过是史料杂乱堆砌，难以发挥其垂鉴作用。李贽经史一物、六经皆史说，说明经史两者互为表里，缺一不可，强调了史学治平天下的现实垂戒作用。

一、自适，还是治世：李贽史学思想之意义和命运

读史适己

读史著述以自怡自适，一向是李贽自觉选择："大凡我书，皆是求以快乐自己，非为人也。"③"闭户却扫，怡然独坐。或时饱后，散步凉天，箕踞行游，出从二三年少，听彼俚歌，聆此笑语，谑弄片时，亦足供醒脾之用，可以省却枳木丸子矣。及其饱闷已过，情景适可，则仍旧如前锁门独坐而读我书也。其纵迹如此，岂诚避人哉！若乐于避人，则山林而已矣，不城郭而居也，故土而可矣，不以他乡游也。公其以我为诚然否？然此道也，非果有夕死之大惧，朝闻之真志，聪明盖世，刚健笃生，卓然不为千圣所摇夺者，未可遽以与我共学此也。盖必其人至聪至明，至刚至健，而又逼之以夕死，急之以朝闻，乃能退就实地，不惊不震，安稳而踞坐之耳。区区世名，且视为浼己也，肯耽之乎？"④"山中寂

① 《汉书》（六），中华书局 1962 年版，第 1728 页。

② 《焚书》，中华书局 2009 年版，第 214 页。

③ 《续焚书》，中华书局 2009 年版，第 47 页。《寄京友书》："大凡我书皆为求以快乐自己，非为人也。"（《焚书》，中华书局 2009 年版，第 70 页。）

④ 《焚书》，中华书局 2009 年版，第 6—7 页。

寞无侣，时时取史册披阅，得与其人会觌，亦自快乐，非谓有志于博学宏词科也。尝谓载籍所称，不但赫然可记述于后者是大圣人；纵遗臭万年，绝无足录，其精神巧思亦能令人心羡。况真正圣贤，不免被人细摘；或以浮名传颂，而其实索然。自古至今多少冤屈，谁与辨雪！故读史时，真如与百千万人作对敌，一经对垒，自然献俘授首，殊有绝致，未易告语。"①"我以自私自利之心，为自私自利之学，直取自己快当，不顾他人非刺。故虽屡承诸公之爱，诲谕之勤，而卒不能改者，惧其有碍于晚年快乐故也。自私自利则与一体万物者别矣，纵狂自恣则与谨言慎行者殊矣。万千丑态，其原皆从此出。彼之责我是也。"②可见李贽为学求道，止于自适。能自适，则日常读书张弛有道：可歌笑以发少年之狂，亦可闭门独坐，以朝闻夕死之心，就实地以求道。能自适，则著述非求名利富贵，一从本心而求古人真谛，学为己而独立不惧。能自适，所以狂狷自肆，与历来成见作对，不计非毁。

李贽古稀之年所作《读书乐并引》最能反映上述心态："曹公云：'老而能学，唯吾与袁伯业。'夫以四分五裂，横戈支戟，犹能手不释卷，况清远闲旷哉一老子耶！虽然，此亦难强。余盖有天幸焉。天幸生我目，虽古稀犹能视细书；天幸生我手，虽古稀犹能书细字。然此未为幸也。天幸生我性，平生不喜见俗人，故自壮至老，无有亲宾往来之扰，得以一意读书。天幸生我情，平生不爱近家人，故终老龙湖，幸免俯仰逼迫之苦，而又得以一意读书。然此亦未为幸也。天幸生我心眼，开卷便见人，便见其人终始之概。夫读书论世，古多有之，或见皮面，或见体肤，或见血脉，或见筋骨，然至骨极矣。纵自谓能洞五脏，其实尚未刺骨也。此余之自谓得天幸者一也。天幸生我大胆，凡昔人之所忻艳以为贤者，余多以为假，多以为迂腐不才而不切于用；其所鄙者、弃者、唾且骂者，余皆的以为可托国托家而托身也。其是非大戾昔人如此，非大胆而何？此又余之自谓得天之幸者二也。有此二幸，是以老而乐学，故作《读书乐》以自乐焉。

"天生龙湖，以待卓吾；天生卓吾，乃在龙湖。龙湖卓吾，其乐何如？四时读书，不知其余。读书伊何？会我者多。一与心会，自笑自歌；歌吟不已，继以

---

① 《续焚书》，中华书局 2009 年版，第 41 页。
② 《焚书》，中华书局 2009 年版，第 265 页。

呼呵。恸哭呼呵,涕泗滂沱。歌匪无因,书中有人;我观其人,实获我心。哭匪无因,空潭无人;未见其人,实劳我心。弃置莫读,束之高屋,怡性养神,辍歌送哭。何必读书,然后为乐?乍闻此言,若悯不谷。束书不观,吾何以欢?怡性养神,正在此间。世界何窄,方册何宽!千圣万贤,与公何冤!有身无家,有首无发,死者是身,朽者是骨。此独不朽,愿与偕殁,倚啸丛中,声震林鹘。歌哭相从,其乐无穷,寸阴可惜,曷敢从容!"①

卜居龙湖,李贽欲效法曹操老而能学故事。又自言体魄性情,至老不衰,有着天假之读书条件。更加重要的,一则读书论世,有着能剔肤见骨的"心眼";再则,天性大胆,敢于颠倒昔人圣贤奸邪之定论。有此两种"天幸",是故老而好学,乐此不疲。求知己、胜己之友于读史,得与心会者,歌笑呼呵;知音之痛,感同身受,每念及此,又恸哭涕泗。歌哭相从,此适足以怡性养神。读史之乐,其乐无穷。

著史归于经世

李贽史著,"断自本心,不随人唇吻",②力求深刻,重体证自得,直抒胸臆,有着非常明显的追求自适、快乐自己的意图。另一方面,求道之深刻,难免使人孤独,李贽论史,亦实有史籍中寻求知己和胜己之友的想法。③ 而更为重要的,建立于自适求道之上的,是著史以期有益于治平天下之事。

李贽之学,虽其二教学术根基终与儒学相悖,然而,儒家用世情怀,治平之念,李贽却从来没有放弃过。他积十数年之苦功,呕心沥血完成了《藏书》、《续藏书》,④又刊有《明灯道古录》、《九正易因》等,爬梳历史,求治平之道,探

---

① 《焚书》,中华书局2009年版,第226—227页。

② 《藏书》第一册,中华书局1959年版,"刘序"。

③ 参见许建平:《李贽思想演变史》,人民出版社2005年版,第146—149页;任冠文:《李贽史学思想研究》,广西师范大学出版社1999年版,第155—163页。

④ 《藏书》卷68,纪传体史书(李贽在史书体例上一个重要创造,就是把"本纪"和"世家"合为"世纪"体)。该书主要取材于正史和《资治通鉴》,记载了春秋至宋元几两千年间政治、经济、军事、学术等发展变化;《续藏书》卷27,是接着《藏书》,专记明代初年至万历年间人物事迹的史著。据任冠文考证,李贽并未完成《续藏书》写作,今本是经后人编定的,因此,其为李贽所作的内容,可分为可信、基本可信、可疑三部分。另外,任氏并考订了《史纲评要》并非李贽所作,是一部伪书。(任冠文:《李贽史学思想研究》,广西师范大学出版社1999年版,第4—23、35—42页。)

讨儒学，求经典深意。此外，他虽居佛门，还关心边事，作《孙子参同》等。这些充分说明了李贽关心国事，始终以儒家治平之念自期，其学虽自适为己，然其人并非一出家之自了汉。① 实际上，通过著述，李贽仍然试图履行作为一名士大夫所应尽的社会责任。

《藏书》从万历十年（1582 年）开始，万历二十七年（1599 年）完成，耗时约十六七年。② 写作此书时，李贽"手不释卷，终日抄写，自批自点，自歌自赞"，③与焦竑之间反复修改书稿，仔细斟酌安排，实乃其一生心血所系，因此，他也格外看重此书。在给焦竑的信中，李贽说道："《李氏藏书》，谨抄录一通，专人呈览。年来有书三种，唯此一种系千百年是非，人更八百，简帙亦繁，计不止二千叶矣。""唯《藏书》宜闭秘之，而喜其论著稍可，亦欲与知音者一谈，是以呈去也。""今不敢谓此书诸传皆已妥当，但以其是非堪为前人出气而已，断断然不宜使俗士见之。望兄细阅一过，如以为无害，则题数句于前，发出编次本意可矣，不愿他人作半句文字于其间也。何也？今世想未有知卓吾子者也。然此亦唯兄斟酌行之。弟既处远，势难遥度，但不至取怒于人，又不至污辱此书，即为爱我。中间差讹甚多，须细细一番乃可。若论著则不可改易，此吾精神心术所系，法家传爱之书，未易言也。"④"《藏书》收整已讫，只待梅客生令人录出，八月间即可寄弱侯再订，一任付梓矣。纵不梓，千万世亦自有梓之者，盖我此书乃万世治平之书，经筵当以进读，科场当以选士，非漫然也。"⑤《藏书》之作，原本"一切断以己意，不必合于儒者相沿之是非"，⑥其史论超越世俗之见，觑破向来公案，重定千古是非，以为前人出气。李贽并非不知《藏书》之见，惊世骇俗，不能见容于人。而深知《藏书》违逆于儒教正统观念，当自取

---

①　汤显祖（1550—1616 年，字义仍，号若士，亦号海若，别署清远道人，江西临川人）申言李贽著述之旨，尽在治平事业："李氏夙以书训世、经世、济世、骇世、应世、传世"，"《藏书》藏不尽，《焚书》焚不尽，《说书》说不尽，而为经史集，靡弗具备"，其赞誉李贽为"救世李老"，想象"起李老而问之，必曰：'传世可，济世可，经世可，应世可，训世可，即骇世亦无不可。'"（《李氏全书》首卷，转引自厦门大学历史编：《李贽研究参考资料》第二辑，福建人民出版社 1976 年版，第109—110 页。）

②　任冠文：《李贽史学思想研究》，广西师范大学出版社 1999 年版，第 6 页。

③　《藏书》第一册，中华书局 1959 年版，"刘序"。

④　《焚书》，中华书局 2009 年版，第 7—8 页。

⑤　《续焚书》，中华书局 2009 年版，第 45 页。

⑥　《藏书》第一册，中华书局 1959 年版，"梅序"。

其咎,招致祸患。因此,最初也以为此书,宜知己者一谈,固当藏之不可示人。然李贽终于不顾后果,毅然刊行之,缘其自以为爬梳历史之最终目的,在于经世。他自信心血所系之书,针砭时弊、为国求才、富国强主等,实为孤臣孽子之心,自有兴国安邦,治平万世之效果。① 是故放言其书终当为治者所认可,垂鉴后世,成为万世是非之正统。李贽史学著作,以自适为起点,至于苦心孤诣之处,终究体现了其对现实社会的关怀,对治平事业的深入思考,也充分说明了他绝非只顾自己的出家人、自了汉。

值得注意的是,写作《藏书》,是在李贽出家落发之后。② 此时,他正在和耿定向进行着一场旷日持久的正统异端之辩。耿定向一向认为李贽学源二教,尚玄虚,只顾自己。然而,仅仅从李贽著述数量比重来看,即便他所有和佛教有关作品加到一起,也远远无法和《藏书》、《续藏书》、《道古录》、《初潭集》等诠释儒教经史作品的分量相比。③ 而且,《心经提纲》等作品,往往是无意中为之,远无法和倾注李贽全副精力呕心沥血之《藏书》等作品相提并论。④ 诚然,佛学解决了李贽个体性命安顿的重大问题;然而,相较之下,经世致用才是

---

① 任冠文指出了李贽著史以求"经世"之目的和价值:"李贽著书立说,经世致用是其主要目的之一。李贽史著的真正价值并不在于保存史料的多少,也不在于是否对史料做了精辟的考证,而是在于利用历史编纂和历史评论,针对社会时弊,提出个人的政治见解,为社会提供历史经验。""细观《藏书》就会发现李贽的主要目的是推崇表彰统一国家、发展经济、巩固政权、推动历史前进的历代'圣主'和'贤主',以及'强主'、'富国'的名臣,以达到'经世'的现实目的。他对史料的选择,对历史人物、事件的评论,都是围绕这一目的进行的。"(任冠文:《李贽史学思想研究》,广西师范大学出版社1999年版,第146页。)《藏书》把"本纪"与"世家"合而为一,创制了"世纪"体这一史学新体例,即出于更好表述治平论点之目的。许苏民指出,李贽这一体例创新,"遵循着史论结合、昭彰事实、垂鉴后世的思路","有利于人们从历史中总结经验教训,获得'治平之事与用人之方'的启迪"。(许苏民:《李贽评传》,南京大学出版社2006年版,第300页。)

② 李贽僧侣生活方式,是颇为无奈的被动之举:如果没有耿定理的亡故和与耿定向交恶,李贽不会选择寄居佛寺,进而也不会有落发之举。

③ 江灿腾统计了李贽的佛教著述:李贽佛教专著有收在《卍续藏经》中《净土诀》一卷、《般若心经提纲》一卷、《华严经合论简要》四卷(唐代李通玄《华严心经合论》缩编,没有李贽评语或注解),广义佛教作品还有《三教品》一卷、《枕中十书》六卷中之《文字禅》。另外,江氏还详尽统计了《焚书》、《续焚书》中和佛教有关作品凡45篇。(江灿腾:《晚明佛教改革史》,广西师范大学出版社2006年版,第254—256页。)

④ 《焚书·答焦漪园》:"《心经提纲》则为友人写《心经》毕,尚余一幅,遂续墨而填之,以还其人。皆草草了事,欲以自娱,不意遂成木灾也! 若《藏书》则真实可喜。"(《焚书》,中华书局2009年版,第9页。)

李贽一生心血所系。李贽用自己的行动证明，出世并不妨碍治世，并不能以出家与否，论定一个人思想之于儒教社会治平事业的价值和意义。事实上，近二十年之著史论世，足以证明坚持儒教经世致用宗旨，以史为鉴，寻求儒教社会长治久安之道，从来都是李贽奉行不悖的信念和行动。

《藏书》：君臣之际

通观《藏书》，不过纵论君臣一伦、讲明君臣之道而已。《藏书世纪列传总目后论》发凡起例，实为全书纲目大要，其曰：

> 李卓吾曰："圣主不世出，贤主不恒有。若皆如汉祖、孝文、孝武之神圣，孝昭、孝宣之贤明，则又何患乎其无臣也？唯圣主难逢而贤主亦难遇，然后大臣之道斯为美矣，故传《大臣》。大臣之道非一，有因时而若无能者，有忍辱而若自污者，有结主而若媚，有容人而若愚，有忠诚而若可欺以罔者。随其资之所及，极其力之所造，皆可以辅危乱而致太平。如诸葛孔明之辅刘禅，可以观矣。非谓必兼全五者，而后足当大臣之名也。
>
> "大臣又不可得，于是又思其次；共次则名臣是已，故传《名臣》。夫大臣之难遭，亦犹圣主之难遭也。倘得名臣以辅之，亦可以辅幼弱而致富强。然名臣未必知学而实自有学，自儒者出，而求志达道之学兴矣，故传《儒臣》。儒臣虽名为学而实不知学，往往学步失故，践迹而不能造其域，卒为名臣所嗤笑。然其实不可以治天下国家，亦无怪其嗤笑也。
>
> "自儒者以文学名为儒，故用武者遂以不文名为武，而文武从此分矣，故传《武臣》。夫圣王之王也，居为后先疏附，出为奔走御侮，曷有二也？唯夫子自以尝学俎豆，不闻军旅，辞卫灵，遂为邯郸之妇所证据，千万世之儒，皆为妇人矣。可不悲乎！使曾子、有子若在，必知夫子此语，即速贫速朽之语，非定论也。
>
> "武臣之兴，起于危乱，危乱之来，由于嬖宠，故传《亲臣》，传《近臣》，传《外臣》。外臣者，隐处之臣也。天下乱则贤人隐，故以外臣终焉。呜呼！受人家国之托者，惧无刻舟求剑。托名为儒，求治而反以乱，而使世之真才实学，大贤上圣，皆终身空室蓬户已也。则儒者之不可以治天下国家，信矣！若康节先生，明道先生，龟山杨先生，皆儒也。虽曰古之大臣，

又谁曰不宜？又谁敢嗤之？作列传。"①

世道变化，一文一质，治乱循环，神武贤明之君，顺之自能治平天下，无须求之于臣。然圣贤之主不常有，是故天下之治，实有赖于贤良之臣。得辅弼之臣，必识臣而后可。臣有大臣、名臣、儒臣、武臣、贼臣、亲臣、外臣七种。其中，大臣有因时、忍辱、结主、容人、忠诚五门，五者虽资力不同，然"要其实，皆本之于至诚"，②辅危乱而致太平，"足当栋梁之任"。③ 大臣不可得，退求其次，则为辅幼弱而致富强之名臣。名臣有经世、强主、富国、讽谏、循良、才力、智谋、直节等凡八门。李贽一反儒教非功利、好正直之说，特推富国、智谋贰臣。其《富国名臣总论》、《智谋名臣论》，一则以为功利之事，方大有益于国家。为臣如桑弘羊，有心计，能用人，劝赏得当，生财有道而国用足，能致富强以成就汉武不世之业。再则，智谋之士虽未必正直，然定天下、安社稷，实攸赖之；非智谋用力，则国家败亡。国破而后正直、节义之臣始显扬其名于后世。方此时也，其于天下国家，何益？因此，"惇厚清谨，士之自好者亦能为之，以之保身虽有余，以之待天下国家缓急之用则不足，是亦不足贵矣。"④较之大臣、名臣，儒臣名为志道求治平之学，实则并无实学，徒然践迹学步、刻舟求剑而已。求治反乱，使真圣贤不得为用。儒臣确乎无益于国家，故更不能治平之事。圣王之事，本有文武二端，儒教重文学轻武备，非圣王之本。武臣起于危乱，而致危乱者多由亲臣。所谓外臣，亦即隐逸之臣。隐逸者有邦无道，明哲保身的当时之隐，所谓时隐者；也有数等不论时世，以隐为事的身隐。身隐者中，多有身隐而心未隐者；最高之隐，是所谓身心俱隐，无逃名之累，无隐逸之迹。能当最高之隐者，便是侍奉数君，为儒者所不齿的"冯公"：冯道。⑤

道无绝续

韩愈云：先王之教，源于先王之道，斯道"尧以是传之舜，舜以是传之禹，

---

① 《藏书》第一册，中华书局 1959 年版，第 61 页。
② 《藏书》第一册，中华书局 1959 年版，第 146 页。
③ 《藏书》第一册，中华书局 1959 年版，第 146 页。
④ 《藏书》第二册，中华书局 1959 年版，第 343 页。
⑤ 参见《藏书》第四册，中华书局 1959 年版，第 1089 页。

禹以是传之汤,汤以是传之文武周公,文武周公传之孔子,孔子传之孟轲,轲之死,不得其传焉。"①此之谓道统说。整个宋明理学时期,道统论占据了儒学思想之主流。准道统说,孟子之后,宋代之前,整个中国思想史乏善可陈,整个儒学史因之有一个长期的断裂。

李贽《德业儒臣前论》对道统论大不以为然:"道之在人,犹水之在地也。人之求道,犹之掘地而求水也。然则水无不在地,人无不载道也,审矣。而谓水有不流,道有不传,可乎?顾掘地者,或弃井而逃,或自甘于溷浊咸苦,终身不见甘泉而遂止者有之。然而得泉者亦已众矣,彼谓'轲之死不得其传'者,真大谬也。唯此言出,而后宋人直以濂洛关闽接孟氏之传,谓为知言云。吁!自秦而汉而唐,而后至于宋,中间历晋以及五代,无虑千数百年。若谓地尽不泉,则人皆渴死久矣。若谓人尽不得道,则人道灭矣。何以能长世也,终遂泯没不见,混沌无闻,直待有宋而始开辟而后可也。何宋室愈以不竞,奄奄如垂绝之人,而反不如彼之失传者哉!好自尊大标帜,而不知其诟诬,亦太甚矣。今夫造为谤言,诬陷一家者,其罪诛。今以一语而诬千百载之君臣,非特其民无道,其臣无道,其君亦且无道。一言而千古之君臣皆不免于不道之诛,诬罔若此,有圣王出,反坐之刑,当如何也,而可轻易若此矣乎!"②韩愈之后,宋人最为标榜道统论,以为北宋理学诸子,直接孔孟之道。李贽以为,道对人的重要性,就像水对生命的重要性一样。人道倘若不存,整个社会就没有办法延续。倘若宋人道统论成立,那么,秦之后宋之前,一千多年人伦不存,整个社会堕入混荒野蛮,要等到宋人重新开辟文明,这是何等的荒谬之论!而整个宋朝积贫积弱的现实,说明宋人不过是诬罔古人,好自尊大。造道统之论者,实在罪不容诛。李贽批道统论,一则意欲一反宋儒道统之说,洗千古之谤,从学术上说明道无绝续,人具只眼;再则,更重要的,李贽试图通过评判道统论,拆掉俗儒、假道学空谈之根,为以实功实利评判历史人物,奠定理论基础。

功利与道义

董仲舒云:"夫仁人者,正其谊不谋其利,明其道不计其功,是以仲尼之

---

①　韩愈:《韩昌黎全集》,中国书店 1991 年版,第 174 页。

②　《藏书》第三册,中华书局 1959 年版,第 517 页。

门,五尺之童羞称五伯,为其先诈力而后仁谊也。苟为诈而已,故不足称于大君子之门也。五伯比于他诸侯为贤,其比三王,犹武夫之与美玉也。"①儒者看重道义而非薄功利。在儒门学者看来,春秋五霸,推重诈力而不以仁义为先,即便能够行于一时,也根本不足为贵。宋儒张栻道:"学莫先于义利之辨。义者,本心之当为,非有为而为也。有为而为,则皆人欲,非天理。"②儒学首先严于义利之辨。张栻所谓义者,不假人力,纯顺本心、依天理而为也;反之,倘若非本心、悖天理而为,皆难免陷入人欲。董、张二氏,同于重义轻利,为儒教正统观念之体现。

李贽强调,圣人之学,强调顺人物之性无为而成。此无为,非无心、不为,实为各司其职、各尽本分而为。此无为,亦非无私心而为:"夫私者人之心也,人必有私而后其心乃见,若无私则无心矣。如服田者,私有秋之获而后治田必力;居家者,私积仓之获而后治家必力;为学者,私进取之获而后举业之治也必力。故官人而不私以禄,则虽召之,必不来矣;苟无高爵,则虽劝之,必不至矣。虽有孔子之圣,苟无司寇之任,相事之摄,必不能一日安其身于鲁也决矣。此自然之理,必至之符,非可以架空而臆说也。然则为无私之说者,皆画饼之谈,观场之见。但令隔壁好听,不管脚跟虚实,无益于事。只乱聪耳,不足采也。故继此而董仲舒有正义明道之训焉,张敬夫有圣学无所为而为之论焉。夫欲正义,是利之也。若不谋利,不正可矣。吾道苟明,则吾之功毕矣。若不计功,道又何时而可明也!今曰圣学无所为,既无所为矣,又何以为圣为乎!"③士农工商,圣人凡民,莫不是因为有私利才兢兢有为于其事业,这是自然之理,实就之地。董、张二氏明道正义、重义轻利之说,不过是架空而谈,实无益于事。李

---

① 《汉书》(八),中华书局 1962 年版,第 2524 页。李贽严厉批判了董仲舒正义明道之说:"汉之儒者咸以董仲舒为称首,今观仲舒不计功谋利之云,似矣。而以明灾异下狱论死,何也?夫欲明灾异,是欲计利而避害也。今既不肯计功谋利矣,而欲明灾异者何也?既欲明灾异以求免于害,而又谓仁人不计利,谓越无一仁又何也?所言自相矛盾也。且夫天下曷尝有不计功谋利之人哉!若不是真实知其有利益于我,可以成吾之大功,则乌用正义明道为耶?""董氏章句之儒也,其腐固宜。"(《焚书》,中华书局 2009 年版,第 202 页。)在李贽看来,董仲舒不过是一腐儒,其不计功谋利之说,实在是言不顾行、自相矛盾而已。

② 《宋史》(三六),中华书局 1985 年版,第 12775 页。李贽曾评论张栻此说:"嗟乎!世岂尝有无所为而为之事哉!真欺我矣。"(《藏书》第三册,中华书局 1959 年版,第 599 页。)李贽之意,世事皆因人欲、就实利而为;所谓依本心天理无为而为,欺人之谈而已。

③ 《藏书》第三册,中华书局 1959 年版,第 544 页。

贽以为，正义必见其利，明道一定计功，没有功利之事，无从以见道义。所谓
"以无心及无私心尚论无为之学者，皆不根之论，未尝先行之故耳。"①孔子先
难后获之说，就是责人要言顾其行、先行其言，然后有获。明道正义、重义轻利
之说，言不顾行，未先行其言，无根之言而已。

李贽认为，圣人明君，或为富强功利之事，或真得无为之旨，能坚忍不用之
术。果能如此，有为、无为，皆能成事。而囿于功利道义之辨，往往为意见成说
所囿，两头照顾，以求万全、免讥毁。结果是，或"以大有为之资，而不肯自竭
其力，反虑人之疑其为富强功利也。或真得无为之旨，又不能坚忍不用之术，
辄为有为之业所忻艳焉。以故学不成章，无由而达，志不归一，终难成事。"②
"是以终于无成，有为无为皆不可焉耳。"③可见，在李贽眼中，倘能得实利、成
实事，当径往直行，至于有为无为的途径选择，并不重要。

德业、行业：君子儒与小人儒

儒门有所谓"四科十哲"之说："德行：颜渊，闵子骞，冉伯牛，仲弓。言语：
宰我，子贡。政事：冉有，季路。文学：子游，子夏。"④此言孔门翘楚之十哲，才
学各有优长，要皆为可以仕进之弟子。李贽初论儒门四科曰："有德行而后有
言语，非德行则言语不成矣；有德行而后有政事、文学，非德行则政事、文学亦
不成矣。是德行者，虚位也；言语、政事、文学者，实施也。""孔门列四科而首
德行，言其该括于此也。故言德行则三者在其中，非三者则德行将何所见
乎！"⑤德行为儒门四科之首要、总括，是言语、政事、文学等三科之本；然而，没
有言语、政事、文学三科的落实，德行也不过是虚位而已。李贽之意，强调儒门
德行科为其他三科之本，三科则为德行科之体现和功用。

《藏书》化用儒门四科之说，以治平之效为准，分儒臣为德行、文学二门。
德行门下，又分为二：曰德业，曰行业；文学门则包括词学、史学、数学、⑥经

---

① 《藏书》第三册，中华书局1959年版，第544页。
② 《藏书》第三册，中华书局1959年版，第544页。
③ 《藏书》第三册，中华书局1959年版，第545页。
④ 《论语注疏》，北京大学出版社1999年版，第143页。
⑤ 《初潭集》，中华书局2009年版，"初潭集序"第1、2页。
⑥ 数学儒臣又下分产*件、历象、占卜、星相四门。

学、①艺学②等五类。③就此排序而言,李贽无疑更强调儒门德行之重要性。

德行本为"四科"一门,《藏书》又细分之为德业、行业,并详尽阐发如此分类的缘由:"或问于予曰:'德行有二乎?'李生曰:'何可二也! 夫圣人在上,教由于一,成德为行,二之则不是矣。''然则子之分德行为二也,何居?'曰:'去圣既远,学务徇名,非名弗学,非学无名。以名为学,失其本矣。德之与行,虽欲不二,又可得耶? 且夫足乎己无待于外之谓德。韩子固文学之儒也而言德,则圣门之德行是也,君子之儒也,所谓由仁义行者也,是集义也。今无得于心,而日以号于人曰:'我能行道。'则亦小人之儒而已,所谓行仁义者也,是义袭也。由此观之,在子夏已不免为小人之儒矣,况他乎? 彼亲受业于圣门而为高足之徒者,犹尚如是,况千百世之后乎? 在圣人已知其徒之学为儒、学为德行者,必至于是也。故合而言之,盖恐其为小人而不为君子也。盖合之则为君子,分之则为小人。其在今日,则夫教人之为君子者,已不自知其入于小人之归矣。况学者乎? 是故分之,使知其德自德,而行自行,断断乎不容以自诬也。盖分之则为君子,合之则为小人,则亦不得已焉耳矣。嗟嗟! 此何事也? 天地之心,生民之命,万世之平,皆在于此,而可轻乎! 予是以不避忌讳切骨而论之,要使人务实学,道期心得,堕体黜聪,心斋坐忘。则庶乎不愧君子之儒,可以列于德行之科矣。否则矜名誉而误后儒,是圣门之罪人也,岂不痛哉!"④

在李贽看来,孔子合德与行为一门,意在教育弟子德贵在行,君子儒当内心真有德并能见之于行,当"由仁义行"、"集义":行内心实有之德。相反,"小人之儒"无得于心而学务徇名,难免成为"行仁义"者、"义袭"者:口头上说能行道,而实际不能身体力行,此"小人之儒",即便孔门高足子夏之流亦不能免。李贽认为,后世学儒者,多徇名、为名,自甘堕入小人之儒而不知。而当世习儒者,教人做君子,而自己却是言不及行的小人,就是没有认识到德行不可两分的道理。李贽故意分儒门德行科为德业、行业,就是要警醒、劝诫学者,儒学事关家国天下,治平大业,唯有"务实学,道期心得",切己自反、身体力行,才有望成为真正的君子,从而有益于家国天下。

---

①　经学儒臣又下分易经、书经、诗经、春秋、礼经、五经六类。

②　艺学儒臣又下分字艺、书艺、器艺三门。

③　《藏书》第一册,中华书局1959年版,第26—41页。

④　《藏书》第三册,中华书局1959年版,第546页。

儒者总论：法家路数

儒门内外，关于儒者的评判势若水火。《礼记·儒行篇》载孔子说儒十七条，罗列圣贤之儒的言行举止、明其自处及为人处世之道。极言儒者博学、自立、宽裕、忧思、刚毅、尊让等德行，以此示儒者之可敬、可用。①《荀子·儒效篇》也说：儒者道存于身，法先王而隆礼义。其在上位，能够理国政、养百姓；处下位，则能明大义、美风俗。人皆以之为贵，是为国君之宝。② 荀子又以崇礼义、重问学、尚实德为标准，分儒者为大儒、小儒、俗儒、雅儒、陋儒、散儒、腐儒、贱儒等名目。③ 荀子对儒者虽有批判，要在强调儒者之大用而已。而老庄非儒家道德仁义之说；墨子节用、节葬、非乐、非儒，则直接站在儒家对立面，对儒学礼乐之教，进行了严厉批判。法家对儒家儒学的批判，更加尖锐。韩非主张刑名法术之学，以富国强兵、求人任贤、论世治备等为标的，以为"孔子本未知孝悌忠顺之道也。"④儒者所谓忠孝之论、法先王之说等，不过是"为恬淡之学"、"理恍惚之言"、"言出于无法，教出于无用"，⑤无益于事君养亲，实则是诽谤其君亲，如此无法而无用，是"天下之惑术也"。⑥ 韩非又言，儒者精擅礼乐之学，并因之显荣，却不能用于乱世。国家有难用兵士，平常却养此文学之士，如此"所利非所用，所用非所利"，⑦则"国必乱而主必危"。⑧ "儒以文乱法"：⑨"称先王之道，以籍仁义，盛容服而饰辩说，以疑当世之法而贰人主之心。"⑩在韩非看来，儒者实在是社会有害无益的蠹虫罢了。

李贽论儒者，以扶危济困、富国强主、堪当栋梁等实效功利为评判人才标准，要为法家路数。在此标准下，儒者总体被贬抑："独儒家者流，泛滥而靡所适从，则以所欲者众耳。""成大功者必不顾后患，故功无不成，商君之于秦，吴起之于楚是矣。而儒者皆欲之，不知天下之大功，果可以顾后患之心成之乎否

---

① 参见《礼记正义》（下），北京大学出版社1999年版，第1577—1591页。
② 参见王先谦：《荀子集解》（上），中华书局1988年版，第117—118页。
③ 参见《荀子》《儒效》、《非十二子》、《劝学》、《非相》等篇。
④ 王先慎：《韩非子集解》，中华书局1998年版，第466页。
⑤ 王先慎：《韩非子集解》，中华书局1998年版，第467页。
⑥ 王先慎：《韩非子集解》，中华书局1998年版，第468页。
⑦ 王先慎：《韩非子集解》，中华书局1998年版，第450页。
⑧ 王先慎：《韩非子集解》，中华书局1998年版，第450页。
⑨ 王先慎：《韩非子集解》，中华书局1998年版，第449页。
⑩ 王先慎：《韩非子集解》，中华书局1998年版，第456页。

也,吾不得而知也。""儒者皆欲之,于是乎又有居朝廷则忧其民,处江湖则忧其君之论。不知天下果有两头马乎否也,吾又不得而知也。""彼区区者欲选择其名实俱利者而兼之,得乎? 此无他,名教累之也。以故瞻前虑后,左顾右盼。自己既无一定之学术,他日又安有必成之事功耶? 而又好说'时中'之语以自文,又况依仿陈言,规迹往事,不敢出半步者哉!"①"凡有所挟以成大功者,未常不皆有真实一定之术数。唯儒者不知,故不可以语治。"②"儒者终无透彻之日,况鄙儒无识,俗儒无实,迂儒未死而臭,名儒死节狗名者乎! 最高之儒,狗名已矣。""一为名累,自入名网,决难得脱,以是知学儒之可畏也。"③"俗儒之为天下虐,其毒岂不甚哉!"④举凡成大功者,必不顾后患毁誉而可。李贽批判儒者斤斤于名教之训,瞻前虑后,左顾右盼,一方面欲建立世功,另一方面,又要顾及名声,畏惧不前。名实俱利之事不得,便有所谓进退皆忧、时中之说,为自己不能建功去开脱。李贽以为,儒者主张尚三代、法先王,于是,不顾现世,一味依仿陈言,规迹往事,不敢越雷池一步。如此迂腐固陋,非仅不可以语治,相反,会夺民之利,毒害天下。儒者最高者不过死节狗名;鄙俗迂陋者,又为天下之害,儒之不可学,明矣。

　　基于如上儒者观,以往儒教正统观念,在《藏书》中因此被颠倒异位。如李贽一反宋人讥荀学不醇之说,以为荀子才美文雄,"通达而不迂",⑤不应以弟子为恶而罪及乃师,于是列荀卿为德业儒臣之首。又如,李贽以为,治贵适时,学必经世。在宋室危殆蒙受屈辱之时,朱熹只是以正心诚意为说,非当务之急,无以从政安人。朱熹本无学术,党同伐异,"快一己之喜恶,流无穷之毒害,伪学之禁有以也"。⑥ 如此,朱熹虽名列行业儒臣,传记实在文学门之经学儒臣之五经类。此外,董仲舒仅列文学门经学儒臣之春秋类。对董、朱等儒门圣贤贬低之意,不言而喻。

---

① 《焚书》,中华书局 2009 年版,第 224、225 页。
② 《焚书》,中华书局 2009 年版,第 203 页。
③ 《续焚书》,中华书局 2009 年版,第 28 页。
④ 《焚书》,中华书局 2009 年版,第 51 页。
⑤ 《藏书》第三册,中华书局 1959 年版,第 519 页。又见:《宋人讥荀卿》。(《焚书》,中华书局 2009 年版,第 218 页。)
⑥ 《藏书》第三册,中华书局 1959 年版,第 604 页。

二十分识

刘知几云:"夫史才之难,其难甚矣。"①《旧唐书》载其"史才三长"说,具论史才之难:"礼部尚书郑唯忠尝问子玄曰:'自古以来,文士多而史才少,何也?'对曰:'史才须有三长,世无其人,故史才少。三长:谓才也,学也,识也。夫有学而无才,亦犹有良田百顷,黄金满籝,而使愚者营生,终不能致于货殖者矣。如有才而无学,亦犹思兼匠石,巧若公输,而家无梗楠斧斤,终不果成其宫室者矣。犹须好是正直,善恶必书,使骄主贼臣,所以知惧,此则为虎傅翼,善无可知,所向无敌者矣。脱苟非其才,不可叨居史任。自夐古以来,能应斯目者,罕见其人。"②史才三长:才,为史料的编纂、诠释能力;学,指史料的广博、精深程度;识,云善恶在念,秉直而书,旨归治化。三长相较,学为基础,才为学用,识为史务。刘知几道:"史之为务,申以劝诚,树之风声",③"史之为用也,记功司过,彰善瘅恶,得失一朝,荣辱千载",④"物有恒准,而鉴无定识,欲求铨核得中,其唯千载一遇乎! 况史传为文,渊浩广博,学者苟不能探赜索隐,致远钩深,乌足以辩其利害,明其善恶!"⑤可见,史学之要务大用,存诸史识,其要在于风化劝诚,抑恶扬善。良史之史识,在于能探赜索隐,致远钩深,辨利害,明善恶。此类史才,千载一遇,非难而何? 史才"三长"之旨归,实在于史识。⑥

李贽以为,刘知几"'才学'二字,发得明彻,论识处,尚未具也。"⑦其《二十分识》之作,即阐发识、才、胆之间的关系:

有二十分见识,便能成就得十分才,盖有此见识,则虽只有五六分才料,便成十分矣。有二十分见识,便能使发得十分胆,盖识见既大,虽只有

---

① 刘知几:《史通》,上海古籍出版社2008年版,第178页。

② 《旧唐书》(十),中华书局1975年版,第3173页。

③ 刘知几:《史通》,上海古籍出版社2008年版,第140页。

④ 刘知几:《史通》,上海古籍出版社2008年版,第144页。

⑤ 刘知几:《史通》,上海古籍出版社2008年版,第148页。

⑥ 清人章学诚亦云:"才、学、识三者,得一不易,而兼三尤难,千古多文人而少良史,职是故也。""能具史识者,必知史德。德者何? 谓著书者之心术也。""才须学也,学贵识也。才而不学,是为小慧。小慧无识,是为不才。不才小慧之人,无所不至"。(叶瑛:《文史通义校注》(上),中华书局1985年版,第219、536页。)

⑦ 《藏书》第三册,中华书局1959年版,第706页。

四五分胆，亦成十分去矣。是才与胆皆因识见而后充者也。空有其才而无其胆，则有所怯而不敢；空有其胆而无其才，则不过冥行妄作之人耳。盖才胆实由识而济，故天下唯识为难。有其识，则虽四五分才与胆，皆可建立而成事也。然天下又有因才而生胆者，有因胆而发才者，又未可以一概也。然则识也、才也、胆也，非但学道为然，举凡出世处世，治国治家，以至于平治天下，总不能舍此矣，故曰"智者不惑，仁者不忧，勇者不惧"。智即识，仁即才，勇即胆。蜀之谯周，以识胜者也。姜伯约以胆胜而无识，故事不成而身死；费祎以才胜而识次之，故事亦未成而身死。此可以观英杰作用之大略矣。三者俱全，学道则有三教大圣人在，经世则有吕尚、管夷吾、张子房在。空山岑寂，长夜无声，偶论及此，亦一快也。怀林在旁，起而问曰："和尚于此三者何缺？"余谓我有五分胆，三分才，二十分识，故处世仅仅得免于祸。若在参禅学道之辈，我有二十分胆，十分才，五分识，不敢比于释迦、老子，明矣。若出词为经，落笔惊人，我有二十分识，二十分才，二十分胆。呜呼！足矣，我安得不快乎！虽无可语者，而林能以是为问，亦是空谷足音也，安得而不快也！[1]

见识能够生发、扩充人之才与胆。见识为才胆之本，才胆之作用，实因见识而成。识、才、胆即智、仁、勇，求道、治平、出世、处世，非此三者不能。历史英杰，其成事与否，要在于有无智识；三者作用齐全，可成就神圣之功业。李贽自谓就处世而言，胆五才三识二十，免祸而已；参禅学道，则胆二十才十识五，不敢比二教圣人；然就著书立说，落笔惊人而论，识才胆皆为二十分。如上所述，刘知几于"识"本有申论，李贽以为"未具"，其论不允。刘氏之识，为辨利害、明善恶、秉直行的史识；李贽之识，则为见识、智识。刘氏之才学识，归旨风化；李贽之识才胆，意在痛快自己，耸动人心。李贽品评人物，常有惊世骇俗之论，诚源于此二十分之识才胆也。

是非之吊诡

焦竑《藏书》序曰："众人之疑，不胜贤豪者之信，疑者之恍惚，不胜信者之

---

[1] 《焚书》，中华书局 2009 年版，第 155 页。

坚决。余知先生之书当必传,久之,学者复耳熟于先生之书,且以为衡鉴,且以为蓍龟,余又知后之学者当无疑。虽然,此非先生之欲也。有能抉肠剔肾,尽翻窠臼,举先生所是非者而非是之。斯先生忻然以为旦暮遇之矣。"①焦竑评价《藏书》"程量今古,独出胸臆",实乃"蛟龙之兴",超迈俗见之作,势必成为后世之龟鉴。作为李贽知己,他清楚地知道,《藏书》鞭辟入里,颠倒万世定论的是非观,才是作者之本意和《藏书》之真髓。

《藏书》开宗明义,即为李贽之是非观:

> 李氏曰:人之是非,初无定质;人之是非人也,亦无定论。无定质,则此是彼非,并育而不相害;无定论,则是此非彼,亦并行而不相悖矣。然则今日之是非,谓予李卓吾一人之是非,可也;谓为千万世大贤大人之公是非,亦可也;谓予颠倒千万世之是非,而复非是予之所非是焉,亦可也。则予之是非,信乎其可矣。前三代,吾无论矣。后三代,汉、唐、宋是也。中间千百余年,而独无是非者,岂其人无是非哉?咸以孔子之是非为是非,故未尝有是非耳。然则予之是非人也,又安能已?夫是非之争也,如岁时然,昼夜更迭,不相一也。昨日是而今日非矣,今日非而后日又是矣。虽使孔夫子复生于今,又不知作如何是非也,而可遽以定本行罚赏哉!老来无事,爱览前目,起自春秋,迄于宋元,分为纪传,总类别目,用以自怡,名之曰《藏书》。藏书者何?言此书但可自怡,不可示人,故名曰《藏书》也。而无奈一二好事朋友,索览不已,余又安能以已邪?但戒曰:"览则一任诸君览观,但无以孔夫子之定本行罚赏也,则善矣。"②

李贽认为,历史上的是非观,因人因时而变,本无定质;作为源本于一定是非观的史论,也当随之而变化,不应有万古不易之定论。既无定论,学者自持其是非,各言其所见,各种是非史论当并行不悖可矣。至于孔子的是非,仅仅是其时其人的是非;前后于孔子时代,也各自有其是非,不可执定孔子一人是非为万世不易之是非。

---

① 《藏书》第一册,中华书局 1959 年版,"焦序"。
② 《藏书》第一册,中华书局 1959 年版,第 1 页。

　　李贽史著最为显著的特点，就是从历史实际出发，以讲求实效为是非原则，对历史事实和人物作独出心裁之论：以"混一诸侯"结束战乱统一国家事业为准，他认为向被视作残暴的秦始皇"自是千古一帝也"；①五代时历仕四朝十余君之冯道，历来被当做无廉耻之臣。李贽从安民养民实为事关社稷安危之本来看，赞扬冯道自有其学术："谯周、冯道诸老宁受祭器归晋之谤，历事五季之耻，而不忍无辜之民日遭涂炭，要皆有一定之学术，非苟苟者。"②冯道"安养斯民"，使"百姓卒免锋镝之苦"，实为"吏隐"、"真长乐老子也"；③"新寡"卓文君和司马相如私奔，坏男女大防，为儒教正统所不齿。而李贽看重两人互为知己，"云从龙，风从虎"，"归凤求凰"，"正获身，非失身"。应当"忍小耻而就大计"，以免"徒失佳偶，空负良缘"云云。④李贽著史以自适为念，故其能独出胸臆、一切断以己意；又以治平之实地为旨归，故能以实际效用评判历史人物，得出迥然不同以往的史论评断。

　　学者史论，就学术研究而言，只要持之有故，言之成理，其各持一己之是非以褒贬人物，自无不可。然而，从《春秋》始，儒教社会史论褒贬，从来就不单纯是学术问题，而时刻攸关礼教风化、道德是非，从而与社会治乱密切相关。訾议孔子是非为不足据，其本质即质疑儒教社会统治思想之基础；惊世骇俗，务反儒教定见之史论，实际上已经触犯了儒教社会道德观念底线。所以其不见容于官方正统，乃至最后因此坐实敢倡乱道、惑世诬民之罪名，终有杀身之祸，也是其来有自的。⑤

----

　　①　《藏书》第一册，中华书局 1959 年版，第 3 页。还可关注的是，李贽在《开国小叙》中论明太祖功德，亦有"我太祖高皇帝盖千万古之一帝也"之说。(《续焚书》，中华书局 2009 年版，第 51 页。)

　　②　《焚书》，中华书局 2009 年版，第 225 页。

　　③　《藏书》第四册，中华书局 1959 年版，第 1140—1142 页。

　　④　《藏书》第三册，中华书局 1959 年版，第 624—626 页。

　　⑤　儒教社会官方正统对《藏书》之深恶痛绝，以张问达、四库馆臣为代表。张问达劾奏李贽，即以其史论为最为重要的证据。(《明实录·神宗实录》卷 369，《明实录》第 59 册，中央研究院历史语言研究所，第 6917—6919 页。)四库馆臣痛斥《藏书》曰："贽所著《藏书》为小人无忌惮之尤"(《续藏书》条)，"贽书皆狂悖乖谬，非圣无法。唯此书排击孔子，别立褒贬，凡千古相传之善恶，无不颠倒易位，尤为罪不容诛。其书可毁，其名亦不足以污简牍。特以贽大言欺世，同时若焦竑诸人，几推之以为圣人。至今乡曲陋儒，震其虚名，犹有尊信不疑者。如置之不论，恐好异者转矜创获，贻害人心。故特存其目，以深暴其罪焉。"(《藏书》条)(《钦定四库全书总目(整理本)》(上)，中华书局 1997 年版，第 702 页。)

李贽史论之学术和社会价值如何，即便是当时士人，也存在着激烈的争论，不可遽定是非、一概而论。① 需要强调的是，从李贽关注治平事业，谋求有明皇朝富强和长治久安之本意来讲，其针砭历史，有着强烈的现实关照，李贽虽看似出家僧，实际上心中充满着儒家治世情怀的。然而，儒家思想之大纲为修齐治平，四者环环相扣，虽从"壹是皆以修身为本"开始，最终是一定要落实在治平事业上的。否则，单单是修身，就和佛老二教无别了。深究李贽思想，大致是用佛教解决自身性命下落问题之后，试图通过著书立说，将全副生命寄托于万世治平事业上的。因此，当李贽最终身陷图圄，金吾讯问："若何以妄著书"时，李贽倔强而自信地回答："罪人著书甚多，具在，于圣教有益无损。"②实际上，这句话完全可看做是孤臣孽子肺腑之言的。刁诡的是，儒教与二教理论根本不同，李贽深根于二教理论之学术创新，与儒教社会孔孟礼法本质上格格不入。于是，其志在治化，一生心血所系之《藏书》，不过成就了非圣无法、惑世诬民之名而已。

二、《四书》论说

明儒：以《四书》学为根底

有明一代，唯《四书》之学为盛。《四库》馆臣追溯《四书》源流，评价明代《四书》之学道："《论语》、《孟子》，旧各为帙；《大学》、《中庸》，旧《礼记》之二篇。其编为《四书》，自宋淳熙始。其悬为令甲，则自元延祐复科举始。古来无是名也。"③"明代儒生，以时文为重，时文以《四书》为重。"④"《四书》定于朱子。《章句集注》，积平生之力为之，至垂没之日，犹改定《大学》'诚意'章句，凡以明圣学也。至元延祐中，用以取士，而阐明理道之书逐渐为弋取功名之路。然其时经义、经疑并用，故学者犹有研究古义之功。今所传袁俊翁《四书疑节》、王充耘《四书经疑贯通》、詹道传《四书纂笺》之类，犹可见其梗概。至明永乐中，《大全》出而快捷方式开，八比盛而俗学炽。科举之文，名为发挥

---

① 参见本书《导论》相关介绍。
② 《焚书》，中华书局 2009 年版，"李温陵传"，第4—5页。
③ 《钦定四库全书总目》(整理本)(上)，中华书局 1997 年版，第454页。
④ 《钦定四库全书总目》(整理本)(上)，中华书局 1997 年版，第485页。

经义，实则发挥注意，不问经义何如也。且所谓注意者，又不甚究其理，而唯揣测其虚字语气以备临文之模拟，并不问注意何如也。盖自高头讲章一行，非唯孔、曾、思、孟之本旨亡，并朱子之《四书》亦亡矣。今所采录，唯取先儒发明经义之言。其为揣摩举业而作者，则概从删汰。唯胡广《大全》既为前代之功令，又为经义明晦、学术升降之大关，亦特存之，以著明二百余年士习文风之所以弊。盖示戒，非示法也。"①《四库全书总目·四书大全》道：明代《四书大全》"二百余年，尊为取士之制者也"。"当时程式，以《四书》义为重，故《五经》率皆庋阁，所研究者唯《四书》，所辨订者亦唯《四书》。后来《四书》讲章浩如烟海，皆是编为之滥觞。盖由汉至宋之经术，于是始尽变矣。特录存之，以著有明一代士大夫学问根底具在于斯，亦足以资考镜焉。"②

由上可见，南宋淳熙年间（1174—1189 年），《大学》、《中庸》、《论语》、《孟子》始合称《四书》。元代延祐年间（1314—1320 年），设《四书》为科举考试内容。《四书》本为阐明儒道之书，及其成为科考取士之依据时，便逐渐变为弋取功名之途径。明代官修《四书大全》会聚诸家注释，定为取士之制，该书虽粗鄙，然开了求功名的快捷方式，成为明代士人学问根底。重《四书》之义的科举盛行之后，不但《五经》乏人问津，即便是八股《四书》之文，名为发挥本经经义，实则不问经义只是关注程朱等注释者之意。非仅如是，为牟取功名计，八股文章之作，唯着意于揣测出题者心思，而非在意于《四书》注释者之意。如此以来，不但《四书》本旨无从了解，即便是程朱人等注疏原意，也没有人关注了。

李贽儒学研究论著中，除了耿李论战中围绕儒学的相关论题，以及《焚书》中有关篇章之外，其对《四书》最为集中的表述，便是完成于万历二十五年（1597 年）之《道古录》（又名《明灯道古录》）。③《道古录》分上卷 18，下卷

① 《钦定四库全书总目》（整理本）（上），中华书局 1997 年版，第 481 页。
② 《钦定四库全书总目》（整理本）（上），中华书局 1997 年版，第 473 页。
③ 署名李贽的儒学著作尚有《说书》和《四书评》。《说书》又称《李氏说书》，《千顷堂书目》载：李贽《李氏说书》九卷（《千顷堂书目》，上海古籍出版社 2001 年版，第 90 页）。今传《李氏说书》是一部伪书。（崔文印：《今传本〈李贽说书〉真伪考》，见《中国哲学》第一辑，三联书店 1979 年版，第 309—316 页。）李贽自称《说书》写作缘起曰："因学士等不明题中大旨，乘便写数句贻之，积久成帙，名曰《李氏说书》，中间亦甚可观。如得数年未死，将《语》、《孟》逐节发明，亦快人也。"（《焚书》，中华书局 2009 年版，第 7 页。）可见，《说书》是随机之作，意在讲述八股要义，是为

24，共 42 章，是李贽与刘东星（字子明，号晋川）、刘用相（刘东星子）、刘用健（刘东星侄）、怀林（李贽随从）四人讨论《四书》的记录，书经李贽过目，刘用相、刘用健二人整理辑录而成。①《道古录》主要讨论《大学》、《中庸》要旨，兼涉《论语》、《孟子》、《诗经》、《尚书》等内容。

李贽《四书》论

1. 几希：人兽之别

儒学修身之学，首要在于提出"几希"，亦即人兽之别问题。"几希"之说，出自《孟子·离娄下》："人之所以异禽兽者几希，庶民去之，君子存之"，②《孟子注疏》云："小人去其异于禽兽之心，所以为小人也；君子知存其异于禽兽之心，所以为君子也。"③"几希"意在说明君子小人之别，完全是看其如何对待"异于禽兽之心"，存之，则为君子，舍之，便是小人。

《道古录》中载"'人与禽兽全然不同，孟子何以但言"几希"？'曰：'禽兽虽殊类，然亦有良知，亦有良能，亦知贪生，亦知畏死，亦知怕怖刑法，何尝有一点与人不同，只是全不知廉耻为可恨耳。若人则必有羞恶之心。是其稍稍不同于禽兽者，赖有此耳。非"几希"而何？所赖者正以有此"几希"之异，故可以自别于禽兽，而所患者又以所异不过只于"几希"，亦容易遂入于禽兽也。

科考举子应试所作的"场下时文"。李贽对《说书》颇为看重和自信，其《自刻说书序》云："此书有关于圣学，有关于治平之大道"，"倘有大贤君子欲讲修、齐、治、平之学者，则余之《说书》，其可一日不呈于目乎？"（《续焚书》，中华书局 2009 年版，第 62 页。）《说书》原书已佚，《焚书·复焦弱侯》（《焚书》，中华书局 2009 年版，第 47 页。）中有《说书·不患人不己知患己不能》篇，可见《说书》体例和大概。《四书评》明清以来一直被视为是伪书。侯外庐则认为《四书评》系李贽所作，因为该书"精神内容、文字风格与李贽其他著作吻合，《提要》仅指为'相传'系叶所伪撰，可能即本周亮工之说，并未确证。因此，仍定为李贽的著作"。（侯外庐主编：《中国思想通史》第四卷下册，人民出版社 1960 年版，第 1050 页。）崔文印等后来提出反驳，重新认定《四书评》系伪书。（参见本书《导论》。关于《四书评》真伪问题争论情况，详见任冠文：《李贽史学思想研究》，广西师范大学出版社 1999 年版，第 42～54 页。）《四库》馆臣云："明人喜作伪本"，（《钦定四库全书总目（整理本）》（上），中华书局 1997 年版，第 37 页。）而古书证伪，要在实据，以意证伪，势必见仁见智，徒起争议。查《千顷堂书目》、《明史·艺文志》等，李贽著作中并无《四书评》。《四库》馆臣博极群书，学识精深，其论要为有所根据，当为定论。

　① 《道古录》著作缘起，参见《道古录引》、《书道古录首》，见《李贽全集注》第 14 册，社会科学文献出版社 2010 年版，第 227、334 页。

　② 《孟子注疏》，北京大学出版社 1999 年版，第 223 页。

　③ 《孟子注疏》，北京大学出版社 1999 年版，第 224 页。

是以庶民不知"几希"之可惧，而遂去之，以入于禽兽之中；而唯君子知此"几希"之有赖，每兢惕以存之，而遂自异于禽兽之伦焉。故言"几希"，正以见其大可畏，而又有大可喜者在焉耳。若舜也，禹也，汤也，文、武也，周公、孔子也，皆所以存此"几希"者，所谓君子也。岂其初真有异于禽兽哉？亦曰存之而已。存之者初无难事，异之者不过几希。而其究也，一为圣贤，一为禽兽，天渊悬矣。呜呼！可不存与！若我则私淑夫子之道者也，其亦幸免于禽兽之归哉！此孟子志也。'"①李贽认为，"几希"之意，在于强调人与禽兽之分别。人兽皆有贪生畏死、怕怖刑法之良知良能，其细微之别，不过是人有廉耻、羞恶之心，而兽无之。为兽为人，即在于人能否兢惕以存此廉耻、羞恶之心，以自异于禽兽之伦。"几希"之大可畏者，在于人兽细微之别；其大可喜，在于存此"几希"可为圣贤。作为私淑孔子之道的孟子，正是因为存此"几希"，所以避免了堕入禽兽，而成为圣贤。可见，人兽天渊之别，不过是"几希"存之与否，故当戒慎存之。

2. 人心道心：危微不同，圣凡自别

"几希"人兽之别，是说人要保有异于禽兽之心，即廉耻羞恶之心。就儒家本意来讲，此为强调人格之最低限度。然而，仅停留在"几希"人兽之别，亦不足展现儒家圣贤人格之实质，于是，有进一步"人心"、"道心"的分别。李贽就此展开讨论："'《虞书》云：人心、道心，便是两心。心安有两也？'曰：'心，一也。自其知觉运动而为各人所发用者，谓之"人心"；自其主宰此知觉运动而为天地人物大根底者，谓之"道心"。人心不同，有如其面。即以嗜欲一端言之：南人食稻，而北人食粟；即北人又有喜食稻，而南人又有喜食粟者。至于七情之发，其为不同也益甚。故有一喜则百草生色，一怒则群雄丧胆者；亦有一喜则倾国倾城，一怒则伏尸流血者。其为危险可畏，莫如人心之甚，岂不"唯危"也哉！盖身之安危，国之兴亡，实系之矣。若夫道心，则无声无臭，不睹不闻，岂不是极微妙不可窥测之理乎？一危一微，而人心、道心，从此遂分。然微者既听其自微，而不知潜心以究之；危者又听其自危，而不知立本以定之。于是危者益危，非但知觉运动之僻者，破国亡躯，卒与败草腐木同归灰烬；即知觉运动之正者，令人歆艳夸述，亦不过草木偕春而已，至秋而生意亦尽，无复有

存矣。其危而可畏，一至于此！故圣人重之慎之，兢之剔之，如履薄冰，如临深渊，恐其猝死于危险之中而不能自活也。然则当如何？人心果有二乎，天下安得有两心之人也！人心果无二乎？而危微不同，圣凡自别，又安得而不谓之二也？二之不得，不二又不得，于是乎圣人有精微之功焉。精微之功，生知者自别。而生知者绝少，故其次为学知；学知者十倍于生知。学知而不得，故其又次为困知；困知者百倍于生知，则没身不懈矣，弗得弗措矣。如是而精之，有不至于一贯之极乎？夫子之一贯，盖学而知之者也。故曰："假我数年，五十以学《易》。"吾盖发愤而不知老之将至矣。其精也如此，是以能一，是以能继尧舜之统，而执万世之中于不坠也。'"①

　　"人心"、"道心"之说，出自《尚书·大禹谟》。其曰："人心唯危，道心唯微；唯精唯一，允执厥中"，②宋明理学家名之曰"十六字心传"，称为儒学传授心法，推崇为圣人之教，视为儒学思想精髓之一。③朱熹尝论"十六字心传"曰："心之虚灵知觉，一而已矣，而以为有人心、道心之异者，则以其或生于形气之私，或原于性命之正，而所以为知觉者不同，是以或危殆而不安，或微妙而难见耳。然人莫不有是形，故虽上智不能无人心，亦莫不有是性，故虽下愚不能无道心。二者杂于方寸之间，而不知所以治之，则危者愈危，微者愈微，而天理之公卒无以胜夫人欲之私矣。精则察夫二者之间而不杂也，一则守其本心之正而不离也。从事于斯，无少间断，必使道心常为一身之主，而人心每听命焉，则危者安、微者著，而动静云为自无过不及之差矣。"④朱子以为，心不过是虚灵知觉。然就其寓于人形，生于形气之私者，为人心；而源于人性，本之人性命之正，则为道心。无论上智下愚，一心当中，都是既有危殆不安的人心，也有微妙难见的道心，如果不能存天理去人欲，则人心危者愈危，道心微者愈微。

---

　　①　《李贽全集注》第14册，社会科学文献出版社2010年版，第232页。

　　②　《尚书正义》，北京大学出版社1999年版，第93页。

　　③　（清）阎若璩《尚书古文疏证》以为此"十六字心传"实袭用《荀子》、《论语》之语，为古文《尚书》作伪而成。（参见《尚书古文疏证》（上），上海古籍出版社2010年版，第122—125页。）即便准阎氏之说，至多证伪《尚书·大禹谟》文本本身。而"十六字心传"，一则，文字源自孔荀著作，在儒学门庭之内；二则，自程朱起，"十六字心传"已成为宋明理学探讨之重要问题。将"十六字心传"置于儒教社会后期，设定为宋明儒学之核心问题，是成立的。总之，文本可能作伪，作为儒学，尤其是宋明理学重大问题，不伪。

　　④　《四书章句集注》，中华书局1983年版，第14页。

安顿道心人心之要,即在于以精一、用中的功夫,使道心不杂、不离于人,并使得人心听命于道心。

在李贽看来,人心是知觉发用,表现为人之情欲各不相同。人心发用,一念喜怒之间而已,其僻者,破国亡躯;正者,亦不过自然生灭而已。正僻之间,都不足以显现人之所以为人者,因此,人心危险可畏之甚。所谓道心,是天地人物之根本,极微妙不可窥测之理。人心知觉运动危殆,须以道心立其本以主宰之。道心非人感官知觉所能直接把握,必须人心存戒慎恐惧,潜心追究始能得之。道心、人心看似二心,实则一心。圣人凡人的区别,即在于能否以微妙道心主宰危险之人心。道心修为养成,主于学而知之,有赖于精一不懈,十倍百倍于"精微之功"。

3. 天道、人道

儒家"于道最为高"。①《中庸》言儒学之道,包括天道和人道两部分:"诚者,天之道也;诚之者,人之道也。诚者不勉而中,不思而得,从容中道,圣人也。诚之者,择善而固执之者也。"②朱熹释之曰:"诚者,真实无妄之谓,天理之本然也。诚之者,未能真实无妄,而欲其真实无妄之谓,人事之当然也。圣人之德,浑然天理,真实无妄,不待思勉而从容中道,则亦天之道也。未至于圣,则不能无人欲之私,而其为德不能皆实。故未能不思而得,则必择善,然后可以明善;未能不勉而中,则必固执,然后可以诚身,此则所谓人之道也。"③天道为诚,真实无妄,是天理之本然、人事之当然。圣人之德,不过是不思不勉从容于中道而体现天道。人道则为诚之,指有人欲之私,未能成圣者,当知择善而固执,借以诚其身以就真实无妄之实地。

关于天道、人道,《道古录》云:"'思知人,不可以不知天。'而天道则不勉不思,而从容自中,所谓'诚者'也。思知天又不可以不知人。而人道则必详择此不勉不思从容自中之善,而固执之不敢失,所谓'诚之者'也。故诚者,其道自然,是谓至善,是以谓之'天'也;诚之者,之其所自然,是谓'择善',是以谓之'人'也。故道以诚为至,而学以思诚为功。天固未始不为人,人亦未始不为天。则我为'诚之',亦为'诚者'。而修身之事毕矣,岂别有修之之功哉!

---

① 《汉书》(六),中华书局 1962 年版,第 1728 页。
② 《四书章句集注》,中华书局 1983 年版,第 31 页。
③ 《四书章句集注》,中华书局 1983 年版,第 31 页。

我自有天,而我自知之耳;我自有人,而我自知之耳。一诚焉已矣,一善焉已矣。故中间两言'所以行之者',一指此'诚'也,指此'善'也。善即诚而诚即善,一实理而无以尚。自其真实不虚曰'诚',自其物莫能尚曰'善',又一也。故次言明善诚身,终言择善固执。明则待于择,择则无不明。"①"诚意贵矣,诚意则好恶合天,是故不可以不知天;诚身要矣,诚身则天人一道,是故不可以不知人。是故《大学》言诚意,必先致知;《中庸》言诚身,必先明善也。善明则身自诚,而成己成物,时措之咸宜,无假借也。知至则意自诚,而好好恶恶,到处皆自慊,无造作也。"②所谓天道,即天真实不虚之"诚"。此诚不待思考、努力,便能从容于中道,为天自然而然的表现。天道自其真实不妄而言,为诚;自其自然而然、物莫能尚来说,为至善。因此,至善即诚,诚即至善,同归于"天理之本然"。明此天道,即为知天。所谓人道,即明天道之所以然,以思诚、行诚的明善、择善之事,做自身修养功夫。理解人道择善、诚之的意思,便是知人。天道人道,两者原本密切相关:天道之诚,有赖于人的认知;人道择善"诚之",实为天道的落实。知人在于诚意,使得自身好恶合天道,是故不可以不知天;明善才能诚身,使天道落实于人,为人处世得其所宜,所以当知人。《大学》《中庸》言诚意、诚身,即此知人、知天,天人合一之事也。

由上可见,李贽所谓天道,即天自然之诚,形上而精微,实为道德本体;人道,其内容为知天、知人,明善、择善之事,为天道落实之功夫。

4. 尽性与至诚

道以诚为至,而至诚之道,在于尽性。《中庸》二十二章曰:"唯天下至诚,为能尽其性;能尽其性,则能尽人之性;能尽人之性,则能尽物之性;能尽物之性,则可以赞天地之化育;可以赞天地之化育,则可以与天地参矣。"③二十三章云:"其次致曲,曲能有诚,诚则形,形则著,著则明,明则动,动则变,变则化,唯天下至诚为能化。"④朱熹解曰:"盖人之性无不同,而气则有异,故唯圣人能举其性之全体而尽之。其次则必自其善端发见之偏,而悉推致之,以各造其极也。曲无不致,则德无不实,而形、著、动、变之功自不能已。积而至于能

---

① 《李贽全集注》第 14 册,社会科学文献出版社 2010 年版,第 315 页。
② 《李贽全集注》第 14 册,社会科学文献出版社 2010 年版,第 292 页。
③ 《四书章句集注》,中华书局 1983 年版,第 32 页。
④ 《四书章句集注》,中华书局 1983 年版,第 33 页。

化,则其至诚之妙,亦不异于圣人矣。"①至诚之人,能尽人、物之性,所以能辅佐天地,化育万物。圣人者,能够尽自身性之全体;等而次之者,尽性有偏,但如能长久用功,努力尽性,也可达到圣人境界。

李贽诠释上述两章曰:"尽性之道,唯至诚能之。盖性尽则洞彻到底,不留一尘矣,故曰尽性。性尽则人性亦尽,物性亦尽。何也? 人、物与我同一性也。若犹见有人,犹见有物,未为能尽其性也。性尽则化育在我,参赞自我。何也? 天地与我同一性也。若化育不自我,参赞不自我,犹未为能尽其性也。故中和一致,而天地自我乎位,万物自我乎育。呜呼,至矣! 非虚言也。"②"夫至诚则无事矣。未至于诚,必有物以蔽之;蔽则不亮,而未免于自欺。故必物格知至,而后意诚。此《大学》所以言格物也。诚之未至,必有物以遏之;遏则不直,而不能以通流。故必致曲通碍,而后诚至。此《中庸》所以言致曲也。致曲则疏畅直达,诚自在矣。诚则形不可遏也,形则著自日章也,著则明遂光显也。然形则犹滞于象,滞则尚未活动,著则犹著于影,著则尚未变通,明则尚疑有光景,景则迹未融。而诚尚在,非化也;化则乃可以言至诚。故曰:'唯天下至诚为能化。'"③洞彻天、地、人、物之性,则知其原本皆与我同性。因此,能尽我之性,则人、物、天、地之性皆尽。"天命之谓性",我倘能本此天命未发之中,行此天命发而皆中节之和,则天地安其所、人物遂其生,便能实现人参赞天地、化育万物的功能和作用。尽性之道,在于诚实不欺。不能至诚者,是因为自欺,是有物遮蔽、阻碍了诚的显现、流通。须以《大学》格物致知功夫,以达成意诚之地。以《中庸》"致曲"基础上达到"化"境,才能至诚而尽性。

5. 尊德性与道问学:知天与知人

儒学为天人合一之学,天人合一,首在知天、知人,此实与"尊德性"、"道问学"有关。《中庸》道:"大哉圣人之道! 洋洋乎! 发育万物,峻极于天。优优大哉! 礼仪三百,威仪三千。待其人而后行。故曰苟不至德,至道不凝焉。故君子尊德性而道问学,致广大而尽精微,极高明而道中庸。温故而知新,敦厚以崇礼。"④圣人之道,至大无外,至小无间,必有至德之人,才能施行。君子

---

① 《四书章句集注》,中华书局1983年版,第33页。
② 《李贽全集注》第14册,社会科学文献出版社2010年版,第310页。
③ 《李贽全集注》第14册,社会科学文献出版社2010年版,第311页。
④ 《四书章句集注》,中华书局1983年版,第35页。

欲修道，必定要敬奉天赋德性，由勤学好问行致知功夫；学到地道之广大与育物之精微；极尽天德高明又通达中庸之理。既能温寻故事，又能了然新知，敦厚重学以尊崇礼乐教化。

李贽阐发尊德性与道问学之意，曰："《中庸》一书，皆圣人修道之教也，道问学之事也。""大抵《中庸》一书，专言尊德性之事，此则尧舜以来相传之学，夫子不能异也。"①可见，在李贽眼中，尊德性与道问学，实为《中庸》主要内容，李贽因之论之尤详："人之德性，本自至尊无对，所谓独也，所谓中也，所谓大本也，所谓至德也。然非有修道之功，则不知慎独为何等，而何由致中，何由立本，何由凝道乎？故德性本至尊无对也，然必由问学之功以道之，然后天地之间至尊、至贵、可爱、可求者常在我耳。故圣人为尊德性，故设许多问学之功；为慎独、致中，故说出许多修道之教。《中庸》一书，皆圣人修道之教也，道问学之事也。此道问学与尊德性所以不容有二也。岂可谓尊德性便不用道问学乎？正欲人道问学以尊吾之德性耳。

"是故德性本至广也，本至大也，所谓'天下莫能载'是也。而又至精焉，至微焉。精则虞廷之'唯精'，微则虞廷之'唯微'。而《中庸》亦曰'夫微之显'，曰'莫显乎微'，其所以状吾德性之精微者，至矣，极矣！夫广大也而又精微，不可以见吾德性之尊乎？德性本至高也，本至明也，虽昭昭之天，不足以比其明，苍苍之天，不足以拟其高者也。而又至中焉，至庸焉。中则无东西南北之可拟，无方所定位之可住，是故不得已焉强而名之曰'中'。中则人皆可能，诚则本自无息，所以为万世不易之常，千古不朽之德者在是，非庸而何？夫高明也而又中庸，又不可以见德性之尊乎？

"德性之来，莫知其始，是吾心之故物也。是由今而推之于始者然也。更由今而引之以至于后，则日新而无敝。今日新也，明日新也，后日又新也，同是此心之故物，而新新不已，所谓'日月虽旧，而千古常新'者是矣。日月且然，而况于德性哉？其常故而常新也如此，又不可以见德性之尊乎？博厚如地，虽足为厚，未足比吾德性之厚也。是犹为自上而之下也。更由下而之上，则可以筑九层之台也，可以造凌霄之宫也，可以建凌云之阁也，所谓弥坚而愈不可钻，又极高而愈不可仰者矣。何其所厚者愈敦愈固，其所谓礼者又日隆日崇乎！

①　《李贽全集注》第 14 册，社会科学文献出版社 2010 年版，第 259、260 页。

是谓忠信之足以进德也,充实之可以光辉也,敦化之自然川流也,德性之尊又不可见乎? 合而观之,皆德性也。而人不知所以尊之,是故有道问学之功焉。苟不知问学之功,则广大谁为之致,精微谁为之尽,高明谁为之极,中庸谁为之道? 而所以温、所以敦,又谁为之哉? 故圣人重问学焉。重问学者,所以尊德性也。能尊德性,则圣人之能事毕矣。"①

德性本身兼具广大、精微、高明、博厚、中庸等内容,常故而常新,充实而敦化,因此,至为尊贵,可爱可求。然而,德性虽至尊无对,人们却不知尊崇,必须用问学之功加以引导,德性之光才能显现。因此,圣人能事,不过特别看重问学功夫,借此以尊德性而已。道问学,是为了尊德性;尊德性,落实于道问学。《中庸》一方面专言尊德性之事;另一方面,其修道之教云云,也是讲明道问学之功。两者不容有二,其实一也,意在知天、知人而已。

6. 中庸

(1)道②中庸

关于中庸之义,郑玄以为,庸,用也。中庸,即中和之为用。③ 朱熹道:"中者,不偏不倚、无过不及之名。庸,平常也。"④"唯其平常,故不可易;若非常,则不得久矣。"⑤《中庸章句》引"子程子曰:'不偏之谓中,不易之谓庸。中者,天下之正道;庸者,天下之定理。'"⑥可见,所谓"中",即中和、正道,不偏不倚、无过无不及。所谓"庸",一则为用中之道;再则为平常长久之道;又是不能变易之天下定理。

李贽概论中庸曰:"中则无东西南北之可拟,无方所定位之可住,是故不得已焉强而名之曰'中'。中则人皆可能,诚则本自无息,所以为万世不易之常,千古不朽之德者在是,非庸而何?"⑦"循吾未发之中,执吾不易之庸。"⑧

---

①　《李贽全集注》第14册,社会科学文献出版社2010年版,第259—260页。

②　"道,通也","通达于中庸之理也。"(《礼记正义》(下),北京大学出版社1999年版,第1456页。)

③　《礼记正义》(下),北京大学出版社1999年版,第1422页。

④　《四书章句集注》,中华书局1983年版,第17页。

⑤　《朱子语类》(四),中华书局1986年版,第1481页。

⑥　《四书章句集注》,中华书局1983年版,第17页。

⑦　《李贽全集注》第14册,社会科学文献出版社2010年版,第259页。

⑧　《李贽全集注》第14册,社会科学文献出版社2010年版,第283页。

"盖道有至者,中庸则道之至也。至则绝不可以智力勉强而能"。① 李贽之
"中",是指本然存在于情欲未萌时无偏、中和的状态。"庸"与"中"、"诚"相
关:"中"人人具备,为万世不变之常;"诚",恒久不息,为千古不朽之德。此
"中"、"诚"所致不变、不息之常、之德,则为"庸"。因此,李贽所谓"中庸",即
中、诚所致无偏、中和,恒久不息、不易的状态。中庸为道之极致,自然而至,不
待人智力勉强而为。

(2)用中庸

《中庸》第九章:"子曰:'天下国家可均也,爵禄可辞也,白刃可蹈也,中庸
不可能也。'"②第十一章:"子曰:'素隐行怪,后世有述焉,吾弗为之矣。君子
遵道而行,半途而废,吾弗能已矣。君子依乎中庸,遁世不见知而不悔,唯圣者
能之。'"③十二章:"君子之道费而隐。夫妇之愚,可以与知焉;及其至也,虽
圣人亦有所不知焉;夫妇之不肖,可以能行焉;及其至也,虽圣人亦有所不能
焉。天地之大也,人犹有所憾。故君子语大,天下莫能载焉;语小,天下莫能破
焉。《诗》云:'鸢飞戾天,鱼跃于渊。'言其上下察也。君子之道,造端乎夫妇;
及其至也,察乎天地。"④治平天下、辞爵禄、蹈白刃三事,为天下至难,然而皆
可力致。了解中庸之道,则有赖于精熟天道本然,行乎平常自然,看似容易,其
实殊为难能。所谓用中庸,是指不计毁誉,依中遵道而行,这只有圣人才能做
到。而天地之道,极广大而尽精微,圣凡皆能尽其所能,勉力知之、行之。君子
更当知遵道而行,勉力而为,不能半途而废。然而,要完全知行天地之道,则圣
人也做不到。

李贽讨论上述用中庸之道曰:"既说'唯圣者能',则不必曰'中庸不可
能'。盖唯中庸不可能,故非圣人则必不能;圣人之能,能其所不可能者耳。
今天下之事,凡可以容吾力者,人无不竭力以为之。如天下之均,爵禄之辞,白
刃之蹈,此皆世间第一等难能之事。然以天下之众,而能使之均平若一人;以
天下之大,与之而不屑受。此固难矣,犹谓所重者身耳。至于白刃之蹈,则生
死且不顾,身亦度外物矣。即此三者,人皆可能。可见天下无不能之人,人无

---

① 《李贽全集注》第14册,社会科学文献出版社2010年版,第285页。
② 《四书章句集注》,中华书局1983年版,第21页。
③ 《四书章句集注》,中华书局1983年版,第21—22页。
④ 《四书章句集注》,中华书局1983年版,第22—23页。

不能之事，凡稍可致力，人争勉焉，则以可能故也。"

"若中庸者，费矣而隐；既已隐，则虽神眼不能窥。微矣又显；既已显，则虽神力莫能遏。其奈之何哉！故曰不可能也。又曰：'中庸其至矣乎，民鲜能久矣！'又曰：'虽圣人亦有所不能焉。'盖世人但知百姓与夫妇之不肖不能，而岂知圣人之亦不能也哉！以故告之曰：'尔勿谓圣人能是也！'自我言之，圣人所能者，夫妇之不肖可以与能，勿下视世间之夫妇为也。此一'与'字，下得甚妙。若说夫妇所不能者，则虽圣人亦必不能，勿高视一切圣人为也。此一'虽'字，下得又甚妙。盖道有至者，中庸则道之至也。至则绝不可以智力勉强而能，故说'莫能载'、'莫能破'、'上下察'等。若曰非但圣人所不能也，是天地亦且不能。若不极言其至，非但夫妇可与能也，虽微而鸢鱼，察而飞跃，皆可与能之耳。以此观之，彼天下之均，爵禄之辞，白刃之蹈，皆极其力之所可能。鸢鱼类耳，夫妇等耳，曷足怪哉！是又安足道耶！庄生谓'尘渣秕糠'、'陶铸尧舜'，岂荒唐语耶？正与先正'尧舜事业一点浮云过目'相合。"①

凡人力可为者，虽至为艰难，也是圣凡皆能勉力而为之的，就此而言，天下无不能之人，人无不能之事。就此而言，圣凡本无差别。至于中庸，极广大而尽精微，既隐又显，其为道之极致，绝不可以人力勉强而为之。

李贽又说，真正行中庸，唯圣者可能："索隐则智者欲其过，行怪则贤者欲过之。既隐既怪，自然与世不同，自然超出寻常之外，天下后世自然有称述之者矣。故夫子曰：'吾弗为。'以其用心于不必用之地，无益于百姓之日用也。日用者，中庸也，本无名而又乌用有述为哉？然天下之事，非名则谁述？无述则谁为？故君子虽以学道为事，遵道为功，然既无赫赫之名，而能淡然不厌者鲜矣。此又不免半途之废矣。故夫子曰：'吾弗能已。'以此自学，则不敢厌；以此诲人，则不敢倦。若赐之愿息，求之自画，我无是也，我唯依乎中庸而已。循吾未发之中，执吾不易之庸，虽无有一人称述我者，直至于遁世而不我知也，我亦不因之自悔，而遂废于半途。此则夫子之事，而夫子不以自居，故又曰：'唯圣者能之。'意盖曰必如是而后为君子之能依于中庸也。然而未可以遽责之君子也，必也圣人乎！所谓非天下之至精，不足以与此精，则隐怪不能惑矣；非天下之至健，不足以与此健，则半途不能废矣；非天下之至神，不足以与此

---

① 《李贽全集注》第14册，社会科学文献出版社2010年版，第285页。

神，则出有入无，窥乎太始，而能为天地之先矣。此虽至平常，至简易，为百姓之所与能，而非圣人则绝不可能者，故曰：'唯圣者能。'"①君子当以学道为事，遵道为功，满足于道之求索，无意于名利得失；不为世人所知，即便必须逃离俗世，也从不后悔。君子当循未发之中，执不易之庸，依乎中庸而行。君子不为过中求理、不当强为、无用且无益于日用之事。中庸本日用之常，百姓可为、可能。然而，欲求中庸之所以然，必须是真正能够遁世无闷依乎中庸者，这实有待于思入精微、强健不息、神通有无之人，此惟圣人才能达到。

总之，李贽认为，行中庸，为百姓日用之常，圣凡皆可为、可能。然而，作为道之极致，中庸非能力致，须待能够真正深入理解、恒久自觉践行中庸之道者方可，此人当为具有潜龙之德②的圣人。

（3）中庸之惑

《中庸》第七章曰："子曰：'人皆曰予知，驱而纳诸罟擭陷阱之中，而莫之知辟也。人皆曰予知，择乎中庸，而不能期月守也。'"③不能长期固守中庸之道者，自以为很明智，实则就像身陷罗网、陷阱当中一样危险。

李贽对此章颇为不解："圣人以择中庸而能服膺弗失者为大贤上士；以择中庸而不能期月守者，比之驱人于罟擭陷阱而不知避，如禽兽贪夫，犯死不顾。夫中庸何物也？择而守之则生，不知择而守之则遂自纳于死，岂非谬与！今之不知中庸者众矣，何以不入于阱也？予实思之而未得。释氏动以生死恐吓人，曾谓吾圣人亦言生死乎？意者，夫子十五便志学，五十犹学《易》，正谓陷阱在前，当思所以急避之耶？不如是戒慎恐惧，临深履薄，恐此身出不得苦。是以比之禽兽，比之贪夫，比之网罟，比之牢狱，令人早依于中庸耳矣，非不义而言之太甚也。予实不知中庸之可以免死，因书之以请教四方之讲道学者。"④能择守中庸不失，固为圣人。问题是，一般人无法深入理解中庸大义，难免不能固守中庸。孔子罗网、陷阱之喻，以不能行中庸将陷入死地恐吓人，试图劝人

---

①　《李贽全集注》第 14 册，社会科学文献出版社 2010 年版，第 283 页。

②　《易·乾·文言》："初九曰：'潜龙勿用'，何谓也？子曰：'龙德而隐者也。不易乎世，不成乎名，遁世无闷，不见是而无闷，乐则行之，忧则违之，确乎其不可拔，潜龙也。'"（《周易正义》，北京大学出版社 1999 年版，第 14—15 页。）

③　《四书章句集注》，中华书局 1983 年版，第 20 页。

④　《李贽全集注》第 14 册，社会科学文献出版社 2010 年版，第 288 页。

趋利避害,依附中庸,实在是强大众所难,殊为过分,不能理解。如前所述,中庸虽说圣愚可能,然论中庸道之极致处,君子尚且有欠,非圣人不能深入理解而长久奉行。以此圣人之道勉强一般百姓,宜乎李贽有此疑惑。

7. 知行相须

《中庸》第四章:"子曰:'道之不行也,我知之矣,知者过之,愚者不及也;道之不明也,我 知之矣,贤者过之,不肖者不及也。人莫不饮食也,鲜能知味也。'"①智愚、贤不肖,对天理中道的理解和践行,或过或不及,此为天地之道不明不行的原因。

李贽借之以阐发知行合一大义,曰:"圣人言知必言行,以见行不离知;言行必言知,以见知不离行。其曰:'道之不行也,我知之,智者过而愚者不及。'由不明故不行。'道之不明也,我知之,贤者过而不肖者不及。'由不行故不明。知行相须,盖可知矣。然则阳明先生'知行合一'之旨,实出于此。世间一饮一食,莫不皆然。虽有佳肴,不食不知其旨。非先行之,旨何由知?既知其旨,安肯不食乎?唯是二种人:坐在饭箩之中,强作聪明富贵之相,以为'此常饭耳,贫乞人之食,吾安能食?'务求奇品异味,而奇异又卒不可得,遂饿而死。此一种也,所谓贤者、智者流也。亦以不行故不得知,不知故不肯行,是自为过,非饭罪也。又一种者,亦坐在饭箩中,妄以为毒物所留,宁饿而死,不敢轻尝。是谓至愚至不肖,不知不行、不行不知交相瞒者也。吁嗟!使无此二种人,天下岂不皆饱暖之夫哉!是以中庸之道,终莫之行、莫之明者,以此。"②知道与行道,本密不可分:不知不行,不行不知;知必及行,行必及知。知与行相互依赖,为王学知行合一之意。以饮食为譬,所谓贤者、智者,务求奇异,不食常品而饿死;愚者、不肖者,妄以食物有毒,不敢轻尝而亡。两类人等,其知或过、或不及,皆不能落实于行。究其原因,是由于过与不及者,不明中庸之道,不能用中,是以不能行。

8. 学知笃行

天道存之于诚。择善固执,不失天赋之诚,要在学问思辨行,所谓"诚之"功夫。《中庸》第二十章曰:"博学之,审问之,慎思之,明辨之,笃行之。有弗

---

① 《四书章句集注》,中华书局1983年版,第19页。
② 《李贽全集注》第14册,社会科学文献出版社2010年版,第286—287页。

学,学之弗能弗措也;有弗问,问之弗知弗措也;有弗思,思之弗得弗措也;有弗辨,辨之弗明弗措也;有弗行,行之弗笃弗措也;人一能之己百之,人十能之己千之。果能此道矣,虽愚必明,虽柔必强。"①为学功夫,学问思辨行缺一不可。其中,博学、审问、慎思、明辨,是择善为知,学而知之之事;笃行,则是固执为善,身体力行之事。君子之学,非生而知之;学而知之、困而知之者,必千百倍其功,无所不用其极,务求有得、有成,然后才有可能成功。

李贽阐述择善而诚之,曰:"自今观之,夫子每教人博文矣,虽颜子亦每从事于斯矣。但学者但知徒博,而不知反约。唯颜子能知夫子之善诱,即于博文之中而择乎中庸,遂得一善云耳。盖谓之曰'博学',则自朝至夕,凡目之所视,耳之所听,口之所味,身之所遭,足之所履,手之所持,一切五伦交接酬应,何莫而非学也? 何莫非学,则何莫非文;无往非文,则无往非博矣。故曰'博文'。然博矣,而约者何在? 详矣,而至一者何在? 吾又于何而择之而执之哉? 不就明师良友而'审问'焉不可也。问而曰审,则非泛问可知矣。既问既审,而得夫疑信相参之机,则退而思之,方为有地。然思又不可以不慎也。不慎则远思,是谓外驰,非通微之思也;不慎则苦思,是谓劳志,非无思之旨也。必'慎思之',而得其所以憧憧往来者,然后辨而明之,以就正于有道,亦庶几达其所谓'不思'、'不勉'焉者矣。是反约之功、明善之学也,而能笃而行之者谁欤? 或日一至,或月一至,不啻足矣,故又曰'笃行之'。生知者一,而学知者以百能之而不让;生知者十,而困知者以千能之而不辞。必得乃已,弗得弗措。果能如是笃行,虽愚必明,况非愚耶? 虽柔必强,况非柔耶? 故必笃行此审问、慎思、明辨之功,务得一善焉乃已,尤为择善诚之者之最要切处,故以笃行终焉。此唯颜子能之,若由、赐之徒,非不由审问、慎思、明辨以恍惚其所谓'一'者,而笃行之弗力,是以不能期月守,不能拳拳服膺而弗失。非不能服膺之罪也,未见其的然有可守之实,而遂自以为足之罪也;非不能期月守之罪也,未得而自以为得,而不肯笃实而力行之,以求其实得之罪也。实得则诚矣。诚者,实之谓也。既实得,又乌用守? 若又有待于守,有待于固执焉,非实得也。即此不诚甚矣,非诚也,非天道也。"②

---

①　《四书章句集注》,中华书局 1983 年版,第 31 页。
②　《李贽全集注》第 14 册,社会科学文献出版社 2010 年版,第 315—316 页。

　　李贽发挥了"博学于文,约之以礼"的说法,认为所谓"博学",①是指广泛全面学习文德,视听言动合礼而行,无不以中庸之道择善而从。此博学,即人伦日常活动中,知与行互动,无时无刻不相须为用。既已博学,还需用反约、明善之功,求得择善固执的内容。其要在于亲附明师良友,就正于有道,非泛问而审问、非远思苦思而慎思、就同道辨而明之。如上"学问思辨"为学知之事,"笃行"则是学知的落实。人非生而知之,必须千百倍其功于审问、慎思、明辨,务求择善成功而后已,此即所谓"笃行"。颜回高出孔门其他弟子者,即在于他务笃行而有实得。笃行实得,即为择善固执,即为"诚之"之功,天道之落实。

9. 三纲领八条目:儒道规模

　　《大学》本经曰:"大学之道,在明明德,在亲民,在止于至善。知止而后有定,定而后能静,静而后能安,安而后能虑,虑而后能得。物有本末,事有终始,知所先后,则近道矣。古之欲明明德于天下者,先治其国;欲治其国者,先齐其家;欲齐其家者,先修其身;欲修其身者,先正其心;欲正其心者,先诚其意;欲诚其意者,先致其知;致知在格物。物格而后知至,知至而后意诚,意诚而后心正,心正而后身修,身修而后家齐,家齐而后国治,国治而后天下平。自天子以至于庶人,壹是皆以修身为本。其本乱而未治者否矣。其所厚者薄,而其所薄者厚,未之有也。"②《大学》之教,在于"教之以穷理、正心、修己、治人之道"。③朱熹在《大学章句》中,将"明明德"、"亲民"、"止于至善"三者称为"大学之纲领也";而把"格物"、"致知"、"诚意"、"正心"、"修身"、"齐家"、"治国"、"平天下"八者称为"大学之条目也"。后人简称之为"三纲领八条目",或"三纲八目"。朱熹阐述"三纲领八条目"之间关系曰:"修身以上,明明德之事也。齐家以下,新民之事也。物格知致,则知所止矣。意诚以下,则皆得所止之序也。"④即格物、致知、诚意、正心、修身五者,是"明明德"之事;齐家、治国、平

---

　　① 关于"学",李贽还特别强调了学贵自得:"故君子欲其自得之也;苟自得,又何往而不可哉? 居上居下,处己处人,皆可知矣。""苟自得,纵不同,亦何妨也。"(《李贽全集注》第14册,社会科学文献出版社2010年版,第306页。)学能自得,然后能自信,能不为外在环境所动。学能自得,才能易位而安,固守本位而无分外之思。

　　② 《四书章句集注》,中华书局1983年版,第3—4页。

　　③ 《四书章句集注》,中华书局1983年版,第1页。

　　④ 《四书章句集注》,中华书局1983年版,第4页。

天下三者，是"亲（新）民"之事；能够格物、致知，便知至善之所当止；能够诚意、正心、修身、齐家、治国、平天下，则依次表现了"止于至善"的顺序。《大学》的"三纲八目""外有以极其规模之大，而内有以尽其节目之详"，①实为儒学大道之要和儒教根本规模；其"新民"之事，更是儒教区别于释道二教之根本所在。

10. 三纲领禅解

本为儒学之《大学》三纲领，李贽别有禅解："《大学》者，大人之学也。夫人生八岁，则有小学以听父兄师长之教语，所谓揖让进退之节，礼、乐、射、御、书、数之文，与夫今者百千万年先圣后贤之格言皆是也，皆不过为儿辈设焉者也。至十五而为大人，则有大人之学，岂复肯同于儿辈日夕甘受大人之涕唾乎？是故《大学》一书，首言大人之学焉。夫大人之学，其道安在乎？盖人人各具有是大圆镜智，所谓我之明德是也。是明德也，上与天同，下与地同，中与千圣万贤同，彼无加而我无损者也。既无加损，则虽欲辞圣贤而不居，让大人之学而不学，不可得矣。然苟不学，则无以知明德之在我，亦遂自甘于凡愚而不知耳。故曰：'在明明德。'夫欲明知明德，是我自家固有之物，此《大学》最初最切事也。是故特首言之。然吾之明德果安在乎？吾以谓其体虽不可见，而实流行充满于家国天下之间，日用常行，至亲至近，谁能离之？苟能即亲民以明吾之明德，则吾德之本明，不居然而可见乎？故又曰'在亲民'焉。夫道一也，学亦一也，今曰'在明明德'，而又曰'在亲民'，分明是两物矣，物则自然有本末。亲民以明吾之明德，虽曰一事也，然一事自有一事之终始，万事亦各有万事之终始。始终分而本末见，是二之也。道其可二乎哉！学其可二乎哉！是故要必有至善而为吾人所止之归焉，特人未易知此至善之止耳。知此至善之止，则自然定、静、安、虑，而诸止自得矣。是故苟知所止，则明明德者不为空虚而无用，即明德而亲民之道已具；亲民者不为泛滥而无功，即亲民而明德之实自彰。苟未知所止，则明德为杂学之空虚，亲民为俗学之支离，胥失之矣，宁直二之云乎哉！是故大学之道，终归于至善之止，而以知止为极功，得止为效验云。然则学之而终身不得所止者，亦由未知所止故也。呜呼！知止其要矣，致知其功矣，此大人之学所以难在于知止也。师友父兄相与讨论而研究之，则

---

① 《四书章句集注》，中华书局1983年版，第2页。

无生之乐,无死之苦。千圣万贤,岂外是哉!"①

小学习进退之节,六艺之文,蒙长辈训示而已;至十五为大人,有大人之学,是有《大学》之作。《大学》之道,最为且要之事是明明德。明德如圆满无缺之大圆镜智,为人固有的天地之性,圣凡相同。因此,圣贤之事,大人之学,也是人人本能的。然而,明德虽为自家固有之物,如不加之于明之之学,也是无从得知、无法显现的,因此,需要"明明德"。明德之体隐微不现,然其用见之于家国天下、日用常行,苟能亲民以即之,明德则明。道归于一,学亦当一,今明明德、亲民,分明是两物。是两物,便有始终本末,于是明明德、亲民本为一事,而因之一分为二,则两者皆不成学、不为道矣。是故,要有止于至善为明明德、亲民之归。以至善为止归,明明德落实于亲民,因此不蹈虚空;亲民之事也不会泛滥无归,从而使得明德之实彰显。反之,倘不能止于至善,明德则为空虚杂学,亲民不过支离俗学而已。综上,李贽以为,大学之道见之于"三纲领","三纲领"以止于至善为旨归,以知止于至善为大学最大成功,以能止至善为大学之效用。倘能如此讨论研究大学之道,则可以无生之乐,无死之苦,达到与圣贤同等境地。

11. 物格于无

《大学》修身之道,起于格物。李贽于格物,别有一说:"此身原无物也,人唯以物视之,则见,以为有身耳。既见有身,则见有我;既见有我,则见有人。人我彼此,纷然在前,为物众矣,如何当得!其所以使人七颠八倒者,皆物也,故圣人格之。格之如何?圣人知天下之人之身,即吾一人之身,人亦我也;知吾之身,即天下之人之身,我亦人也。是上自天子,下至庶人,通为一身矣。是以虽庶人之贱,亦皆明明德于天下,而亲民以明其明德,凡以修吾一本之身,立吾无物之体,明吾无修之修故也。若有物则有身,有身则有我,如何修得此身来?""吾圣人欲人于有物上通无物,则知有物即是无物耳。故能通于无物,则物即是道,而何病于有物;苟不能通于无物,则物尚是物,而未可以言道也。故言物、言事、言近者,以此。夫天下唯物与事耳。物则有本末,而道其有本末耶?若谓道有本末,则舛矣。事则有终始,而道其有终始耶?若谓道有终始,则悖矣。但能知所先后,则于道庶几近之。夫于物也,即能由末而先求其本

---

① 《续焚书》,中华书局2009年版,第3—4页。

矣,独不可由本而复先之以求至于大本乎？于事也,既能由终而先求其始矣,独不可由始而复先之以求至于无始乎？知大本,知无始,即此'知所先后'之心为之也。吾故曰:圣人欲人于有物上通无物。不曰无物,而但言物格也。"①

一般人不了解人身是空,本为无物之理,是故有人我彼此的分别,导致事物纷乱颠倒。圣人格物,是要让人明白:有物本之无物,有物即是无物。倘能即有物通于无物,便能入道；否则,执著于有物,不可以言道。身亦为一物,以道观之,身本无,人我本无分别,是故圣凡人我一身；所谓修身,就是要让人觉悟,人本无身可修,明白无修之修,即为修身。天下事物为末,究其原本本无。圣人格物,就是即末求本,即有通无,让人觉悟大本无始而已。李贽格物说,完全以佛法解之,使得儒学人伦笃实之教,堕入虚无。

12. 诚意:慎独不欺

《大学》道:"所谓诚其意者:毋自欺也,如恶恶臭,如好好色,此之谓自谦,故君子必慎其独也！小人闲居为不善,无所不至,见君子而后厌然,揜其不善,而著其善。人之视己,如见其肺肝然,则何益矣。此谓诚于中,形于外,故君子必慎其独也。曾子曰:'十目所视,十手所指,其严乎！'富润屋,德润身,心广体胖,故君子必诚其意。"②修身之要,在于为善去恶,当实用其力,自得为快。善恶去取与否,有他人不知而己独知者,君子当知慎独,不可苟且殉外为人,此为诚意功夫,不可自欺。

李贽发挥此章大意曰:"《大学·释诚意》即首言'如好好色,如恶恶臭',盖即此以比好恶之真实不欺处。使人知此是诚意,诚即实也；知此是独知,独知即自不敢欺也。不欺则意诚矣。不欺己则慊于己,不欺心则慊于心,不欺人则自不至于消沮闭藏,而无恶之可掩矣。不患千目而视、千手而指矣,而何有于十视与十指耶？何等安闲！何等自在！心亦由此正,身亦由此修,所谓一了百了者是也。而其原只于不欺此'独知'之一念耳。一念之动者,意也。意之诚耶,不欺耶,吾独知之,而天下之人亦皆知之,后世之人亦皆知之；意之不诚耶,自欺耶,吾独知之,而天下之人又皆知之,后世之人又皆知之。何也？以此意之同也。故即此独知之中,实为天下后世同知之地。既为天下后世之所同

①　《李贽全集注》第 14 册,社会科学文献出版社 2010 年版,第 239 页。
②　《四书章句集注》,中华书局 1983 年版,第 7 页。

知,而又何以欺为耶？而又乌用欺人为耶？是以治平君子举此加彼不难矣。"
"故君子莫先于诚意焉。意诚则有可推之地,由此而齐家、治国、平天下,直推
之而已。故能推即是修身,推之以及人,即是齐家、治国、平天下之功效,再无
别有修之功、齐之功、治之功、平之功也。好者推之,以同其好,通天下,亘万
古,此好同也;恶者推之,以同其恶,通天下,亘万古,此恶同也。故意诚则推之
自有余矣。推之者,强恕之道也,取譬之道也,勿施之道也,絜矩之道也。故夫
子不许子贡以无施,而自谓惓惓君子,唯在真知吾之未能而不敢不勉焉。则圣
人亦犹人也,无自欺而已。圣人之治平,无异术也,亦惟善推其所谓毋自欺者
而已。则无自欺,要矣;意诚,本矣。独知之知之不可欺,要矣。然而人终不免
于欺此独知者,何哉？则以不知此知之真实故也。故《大学》言意诚,而必先
之以致知。呜呼！致知焉,尽之矣。"①

诚意就是如好好色、恶恶臭般真实不欺。不欺,便能光明正大,身心安闲,
自在适意。所谓正心、修身,即在此真实不欺而已。诚意之要,存诸慎独,即于
别人不知而自己独知的地方格外谨慎。而根本上讲,所谓独知是不可能的。
因为人之心意,天下万世相同,诚意、自欺与否,必为人我古今同知之地,所以
绝不可以自欺欺人。将诚意不欺推而广之,则可见齐家、治国、平天下之功。
推广之道,在于己所不欲勿施于人,从一己真实好恶出发,将心比心,勉力于推
己及人之事。圣人修齐治平之功并无异术,不过以诚意为本,毋自欺,独知不
欺为要而已。因为独知不欺为诚意之本,修齐治平之要,因此,致知便是《大
学》之先、之根本。

13. 正心:超越有无,默识本心

《大学》云:"所谓修身在正其心者,身有所忿懥,则不得其正;有所恐惧,
则不得其正;有所好乐,则不得其正;有所忧患,则不得其正。心不在焉,视而
不见,听而不闻,食而不知其味。此谓修身在正其心。"②人心之动,不能无愤
怒、恐惧、好乐、忧患四者,当常存诚心以检点此四者,否则,人将为情欲所制,
而不能修身。李贽以为此章"乃夫子明心图也",③"夫子到处皆是明心以示
人者。盖心原是无方所之物,故不可以有所而求,又不可以无所而得。心亦原

---

① 《李贽全集注》第 14 册,社会科学文献出版社 2010 年版,第 277—278 页。
② 《四书章句集注》,中华书局 1983 年版,第 8 页。
③ 《李贽全集注》第 14 册,社会科学文献出版社 2010 年版,第 244 页。

是无知识之物，故不可执而为有知，亦不可执而为无知，唯在人默而识之则知。有所无所，有知无知，真何有于我也哉！"①心就其本体而言，是无方所、无知识之物，欲求心之本体，不可以有所、有知而求之。而就本心之用而言，一定会现之于方所、知识；没有方所、知识，本心亦无从认知。认识本心，当超越于有所无所、有知无知，默然而识之。《大学》正心说，主于以道心克制人心。李贽明心说，旨在说明道心体用，禅味十足。

14. 修身为本：壹是无别

《大学》云："自天子以至于庶人，壹是皆以修身为本。"②刘用健对此不解："天子而下，以至公侯卿大夫，皆有国与天下之寄，其本在修身是也。至庶人，则茕茕一身一家，于国于天下何与？而通曰'壹是'，何也？且既曰'壹是'，则庶人与天子等矣。普天之下，更无一人不是本，亦无一人不当先立其本者，吾是以未能无疑。观今之天下，为庶人者，自视太卑；太卑则自谓我无端本之责，自陷其身于颇僻而不顾。为天子者，自视太高；太高则自谓我有操纵之权，下视庶民如螳蚁而不恤。天子且不能以修身为本矣，况庶民耶？"李贽释疑道："天子有治平之责，固宜修身齐家以为之本，若庶人虽无治平之任，然亦各有家，亦各有身，安得不修身以齐之？苟不齐，则祸败立至，身不可保，家不可完，又安得不以修身为本耶？故齐家观乎身，天子庶人，壹是无别。由是推之，以治国平天下，直措之耳，无容别有治平术矣。"③

天子公侯卿大夫，有国与天下之事寄托，其以修身为本，以至于治国平天下，事在当然；一般庶人，不过身与家而已，并无治平之责。《大学》通言"壹是"，庶人与天子就没有什么区别了。况且庶人自视卑贱，本无治平之责，因此，不愿意修身务本；天子权位甚重，自视甚高，鄙视庶民，也不能以修身为本。如此，上下不能，两头落空，刘用健于此不能不有疑问。李贽之意，天子等有治平之责，其以修身为本，举而措之，推而广之，自能齐家、治国、平天下；庶民虽无治平之任，倘不能修身、齐家，身不得保全，家不能安宁，因此，也必须以修身、齐家为务才行。天子庶民，虽然修身作用大小不同，但究其根本，都是从修身出发，以修身为本，就此根本而言，自天子以至于庶人，壹是皆以修身为本。

---

①　《李贽全集注》第 14 册，社会科学文献出版社 2010 年版，第 266 页。
②　《四书章句集注》，中华书局 1983 年版，第 4 页。
③　《李贽全集注》第 14 册，社会科学文献出版社 2010 年版，第 242 页。

15. 两忘：志道、据德、依仁、游艺

《论语·述而》罗列为学修身科目，曰："志于道、据于德、依于仁、游于艺。"①立志于道，据守其德，博施济众、任德性去物欲，涵泳六艺义理之趣，此所谓道德仁艺。李贽认为，志道、据德、依仁、游艺四者，"即知而好、好而乐之谓也。夫志于道，则志有所在而不迁矣。犹未得也。得则谓之'德'，有得则谓之德，有得则可据之以为守，然犹恐其或夺也。仁则由中以发外，本是吾之固有，吾但依而行之足矣。夫岂他人所能夺而吾据而守之耶？然曰'依'，则尚见有仁；曰'仁'，则尚见有己未忘也。夫杂物撰德，皆仁之地；百为泛应，皆仁之施。何莫非仁者，而乃依仁也耶？故日用应酬，但有艺事；出往游衍，但与艺游，无他道也，无他德也，无他仁也。所谓两忘，则自然好而乐之矣。故曰好之者不如乐之者。孔子乐在其中，颜子乐而不改者，此也。所以寻仲尼、颜子乐处者，寻此者也。呜呼！尽之矣。"②

李贽认为，志道，是讲专志于道而不迁，然而还未得道；及有得于道，谓之"德"，有得则可据之为守，是为据德；仁为人本身固有之德性，当依之而行。然而，仁由中发外，本无所不在，无处而非仁；仁即己，己即仁，所谓"依仁"，则显有仁、己分别，未能真正体仁。志道、据德、依仁最多不过是知而好之地，欲得好而乐之境，当无时无处不游憩于六艺之事，两忘我与志道、据德、依仁三事。果能事我两忘，才能真正找到孔颜乐处，进入为学修身的最高境地。李贽道德仁艺之解，强调孔颜乐处的境地，其两忘云云，依然是二教理论。

16. 道一学仕

子夏曰："仕而优则学，学而优则仕。"③李贽论述学仕关系曰："仕、学，一也。任何事？以行道为事。是故出而治国，则国治；出而平天下，则天下平，便是实学。学何学？以行道为学。是故修身则道行于身，齐家则道行于家，便是真仕。仕即是学，学即是仕。仕与学一时具足，初非有待于外也。如此言仕与学，故其学为真学，而其仕为真仕矣。是故明德亲民，一时并举，简易直截，不容欠缺，此之谓也。此乃吾夫子之学所以为天下万世之宗者，而曾子述之为

---

① 《论语注疏》，北京大学出版社1999年版，第85页。
② 《李贽全集注》第14册，社会科学文献出版社2010年版，第276页。
③ 《论语注疏》，北京大学出版社1999年版，第259页。

《大学》，子夏复发之为'学优'之论，同是出于夫子，而惜乎今不讲矣。"①

学仕两者，皆以行道为目的。因此，仕若以行道为事，能够治国、平天下，便是实学；学若以行道为目的，修身、齐家以道，虽未出仕，已然出仕。一之以行道为事，则修齐治平、明德亲民，便无内外之分，仕即是学，学即是仕。审如是，学仕关系一时并举，简易直截，不容欠缺有别。另外，出仕与否，向有明哲保身之说，李贽特别指出，明哲保身只是在"危邦不入，乱邦不居"的情况下才行。"若既食君之禄，仕人之国，则国尔忘家，公尔忘私，其义也。"②食禄任职，只可事君以忠、致身敬事；此时若以明哲保身为念，便是不忠，便是贼道。

17. 修身即为政

《中庸》第二十章云："文武之政，布在方策。其人存，则其政举；其人亡，则其政息。人道敏政，地道敏树。夫政也者，蒲卢也。故为政在人，取人以身，修身以道，修道以仁。仁者人也，亲亲为大；义者宜也，尊贤为大；亲亲之杀，尊贤之等，礼所生也。在下位不获乎上，民不可得而治矣！故君子不可以不修身；思修身，不可以不事亲；思事亲，不可以不知人；思知人，不可以不知天。""天下之达道五，所以行之者三：曰君臣也，父子也，夫妇也，昆弟也，朋友之交也，五者天下之达道也；知，仁，勇三者，天下之达德也，所以行之者一也。""好学近乎知，力行近乎仁，知耻近乎勇。知斯三者，则知所以修身；知所以修身，则知所以治人；知所以治人，则知所以治天下国家矣。""凡为天下国家有九经，曰：修身也，尊贤也，亲亲也，敬大臣也，体群臣也，子庶民也，来百工也，柔远人也，怀诸侯也。修身则道立，尊贤则不惑，亲亲则诸父昆弟不怨，敬大臣则不眩，体群臣则士之报礼重，子庶民则百姓劝，来百工则财用足，柔远人则四方归之，怀诸侯则天下畏之。""凡为天下国家有九经，所以行之者一也。"③为政在于得人；欲得人，己身要修；修身当循君臣、父子、夫妇、昆弟、朋友"五达道"；行"五达道"之要，在于诚心于智、仁、勇"三达德"。修身、尊贤、亲亲、敬大臣、体群臣、子庶民、来百工、柔远人、怀诸侯"九经"，为治平天下之常事，而天下国家之本在身，是故以修身为"九经"之本。

---

① 《李贽全集注》第14册，社会科学文献出版社2010年版，第237页。
② 《李贽全集注》第14册，社会科学文献出版社2010年版，第260页。
③ 《四书章句集注》，中华书局1983年版，第28—30页。

李贽阐发修身为治平之本,曰:"人存政举,故人道敏政;人道敏政,故为政在人。是故必敬大臣也,必体群臣也,必知尊贤也。知尊贤,则自然知其孰为大臣而当敬,孰为群臣而当体矣。等杀有不了然乎?然何以知其为贤也?盖取人之本在身,又必先修身以为取人之本焉。身又当如何修?修之以天下所共由之五达道也。道又当如何修?修之以吾身三达德之仁也。而仁又非他,反而求之,即此'人'是已。故曰:'仁者人也。'是故欲修身者,不可以不知人;而仁之发莫大于亲亲。有人则有义,而义之用莫大于尊贤,则修身即为仁,尊贤即为义矣,原非在外也;有人必有礼,而礼之施,则尊亲有序,亲贤有秩,亦非在外也。夫'仁',即此'人',则君子固不可以不知人;而出之为义,生之为礼,义实天之制,礼实天之经,则君子尤不可以不知天矣。既知人,又知天,则身修而取人之本豫矣。修身则能顺亲,可知也;取人则能尊贤而敬大臣、体群臣,又可知也。由是而子庶民、来百工、柔远人、怀诸侯,以为政于天下,有不易易乎哉?故曰:'为政在人,取人以身,修身以道,修道以仁。'而仁者人,义与礼者天;天之未始不为人,人之未始不为天也。故知天知人,则身修而自能取人。呜呼,尽矣!"①

为政之要,在于得到贤人。尊贤固然重要,然而,贤人之得,诚有赖于君主自身修养。人主修养之要,在于能够遵循人伦之"五达道",诚心于"三达德"。"仁者人也",修身必须仁义在心,亲亲尊贤以礼,此为知人;义又为天制、礼本为天经,修身于是又不可不知天。知人知天,了然人道天道,则身修而取人之本备矣。身诚能修,"九经"之事毕,故能为政于天下。如上,修身便能治平天下,王道之易行,可知可尽矣。

此外,理财、用人等具体政务,也不过是修身之展开而已:"为政在人,取人以身,用人亦以修身为本也。生财有道,则财恒足,理财亦不外修身大道也。试历言之,可乎?夫不察鸡豚,不畜牛羊,不畜聚敛,唯知好仁好义,以与民同其好恶,而府库自充矣。则名曰理财,实公理耳;名曰生财,实散财耳。如此,理财乃所以修身者,何曾添出事耶?断断兮无他技,休休然如有容。人有技若己有,人彦圣心诚好。名曰用人,实不敢自用耳;名曰取人,实好人之所好耳。如此,用

---

① 《李贽全集注》第 14 册,社会科学文献出版社 2010 年版,第 312—313 页。

人亦所以修身者,又何曾添出事耶? 故曰'壹是皆以修身为本'也。"①

倘知修身以至于好仁好义、与民同其好恶,则虽不汲汲于具体生财事务,名义上理财、生财,实则公财、散财,反而也能使府库充实,自有理财之实效。此理财之道,实本之以修身有道而已。用人也是这样。倘能与人同好恶,好人之所长,从不自以为是,这样自能用人所长。名为善于取人,实则不过是因人所长而已。总之,理财也好,用人也罢,其能成功的根本原因,都是因为为政者自身修养而已,因此,行政之道,也还是"壹是皆以修身为本"。李贽明言:"不患其不能为政,而患其不能取人;不患其不能取人,而患其不能修身也。"②修身乃为政之本,明矣。

18. 道不远人:以人治人

《中庸》第十三章曰:"子曰:'道不远人。人之为道而远人,不可以为道。诗云:"伐柯伐柯,其则不远。执柯以伐柯,睨而视之,犹以为远。故君子以人治人,改而止。忠恕违道不远,施诸己而不愿,亦勿施于人。君子之道四,丘未能一焉:所求乎子以事父,未能也;所求乎臣以事君,未能也;所求乎弟以事兄,未能也;所求乎朋友先施之,未能。庸德之行,庸言之谨,有所不足,不敢不勉,有余不敢尽;言顾行,行顾言,君子胡不慥慥尔!'"③道,人性也,人人皆能知能行,故道不远人。君子忠恕在心,笃实言行,其治人,不过是以人治人:以其人之道,还治其人之身而已。"责之以其所能知能行,非欲其远人以为道也"。④

李贽发挥此章曰:"修道便是教,以人治人便是修道。《中庸》一书,皆教也,皆恐人不知道不离人,人不离道,而欲远人以为道,于是乎愈修愈远,愈治愈不治,故说道不远人,而欲以人治人也。然非知道者,终不能修道;非学以知人者,终不可以治人。"⑤"道本不远于人,而远人以为道者,是故不可以语道。可知人即道也,道即人也,人外无道,而道外亦无人。故君子以人治人,更不敢以己治人者,以人本自治;人能自治,不待禁而止之也。若欲有以止之,而不能

---

① 《李贽全集注》第14册,社会科学文献出版社2010年版,第242页。
② 《李贽全集注》第14册,社会科学文献出版社2010年版,第313页。
③ 《四书章句集注》,中华书局1983年版,第23—24页。
④ 《四书章句集注》,中华书局1983年版,第23页。
⑤ 《李贽全集注》第14册,社会科学文献出版社2010年版,第291页。

听其自治,是伐之也,是欲以彼柯易此柯也。虽近而实远,安能治之,安足为道也耶? 然其所以不能以人治人者,由其不能推己及人耳。故说忠恕:中心为忠,自己不容,己之实心也;如此中心为恕,自己不容,二之初念也。所谓施诸己而不愿,则勿以施之于人是也。不愿者,中心之实也;勿施者,如心之推也。如是则自能以人治人,而不忍执柯以伐之矣。忠恕非道也,而可以近道,故曰违道不远。夫道者,无人无己,何待于推? 有推则犹见有己,于道尚远,但须由此进之耳。既能推己及人,以行吾强恕之功,则自能以人治人,自妙夫无为之化。然世又有不能推己及人者,则以不知反己自责之道耳。故夫子曰:'君子之道,丘未能一。'历数子、臣、弟、友,而皆曰'吾实不能',何敢责人为耶? 学者既不知平常伦理人实难尽,反以圣人为致谦,于是乎明于责人,暗于自责,身陷于言行相违之失而不自知,况乃推己以恕于人耶? 不知夫子是真实语,是以不敢自足,而惟日孜孜,不敢放言,而唯恐或尽。即此是相顾,即此是糙糙,即此是笃实君子,皆自一念反己自责之心为之也。是以中心平恕,而自然有可推之地也。"①

道为人性本然,所以,道不远人:人即道,道即人;人外无道,道外无人。《中庸》所谓修道之谓教,即教之以道不离人,人不离道之理,阐明修道在人,以人治人之道。凡治者,治人以道而已,人本有道,是故人本自治。所谓以人治人,即是推己及人,因人固有之道以治之。相反,如果以己治人,禁而止之,明于责人,暗于责己,实为背离人道,不能治人。以人治人还是以己治人,关键在于能否推己及人,己所不欲勿施于人,行忠恕之道;而推己恕人之关键,在于是否能够反己自责、言行笃实。

李贽又说:"或欲经世,或欲出世,或欲隐,或欲见,或刚或柔,或可或不可,固皆吾人不齐之物情,圣人且任之矣。故曰:'以人治人。'"②人情意愿本不相同,圣人顺其不齐之情实,任其自为,这就是所谓以人治人。李贽又推许舜君臣百官皆能顺人物之情,无为而治的情形;盛赞尧能法天道自然无为,"荡荡焉民莫能名",是以其教化之功,远胜于舜。他认为,治道之极致,"不见而章者在,不动而敬者在,不言而信者在,不赏而劝者在,不怒而威者在,不显

① 《李贽全集注》第 14 册,社会科学文献出版社 2010 年版,第 289 页。
② 《李贽全集注》第 14 册,社会科学文献出版社 2010 年版,第 259 页。

而仪刑者在,不声不色而化民者自在,是谓笃恭而天下平。"①所谓以人治人,并非无所作为,而是效法天道、顺其自然、恭笃无为。如此,便能不见而章、不动而敬、不言而信、不赏而劝、不怒而威、不显而仪刑者在、不声不色而化民,达成治平天下最为理想的效果。李贽还特别强调,此以人治人、恭笃无为之教,并非佛道二教专利,实为孔子之言。

19. 义利双行

《论语》论述富贵仁义关系云:"死生有命,富贵在天。"②"富而可求也,虽执鞭之士,吾亦为之。如不可求,从吾所好。"③"饭疏食饮水,曲肱而枕之,乐亦在其中矣。不义而富且贵,于我如浮云。"④"富与贵,是人之所欲也,不以其道得之,不处也。贫与贱,是人之所恶也,不以其道得之,不去也。君子去仁,恶乎成名?君子无终食之间违仁,造次必于是,颠沛必于是。"⑤《孟子》亦曰:"何必曰利?亦有仁义而已矣。"⑥孔孟之意,人人可求富贵,但得之与否,在天之所予,非人力可以强为。富贵可求,但必须求之有道、有义;仁义为人生、治乱根本,不以仁义而富贵,有道君子宁贫贱而不为之。

"富贵在天",李贽言之甚详:"圣人尊重,自然不肯求人,比见世之蝇营狗苟无所不至者,心实厌之,故发为不可求之论云耳。其意盖曰此皆有命存焉,非可以强求而得也。故曰'富如可求','吾亦为之',然其如不可求焉何哉!今子但见世人挟其诈力者,唾手即可立致,便谓富贵可求,不知天与以致富之才,又借以致富之势,畀以强忍之力,赋以趋时之识,如陶朱、猗顿辈,程郑、卓王孙辈,亦天与之以富厚之资也。是亦天也,非人也。若非天之所与,则一邑之内,谁是不欲求富贵者?而独此一两人也耶?姑以大郡庠士论之,其多者或至千,或至八百。即此八百人者,皆是求富贵利达者也,然至其拖金腰玉,多不过三四十人止矣。此三四十人者以为可求,则此余剩七百五六十人者必以为不可求矣。果孰为定论乎?由此观之,富之不可求明矣。求而不得者,固天

---

① 《李贽全集注》第 14 册,社会科学文献出版社 2010 年版,第 291 页。
② 《论语注疏》,北京大学出版社 1999 年版,第 159 页。
③ 《论语注疏》,北京大学出版社 1999 年版,第 88 页。
④ 《论语注疏》,北京大学出版社 1999 年版,第 91 页。
⑤ 《论语注疏》,北京大学出版社 1999 年版,第 48 页。
⑥ 《孟子注疏》,北京大学出版社 1999 年版,第 2 页。

也,命也;求而得者,亦天也,亦命也,皆非人之所能为也。天则莫之为而为,命则莫之致而至,而乃自取羞辱,可伤也哉!"①富贵不可以人力强求。得富贵者,必有致富之才、致富之势、强忍之力、趋时之识,此皆天与之富厚之资,实为天命,非人人可能。命中无富贵,不可强求,否则便会自取羞辱。

李贽认为,圣人并非不欲富贵,《论语·乡党》等处所载孔子衣食住行说明圣人也是欲富贵、求富贵之人。② 义利之间,君子以重义为念,其言利之时,也能行义、重义,是故为利之时也是行义。君子所羞者,不过托名行义,其实为利者。衣食之供,本自易足,重义君子,实不应以财为念,而"只宜抽身财利之外,不染不溜,乃得脱然无累,不得假行义以自托也。"③

李贽更进一步论述,虽谓圣贤与凶顽,有着天渊分别,然其殊途处,不过势利、仁义之累积不同而已:"虽圣人,不能无势利之心;虽盗跖,不能无仁义之心。""但就其多寡论之,于是乎有圣人,又有盗跖,遂至悬绝耳。若五分势利,五分仁义,便是中人。中人可移而上下,故习不可不慎。习与盗跖居,则所闻、所见皆盗跖,而终身遂为盗跖;习与圣人居,则所闻、所见皆圣人,而终身遂为圣人。故天下唯中人最多,亦唯中人为可移。此圣人所以重于习也,而师友之所系为不轻矣。若夫上智下愚之不移者,亦岂必十分仁义而后为上智,十分势利而后为下愚哉? 但于势利上加一分,便不可移而之上;但于仁义上加一分,便不可移而之下。盖此一分者,皆天之所独厚。仁义加一分,便是中人以上,是天之所以厚上智而使之不可移也;势利加一分,便是中人以下,亦是天之所以厚下愚而使之不可移也。故上智下愚,只争一分耳。上智虽曰只重一分,然即此一分,便有泰山之重,不可动摇,矧可移夺耶? 下愚之势利,虽曰亦只重得一分,然即此一分,便有河海之深,不可倾竭,矧可移夺耶? 故曰:'豪杰之士,虽无文王犹兴。'自能学而时习,传而必习也。又曰:'吾末如之何也矣!'所谓虽圣人与居,不能化而入也,而自然同恶以相济,积习以至此矣,是亦习也。习之而愈上,不可复下;习之而愈下,不可复上。遂亦各成就至于十分耳,故曰'习相远也'。此又上智下愚不可移者之所习然也。呜呼! 其初也,本只有一分之差,若不远而甚近,故曰'性相近';而其终,遂至于十分差别:一为圣人,

---

① 《李贽全集注》第 14 册,社会科学文献出版社 2010 年版,第 252 页。
② 《李贽全集注》第 14 册,社会科学文献出版社 2010 年版,第 252 页。
③ 《李贽全集注》第 14 册,社会科学文献出版社 2010 年版,第 254 页。

一为盗跖，天渊悬绝也如此。吾子无他度量，只自度其一分者，是多一分势利乎，抑多一分仁义乎？多则不可移易矣。不多而仅仅五分，无有轻重，是正可移，是正可习。"①

孔子曰："性相近也，习相远也。""唯上知与下愚不移。"②中人习染于善，则为君子；于恶，便为小人。而上智圣人不可移之为恶；下愚之人不可移之为贤。李贽发挥孔子之意，以为圣顽智愚所以异者，完全是由于后天习染于不同环境、师友而成。习染之别，在于习乎势利，抑或日就仁义。一势利，一仁义，其初只有一分之差，然日积月累之下，各自最终成就上智、下愚，并使之各就于十分不可移易之地。渐积渐习，圣顽智愚最终天渊悬绝。儒教一向严于义利之辨，蔡清云："义利之辨，善恶之关也。此处一失脚，便已自绝于君子之路。"③李贽将义利之辨和圣顽智愚之殊相联系，告诫中人当谨于择取，慎待义利，可谓深发孔孟儒教之微旨矣。

李贽《四书》论总述

李贽《道古录》等著作中《四书》之论，主要涉及《大学》、《中庸》之要旨，亦兼及《论语》、《孟子》等。李贽论《论语》、《孟子》，主要涉及从人兽"几希"之别出发，分别君子小人；讨论"道德仁艺"，认为唯有"两忘"我与"道、德、仁"，方能进入"艺"这一孔颜之乐的境地；论学仕关系，以学为学道，出仕为行道，以道观之，并无本质区别；又强调富贵与否，源于天命，不可人力强为；圣人并非不欲富贵，关键是要重义，利取之有道；扩充义利之论，则以为圣顽皆有仁义、势利之心，累积仁义则成就上智之人，累积势利便渐习而成下愚。

有关《大学》之论，李贽强调"三纲领"之"明明德"、"亲民"，必落实于"止于至善"，方可见"无生之乐，无死之苦"，达到圣贤境地；论"格物"，以为有物本之于无物，既本无一物，所谓格物，即是觉悟无物可格，明此即为修身；又论证本心为无，认为以此"正心"，便是"夫子明心图"；而论及"诚意"、"勿自欺"，强调要在慎独。于独知处不自欺，是为诚意之本，修齐治平之要；论"修身"则以为天子庶民，虽然修身作用大小不同，但都不能离开修身这个安身立

---

① 《李贽全集注》第 14 册，社会科学文献出版社 2010 年版，第 255—256 页。
② 《论语注疏》，北京大学出版社 1999 年版，第 233 页。
③ 蔡清：《四书蒙引》卷五，文渊阁《四库全书》第 206 册，第 193 页。

命的根本。

　　李贽论《中庸》,以人心道心之"微、危"区别圣凡;以天道人道说明本体与功夫;以尽性、至诚,解释圣人何以能与天地相参;以尊德性与道问学合二为一,阐发如何知天、知人;以中庸为道之极致,为未发之中,恒久不息、不易的状态,认为唯圣人才能真行中庸;以知行本不分,唯具中庸者,方能用中而实行;以笃行存诸择善而固执,有赖于学者百倍其功于学问思辨而后能;强调修身为行政之要,"五达道"、"三达德"、"九经"之事,甚至理财、用人,非君主修身有道,都不能达成理想效果;圣人治平天下之道,在于奉行忠恕之道,顺人情之自然,恭笃无为、以人治人。

　　总观李贽《四书》之论,虽详略有别,举凡《四书》内容大的节目和论题多有论及。其论述的理论依据,既有符合孔孟程朱"正传"的言说,也有基于二教理论,堕入虚无的玄解。总体而言,如此解说,虽难免掺杂异端之讥,究其根本,还是按照修齐治平的儒学规模论说。李贽《四书》论,致仕、用世的倾向显而易见,因此,其《四书》解,虽有玄虚之病,要在儒学门庭之内。

三、《易》因

明代经学:极衰时代

　　皮锡瑞认为:"论宋、元、明三朝之经学,元不及宋,明又不及元。""明人又株守元人之书,于宋儒亦少研究。如季本、郝敬多凭臆说,杨慎作伪欺人,丰坊造《子贡诗传》、《申培诗说》以行世而世莫能辨,是明又不及元也。""经学至明为极衰时代。"①如皮氏之言,除梅鷟等个别学者之外,明代实无经学。顾炎武指出,明代经学之亡,实肇端于《四书五经大全》之作,灭于沽利八股之盛行:"自永乐中命儒臣纂修《四书大全》颁之学官,而诸书皆废。""当日儒臣奉旨修《四书五经大全》,颁餐钱,给笔札,书成之日,赐金迁秩,所费于国家者不知凡几。将谓此书既成,可以章一代教学之功,启百世儒林之绪,而仅取已成之书抄誊一过,上欺朝廷,下诳士子,唐、宋之时有是事乎?岂非骨鲠之臣已空于建文之代?而制义初行,一时人士尽弃宋、元以来所传之实学,上下相蒙,以

――――――――

① 皮锡瑞:《经学历史》,中华书局2004年版,第205、210页。

饕禄利，而莫之问也，呜呼！经学之废，实自此始。后之君子欲扫而更之，亦难乎其为力矣。"①两部《大全》，抄录因袭元人空疏浅陋之见，开败坏经学之端。八股取士，唯在射利，又尽毁古学，抛弃实义，于是经学尽废。《四库总目提要》云：明代中后期，经学多空谈臆断，"主持太过，势有所偏，才辨聪明，激而横决，自明正德、嘉靖以后，其学各抒心得，及其弊也肆（如王守仁之末派，皆以狂禅解经之类）。"②又曰："明人经解，空疏者多"，③"明自万历以后，经学弥荒。笃实者局于文句，无所发明；高明者骛于虚无，流为恣肆。"④明代虽经学凋敝，然观李贽《道古录》《四书》之论，⑤虽不无蹈虚之论，要在儒教之内；而其《九正易因》之心得解说，虽无不粗浅，但谨守经学大要，尚无空谈臆断之病。

《易》学之要：推天道以明人事

据史书记载，《易》由来已久，为圣人相传之学："《易》曰：'宓戏氏仰观象于天，俯观法于地，观鸟兽之文，与地之宜，近取诸身，远取诸物，于是始作八卦，以通神明之德，以类万物之情。'至于殷、周之际，纣在上位，逆天暴物，文王以诸侯顺命而行道，天人之占可得而效，于是重《易》六爻，作上下篇。孔氏为之《彖》、《象》、《系辞》、《文言》、《序卦》之属十篇。故曰《易》道深矣，人更三圣，世历三古。"⑥伏羲作八卦，文王重八卦为六十四卦，孔子为《易》作传十种，即所谓"十翼"。因此，《易》学经传，人更伏羲、文王、孔子"三圣"；历经上古、中古、近古所谓"三古"。在儒学《六经》中，《易经》有着特殊重要的地位。《汉书·艺文志》载："六艺之文：《乐》以和神，仁之表也；《诗》以正言，义之用也；《礼》以明体，明者著见，故无训也；《书》以广听，知之术也；《春秋》以断事，信之符也。五者，盖五常之道，相须而备，而《易》为之原。故曰'《易》不可见，则乾坤或几乎息矣'，言与天地为终始也。至于五学，世有变改，犹五行之

---

①　《日知录集释》（全校本）（中），上海古籍出版社2006年版，第1041—1043页。

②　《钦定四库全书总目》（整理本）（上），中华书局1997年版，第1页。

③　《钦定四库全书总目》（整理本）（上），中华书局1997年版，第52页。（整理本标点有误，径改。）

④　《钦定四库全书总目》（整理本）（上），中华书局1997年版，第49页。

⑤　《四库全书》将《四书》类列入经部。

⑥　《汉书》（六），中华书局1962年版，第1704页。

更用事焉。"①《六经》中,其他《五经》体现五常、五行,各有其具体之用;而《易》则备载天地之道,为乾坤动机,与天地相始终,其用无限广大,故为《五经》之原。《易》学发展史,主流有所谓"两派六宗":象数派有占卜、禨祥、造化三宗;义理派有老庄、儒理、史事三宗。《易》为圣人因象立教之书,《易》学正统,在于"因象立教","推天道以明人事"。②

九正于《易》

李贽自幼治《易》,青少年时好《易》,"岁取《易》读之",但由于不解《易》之象占,反复读,又不得不反复中止。中年学习佛道二教,虽对《易》有所解悟,但惧于《易》道之深,还是不敢读《易》。古稀之年,李贽迁徙南京,从焦竑、方时化等研习《周易》,并将自己的"新得"以《易因》之名印行。慨言:"余不意既老乃遂得以读《易》,遂得以终老,遂得以见三圣人之心于千百世之上也。盖至今日,而老、庄、释典不足言矣。"③《易因》梓行,因心中尚存不解,李贽反而"转侧不安"。此后,李贽到山东济宁刘东星处,日唯诵读《周易》,"才一年,所改其甚不堪者,幸已得十之三。"④后又至北京通州马经纶处,昼夜读《易》,"才两年,而《易因》之旧者,存不能一二,改者且至七八矣。"⑤其用力之勤,志《易》之专,可谓老而弥坚。⑥ 虽不胜内心惶恐,删改之后的《易因》终克完工。马经纶建议:"乐必九奏而后备,丹必九转而后成,《易》必九正而后定。宜仍旧名《易因》,而加'九正'二字,即得矣!"⑦李贽欣然接受,遂定书名为《九正易因》。可见,李贽终生好《易》,反复波折,精勤于斯,终有所成。《九正易因》,实为李贽学术生命之绝响。⑧

---

①　《汉书》(六),中华书局1962年版,第1723页。

②　"《易》类叙",《钦定四库全书总目》(整理本)(上),中华书局1997年版,第3页。

③　"易因小序",《李温陵集》卷11,《四库全书存目丛书》第126集,第302页。

④　《李贽全集注》第15册,社会科学文献出版社2010年版,第1页。

⑤　《李贽全集注》第15册,社会科学文献出版社2010年版,第1页。

⑥　李贽晚年得意弟子汪本钶(字鼎臣)道:"钶计从师先后计九载,见师无一年不读《易》,无一月不读《易》,无一日无一刻不读《易》,至于忘食忘寝,必见三圣人之心而后已。"(厦门大学历史系编:《李贽研究参考资料》第一辑,福建人民出版社1975年版,第59页。)

⑦　《李贽全集注》第15册,社会科学文献出版社2010年版,第1页。

⑧　袁中道《李温陵传》载,在生命最后几年,李贽常曰:"我得《九正易因》成,死快矣。"(《焚书》,中华书局2009年版,"李温陵传"第4页。)

神圣心事

《六经》中，李贽最为尊崇《周易》："《易经》真是圣贤学脉，《书经》则史官文饰之书，《春秋》则一时褒贬之案。"①李贽《易》学著作，先后有《易因》和《九正易因》。《九正易因》二卷，是《易因》改定本。全书卷首有《九正易因序》，卷上开篇有《读易要语》。正文按六十四卦顺序，每卦首列卦象、卦辞、象辞、爻辞、小象辞、大象辞；次列李贽对经传的"解说"；每卦最后是"附录"，选录先秦至明约六十家《易》学之说。著作未收录《文言》、《系辞》、《说卦》、《序卦》、《杂卦》。②

李贽《易因》，强调原本文王、孔子之《易》，追溯作《易》者本旨：

> 文王因象以设卦，因卦以立爻，而夫子为之传，直取本卦爻之象而敷衍之，即所系之辞而解明之，极易看，亦极难看。何者？后儒不知圣人之心，而徒求之于高远，是以愈离而愈穿凿，至今日遂不成文理耳，何以能使人人修身齐家而平天下乎？夫文王系《易》，在羑里时也。此何时也！字字皆肺腑，一人之心通乎天下古今人之心，然后羑里可出也。故余以为夫子者实文王之所攸赖，不然，虽有《易》无人读之矣。何也？不知所以读也。唯夫子逐字逐句训解得出，而后文王之《易》灿然大明于世。然后之读夫子之《易》者，又并夫子之言而失之，则如李卓吾者又夫子所攸赖，不然，虽有夫子之善解，而朱文公先辈等必皆目之为卜筮之书。是以幸不见毁于秦，其精者又徒说道理以诳世，何益于人生日用参赞化育事耶！③

文王之卦爻，夫子之传，体现圣人之心在于修齐治平之事。后儒传注，穿凿附会，徒求高远道理，而朱子以卜筮之书解《易》，都背离了圣人心事。李贽自信，文王、孔子之后，唯有自己可以发挥圣人之心，恢复《易》学参赞化育，有益人生的作用。

《读易要语》说明《九正易因》著述宗旨，依然是发挥神圣心事：

① 《李贽全集注》第18册，社会科学文献出版社2010年版，第307页。
② 关于《易因》和《九正易因》刊刻、版本、内容比较，参见张善文《李贽〈易因〉与〈九正易因〉考述》，见许在全、张建业主编：《李贽研究》，光明日报出版社1989年版，第295—305页。
③ 《续焚书》，中华书局2009年版，第39页。

文王《彖辞》、《爻辞》，其言约，其旨深，非夫子读而传之，后之人终不可得而读也。唯夫子于《易》终身焉，是故举其象，指其义，陈其辞，以至圣之心，合前圣之心，而后羲画文理，灿然详明，厥功大矣。虽谓夫子以注解文王之《易》可也。后之人又何以赘为？夫唯不免有赘矣，以故夫子之传，明而复晦。赘赘无已，晦晦相仍，《易》道大丧。乃后之用《易》者，反师其所训诂，即以为真圣人之神化。自入于过，而欲人寡过也，不亦甚与！故世之读《易》者，只宜取夫子之传详之，必得其《易》象之自然乃已。不然，宁不读《易》，不可误述医方以伤人也。虽然，夫子在当时亦已知文王之言至精至约，至约至精，非神圣莫能用矣。是故于《爻》、《象》传之外，复为六十四卦《大象》，以教后世之君子。余尝怪其与《爻》、《象》不伦，每每置而不读。后思而得之，乃知文王之深于忧患也，故于六十四卦、三百八十四爻，专一发挥神圣心事，不至入险而后悔。而夫子复举《大象》有言之教，俾鲁莽如余者得而读之，亦可以省愆而寡于怨尤。分明是为余中下之人说法，实与《爻》、《象》不伦也。呜呼！圣无两心，人有上下，虽夫子其奈我何？故尝私论之曰：《易》有六十四卦，是《易》之六十四大乾坤世界也；《易》有三百八十四爻，是《易》之三百八十四小乾坤世界也。一卦自为一卦，一爻自为一爻，一世界自为一世界，不可得而同也。六十四卦之《爻》、《象》，专一发明六十四位神圣大人事也。六十四卦之《大象》，专一发明六十四位君子学人事也。总之，有六十四人；分之，则神圣也，君子也。两途各别，不可得而混也。然六十四位神圣，未尝不能为此六十四位君子之事；而六十四位君子，求一神圣之影响，不可得矣。故余又愿后之君子，要以神圣为法。法神圣者，法孔子者也，法文王者也，则其余亦无足法矣！①

读《周易》，其要在于效法文王、孔子之神圣心事。文王之《易》，存诸六十四卦，以及《卦辞》、《爻辞》，其言简约精当，其意深远，蕴涵文王深于忧患、欲人趋利避害的"神圣心事"；孔子之《易》，合于伏羲、文王之心，要于发挥文王之《易》，阐明文王精微之旨。孔子传《易》，虽深解神圣心事，却主于为中下人

---

① 《李贽全集注》第15册，社会科学文献出版社2010年版，第1—2页。

说法,以《大象》人事之教,成君子省愆寡过之效。后人注疏训诂,隐晦了文王、孔子之圣人心事。因此,习《易》者,当知法文王、孔子可矣。从《九正易因》体例不难看出,虽每卦附录诸子解《易》之说,全书主体,不过文王、孔子之《易》,益之以李贽纯以人事解《易》之说。

文王之卦

《系辞下》曰:"《易》之兴也,其于中古乎? 作《易》者,其有忧患乎? 是故《履》,德之基也;《谦》,德之柄也;《复》,德之本也;《恒》,德之固也;《损》,德之修也;《益》,德之裕也;《困》,德之辨也;《井》,德之地也;《巽》,德之制也。《履》,和而至;《谦》,尊而光;《复》,小而辨于物;《恒》,杂而不厌;《损》,先难而后易;《益》,长裕而不设;《困》,穷而通;《井》,居其所而迁;《巽》,称而隐。《履》以和行,《谦》以制礼,《复》以自知,《恒》以一德,《损》以远害,《益》以兴利,《困》以寡怨,《井》以辨义,《巽》以行权。"①此章即传统所谓"三陈九卦"的内容:以《履》、《谦》、《复》、《恒》、《损》、《益》、《困》、《井》、《巽》,反复阐明此九卦之德,意在"择其切于忧患者言之,以见作《易》之意,专为与民同患也"。②《周易正义》云:"六十四卦悉为修德防患之事,但于此九卦,最是修德之甚,故特举以言焉,以防忧患之事。"③文王因于羑里时作《易》,故深于忧患。此章明《周易》卦辞、爻辞作于中古,作者身陷忧患之中,因此三致处忧患之道,垂法后人明得失吉凶之机,修身以德,以防祸患。

《九正易因》于文王之《易》,特别列举了《履》、《同人》、《豫》、《随》、《蛊》、《大蓄》、《颐》、《坎》、《遁》、《晋》、《明夷》、《家人》、《困》、《井》、《丰》、《旅》十六卦为"文王之卦",④其与"九卦"相重者,《履》、《困》、《井》三卦而已。

李贽强调,"文王之《易》"为文王被因于羑里时所作,故《周易》深于忧患

---

① 《周易正义》,北京大学出版社 1999 年版,第 312—314 页。
② 《周易玩辞》卷 14,文渊阁《四库全书》第 14 册,第 418 页。
③ 《周易正义》,北京大学出版社 1999 年版,第 313 页。
④ 李贽《九正易因·解说》分别标示:《明夷》、《困》为"正文王之卦";《随》为"上文王之卦";《履》、《豫》、《大蓄》、《颐》、《坎》、《旅》为"文王之卦";《同人》、《蛊》、《遁》、《晋》、《家人》、《井》为"亦文王之卦";《丰》为"文王当之"。

之道。在上述"文王之卦"中，《明夷》卦乃"正文王之卦"，更是直言文王处忧患之事，处忧患之道，为"文王之卦"的典例。

《九正易因·明夷》云："明夷事，莫著乎文王。自初至四，非文王其谁以之!"①可见，李贽以为《明夷》自初九至六四四爻，专言文王处明夷之事。于初九，李贽曰："夫以内文明而外柔顺，犹不克于蒙大难，然则当明夷之时，可不利艰贞以尽晦其明乎! 初九之明夷，始于羑里也。其象为飞则垂其翼，行则三日不食，往则主人有言。圣人当此，可奈何哉? 亦曰听天而已焉。"②初九为文王开始囚于羑里之时。此时，文王有文明、柔顺之德行，仍不免臣事殷纣，蒙受巨大患难。如鸟在晦暗中垂翼飞行，此时如有作为，必为人所害。文王当此时，只好敛藏光芒，隐遁而行，以等待时机。"六二之明夷，困于羑里也。其象为夷及左股，不可以不速拯矣；既拯，不可以不用马壮矣。是为顺人心，合天则，吉哉!"③六二为久困羑里之时，文王仍晦明以柔顺守正。此时虽受晦明之伤，然而，能够和天道，顺人心，坚守中正，缓图复壮之行，最终可以获得吉祥。"九三，诸贤之所为矣。圣人于此，曷敢知乎，亦曰顺众而已焉。猎礼，'大兽公之，小禽私之。'《诗》曰'言私其豵，献豜于公'是也。九三猎狩于离之南，而得大首以献于君，不知者以为疾，其知者以为贞。此圣人大得志之时，岂易与常人道乎!"④九三之位，阳刚得正。文王贞固正道以处晦明之世，已得天下贤人之助，为其得志将行之时。此时，征伐得俘虏以献无道之君，为人所不解，然文王行将得志之心，不足为外人道也。"至六四，而羑里出矣。以此入君左腹，获君心意，始得出此门庭而成生还之事。所谓向者受伤，至此始出也。其象则下三爻为落地之日，有入象；四一爻处落日之上，有出象。"⑤《明夷》下卦三爻为《离》（象日），因其位于《坤》（象地）卦之下，故象"落地之日"。六四之爻，处于"落日"之上，象征文王能够柔顺退处，获纣欢心，终于远离幽囚，出晦复明。

李贽总结道："故自六四以下，皆为文王之明夷。《象》所谓利艰贞，晦其

---

① 《李贽全集注》第15册，社会科学文献出版社2010年版，第218页。
② 《李贽全集注》第15册，社会科学文献出版社2010年版，第218页。
③ 《李贽全集注》第15册，社会科学文献出版社2010年版，第218页。
④ 《李贽全集注》第15册，社会科学文献出版社2010年版，第218页。
⑤ 《李贽全集注》第15册，社会科学文献出版社2010年版，第218页。

明者，具见之矣。夫当其不明而反晦也，则虽以圣人，不免入地下而见伤；及其艰贞而用晦也，则虽至强暴，可以获心意而出地上。孰谓'利艰贞'一语，非文王出门庭之微旨与！"①《明夷》六四以下诸爻，都在说明文王处明夷之道。《卦辞》"利艰贞"，是说身当明夷之时，不可犯难用事，只宜内心坚贞于正道，外柔顺而自晦其明。能如是，虽外不免为小人所伤，但终能规避强暴，得行其志。文王能够晦而复明，其处身之道，即在于此。

综观"文王之卦"，《井》言就有道以养德；《家人》详齐家之事；《坎》、《遯》、《困》阐发处险、困之境地时，当不失贞固之性，不为小人所累、守中居谦、缓求脱困，然后能亨通吉祥；《履》言臣事君时，恐惧谨慎不犯难；《旅》诫君主谨行；《豫》明居安思危，明福祸转化之机；《同人》云中正文明，以通天下之志；《随》谓王者和乐人心，礼定天下；《蛊》云治道之要，在于上下欢悦，情意相通；《大蓄》、《颐》道明君圣主，不以自养为事，而重在养贤养民；《晋》、《丰》忧王道不明，意在王者当思光照天下，安邦定国。李贽强调文王是深于忧患者，并以《明夷》、《困》等卦阐明文王"利艰贞"之旨，此于《系辞》"九卦"言文王处忧患之道，不无联系。然通观李贽所谓十六"文王之卦"，实以为文王神圣之心，见之于修齐治平全体大用，而非仅以处忧患之事限之。十六"文王之卦"，实在可以当做《系辞》忧患"九卦"之展开，因此，李贽放言"李卓吾者，又夫子所依赖"，此言良有以也。

《九正易因》全书，道通天文人文、感通乾坤男女、留意求学问道、着意制度教化。②《解说》主于义理，兼及史事，详究《彖》、《象》，归宗文、孔，专一"神圣心事"。虽小视程朱传注、贬低象数、残缺"十翼"等，为其解《易》之不足。然其书举凡天地化育，人生日用，修齐治平之事，无不之及，实合《易》学"推天道以明人事"之旨，要为《易》学正脉。③

---

① 《李贽全集注》第15册，社会科学文献出版社2010年版，第218页。

② 参见《九正易因》中《乾》、《坤》、《蒙》、《观》、《贲》、《复》、《咸》、《大壮》、《萃》、《鼎》、《艮》、《节》等卦。

③ 《四库》馆臣一向痛诋李贽，唯以《九正易因》，则曰："贽所著述，大抵皆非圣无法，唯此书尚不敢诋訾孔子，较他书为谨守绳墨云。"（《钦定四库全书总目》（整理本）（上），中华书局1997年版，第84页。）

四、礼乐论

儒教经学之中，《易》为礼义之本；《诗》本为乐教之内容；《书》频见三代之礼；《周礼》、《仪礼》、《礼记》备载礼仪礼义；《乐》为礼乐之教；《春秋》及其《三传》，本之义以定是非褒贬；《论语》、《孟子》随时随处不无礼义礼仪之辨说。《二十四史》、《资治通鉴》等史书，《春秋》之展开尔，何尝不以礼教为本？本于经学的《四书》，其根本，也不过是在阐发礼义而已。因此，就本质内容而言，儒学本为礼乐之学。

李贽虽无礼经专论，但从其相关篇章中可以看出，其礼乐之论，虽不无儒话佛说、蹈入虚空之见，然就其大体而言，仍在儒教门庭之内，其对礼乐之道、之教，有着较为深入的理解。

鬼神论：祭祀之道

《礼记》曰："凡治人之道，莫急于礼。礼有五经，莫重于祭。"①《左传》载："祀，国之大事也。"②"国之大事，在祀与戎。"③可见，祭祀之礼在儒教社会中占有举足轻重的地位。

祭祀是鬼神之事，特重鬼神之德。《中庸》第十六章曰："鬼神之为德，其盛矣乎！视之而弗见，听之而弗闻，体物而不可遗。使天下之人齐明盛服，以承祭祀。洋洋乎！如在其上，如在其左右。《诗》曰：'神之格思，不可度思！矧可射思！'夫微之显，诚之不可掩如此夫。"④鬼神为阴阳二气，虽无形声，但万物始终无不以之而行。鬼神之运行，虽微妙但真实无妄，效用显著；人无法猜度，唯当尽敬以事之，不可倦怠。

《论语》载："子不语怪、力、乱、神。"⑤学者常以之为孔子不语鬼神之证。李贽为之辩诬道，《中庸》之中，孔子盛言鬼神之德，称其体物而不可遗；鬼神

---

① 《礼记正义》（下），北京大学出版社 1999 年版，第 1345 页。

② 《春秋左传正义》（上），北京大学出版社 1999 年版，第 495 页。

③ 《春秋左传正义》（中），北京大学出版社 1999 年版，第 755 页。

④ 《四书章句集注》，中华书局 1983 年版，第 25 页。

⑤ 《论语注疏》，北京大学出版社 1999 年版，第 92 页。

之道虽视之不见，听之不闻，然其至微处神来无方，至显处效验可见，所以为天下之人历万古所畏敬奉承，礼拜祭祀。李贽以为，鬼神之道，本不测而难知，言语难以穷尽，孔子因此本不语之于不能理解之人。曾子也许有所耳闻于鬼神之道，至于有子及门人，根本没有听闻。李贽又道，今传本《论语》为《鲁论》，多为曾子、有子及其门人所记，"其谓夫子之不语神也固宜"，"然则鬼神信非虚也，鬼神信非诬也。夫子之语神也如此，彼谓其不语者，直记者之语耳。"①不是孔子不语鬼神之道，只是《论语》记录者不能理解而已。朱熹曾说："怪异、勇力、悖乱之事，非理之正，固圣人所不语。鬼神，造化之迹，虽非不正，然非穷理之至，有未易明者，故亦不轻以语人也。"②李贽上述言论，要为朱子之意。

　　《论语·先进》载："季路问事鬼神。子曰：'未能事人，焉能事鬼？'曰：'敢问死。'曰：'未知生，焉知死？'"③李贽借此阐发鬼神之道与人道的关系："鬼神之道，幽远难明。非但有子不得闻，即子路亦未之闻也。季路问事鬼神，而夫子不语，但告之曰：'尔且未能事人，安能事鬼乎？'夫当时之所谓人者，果孰有过于夫子也？正名之告，直以夫子为迂而不听，则其不畏天命、狎大人而侮圣言甚矣，安在其能事人也？不能事人，安能事鬼？便是直语以事鬼之道，非不语之也。何也？人鬼一道，不能事人以故不能事鬼。则凡不能事鬼者，便是有鬼神而不信。其赫然临之在上，质之在旁也，又岂有能事人之理哉！然则今之所谓能事人者，事势也，非事人也。真能事人，则自能事鬼矣。故唯大圣人为能事鬼，则以大圣人能真事人故也。"④子路问事鬼之事，实际在询问祭祀之理。祭祀之理，本为鬼神之道，微妙难测，幽远难明，非诚敬之人不能理解。鬼神之道与人道虽幽明有差，然其理一也。子路不敬圣人之言，显然不能事人；无诚敬之心，幽之更无从事鬼。孔子因此告以"未能事人，焉能事鬼？"真能事人者，当以事鬼诚敬之心事人方可；圣人能完全以诚敬之心事人，所以才能真正事鬼。

　　李贽对祭祀主敬有着深入解读："今观夫子之言曰：吾若有他妨，而不得

①　《李贽全集注》第 14 册，社会科学文献出版社 2010 年版，第 298 页。
②　《四书章句集注》，中华书局 1983 年版，第 98 页。
③　《论语注疏》，北京大学出版社 1999 年版，第 146 页。
④　《李贽全集注》第 14 册，社会科学文献出版社 2010 年版，第 300 页。

与祭，是即不祭，是即慢神，吾不敢也。是故祭先先在，祭神如神在。凡《乡党》一书，所以纪圣人之事神者详矣。虽以乡人之傩，鄙俚俗恶，圣人亦必朝服焉，自阼阶以临之。若曰是皆有神明在，乡人所为祷祀而祈禳者也，敢不敬与！唯是祭不欲数，数则烦，其慢神也滋甚；又不欲渎，渎则诎，其慢神也益甚。故曰：'敬鬼神而远之！'唯是春秋二时，乃修其祖庙，陈其宗器，设裳衣而荐时食，盖敬神也，恐烦神也。又曰：'非其鬼而祭之，诎也。'如鲁之郊禘，季氏之旅泰山，王孙贾之欲媚灶，皆诎之也，大不敬也，神其享之乎？故又曰：'曾谓泰山不如林放乎！'林放知礼之本，深为夫子所大，是以抑扬言之。言泰山之神不可以非分而求。本欲求福，吾恐其反速之降殃也。大不可也，又非林放者比也。即夫子此言观之，则泰山为有神乎？为无神乎？如其无神，祭之何益？如其有神，可妄祭耶？故夫子曰：'我战则克，祭则受福。'然则'国之大事，在祀与戎'，盖自有天地以来，直至今日矣。有此天地，即有此人鬼；有此世界，即有此贤圣；有此贤圣，即有此祀典。使其无神，圣人何谓而制此祀典，以贻万世？设使一圣人者作聪明以举之于前，后来千圣相继，独无一人见其不可乎？即声言以辨其为惑世诬民，正所以见其不苟同者。何以愈经后王，而祀典愈备也？"①"夫唯圣人能事神，故其敬之也专。夫'天命玄鸟，降而生商'，何其诞也！而圣人以为至祥极瑞，笔之于经而不删。若在今人，必且吐哕弃之矣。帝赉良弼，说筑唯肖，何其诬也！而武丁即以为上圣大贤，爰立作相而不问。若在今人，必且交章弹劾，而以死诤之矣。此无他，不知人故也。不知人，由于不知天，故曰：'质诸鬼神而无疑，知天也。'此非至诚如神者又孰能知之？故又曰'神以知来'，又曰'原始反终'，故知死生之说，故知幽明之故，故知鬼神之情状，一实理之自然，一真诚而不可挤也。如此非诞也，非诬也，特心非至诚，见滞凡近，遂怪之不信，执之以为诞且诬耳矣。"②

祭祀为国家大事，历代圣人以为治平之道，祭祀之典也因之越来越完备，其中，必有其道理在。然而，非圣人知人知天，了然于生死幽明之故，不足以尽鬼神之道。祭祀，贵在诚敬。因此，必须有祭先祖如先祖在、祭神如神在的心态，否则，不如不祭。祭鬼神数则烦、渎则诎，都是对鬼神的怠慢和大不敬。因

---

① 《李贽全集注》第14册，社会科学文献出版社2010年版，第300页。
② 《李贽全集注》第14册，社会科学文献出版社2010年版，第301页。

此，祭祀当"敬鬼神而远之"，以不烦神；"非其鬼而不祭"，以不谄媚亵渎鬼神。礼敬鬼神，实为人事。否则，历来传说祥瑞之事，荒诞不经，早就为人所厌弃，何以相传至今不绝？

李贽指出，世人平时无事不祭、无人不祭、无时不祭。然其全以现实利害为念，祭祀则平时慢神、急时又渎神，如此祭祀，是足以致祸，难以受福。李贽又以为，鬼神之事，三教同归："今之学者，言及鬼神则以为异端释老之教，小言之则以为耻，大言之则断以为狂。""嗟嗟！执无鬼之说者，卒为鬼所拷而不知；作无佛之论者，因为妇所讥而后省：古今迷人大抵然矣，而何足以费吾喙？"①在李贽眼里，祭祀鬼神、受福避祸之事，二教与儒教并无不同。

事实上，儒教祭祀与二教祭祀有着根本不同。《周礼》大司徒十二教之首，即为"以祀礼教敬。"②《礼记·祭统》云："身致其诚信，诚信之谓尽，尽之谓敬，敬尽然后可以事神明，此祭之道也。"③祭祀之道，要在诚敬。圣人设教，实在教民以诚敬之心而已。《荀子·礼论》曰："祭者，志意思慕之情也，忠信爱敬之至矣，礼节文貌之盛矣，苟非圣人，莫之能知也。圣人明知之，士君子安行之，官人以为守，百姓以成俗。其在君子，以为人道也，其在百姓，以为鬼事也。"④祭祀，意在表达人思慕之情，是忠信爱敬之德的极致体现，是礼仪节度最为显著的表现。如此祭祀之道，非圣人不能理解。因此，施行有圣人、君子、官人、百姓之分。百姓以为鬼神之事，畏而行之；君子知其为人道，所以安行不疑。

事实上，李贽对祭祀意在人伦教化，也有着深入理解："小人之无忌惮，皆由于不敬鬼神，是以不能务民义以致昭事之勤"，"夫有鬼神而后有人，故鬼神不可以不敬；事人即所以事鬼，故人道不可以不务。则凡数而渎，求而媚，皆非敬之之道也。夫神道远，人道迩。远者敬而疏之，知其远之近也，是故唯务民义而不敢求之于远。近者亲而务之，知其迩之可远也，是故不事谄渎，而唯致吾小心之翼翼。""若诚知鬼神之当敬，则其不能务民之事者鲜矣。"⑤敬事鬼

---

① 《李贽全集注》第 14 册，社会科学文献出版社 2010 年版，第 301 页。
② 《周礼注疏》(上)，北京大学出版社 1999 年版，第 246 页。
③ 《礼记正义》(下)，北京大学出版社 1999 年版，第 1348 页。
④ 王先谦：《荀子集解》(下)，中华书局 1988 年版，第 376 页。
⑤ 《焚书》，中华书局 2009 年版，第 92 页。

神,意在人道。祭祀鬼神实教人敬事民务、小心民义。果能如此,则上下皆知敬畏,不敢轻慢而为无忌惮之事矣。

要言之,儒教祭祀之礼,意在"神道设教":形为事鬼,实为事人;看似鬼事,实则人事也。① 祭祀之礼,是以鬼神之道设现世之教:其意非彼岸鬼神世界,实在于现世此岸之教育与教化,要在节文人之自然情感,养成人伦中诚敬之心以利修齐治平之事而已。

儒教祭祀绝非宗教之礼。

道之以德,齐之以礼

《论语·为政》云:"道之以政,齐之以刑,民免而无耻。道之以德,齐之以礼,有耻且格。"②君主以法制刑罚治理国家,不犯法者,不过苟免于惩罚,心中并无羞耻之心,虽不为恶,并非无为恶之心。若能以道德教化民众,制礼以整齐民众之心,使知安于有礼,耻于违礼,则民能自修以归正。

李贽论"德礼刑政"关系,特别阐发自己关于"齐之以礼"的理解:"盖道之以德,则为民上者纯是一片孝、弟、慈真心。既以其躬行实德者道之于上,则为下者既自耻吾之不能孝弟与慈矣,而上焉者又不肯强之使从我,只就其力之所能为,与心之所欲为,势之所必为者以听之,则千万其人者,各得其千万人之心,千万其心者,各遂其千万人之欲,是谓物各付物,天地之所以因材而笃也,所谓万物并育而不相害也。今之不免相害者,皆始于使之不得并育耳。若肯听其并育,则大成大、小成小,天下更有一物之不得所者哉?是之谓'至齐',是之谓'以礼'。夫天下之民,各遂其生,各获其所愿有,不格心归化者,未之有也。世儒既不知礼为人心之所同然,本是一个千变万化活泼泼之理,而执之以为一定不可易之物,故又不知齐为何等,而故欲强而齐之,是以虽有德之主,亦不免于政刑之用也。吁! 礼之不讲久矣。《平天下》曰:'民

---

① 《明史·太祖本纪》载:"甲子,大祀天地于南郊。礼成,天气清明。侍臣进曰:'此陛下敬天之诚所致。'帝曰:'所谓敬天者,不独严而有礼,当有其实。天以子民之任付于君,为君者欲求事天,必先恤民。恤民者,事天之实也。即如国家命人任守令之事,若不能福民,则是弃君之命,不敬孰大焉。'又曰:'为人君者,父天母地子民,皆职分之所当尽,祀天地,非祈福于己,实为天下苍生也。'"(《明史》(一),中华书局1974年版,第44页。)祭祀之敬天,必须落实于子爱其民,恤民才能事天。祭祀落实于人事,明矣。

② 《论语注疏》,北京大学出版社1999年版,第15页。

之所好，好之；民之所恶，恶之。'好恶从民之欲，而不以己之欲，是之谓'礼'。礼则自齐，不待别有以齐之也。若好恶拂民之性，灾且必逮夫身，况得而齐之耶？"①

道之以德，即为上者躬行表率，践行孝、弟、慈等实德；上行下效，则为下者自能知耻而勉力为善。道之以德，关键在于"物各付物"、"因材而笃"：位上者并不勉强下者，只是就下者力之所能、心之所欲、势之所必为者，听其各自向善而已。如此，则能体现万物并育而不害的天道。民众向善的成就有大有小，然而，其各遂其生，各遂其欲，各得其心，各得其成。果如是，则天下万民自然格心归化，天下大治。李贽特别强调，礼本之于"人心之所同然"，是"千变万化活泼泼之理"的体现。能道之以德，自然能情顺人心，节之以理，从而实现齐之以礼。世儒不明此理，以为礼是一定不可易之物，所以强民之不齐以齐一之，事所不能，则不免于用政刑。如此违民之欲、拂民之性，其结果难免灾祸及身，更谈不上治平天下，"齐之以礼"了。

礼教之设，本之于"养人之欲，给人之求"，②实"缘人情而制礼，依人性而作仪"③所以，离人之情性自然，无从谈及礼教。朱子曰："德礼则所以出治之本，而德又礼之本也。此其相为终始，虽不可以偏废，然政刑能使民远罪而已，德礼之效，则有以使民日迁善而不自知。故治民者不可徒恃其末，又当深探其本也。"④由此可见，德礼政刑，本为儒教社会治国化民的全部内容，只是儒教更加强调德礼为主为本，刑法为辅末而已。李贽论礼，强调了物各付物、因材而笃的道之以德；主张从民之欲、顺民之性的齐之以礼。如此论说，强调了礼教顺人情、养人欲的一面，却忽视了礼教节以制度的一面，仅仅是顺人情、纵人欲而不以礼仪政刑节之，实际上等于取消了礼教的现实作用。

"四勿"空说

《论语·颜渊》载："颜渊问仁。子曰：'克己复礼为仁。一日克己复礼，天

---

①　《李贽全集注》第 14 册，社会科学文献出版社 2010 年版，第 271 页。

②　王先谦：《荀子集解》（下），中华书局 1988 年版，第 346 页。

③　《史记》（四），中华书局 1982 年版，第 1157 页。

④　《四书章句集注》，中华书局 1983 年版，第 54 页。

下归仁焉。为仁由己，而由人乎哉！'颜渊曰：'请问其目。'子曰：'非礼勿视，非礼勿听，非礼勿言，非礼勿动。'颜渊曰：'回虽不敏，请事斯语矣。'"①孔子"四勿"说，为孔子行仁的具体内容，意在使人以礼义胜嗜欲，视听言动，无不自觉践行约己反礼、克己复礼之道。果能如是行仁，则天下不难得到治理。

李贽有《四勿说》，专解此节："人所同者谓礼，我所独者谓己。学者多执一己定见，而不能大同于俗，是以入于非礼也。非礼之礼，大人勿为；真己无己，有己即克。此颜子之四勿也。是四勿也，即四绝也，即四无也，即四不也。四绝者，绝意、绝必、绝固、绝我是也。四无者，无适、无莫、无可、无不可是也。四不者，《中庸》卒章所谓不见、不动、不言、不显是也。颜子得之而不迁不贰，则即勿而不；由之而勿视勿听，则即不而勿。此千古绝学，唯颜子足以当之。颜子没而其学遂亡，故曰'未闻好学者'。虽曾子、孟子亦已不能得乎此矣，况濂、洛诸君子乎！未至乎此而轻易谈四勿，多见其不知量也。聊且博为注解，以质正诸君何如？盖由中而出者谓之礼，从外而入者谓之非礼；从天降者谓之礼，从人得者谓之非礼；由不学、不虑、不思、不勉、不识、不知而至者谓之礼，由耳目闻见，心思测度，前言往行，仿佛比拟而至者谓之非礼。语言道断，心行路绝，无蹊径可寻，无涂辙可由，无藩卫可守，无界量可限，无局钥可启，则于四勿也当不言而喻矣。未至乎此而轻谈四勿，是以圣人谓之曰：'不好学'。"②

李贽以为，"四勿"之学即为颜回之学，颜回之好学，不过好此"四勿"。颜回之后，虽贤如曾子、孟子，北宋诸儒，也无人能解此学。颜回克己复礼之学，有着特定的含义：真己无己，颜回欲克之"己"，是有己之己；克己，即是克一己定见，使之大同于俗，入于礼。克己所致之"礼"，一则为人人所同；再则由中而出；三则从天而降；最后须由不学、不虑、不思、不勉、不识、不知而至。反于此四种特点之礼，亦即偏执一己定见、从外而入、从人而得，以及由耳目闻见、心思测度，前言往行，仿佛比拟所致之礼，皆为非礼。颜回"四勿"，即"四绝"

---

① 《论语注疏》，北京大学出版社 1999 年版，第 157 页。
② 《焚书》，中华书局 2009 年版，第 101 页。

（绝意、绝必、绝固、绝我①）、"四无"（无适、无莫、②无可、无不可③）、"四不"
（不见、不动、不言、不显④）。准李贽之说，则所谓颜回克己复礼之"克己"，即
是克有己之我，使之入于无我真己；"复礼"，即是复人固有本我、天命之性、良
知良能。"四勿"条目，则要于去我执，顺自然，法天道。孔子"四勿"之说，主
于以礼义节度人欲，践行趋仁之方而已。可见，李贽"博为注解""四勿"之说，
蹈空履虚，使得本意实践的"四勿"功夫，变成形而上的虚空玄思，这无疑背离
了礼教"四勿"说原义，已非礼教本意了。

和：礼乐相须为美

《论语·学而》云："有子曰：'礼之用，和为贵。先王之道，斯为美。小大
由之，有所不行。知和而和，不以礼节之，亦不可行也。'"⑤《论语注疏》注解
此章曰："此章言礼乐为用相须乃美。'礼之用，和为贵'者，和，谓乐也。乐主
和同，故谓乐为和。夫礼胜则离，谓所居不和也，故礼贵用和，使不至于离也。
'先王之道，斯为美'者，斯，此也。言先王治民之道，以此礼贵和美，礼节民
心，乐和民声。乐至则无怨，礼至则不争，揖让而治天下者，礼乐之谓也，是先
王之美道也。'小大由之，有所不行'者，由，用也。言每事小大皆用礼，而不

---

① 语出《论语·子罕》："子绝四：毋意，毋必，毋固，毋我。"（《论语注疏》，北京大学出版社
1999 年版，第 113 页。）大意为：孔子绝去自以为是、不能随时而动、固执己见、自我标榜四种
毛病。

② 语出《论语·里仁》："君子之于天下也，无适也，无莫也，义之与比。"（《论语注疏》，北
京大学出版社 1999 年版，第 50 页。）大意为：君子对待天下之人与事，并无厚薄之分、一定之规，
关键是要合议。

③ 语出《论语·微子》："逸民：伯夷、叔齐、虞仲、夷逸、朱张、柳下惠、少连。子曰：'不降其
志，不辱其身，伯夷、叔齐与？'谓柳下惠、少连：'降志辱身矣，言中伦，行中虑，其斯而已矣！'谓虞
仲、夷逸：'隐居放言，身中清，废中权。''我则异于是，无可无不可。'"（《论语注疏》，北京大学出
版社 1999 年版，第 252—253 页。）大意为：先贤坚持己志，固执于进或者退。孔子则进退唯义是
从，并无固执。

④ 语出《中庸》第三十三章："君子之所不可及者，其唯人之所不见乎！""君子不动而敬，不
言而信。""《诗》曰：'不显惟德！百辟其刑之。'是故君子笃恭而天下平。"（《四书章句集注》，中
华书局 1983 年版，第 39—40 页。）大意为：君子为常人所不及的地方，就是他按良知行事，不自
欺；君子敬、信之德，无处无时不在，并非要等到行动、说话才能显现；圣德外显，为人所效法，天下
自然就得到治理。

⑤ 《论语注疏》，北京大学出版社 1999 年版，第 10 页。

以乐和之,则其政有所不行也。'知和而和,不以礼节之,亦不可行也'者,言人知礼贵和,而每事从和,不以礼为节,亦不可行也。"①《礼记·乐记》道:"大乐与天地同和,大礼与天地同节","乐者为同,礼者为异。同则相亲,异则相敬。乐胜则流,礼胜则离。"②礼教实为礼乐之教,两者相辅相成,缺一不可。礼主敬,主敬易疏离;乐主和,主和易慢。须以乐之和同,补礼之疏离;以礼之敬,节度乐之流逸。如此礼乐相须为用,方能"严而泰,和而节",③民无怨而不争,最终发挥礼乐教化治平天下的功用。综上,礼教之全体,内在包含着乐教。

李贽论乐,首先区分了乐之可知与不可知。他认为,乐之可知、易知者,是一般乐师能够掌握的所谓乐之声容节奏,"至其所不可知者,则出于声容节奏之外,可以和神人而协上下,可以仪凤凰而舞百兽,如季札所谓'如天之无不覆也,如地之无不载也。'吾夫子所谓'不图为乐之至于斯也',闻之三月而不知肉味也。则太师当自得之,非夫子之所能语也。所谓乐之所不可知者也。"④乐本于天地之道,可以谐和天地万物、神人自然,有无穷之大用,此非圣人不能知。

关于"礼之用,和为贵",李贽自有其理解:"有子言:'礼之用,和为贵。'甚是也。夫使礼而不出于和,则为强。世非中节之和,天下之达道矣,曷足贵与?又乌在其为美也?唯其和,所以民咸用之,万世同之,自无不可行之理耳。彼或有窒碍而不可行者,非和之罪也,不知和之罪也。今若曰'知和而和,不以礼节之',是以'亦不可行',如此,则和反不如礼,和又不足为美而可贵矣。何也?必待礼以节之故也。和而尚需礼帮助,然后能中节而成和,则宜曰'和之用,礼为贵'可也。而何以独贵和?吾故曰:'此非有子之言也,有子弟子之言也。'"⑤李贽同意"礼之用,和为贵",认为礼必须以中节之和推行,才能行得通,才能长久。但是,他不能理解"和"不以礼节之,亦不可行之说,认为这样岂不是说"和之用,礼为贵"?两说矛盾而并存,令李贽感到困惑。事实上,礼乐道法天地,相互为用,此为先王礼乐教化之美。礼主敬、主别,易使人疏离,

① 《论语注疏》,北京大学出版社1999年版,第10页。
② 《礼记正义》(中),北京大学出版社1999年版,第1087、1085页。
③ 《四书章句集注》,中华书局1983年版,第52页。
④ 《李贽全集注》第14册,社会科学文献出版社2010年版,第327—328页。
⑤ 《李贽全集注》第14册,社会科学文献出版社2010年版,第326页。

必得乐之和而后易行，从而能做到民共由之，万世不易；与此同时，乐主和乐、和同，但如果不加以节制，就会流于放逸，必须以礼节之，也能发挥其教化作用。因此，礼乐原本就相须为用，两说并存，不过是从不同侧面阐明礼乐相互为用的道理而已。可见，李贽上述疑惑，说明他对礼乐相须为用之道，缺乏理解。

声色之美：发于情性，由乎自然，止乎礼义

《礼记·乐记》云："凡音者，生于人心者也。乐者，通伦理者也。是故知声而不知音者，禽兽是也。知音而不知乐者，众庶是也。唯君子为能知乐。是故审声以知音，审音以知乐，审乐以知政，而治道备矣。是故不知声者，不可与言音。不知音者，不可与言乐。知乐，则几于礼矣。礼乐皆得，谓之有德。德者，得也。"①声音之道，有声、音、乐三者区分：声为自然之声，禽兽共知；音为声宫商角徵羽之变；所谓乐，是指"正六律，和五声，弦歌《诗·颂》，此之谓德音；德音之谓乐。"②于乐教而言，声、音二者不足以为教，唯有达到有德之音的层次，才是乐教的作用。明白乐教中和之理，礼乐相须以进德，儒教政道教化就完备了。

李贽作《读律肤说》，阐发声音自然之美："淡则无味，直则无情。婉转有态，则容冶而不雅；沉着可思，则神伤而易弱。欲浅不得，欲深不得。拘于律则为律所制，是诗奴也，其失也卑，而五音不克谐；不受律则不成律，是诗魔也，其失也亢，而五音相夺伦。不克谐则无色，相夺伦则无声。盖声色之来，发于情性，由乎自然，是可以牵合矫强而致乎？故自然发于情性，则自然止乎礼义，非情性之外复有礼义可止也。唯矫强乃失之，故以自然之为美耳，又非于情性之外复有所谓自然而然也。故性格清澈者音调自然宣畅，性格舒徐者音调自然疏缓，旷达者自然浩荡，雄迈者自然壮烈，沉郁者自然悲酸，古怪者自然奇绝。有是格，便有是调，皆情性自然之谓也。莫不有情，莫不有性，而可以一律求之哉！然则所谓自然者，非有意为自然而遂以为自然也。若有意为自然，则与矫强何异。故自然之道，未易言也。"③为诗律所限制，则不能发自然性情，丧失声色，导致音律不和谐；不顾格律，则音律杂乱，不成其为声调，无声音之美。

---

① 《礼记正义》（中），北京大学出版社 1999 年版，第 1081 页。
② 《礼记正义》（下），北京大学出版社 1999 年版，第 1123 页。
③ 《焚书》，中华书局 2009 年版，第 132—133 页。

性情清澈、舒徐、旷达、雄迈、沉郁、古怪者,自有其相应声律格调,由乎自然者,莫不因其真性情而为罢了。所谓声律之道,在于发于情性,由乎自然;声色之美,绝非刻意勉强可以成就。进言之,能以声音为教者,在于存自然情性,自有声色之美;有声色之美,则自然能止于礼义。李贽诗律之论,要在阐发声音之道,自然为美。乐教之乐,为中和有德之声音,就教化功用而言,其基于声音而高于声音。李贽以为有声音声色之美,则自然能止于礼义,显然还没有深入理解乐教之与声音之道的分别。

琴赋:琴为心吟

李贽又以《琴赋》阐发声音之道:"《白虎通》曰:'琴者禁也。禁人邪恶,归于正道,故谓之琴。'余谓琴者心也,琴者吟也,所以吟其心也。人知口之吟,不知手之吟;知口之有声,而不知手亦有声也。如风撼树,但见树鸣,谓树不鸣不可也,谓树能鸣亦不可。此可以知手之有声矣。听者指谓琴声,是犹指树鸣也,不亦泥欤!尸子曰:'舜作五弦之琴,以歌南风,曰:'南风之薰兮,可以解吾民之愠兮。'因风而思民愠,此舜心也,舜之吟也。微子伤殷之将亡,见鸿雁高飞,援琴作操,不敢鸣之于口,而但鸣之于手,此微子心也,微子之吟也。文王既得后妃,则琴瑟以友之,钟鼓以乐之,向之辗转反侧,寤寐思服者,遂不复有,故其琴有《关雎》。而孔子读而赞之曰:'《关雎》乐而不淫。'言虽乐之过矣,而不可以为过也。此非文王之心乎?非文王其谁能吟之?汉高祖以雄才大略取天下,喜仁柔之太子既有羽翼,可以安汉;又悲赵王母子属在吕后,无以自全,故其倚瑟而歌鸿鹄,虽泣下沾襟,而其声慷慨,实有慰藉之色,非汉高之心乎?非汉高又孰能吟之?由此观之,同一心也,同一吟也,乃谓'丝不如竹,竹不如肉',何也?夫心同吟同,则自然亦同,乃又谓'渐近自然',又何也?岂非叔夜所谓未达礼乐之情者耶!故曰:'言之不足,故歌咏之;歌咏之不足,故不知手之舞之。'康亦曰:'复之不足,则吟咏以肆志;吟咏之不足,则寄言以广意。'傅仲武《舞赋》云:'歌以咏言,舞以尽意。论其诗不如听其声,听其声不如察其形。'以意尽于舞,形察于声也。由此言之,有声之不如无声也审矣,尽言之不如尽意又审矣。然则谓手为无声,谓手为不能吟亦可。唯不能吟,故善听者独得其心而知其深也,其为自然何可加者,而孰云其不如肉也耶!吾又以是观之,同一琴也,以之弹于袁孝尼之前,声何夸也?以之弹于临绝之际,声何惨也? 琴自一耳,心固殊也。心殊则手殊,手殊则声殊,何莫非自然者,而谓手不能二声可乎? 而谓彼声自然,此声不出于自然可乎? 故蔡邕闻弦而知杀心,钟子听弦而知流水,师旷听弦而识南风之不竞,盖自然之道,得手应心,其妙固若此也。"①

不同于《白虎通》琴者禁邪归正之说,李贽以为琴者心也、吟也。鼓琴者,所以吟其心而已。有其心,故有是心见之于琴瑟之吟:舜爱民之心,吟之以《南风》;微子鸿鹄之志,吟之于手操;文王爱情,吟之以《关雎》;汉高祖心意,吟之琴瑟。人谓乐教之用,歌诗不如器乐,器乐不如舞蹈;无声之舞胜于有声之歌乐,尽言之歌诗,不如尽意之乐舞。李贽以为,鼓琴以手操之,手非声音,故无声;琴为心吟,无言而能尽人之心意。因此,鼓琴实有无声、尽意之妙用。琴为心吟,人心不同,是故琴声各异,此皆源于人心之自然。谙于琴道之妙者,能够审音知心,得心应手。李贽琴论,以琴为心吟,琴贵体自然之道为说,可谓谙于琴道。②

总之,李贽上述乐论,强调诗歌、声音、琴音之发,源自人之性情;以为能顺自然性情,即是乐教之实。此论显然与乐为有德之音、礼乐相须为用、礼节之和为乐教等乐教正统理论不符。

五、尊孔与反孔:对李贽儒学思想的总体认识

李贽尊孔与否,是一个由来已久且争议不断的问题。对此问题的认识,明清时代即已聚讼不已。表彰者以为,李贽是"百世以俟圣人而不惑之人也",③"未必是圣人,可肩一狂字,坐圣门第二席";④批判者则认为,李贽"敢倡乱道,惑世诬民",⑤"其书可毁,其名亦不足以污简牍"。⑥ 五四先锋吴虞作《明

① 《焚书》,中华书局 2009 年版,第 204—205 页。
② 李贽又借成连教伯牙学琴典故,说明学琴故当以图谱、硕师为入;然欲得琴道之妙,必舍弃外在辅助,"出于丝桐之表,指授之外",使内心自然之音呈现,方为至道。(《焚书》,中华书局 2009 年版,第 138 页。)
③ 厦门大学历史系编:《李贽研究参考资料》第一辑,福建人民出版社 1975 年版,第 88 页。
④ 黄宗羲:《明儒学案》(修订本)(下),中华书局 2008 年版,第 829 页。
⑤ 《明实录·神宗实录》卷 369,《明实录》第 59 册,中央研究院历史语言研究所,第 6919 页。
⑥ 《钦定四库全书总目》(整理本)(上),中华书局 1997 年版,第 702 页。

李卓吾别传》，以李贽精神揭批孔大旗。吴氏之后，凡批判中国传统文化者，无不以李贽为批儒反孔典例。"批林批孔"时期，李贽更被作为法家代表，批孔英雄，抬到了极高位置。延至当代，主李贽批孔的学者认为，李贽在封建君主极端专制，独尊孔学的时代，为反孔、为维护真理而被捕牺牲，是"独一无二，空前绝后"的；①"在孔子被尊崇为'至圣先师'以至神化的时代，李贽对孔子及其儒学的批判、亵渎，那才真是振聋发聩的历史创举。"②与李贽是批孔英雄论调不同，吴泽认为李贽反孔孟、反名教，仅仅是反对其专制独断而已，对封建社会及其制度还是拥护的。③ 陈瑞生通过详细爬梳李贽著作，尤其是详析一向被作为李贽反孔证据的材料，力证李贽是尊孔而不是反孔的。④ 朱绍侯认为，李贽对孔子的真实态度是赞扬多于否定，甚至可以说是赞不绝口。李贽真正反对的是打着孔子和儒学招牌的假道学先生。⑤

那么，李贽到底是圣人，还是"人妖"？是批孔英雄，抑或尊孔学者呢？以往李贽尊孔与否问题研究，往往从解读李贽本人著作来论说。事实上，要回答李贽尊孔与否的问题，不仅应该全面细致理解李贽著作，明白其本人的真正意图和观点；更重要的，是要通过追溯李贽本人思想发展史，尤其是关注其思想和整个儒教社会之间的关系，才有可能找到比较公允的答案。

孔庙之想

万历二十八年（1600 年），李贽时年 74 岁。这一年，他瞻仰了孔庙、孔林，作《释迦佛后》，讲述了这次游历和感受：⑥"余偶来济上，乘兴晋谒夫子庙，登杏坛，入林中，见桧柏参天，飞鸟不敢栖止，一草一木皆可指摘而茎数，刺草不生，棘木不长，岂圣人之圣真能使草木皆香洁，乌鹊不敢入林窠噪哉！至德在躬，山川效灵，鬼神自然呵护，庸夫俗子无识不信，独不曾履其地乎？何无目之

---

① 蔡尚思：《李贽思想体系》，见许在全、张建业主编：《李贽研究》，光明日报出版社 1989 年版，第 23 页。

② 张建业：《李贽论》，社会科学文献出版社 2010 年版，第 217 页。

③ 吴泽：《儒教叛徒李卓吾》，华夏书店 1949 年版，第 110 页。

④ 陈瑞生：《李贽新论》，华中师范大学出版社 1992 年版，第 21—40 页。

⑤ 朱绍侯：《李贽对孔子的真实态度—读〈焚书〉、〈续焚书〉札记》，载《史学月刊》1993 年第 4 期。

⑥ 年谱考辨，参见林海权：《李贽年谱考略》，福建人民出版社 2005 年版，第 408 页。

甚也！夫孔夫子去今两千余岁矣，孔氏子姓安坐而享孔圣人之泽，况鲤也为之子，伋也为之孙，累累三坟，俎豆相望，历周、秦、汉、唐、宋、元以至今日，其或继今者万亿劫可知也。盖大圣人之识见度量总若此矣，而又何羡于佛与释迦乎？元党怀英有诗云：'鲁国余踪堕渺茫，独遗林庙历城荒。梅梁分曙霞栖影，松牖回春月驻光。古柏尝沾周雨露，断碑犹载汉文章。不需更问传家事，泰岱参天汶泗长。'至矣哉！宜自思惟：孰与周、秦、汉、唐、宋、元长且久也！"①徜徉于孔庙、孔林之中，李贽感触于孔子之神圣，竟然认为孔子的至高德行，能够使得山川、鸟兽、鬼神为之折服。而孔子德泽后世，必将万古长青。凡夫俗子不信奉孔子之道，简直就是有目无珠。如是感触，的然可见李贽对孔子极端仰慕。

其后一年，李贽又道："夫两庑之享不享，何关后贤事！所患者，以吾无可享之实也。使吾有可享之实，虽不与享，庸何伤！只不免重增讥诋者之罪耳。然好讥诋者原不畏罪也。夫讥诋者既不畏罪，彼不与享者又不相关，则恐泰山乔岳无以自安于两庑之间而已！"②众所周知，孔庙祭祀，是儒教社会正统、道统之具体体现。能够入祀孔庙者，即表明其对弘扬儒学、儒教作出杰出贡献，为儒教社会官方所认可。入祀孔庙，是儒教社会文人士子之最高理想。③ 李贽此文无疑是借题发挥，认为自己虽不免为"讥诋者"所诟病，但是，自己的学术确对孔门圣教作出了贡献，有"可享之实"。李贽这种自信，临死前也没有改变。《李温陵传》载，李贽被捕之后，"大金吾置讯。侍者掖而入，卧于阶上。金吾曰：'若何以妄著书？'公曰：'罪人著书甚多，具在，于圣教有益无损。'"④自信著书对儒教社会有益无损，李贽孤臣孽子心情，灼然可见。

至圣知己

细检《九正易因》、《道古录》等著作，随处可见李贽对圣教、对孔子的尊崇："世之读《易》者，只宜取夫子之《传》详之"，"余又愿后之君子，要以神圣

---

　① 《续焚书》，中华书局 2009 年版，第 94—95 页。

　② 《续焚书》，中华书局 2009 年版，第 101 页。

　③ 关于孔庙从祀制度历史沿革、内容，及其和儒家道统的关系，参见黄进兴：《优入圣域：权力、信仰与正当性》，中华书局 2010 年版。

　④ 《焚书》，中华书局 2009 年版，"李温陵传"第 4—5 页。

为法。法神圣者，法孔子者也，法文王者也，则其余亦无足法矣。"①毫无疑问，此处推尊孔子为"神圣者"。而在《道古录》中，李贽更尊许孔子为"至圣"："至圣则聪明睿智已具，虽未尝临民，而足以有临也；宽裕温柔等咸具，虽未尝容物，而自足以有容、有执、有敬、有别也。""以今观吾夫子，夫孰不尊？夫孰不亲？从今以后，以至万亿年载，其尊且亲，但见其有加而不替矣，岂若当时之王，见在则尊，过则已，见在则亲，过则已者所可比耶？又岂能以一人之身，合中国蛮貊，尽舟车人力之所至所通，天地之所覆载，日月霜露之所照所坠乎？则夫子之泽远矣，广矣，夫子之言至是又若符契矣。故称之曰'至圣'焉。吾以谓千古可以语至圣者，夫子也。"②孔子聪明睿智，德配天地，流泽广远，千古不替。历代君王不过为当时人尊重，死后就被人遗忘；唯独孔子被历代尊亲，必当永世不朽。职是之故，李贽认为唯孔子可当千古至圣。

李贽认为孔子之至圣，源其"至诚"，孔子至诚，故能真经纶、真立本、真知化："知化则本自立，本立则纶自经。苟不固聪明圣智达天德者，其孰能知此也？盖唯至诚乃能知天下之至圣也，唯至圣乃能知天下之至诚也，则必有夫子而后能知夫子也，又何疑哉！夫子在当时，虽由之强，夫子每对之而叹曰：'知德者鲜。'虽赐之颖，夫子必对之而叹曰：'莫我知也夫！'独一回而不幸短命，则夫子已不见知于当时矣，况万世与！虽尊之以为天，亲之以为父母，敬而事之以为万世之宗师，夫子弗善也，夫子弗乐也，夫子弗享也。呜呼！此固夫子之所以为至圣也。"③孔子的至诚，成就其为"聪明圣智达天德者"。如斯境界，已非常人乃至孔门贤人所能理解。李贽言语中隐然有自诩为至诚、至圣，从而为孔圣知己之意。

不朽圣人

儒教社会之实质为礼乐教化。关注李贽评价孔子在礼乐教化之作用，更可见李贽对孔子的态度。李贽认为，诚如《中庸》所言，凡制礼作乐者，非有德、有位、当时之天子不能为。舍此三个条件，无德者则好自用、无位者则好自

---

① 《李贽全集注》第 15 册，社会科学文献出版社 2010 年版，第 1、2 页。
② 《李贽全集注》第 14 册，社会科学文献出版社 2010 年版，第 322—323 页。
③ 《李贽全集注》第 14 册，社会科学文献出版社 2010 年版，第 324 页。

专、不当时者则生今而反古。如是，则灾必及身。孔子历来被认为是有德无位之"素王"，其于礼乐之事，自称"述而不作"。李贽则不认为孔子有德无位就不能制作礼乐，相反，他认为唯孔子堪当千古制礼作乐者，并堪为万世之法则："若夫子者，又岂时、位之所能限也？使时、位而可以限夫子，则夫子亦与千古帝王、百世圣人等耳，乌在其为贤于尧舜，生民以来之所未有者乎？故夫子亦自知之，夫子亦自言之。若曰：'质诸鬼神而无疑，知天也；百世以俟圣人而不惑，知人也。'夫学，以知天知人也。则万古同一天，万古同一人。是谓万世一时，天且弗敢违之矣，而何时之待乎？是谓万世为土，人人胥载之矣，而何位之有乎？是故唯无动也，动即世为天下道，而岂直当世；唯无言也，言即世为天下法，而岂直当世；唯无行也，行即世为天下则，而岂直当世？近而千百年，服之无斁，而厌者谁？远而万亿载，望即兴思，而欲从末由，不心服者又是谁？此可以见夫子之无时不然矣，此可见时之不能违吾夫子矣。夫子虽以此称'君子'，其实盖自谓也。彼'君子'者，又乌能然？以今观夫子，其果世为天下道、世为天下法与则否也。夫子之言，真若合符契矣。"①圣王制礼作乐必当得时，而在李贽看来，孔子贤于尧舜，为生民以来所未有者，不与千古帝王、百世圣人相等，故能不为时位所限。孔子不为时所限，是因为孔子之学，知天知人。天人万古相同，是故万世一时，无须待时；孔子之学，堪比万世载人之土地，故无须有位；而孔子之言行，堪为天下万世治化的法则。因此，至圣孔子可以超越帝王，不计时位而制礼作乐。此外，在《焚书》、《续焚书》等其他著作中，李贽反复称颂孔子为圣人、孔圣、夫子等，赞扬孔子安贫乐道、好学不倦、识人惜才、教子有方等，②李贽尊孔证据，俯拾即是。

尊孔：由吷声到知圣

同样在万历二十八年（1600 年），李贽作《圣教小引》，回顾自己一生尊孔的经历：

　　余自幼读《圣教》不知《圣教》，尊孔子不知孔夫子何自可尊，所谓矮

---

① 《李贽全集注》第 14 册，社会科学文献出版社 2010 年版，第 319—320 页。

② 参见陈瑞生：《李贽新论》，华中师范大学出版社 1992 年版，第 33—34 页；朱绍侯：《李贽对孔子的真实态度——读〈焚书〉、〈续焚书〉札记》，载《史学月刊》1993 年第 4 期。

子观场，随人说妍，和声而已。是余五十以前真一犬也，因前犬吠形，亦随而吠之，若问以吠声之故，正好哑然自笑也已。五十以后，大衰欲死，因得友朋劝诲，翻阅贝经，幸于生死之原窥见斑点，乃复研究《学》、《庸》要旨，知其宗贯，集为《道古》一录。于是遂从治《易》者读《易》三年，竭昼夜力，复有六十四卦《易因》镂刻行世。呜呼！余今日知吾夫子矣，不吠声矣；向作矮子，至老遂为长人矣。虽余志气可取，然师友之功安可诬耶！既自谓知圣，故亦欲与释子辈共之，盖推向者友朋之心以及释子，使知其万古一道，无二无别，真有如我太祖高皇帝所刊示者，已详载于《三教品刻》①中矣。②

李贽道，自己五十岁之前，尊孔不过是"矮子观场"、"吠声"之犬，对孔子之道及其历史地位不过附和别人的看法而已，并无自己独立自得之见。五十岁之后，出入佛道，尤其是研究《大学》、《中庸》、《周易》之后，才真正成为"知圣"者，明白了孔子"何自可尊"。由此可见，李贽认为自己一生始终尊孔，所别者，不过是早年浮泛表面之尊；晚来则为深入其道，成为真正"知圣"之尊孔者。《道古录》、《九正易因》无处不对孔子赞誉有加，可见，当李贽深入研读理解孔子之后，开始自视为孔子知己，对孔子尊崇爱戴之心，深刻而真实。

综上可见，李贽对孔子极端仰慕、推孔子为千古至圣、万世治化典范，李贽自己又以圣人知己自许，又自信自己的著述师法孔圣，有益世风教化等。李贽对孔子的尊崇，实可谓无以复加了。

尊道即尊孔

在李贽看来，孔子之所以为孔子，即在于其"以闻道为心"；孔子"何自可尊"，最为根本的，就在于尊孔子一生志在闻道，不以富贵名利为念。在《三教归儒说》中，李贽说："儒、道、释之学，一也，以其初皆期于闻道也。必闻道然后可以死，故曰：'朝闻道，夕死可矣。'非闻道则未可以死，故又曰：'吾以女为

---

①　《三教品》为李贽汇录朱元璋、朱棣论儒释道三教的文章而成，意在说明有明圣上一贯阐明的"天下无二道，圣贤无两心"之理，因此，三教不容异同，当共尊三教圣人。（参见"三教品序"，《李温陵集》卷十，《四库全书存目丛书》第126集，第294—295页。）

②　《续焚书》，中华书局2009年版，第66页。

死矣.'唯志在闻道,故其视富贵若浮云,弃天下如敝屣然也。""孔之疏食,颜之陋巷,非尧心欤! 自颜氏没,微言绝,圣学亡,则儒不传矣。故曰:'天丧予。'何也? 以诸子虽学,夫尝以闻道为心也。则亦不免士大夫之家为富贵所移尔矣,况继此而为汉儒之附会,宋儒之穿凿乎? 又况继此而以宋儒为标的,穿凿为指归乎? 人益鄙而风益下矣!"①在李贽眼中,儒释道三教根本处相同,都是以道为最高追求。就孔子而言,人生的价值和意义就在于闻道;对道的追求和体证,甚至比生命还要重要。因此,功名利禄,在孔子看来不过是浮云,即便生活陷入困顿,也根本不以为意。孔门弟子众多,而颜回独得孔子垂青,完全在于颜回以闻道为心,根本不为富贵所移而已。较之孔、颜,汉、宋之儒所以鄙陋,就在于他们背离了孔子以闻道为心的生命和学术旨归。

李贽认为,作为"仲尼之徒",真正尊孔者绝不能仅仅做表面工夫,为口耳之学。《赞刘谐》一文,即阐发此意:"有一道学,高履大履,长袖阔带,纲常之冠,人伦之衣,拾纸墨之一二,窃唇吻之三四,自谓真仲尼之徒焉。时遇刘谐。刘谐者,聪明士,见而哂曰:'是未知我仲尼兄也。'其人勃然作色而起曰:'天不生仲尼,万古如长夜。子何人者,敢呼仲尼而兄之?'刘谐曰:'怪得羲皇以上圣人尽日燃纸烛而行也!'其人默然自止。然安知其言之至哉! 李生闻而善曰:'斯言也,简而当,约而有余,可以破疑网而昭中天矣。其言如此,其人可知也。盖虽出于一时调笑之语,然其至者百世不能易。'"②此道学者,可谓为表面口耳之学的典型,其曰"天不生仲尼,万古如长夜",看似尊崇孔子,实则是一种盲目崇拜,根本上是对孔子的不敬。李贽借刘谐之口说明,真正尊孔学孔者,应该始终有一种理性的态度。

在李贽看来,孔子只有求道之实,从来不好为人师:"自孔子后,学孔子者便以师道自任,未曾一日为人弟子,便去终身为人之师,以为此乃孔子家法,不如是不成孔子也。不知一为人师,便只有我教人,无人肯来教我矣。""孔子随顺世间,周游既广,及门渐多,又得天生聪明颜子与之辩论。东西遨游既无好兴,有贤弟子亦足畅怀,遂成师弟名目,亦偶然也。然颜子没而好学遂亡,则虽

---

① 《续焚书》,中华书局 2009 年版,第 75—76 页。
② 《焚书》,中华书局 2009 年版,第 130 页。

有弟子之名,亦无有弟子之实矣。"①孔子与弟子有师徒之名,在于相与论道之实而已,孔子绝不沽名而好为人师。

耿李论战,多处论及尊孔问题:"夫天生一人,自有一人之用,不待取给予孔子而后足也。若必待取足于孔子,则千古以前无孔子,终不得为人乎? 故为愿学孔子之说者,乃孟子之所以止于孟子,仆方痛撼其非夫,而公谓我愿之欤?""孔子未尝教人之学孔子也。使孔子而教人以学孔子,何以颜渊问仁,而曰'为仁由己'而不由人也欤哉! 何以曰'古之学者为己',又曰'君子求诸己'也欤哉! 唯其由己,故诸子自不必问仁于孔子;唯其为己,故孔子自无学术以授门人。是无人无己之学也。无己,故学莫先于克己;无人,故教唯在于因人。""夫孔子未尝教人之学孔子,而学孔子者务舍己而必以孔子为学,虽公亦必以为真可笑矣。夫唯孔子未尝以孔子教人学,故其得志也,必不以身为教于天下。是故圣人在上,万物得所,有由然也。"②在李贽看来,习孔之说目的在于成人。而成人与否并不取决于是否学孔子之成说。如其不然,孔子前岂无圣人? 岂无成人? 孟子践孔子之迹、习孔子成说,李贽便不以为然。又,孔子之学,是无人无己之学。真正的孔学,在于通过克己、因人的途径,养成并显出弟子们自身本具的仁德、人道。就像天道的运行,在于顺成万物,使得万物各得其所一样,孔子之教,不是以自己为典范,而是顺其自然,教而无教,无为而成化。

综上所述,李贽以为,学孔尊孔,不能做表面功夫,徒为口耳之学;不能好为人师,自我标榜。真正的尊孔,应当学习孔子以道为心,不以富贵名利为念的人生价值取向;孔学之可学可尊,不是因为孔子有教师身份,不是其因时而发的个别言论,而是因为孔子与弟子论道之真诚,是孔学无人无己之实质,顺化成人之道的效用。总之,真正的尊孔,不是尊孔子这个人。志道、学道、行道,是为孔子。尊孔者,尊道而已。此为李贽尊孔之实质。

假道学:尊孔反例

通过对假道学的批判,李贽从反面进一步阐发了尊孔即尊道、行道这一尊

---

① 《焚书》,中华书局 2009 年版,第 25 页。
② 《焚书》,中华书局 2009 年版,第 16—17 页。

孔观。明末，随着科举考试制度的成熟等，道学①已不单纯是学术研究，而与现实功名利禄密不可分。多数官宦、儒生、士子，虽名为学圣人之道，实际上，已经不是为了学道、行道而去学习道学；孔孟程朱之学，在他们不过是弋取功名，保有社会地位之敲门砖和护身符而已。一般士大夫满口仁义道德、忠信孝悌，实则不过是以道学为名饰，追逐功名利禄、富贵权势而已。道学的虚伪化，工具化，已经成为明末一个严重的社会问题。实际上，道学虚伪化招致儒道式微、世风士习的败坏，是王阳明倡良知心学的直接社会原因。② 王阳明对道学虚伪化的批判，也是李贽批判假道学的直接思想来源。

李贽深恶痛绝假道学，其批判言论，犀利而刻薄："阳为道学，阴为富贵，被服儒雅，形若狗彘然也。夫世之不讲道学而致荣华富贵者不少也，何必讲道学而后为富贵之资也？ 此无他，不待讲道学而自富贵者，其人盖有学有才，有为有守，虽欲不与之富贵而不可得也。夫唯无才无学，若不以讲圣人道学之名要之，则终身贫且贱焉，耻矣。此所以必讲道学以为取富贵之资。然则今之无才无学，无为无识，而欲至大富贵者，断断乎不可以不讲道学矣。"③假道学"冒引圣言以自掩其不能"，"有利于己而欲时时嘱托公事，则必称引'万物一体'之说；有损于己而欲远怨避嫌，则必称引'明哲保身'之说。"④"故世之好名者必讲道学，以道学之能起名也。无用者必讲道学，以道学之足以济用也。欺天罔人者必讲道学，以道学之足以售其欺罔之谋也。噫！ 孔尼父亦一讲道学之人耳，岂知其流弊至此乎！"⑤

圣人志在闻道、行道，真道学之名，唯圣人可以当之。其所得富贵，完全是有学有才，有为有守所致。与之相反，假道学本不学无术，无才无学，无为无

---

① 北宋二程自称其学为道学。其后，南宋朱熹著《伊洛渊源录》，以二程为主，罗列北宋五子及二程之门弟子等，梳理"道学"脉络，标榜正统，将道学发扬光大。《宋史》作《道学》传，立道统，顺序道学传衍统系，表彰以二程、朱熹为主之宋代理学，可见"道学"即程朱理学。（关于"道学"名辨，参见姜广辉：《理学与中国文化》，上海人民出版社 1994 年版，第 13—22 页。）在李贽的上下文中，道学主要指孔孟程朱之学。

② 王阳明对道学虚伪化的严厉批判，以及王学形成，出于救治当时学术社会流弊的论述，参见张祥浩：《王守仁评传》，南京大学出版社 1997 年版，第 57—66 页。

③ 《初谭集》，中华书局 2009 年版，第 144 页。

④ 《初谭集》，中华书局 2009 年版，第 328 页。

⑤ 《初谭集》，中华书局 2009 年版，第 345 页。

识。但是,他们假借道学名义、圣人之言,欺世盗名以遮掩其无能无用之实;通过玩弄权奸之术,远怨避嫌,趋利避害,以达成一己私利。假道学满口仁义道德,实则志在富贵,表里不一,欺天罔人,简直就是猪狗。

李贽痛批假道学的言论,向被视为李贽反孔之证据。然而,基于尊道即尊孔之李贽尊孔观,李贽批假道学,恰恰是为了说明何谓真尊孔,批假道学为表,揭真尊孔为实。真道学以闻道、求道为心,不以富贵利禄为念,真正体现了圣学目的,为李贽所赞扬。而假道学表面志在闻道,看似鄙视富贵,实则借道学之名,行自私自利之实,为李贽所痛恨和不齿。

"非圣无法"

李贽当时声动一时,身后影响至今,不是因为尊孔的言论,而是因为其学说大胆,行径反常,为儒教正统所不容和痛恨所致。正统学者贬斥李贽为"敢倡乱道,惑世诬民","诋訾孔子","非圣无法","近乎人妖",顾炎武更是说:"自古以来,小人之无忌惮而敢于叛圣人者,莫甚于李贽。"①李贽为异端之尤,已成为正统学者之共识。近现代以来,李贽被定位为反儒教社会之斗士,被反传统文化者褒扬;"文化大革命"期间,更被推举为反孔英雄。李贽反孔,似已成为定论。问题是,既然李贽自称尊孔,自诩为圣人知己,何以有此反孔叛圣之名呢?

孔子曰:"攻乎异端,斯害也已矣。"②孟子以弘扬儒学为己任,其批判杨墨异端,更是不遗余力。汉代儒教社会"罢黜百家,独尊儒术",确立了儒教严于正统异端之辨的基调;及至儒教社会成熟时期,尤其是儒释道三教并行之际,官方更是视正统异端之辨为事关风化治乱之大事。李贽本人从来认为自己尊孔,且对孔子本人并无不敬言论,甚至以孔圣知己自居。然而,李贽确实是反孔的。此反孔,并非李贽本人主观故意反孔,而是因为其言行著述,表现出了严重的异端特色,背离了儒教思想之底线,从而也是脱离了孔子所确立之儒学根本。

李贽"非圣无法"的异端思想和行径,集中见之于万历三十年(1602 年)

---

① 《日知录集释》(中),上海古籍出版社 2006 年版,第 1070 页。
② 《论语注疏》,北京大学出版社 1999 年版,第 20 页。

礼部都给事中张问达弹劾李贽的奏疏："李贽壮岁为官，晚年削发；近又刻《藏书》、《焚书》、《卓吾大德》等书，流行海内，惑乱人心。以吕不韦、李园为智谋，以李斯为才力，以冯道为吏隐，以卓文君为善择佳偶，以司马光论桑弘羊欺武帝为可笑，以秦始皇为千古一帝，以孔子之是非为不足据。狂诞悖戾，未易枚举，大都刺谬不经，不可不毁者也。尤可恨者，寄居麻城，肆行不简，与无良辈游于庵，拉妓女，白昼同浴，勾引士人妻女入庵讲法，至有携衾枕而宿庵观者，一境如狂。又作《观音问》一书，所谓观音者，皆士人妻女也。而后生小子喜其猖狂放肆，相率煽惑。至于明劫人财，强搂人妇，同于禽兽而不足恤。迩来缙绅士大夫，亦有捧咒念佛，奉僧膜拜，手持数珠，以为律戒，室悬妙像，以为皈依，不知遵孔子家法，而溺意于禅教沙门者，往往出矣。"①观此疏劾，李贽罪名如下：其一，作为国家官员，由儒入佛，自甘堕入异端；其二，《藏书》、《焚书》等著作中的论点，刻意背叛儒教正统观念，且流传极广，惑乱人心；其三，肆行不简，勾引士人妻女，影响所及败坏了后生小子德行；其四，倡佛教异端思想，侵蚀士风，惑乱儒教正统之视听。

关于自己著述的异端特色，李贽本人是非常清楚的。他说，《焚书》为"答知己书问，所言颇切近世学者膏肓，既中其痼疾，则必欲杀我矣，故欲焚之，言当焚而弃之，不可留也"。②"专与朋辈往来谈佛乘者，名曰《李氏焚书》，大抵多因缘语、忿激语，不比寻常套语。恐览者或生怪憾，故名曰《焚书》，言其当焚而弃之也。"③钱谦益道："卓吾所著书，于上下数千年之间，别出手眼，而其掊击道学，抉摘情伪，与耿天台往复书，累累万言，胥天下之为伪学者，莫不胆张心动，恶其害己，于是咸以为妖为幻，噪而逐之。"④《焚书》主要内容是严厉批判假道学，触犯当道，阐发佛法的惊世骇俗之作。如此兼具宣扬异端思想和得罪权贵之著作，连李贽本人也认为当焚，其为儒教正统不容，也就不足为奇了。

---

① 《明实录·神宗实录》卷369，《明实录》第59册，中央研究院历史语言研究所，第6917—6918页。

② 《焚书》，中华书局2009年版，"自序"第1页。

③ 《焚书》，中华书局2009年版，第7页。

④ 厦门大学历史系编：《李贽研究参考资料》第一辑，福建人民出版社1975年版，第24页。

反孔:以礼教正统观之

从张问达奏疏中不难看出,《藏书》中颠倒儒教社会万世是非的史论,是李贽异端思想最为重要的内容。此种史论,源于李贽刻意一反儒教正统史论宗旨所致。按李贽看法,是非因人而异,不同时代的是非也各不相同,即便孔子也要随时代变化是非标准。如果无视这些是非差异,简单地以孔子是非为一切人一切时代的标准,事实上等于取消了是非。如果从纯粹学术角度而言,此处是非无定论的说法,似在提倡理性尊孔,不过是学者一家之言,不足为怪。而问题是,从孔子作《春秋》开始,史论褒贬,从来是以儒家道德为善恶标准,密切联系着儒教社会世风教化的现实问题。张问达奏疏中所列种种李贽史论,完全颠覆了儒教正统的道德观,倒置了儒教教化之正统与异端标准。一方面,明言不以孔子是非为是非;另一方面,完全背离了孔子及儒家史论褒贬传统,李贽史论之反孔,自是显而易见的事实。

李贽反孔,也表现在其蔑视儒家经典方面:"夫《六经》、《语》、《孟》,非其史官过为褒崇之词,则其臣子极为赞美之语。又不然,则其迂阔门徒,懵懂弟子,记忆师说,有头无尾,得后遗前,随其所见,笔之于书。后学不察,便谓出自圣人之口也,决定目之为经矣,孰知其大半非圣人之言乎?纵出自圣人,要亦有为而发,不过因病发药,随时处方,以救此一等懵懂弟子,迂阔门徒云耳。医药假病,方难定执,是岂可遽以为万世之至论乎?然则《六经》、《语》、《孟》,乃道学之口实,假人之渊薮也。"①谅其初心,李贽本意在于强调,学习儒道,研习圣人之言,关键在于因时变化,求孔孟儒道之所以然。不要像假道学那样,以儒家经典为射利工具,借助经典个别的、具体的结论为借口,行牟取私利之实。众所周知,孔子述而不作,删述《六经》,确立了儒学的规模和基本内容,使得中国上古礼乐文明得以继承和发展。而《论语》为"《五经》之锢辖,六艺之喉衿也",②是理解儒家经典、孔子之道的总纲;《孟子》主仁义,辨异端,弘扬儒学,也是儒家基本经书之一。元代已降,《四书五经》成为科举考试标准答案所自从出,更是儒教社会正统思想之导向。李贽对《六经》、《语》、《孟》的上述言论,刻意无视儒教经典成书之学理事实,以偏激的言语贬低儒家经典

———————

① 《焚书》,中华书局 2009 年版,第 99 页。

② 《孟子注疏·序》,北京大学出版社 1999 年版,第 8 页。

的价值和意义，其对经典和孔孟的蔑视，也是不用辩解的。

儒教社会中，官方认定的儒经、正史等，被赋予了神圣的教育教化功能，事关整个儒教社会之思想道德根基和社会稳定。李贽表彰传统异端人物，蔑视经史儒学，颠倒了儒教社会立教根本，是对现实儒教社会的严重挑战，且影响极大。① 自然也就构成了对儒学、儒教，进而是对孔子大不敬，是根本上的反孔。

从李贽对礼教的批判，也不难看出其对礼教，从而是对孔子的反叛之处："夫失道而德，失德而仁，失仁而义，至于失义而后礼，则所以为之者极矣。故为而不应，则至于攘臂；攘臂不应，则刑罚、甲兵相因而起矣。是乱之首，而忠信之薄也。"②"夫天下之人得所也久矣，所以不得所者，贪暴者扰之，而'仁者'害之也。'仁者'以天下之失所也而忧之，而汲汲焉欲贻之以得所之域。于是有德礼以格其心，有政刑以縶其四体，而人始大失所矣。"③"世儒既不知礼为人心之所同然，本是一个千变万化活泼泼之理，而执之以为一定不可易之物，故又不知齐为何等，而故欲强而齐之，是以虽有德之主，亦不免于政刑之用也。"④李贽以道家思想为依据，严厉批判了儒家所谓"齐之以礼"，认为这是扼杀了民欲的多样性，以一定不易之礼束缚人心，限制人的言行，使得天下人不能从其所欲，不能各得其所。在李贽看来，礼教是失道失德之君，运用人为强行手段治国的表现。对于不愿从礼民众，施之于刑罚甲兵，迫使其就范的做法，是礼治导致天下大乱的原因，是民众失德的罪魁祸首。

德礼政刑，无疑是儒教的规模和全部内容。儒教思想源于周官司徒之职，⑤《周礼》载大司徒之"十二教"："一曰以祀礼教敬，则民不苟。二曰以阳礼教让，则民不争。三曰以阴礼教亲，则民不怨。四曰以乐礼教和，则民不乖。五曰以仪辨等，则民不越。六曰以俗教安，则民不偷。七曰以刑教中，则民不

---

① 《涌幢小品》载：时人"全不读《四书》本经，而李氏《藏书》、《焚书》，人挟一册，以为奇货。坏人心，伤风化，天下之祸，未知所终也"。（朱国桢：《涌幢小品》（上），中华书局1959年版，第365页。）

② 《李贽全集注》第14册，社会科学文献出版社2010年版，第59页。

③ 《焚书》，中华书局2009年版，第17页。

④ 《李贽全集注》第14册，社会科学文献出版社2010年版，第271页。

⑤ 《汉书·艺文志》道"儒家者流，盖出于司徒之官。"（《汉书》（六），中华书局1962年版，第1728页。）

疏。八曰以誓教恤,则民不怠。九曰以度教节,则民知足。十曰以世事教能,则民不失职。十有一曰以贤制爵,则民慎德。十有二曰以庸制禄,则民兴功。"①又大司徒"以乡八刑纠万民:一曰不孝之刑,二曰不睦之刑,三曰不姻之刑,四曰不弟之刑,五曰不任之刑,六曰不恤之刑,七曰造言之刑,八曰乱民之刑"。② 显然,从源头看,儒教内容原本就包括德礼政刑的内容。其中,礼乐为正面教化,政事为礼乐教化的落实,而刑罚内容,就是纠正不遵礼、不守德者,使之归于礼教之正。子曰:"名不正则言不顺,言不顺则事不成,事不成则礼乐不兴,礼乐不兴则刑罚不中;刑罚不中则民无所措手足矣";③子曰"道之以政,齐之以刑,民免而无耻。道之以德,齐之以礼,有耻且格";④《礼记·乐记》载:"礼以道其志,乐以和其声,政以一其行,刑以防其奸。礼、乐、刑、政,其极一也,所以同民心而出治道也。"⑤"礼节民心,乐和民声,政以行之,刑以防之。礼、乐、刑、政,四达而不悖,则王道备矣。"⑥以上说明,儒教包括德礼政刑全部内容,四者以礼为核心内容。礼教以德礼为主,政刑为辅,缺一不可,共同构成儒教治平天下之道。

孔子终生以复周礼为理想,严格按照礼教生活,⑦并以克己复礼为仁,非礼勿视听言动为行仁之方教育弟子等。这些都说明孔子之所以为孔子,就是因为他是一个礼教的存在。因此,就整个儒教社会正统观念而言,尊礼即尊孔。李贽严厉批判礼教,以为德礼政刑,不过是束缚人、压迫人的工具,导致天下大乱的原因。⑧ 此外,李贽以佛释儒之儒学观,致仕佞佛、携妓问寡、与众女子讲论佛道等等行径,无一不是与礼教正统观念格格不入的。因此,李贽反孔反礼教,昭然若揭,有目共睹。

---

① 《周礼注疏》(上),北京大学出版社 1999 年版,第 246 页。

② 《周礼注疏》(上),北京大学出版社 1999 年版,第 268 页。

③ 《论语注疏》,北京大学出版社 1999 年版,第 171 页。

④ 《论语注疏》,北京大学出版社 1999 年版,第 15 页。

⑤ 《礼记正义》(中),北京大学出版社 1999 年版,第 1076 页。

⑥ 《礼记正义》(中),北京大学出版社 1999 年版,第 1085 页。

⑦ 孔子按照礼乐教化生活,参见《史记·孔子世家》、《论语·乡党》等记载孔子言行的文献。

⑧ 李贽对礼教的激烈批判,主要见之《焚书》等早期作品,晚年《道古论》中,对礼教还是持肯定态度的。

尊孔与反孔之实

李贽性格倔强,痛恨社会乱象,有着思以制之的孤臣孽子心情。个人命运多舛,促使其寻求性命下落,其求道饥渴之心,真实而迫切。因此,儒释道三教,诸子百家,但凡有能解决其困惑及问题的,他都要深入其中研读阐发一番。又,李贽本狂狷之人,其对历史上狂者、狷者认识深刻,赞许有加,并以中行狂狷之圣人自期。求道的真切,倔强、狂狷的个性,加之明末思想界自由解放狂禅运动之风潮,使得李贽思想视野宏阔、极富批判性,也使其思想深具异端特色。然而,自知思想异端,并不妨碍其自认的尊孔。在李贽看来,真正尊孔,当有出世超脱的境界,当不以功名利禄为念,当不避讳异端名色,以朝闻夕死亡精神专精求道。细察李贽言论,不见其明言反孔之说;相反,其晚年对孔子的尊崇,可谓无以复加。

然而,李贽尊孔与否问题,不能仅仅看李贽本人怎么说;也不能听批判者、表彰者一面之词,而应当将此问题放在整个儒教社会背景下,结合李贽本人生平和思想发展历程来理解。通过上述全面的、具体的、历史的考察,李贽尊孔与否,似乎可以这样来认识:李贽晚年《九正易因》、《道古录》中尊孔之论,为真尊孔;《焚书》、《藏书》、《初潭集》等著作中尊孔之论,要为李贽个人尊孔观,不无异端之见。至于其颠倒儒教史论褒贬、蔑视《六经》、反对礼教之说,以及言行不检,有伤礼教风化的行径,毫无疑问是实质反孔的。要言之,李贽自以为尊孔,也有晚年真尊孔之时;而孔教即礼教、儒教,将李贽言行置于整个儒教社会正统观念之下,就其思想发挥社会影响而言,李贽总体是反孔的。

六、尾声:另一只眼看儒教

中西文明交流,历史悠久。16世纪中叶之前,中西交流主要以使节、商人、旅行家等为主体进行,具有规模较小、时断时续、基本处于物质层面等特点。明末开始,利玛窦(1552—1610年,意大利人)等耶稣会士开始大规模来华传教,这些传教士活动范围,涉及除贵滇二省外中国全境。经历了最初传教失败教训,尤其是通过深入学习了解中国文化之后,利玛窦等认识到走皇帝路线、公开群体布道等,完全不适宜中国这个特殊国度。于是,传教活动开始以士大夫阶层作为主要传教对象。由于西方传教士文化素养较高,便以西方数学、天文学等知识，和一些奇特西洋物件等收揽人心，走学术传教之路。随着传教活动深入，中西文化差异和融通，就成为耶稣会士必须面对的问题。此问题，最终演进为儒教和天主教思想如何协调之问题。利玛窦试图以附儒、补儒、超儒的渐进方式，通过比附、融通儒经中宗教性内容，最终达到传播天主教义之目的。比如，利玛窦深刻认识到儒教重现世而不重来世，强调修齐治平、重道德伦理等非宗教特点，又强调了儒家道德伦理有和天主教义相合之处。他还特别深入考察了儒教祭孔、祭祖礼仪，认为二者仅仅是儒家强调孝道、礼敬先师的形式，其礼仪规定和实践都没有宗教意味。① 利玛窦如此儒教认知，

---

① 站在基督教角度看儒教，利玛窦有如下主要认知："儒教是中国所固有的，并且是国内最古老的一种。中国人以儒教治国，有着大量的文献，远比其他教派更为著名"；"孔子是他们的先师"，"他们不相信偶像崇拜。事实上，他们并没有偶像"；"真正的儒家并不教导人们世界是什么时候、什么方式以及由谁所创造的"；"他们似乎只把报应局限于现世，而且只适用于干坏事的人并按他们的功过及于其子孙"；"儒家的人的确承认有一位最高的神祇，他们却并不建造崇奉他的圣殿。没有专门用来崇拜这位神的地方，因此也没有僧侣或祭祀来主持祭祀"，"也没有任何念或唱的公众或私人的祷词或颂歌用来崇拜这位最高的神祇。祭祀这位最高神和奉献牺牲是皇帝陛下的专职"；"信奉儒教的人，上至皇帝下至最低阶层，最普遍举行的是我们所描述过的每年祭祀亡灵的仪式。据他们自己说，他们这种仪式是向已故的祖先表示崇敬，正如在祖先生前要受崇敬一样。他们并不真正相信死者确实需要摆在他们墓前的供品；但是他们说他们之所以遵守这个摆供的习俗，是因为这似乎是对他们已故的亲人表示自己的深情的最好的办法。的确，很多人都断言这种礼仪的最初创立与其说是为了死者，倒不如说是为了生者的好处。他们这样做是希望孩子们以及没有读过书的成年人，看到受过教育的名流对于死去的父母都如此崇敬，就能学会也尊敬和供养自己在世的父母。这种在死者墓前上供的做法似乎不能指责为渎神，而且也许并不带有迷信的色彩，因为他们在任何方面都不把自己的祖先当做神，也并不向祖先乞求什么或希望得到什么"；"孔庙实际是儒教上层文人唯一的庙宇。法律规定在每座城市并且是该城中被认为是文化中心的地点都建造一座中国哲学家之王的庙宇。这种庙修得十分华美，与它相邻的就是已获得初等学位者的大臣的学宫。庙中最突出的地位供着孔子的塑像，如果不是塑像，则供奉一块用巨大的金字书写孔子名讳的牌位。在旁边还供奉孔子某些弟子的塑象，中国人也把他们奉为圣人，只是要低一等。每个新月和满月到来时，大臣们以及学士一级的人们都到孔庙聚会，向他们的先师致敬。这种情况中的礼节包括焚香烧烛和鞠躬跪拜。每年孔子诞辰以及习惯规定的其他日期，都向孔子供献精美的肴馔，表明他们对他著作中所包含的学说的感激。他们这样做是因为正是靠着这些学说，他们才得到了学位，而国家也才得到了被授予大臣官职的人们的优异的公共行政权威。他们不向孔子祷告，也不请求他降福或希望他帮助。他们崇敬他的那种方式，正如前述的他们尊敬祖先一样。这一教派还建有别的庙宇供奉当地行政区所属各城的有称号的神。官员们在庙中庄严宣誓要行事正当而合法律，并且恪尽职守。每个官员一接任，或者如他们所说一被委以官印，就要先办这件事。对这些城市之神也要烧香献祭，但与对孔子和对自己祖先上供的目的不同。区别在于他们对这些神只承认有一位神祇具有惩恶奖善的权力。儒家这一教派的最终目的和总的意图是国内的太平和秩序。他们也期待家庭的经济安全和

意在使儒生士子可以同时接纳儒、耶二教,而没有障碍。从实际操作来看,产生了以徐光启、李之藻、杨廷筠等教中"三柱石"为代表的基督徒,并影响了当时士子和一般民众。然而,对天道、上帝、人伦、礼教等内容的理解,儒教与天主教义毕竟有着不可调和的矛盾。因此,中国国内反教者,立足儒教根本原则,严厉批判无益身心之西学淫技,并竭力制止天主教的传播;西方天主教坚守天主教根本教义者,也对利玛窦的传教方式和内容提出批判。①　就这样,以耶稣会传教士为媒介,中西文化展开了第一次深层次接触。

李贽与利玛窦之交往,颇能反映一般士子在面临西方文明时的心态。万历二十七年(1599年)夏,李贽两次在南京会见利玛窦。②　利玛窦记载了当时见面的情形:"在南京城里住着一位显贵的公民,③他原来得过学位中的最高级别。中国人认为这本身就是很高的荣誉。后来他被罢官免职,闲居在家,养尊处优,但人们还是非常尊敬他。这个人素有我们已经提过的中国三教的领袖的声誉,他在教中威信很高。他家里还住着一位有名的和尚,④此人放弃官职,削发为僧,由一名儒生变成一名拜偶像的僧侣,这在中国有教养的人中间

个人的道德修养。他们所阐述的箴言确实都是指导人们达到这些目的的,完全符合良心的光明与基督教的真理。他们利用五对不同的组合来构成人与人的全部关系,即父子、夫妇、主仆、兄弟以及朋友五种关系。按照他们的信念,只有他们才知道如何尊重这些关系,而外国人则被认为是全然无知,或者即使知道也全不注意。他们不赞成独身而允许多妻制。他们的著作详尽地解说了仁爱的第二诫:'己所不欲,勿施于人'。他们十分重视子女尊敬和顺从父母,奴仆对主人忠诚,青年人效忠长辈。这一点确实是引人注目的";"儒家不承认自己属于一个教派,他们宣称他们这个阶层或社会集团倒更是一个学术团体,为了恰当地治理国家和国家的普遍利益而组织起来的"。([意]利玛窦、金尼阁:《利玛窦中国札记》,何高济、王遵仲、李申译,中华书局1983年版,第100—105页)。显然,在利玛窦看来,儒教"教主"、教义、仪式、经典、鬼神等,无一不是最终指向现世和现实的教育与教化,和基督教这一"标准"宗教相比,儒教完全不是宗教。

①　如上内容,参见[意]利玛窦、金尼阁:《利玛窦中国札记》,何高济、王遵仲、李申译,中华书局1983年版;[法]谢和耐:《中国与基督教:中西文化的首次撞击》(增订本),耿昇译,上海古籍出版社2003年版;[日]柯毅霖:《晚明基督论》,王志成、思竹、汪建达译,四川人民出版社1999年版;何兆武:《中西文化交流史论》,中国青年出版社2001年版;张国刚:《从中西初识到礼仪之争:明清传教士与中西文化交流》,人民出版社2003年版;孙尚扬:《基督教与明末儒学》,东方出版社1994年版;王晓朝:《基督教与帝国文化》,东方出版社1997年版;沈定平:《明清之际中西文化交流史》(增订本),商务印书馆2007年版。

②　林海权:《李贽年谱考略》,福建人民出版社2005年版,第390页。

③　即焦竑。

④　即李贽。

是很不寻常的事情。他 70 岁了,熟悉中国的事情,并且是一位著名的学者,在他所属的教派中有很多的信徒。这两位名人都十分尊重利玛窦神甫,特别是那位儒家的叛道者;当人们得知他拜访外国神甫后,都惊异不止。不久以前,在一次文人集会上讨论基督之道时,只有他一个人始终保持沉默,因为他认为,基督之道是唯一真正的生命之道。他赠给利玛窦神甫一个纸折扇,上面写有他作的两首短诗,①这两首短诗就放到利玛窦当时积累的资料中去;这是中国人常见的作风。如果当初有人爱好虚荣,把这些献给利玛窦神甫和他同伴的短诗保存下来的话,它们会有厚厚的一册。"②南京之晤,利玛窦将自己写的《交友论》赠与焦竑、李贽,受到二人激赏。③ 在利氏眼里,作为儒教叛道者,李贽显然是赞赏基督教和利玛窦本人的。

万历二十八年(1600 年)初夏,李贽与利玛窦在济宁刘东星府邸再次相见。《利玛窦中国札记》生动记载了他们见面的过程和深厚的道友情谊:"在山东省有一位总督,他管辖着所有内河船只,甚至包括给皇城运粮的船只。他的地位高于那些其职务为保证皇城没有缺匮之虞的官员们。当时这位总督是山西人,是一个虔诚的偶像崇拜者,但对于来生来世十分关心。他的儿子曾由一位名叫李卓吾的朋友介绍,见过利玛窦神甫,所以他也从儿子那里听到了很多有关基督信仰的事。恰巧这位李卓吾和总督都住在济宁城。船在那里停泊,利玛窦神甫派使者去找他的朋友李卓吾,说是想要拜会他,谈谈去北京的事。他的朋友在官场中是位有名的交际家,又是一位老成持重的幕僚。他是总督的挚友,彼此交情很深,总督甚至在相邻的双方宅第之间的墙上开了扇门,以便彼此天天相互拜访。李卓吾听说利玛窦神甫要来,马上就转告自己的邻居;总督十分高兴,向神甫发了正式邀请,派出了轿子或轿夫,把他接进府来。他们热烈接待了神甫,然后听他谈了一些欧洲的情况以及总督十分关心的有关来生来世的问题。当神甫后来要告辞时,总督对他说,'玛窦',他用尊

---

① 现存一首,作于万历二十七年(1599 年):"《赠利西泰》:逍遥下北溟,迤逦向南征。刹利标名姓,仙山纪水程。回头十万里,举目九重城。观国之光未? 中天日正明。"(《焚书》,中华书局 2009 年版,第 247 页。)

② [意]利玛窦、金尼阁:《利玛窦中国札记》,何高济、王遵仲、李申译,中华书局 1983 年版,第 358—359 页。

③ 林海权:《李贽年谱考略》,福建人民出版社 2005 年版,第 391 页。

敬的名字称呼西泰,'我也想上天堂',这表明了他所关心的并不是财富和尘世的荣誉,而是自己的永恒得救。""第二天,利玛窦神甫正式回访,作为交换礼物,他送给总督一些欧洲饰物,这些东西制作新奇,他们缺乏估价。他在官府中呆了一整天,和李卓吾及总督的孩子共同进餐,他发现这次访问是这样愉快高兴,以至他完全觉得自己是在欧洲的家里,或者跟他的朋友在他教会的教堂中,而不是在世界另一面的异教徒中。""他们也有意把基督教义的奥妙教给总督和他的朋友李卓吾。当时他们做不到这点,因为他们访问的时间短暂,也因为负责北京之行的人行动匆忙。那个时间的三年内,总督和李卓吾都死了。总督在寓任退休前去世,而李卓吾在北京自刎而死。一些不知姓名的官员向皇帝上章控告李卓吾,谴责他写的书。因此皇帝下诏把他的书全部焚毁,并把他投入图圄。李卓吾不能忍受公开地遭到贬抑,以致他的名字成为他的敌人的笑谈。作为中国人中罕见的典例,他要向他的弟子证明,如他平常告诉他们那样,他完全不因畏死而动容,并且这样一死来使他的敌人失望,他们想要看到他受辱而死。"①

　　利玛窦无疑视李贽为知己,并试图将李贽作为传教对象的。但是,从李贽致友人书信中可以看出,李贽对利玛窦的心态,实是欣赏而又疑惑:"承公问及利西泰②,西泰,大西域人也。到中国十万余里,初航海至南天竺始知有佛,已走四万余里矣。及抵广州南海,然后知我大明国土先有尧、舜,后有周、孔。住南海肇庆几二十载,凡我国书籍无不读,请先辈与订音释,请明于《四书》性理者解其大义,又请明于《六经》疏义者通其解说。今尽能言我此间之言,作此间之文字,行此间之仪礼,是一极标致人也。中极玲珑,外极朴实,数十人群聚喧杂,雠对各得,傍不得以其间斗之使乱。我所见人未有其比,非过亢则过谄,非露聪明则太闷闷聩聩者,皆让之矣。但不知到此何为,我已经三度相会,毕竟不知到此何干也。意其欲以所学易吾周、孔之学,则又太愚,恐非是尔。"③利玛窦在中国传教几三十年,已深深融入中国文化之中。利氏服儒服,

---

　　①　[意]利玛窦、金尼阁:《利玛窦中国札记》,何高济、王遵仲、李申译,中华书局1983年版,第385—388页。这段史料,生动反映了利玛窦传教活动的实况:通过在士人间布道,寻求同道知己;又通过士子影响力,接触到官宦,并进而影响其周围的人。

　　②　利西泰即利玛窦中文名。

　　③　《续焚书》,中华书局2009年版,第35页。

研习儒教经典,顺应儒教礼仪风俗;学问极好,奉行儒家中道,深得李贽等士子们的赏识。但利玛窦试图以天主教义移易周孔之教,在李贽等一般士子看来,实在是自不量力、愚不可及的举动。

中西思想文化之初相识,具体发生于耶稣会教士和儒生士子之间。利玛窦等传教士,客观上对西方学术进入中国,作出了一些开创性工作。比照儒教和耶教教义之间的互动,尤其是双方对祭天、祭孔、祭祖等礼仪的认知,可以清楚地看到基督教与儒教思想之不同,以及儒教现世化、非宗教性特点。①

---

①　17—18 世纪,天主教教士就儒教祭天、祭孔、祭祖是否宗教仪式问题,展开所谓"礼仪之争"。1700 年,耶稣会士就此问题,致请愿书给康熙皇帝,以求得对此问题的解答,其曰:"您的外邦卑臣敬请陛下批示以下几点:欧洲的博学之士们听说中国人奉行对孔子表示尊敬的礼仪,有祭天之举,还有对祖先奉行的那些特定的仪式。由于欧洲的博学之士被说服相信,这样的礼仪是为了某种原因而执行,而它们的自身真实目的是愚昧的,因此他们请我们就此问题提供说明。我们一贯相信,孔子在中国被当做法律的制定者而受到尊敬,并因此而执行对他表示尊敬的礼仪。我们相信中国人所行的有关祖先的礼仪设计之初是为了证明后人对祖先的爱戴,并且纪念祖先生前所行善事。至于祭天,我们相信这不是针对所说的看得见的天空,而是至高之主,天空、大地和万物的创造者与维护者。那就是我们对礼仪的一贯解释。但因我们是外国人,我们无法如中国人那样确定地述说这么重要的一点,我们因此斗胆恳求陛下不要拒绝为我们澄清这一问题。"清廷回复道:"康熙三十九年十月二十日治理历法远臣闵明我、徐日昇、安多、张诚等谨奏,为恭请睿鉴,以求训诲事。窃远臣看得西洋学者,闻中国有拜孔子,及祭天地祖先之礼,必有其故,愿闻其详等语。臣等管见,以为拜孔子,敬其为人师范,并非祈福祐、聪明、爵禄而拜也。祭祀祖先,出于爱亲之义,依儒礼亦无求祐之说,唯尽孝思之念而已。虽立祖先之牌,非谓祖先之魂,在木牌位之上,不过抒子孙报本追源,如在之意耳。至于郊天之礼典,非祭苍苍有形之天,乃祭天地万物根源主宰,即孔子所云:'郊社之礼,所以事上帝也。'有时不称上帝而称天者,犹主上不曰主上,而曰陛下、曰朝廷之类,虽名称不同,其实一也。前蒙皇上所赐匾额,御书敬天二字,正是此意。远臣等鄙见,以此答之。但缘关系中国风俗,不敢私寄,恭请睿鉴训诲。远臣不胜惶悚待命之至。"康熙当日御批:"这所写甚好,有合大道。敬天及事君亲、敬师长者,系天下通义,这就是无可改处。"(张国刚:《从中西初识到礼仪之争:明清传教士与中西文化交流》,人民出版社 2003 年版,第 448—450 页。)在儒教社会正统观念看来,祭祀之礼,实为祭天以敬天、祭孔以敬师、祭祖以尽孝,显而易见,儒教完全是现世教育、教化,而非宗教。

结论:还原性诠释法与儒教社会

一、还原性诠释法写法说明

找中国:还原性诠释法目的

近代以来,中国哲学史、中国思想史研究方法的主流,是所谓"选出而叙述之"。① 这种方法的本质是"以西化中":以西方某家某派学说为标准,抽取中国传统史料能够证明该学说的内容,重新剪裁安排之后,即成为"中国的"哲学和思想。该研究方法实质,乃是为西学找中国例证,无论作者动机如何,其本质是试图在西方文化脉络中找中国。该方法造成的结果是,有多少种西学方法,就有多少种所谓中国哲学史、中国思想史,历史好像是万花筒,任凭作者转动出不同的花样来。通观这类研究,无论形式与内容如何变化,其"选出而叙述之"的所谓中国哲学、中国思想,只是西学在中国,只有形式而无本质上中国的内容。

还原性诠释法,致力于解决中国哲学史、中国思想史没有中国内容的问题。还原性诠释法,首要任务和方向是"还原":用纯粹历史学研究方法,还原历史真相。② 还原主要是指,抛弃一切前见,回到中国历史本身,还原历史现

---

① 语出冯友兰1931年《中国哲学史》(上)"绪论":"哲学本一西洋名词。今欲讲中国哲学史,其主要工作之一,即就中国历史上各种学问中,将其可以西洋所谓哲学名之者,选出而叙述之。"(《中国哲学史》(上),华东师范大学出版社2000年版,第3页。)中国思想史研究凡采取"以西化中"方式者,其实质也是"选出而叙述之"。

② 张岂之指出:"历史学的研究必须依靠翔实可靠的资料;没有资料作依据,凭空发表意见,也许是很高明的意见,这只能算是研究者的个人议论,不能代替历史本来的真实面貌。在史学研究中,如实地反映历史的真相,虽然很难做到,但要力求这样去做。"(张岂之主编:《中国儒学思想史》,陕西人民出版社1990年版,第476页。)后现代历史学认为,历史存在于叙事文本,而

场,以同情了解的态度,深入理解和把握中国传统思想固有的脉络、问题、方法及其价值。其次,在还原过程中进行诠释。还原性诠释是一种历史学诠释,该诠释特别强调让史料本身"说话",有一分史料说一分话;诠释者的主要工作,是所谓"述而不作":通过爬疏全部史料,厘清材料实质内容和彼此内部联系之后,以材料间固有关系次序叙述,让史料本身展现出思想原原本本的形式和内容。因此,还原本身即是诠释;诠释的过程,亦是还原的过程。

完整叙事:还原性诠释法特点

　　还原性诠释,是以叙事而非议论作为思想表述的主要方式。《太史公自序》引孔子的话说:"我欲载之空言,不如见之于行事之深切著明也。"①《史通》曰:"夫史之称美者,以叙事为先。"②还原性诠释,须兼有两方面内容:其一,作为思想类著作,要有作者的观点。史料非简单的堆砌,而是被组织起来,为说明观点服务;其二,还原性诠释,不是为了某种既成观点找材料,恰恰相反,所有观点,必须是从材料中得出。作为历史类写作,其观点的展开,不是以概念的、抽象的方式,而是将观点寓于叙事之中,深切阐明抽象理论具体的、历史的意义。本书贯彻这种研究和表述方法,从历史事实出发,力求做到凡论必有出处,通过翔实可靠的资料和研究来说明问题,得出观点。因此,卑之无甚高论,叙述部分远远超过论述。事实上,当历史材料被组织起来的时候,已经

历史文本是作者的主观创作,与文学叙事一样,历史文本不是"发现"事件,而是"发明"事件意义,因此,不具有客观性。以此,不难推出,历史文本中,并无历史真相。(参见[美]海登·怀特:《元史学:十九世纪欧洲的历史想象》,陈新译,译林出版社 2004 年版;Hayden White, *Metahistory: The Historical Imagination in Nineteenth-Century Europe*, The Johns Hopkins University Press, 1973;[美]海登·怀特:《后现代历史叙事学》,陈永国、张万娟译,中国社会科学出版社 2003 年版;[英]马克·珂里:《后现代叙事理论》,宁一中译,北京大学出版社 2003 年版。)就历史叙事类文献而言,后现代历史学的这种洞见,有利于认识文学与史学的关联性,以及历史文本的复杂性。然而,这种思路的根本问题,是无视历史文本和文学文本有着根本不同的指向和区别:真正的历史文本,虽然作者视角观点不同,其写作出发点,都是从客观史实出发,坚决反对主观故意的杜撰。指向并描述事实,是真正历史文本的根本特点。文学文本,本质基于创作者主观想象,进入文学创作的历史,是为文学想象服务,可以任意处置,可以不必顾及历史事实。

　　①　《史记》(十),中华书局 1982 年版,第 3297 页。又,《春秋繁露·俞序》载:"孔子曰:'吾因其行事而加乎王心焉',以为见之空言,不如行事博深切明。"(苏舆:《春秋繁露义证》,中华书局 1992 年版,第 159 页。)

　　②　刘知几:《史通》,上海古籍出版社 2008 年版,第 119 页。

内在地包含着作者的观点。稍加说明,其申论内容便已了然,本也毋庸长篇大论。

还原性诠释,特别强调从文本全体深入理解史料本旨,坚决反对不能通全书,悉旨趣,仅拾取一章一句而解说的"拾取之说";①又特别强调通过知人论世、"横通"和"纵通"等方式,②将思想放在具体的思想生态环境中加以理解。每一片树叶,只有置于其所在的枝条、树木、森林中,才是真实的、鲜活的。脱离思想具体的历史环境,主观任意、以偏概全的研究方法,正如摘取树叶,制成干枯标本,然后指称其为树木、为整个森林一样荒谬与有害。

中国思想史研究对象:内核与外缘之间

中国哲学史、思想史研究对象,就其核心内容而言,即是推天道以明人事。③ 相同的核心内容之下,中国思想史研究对象之所以区别于中国哲学史,即在于中国思想史是历史地、具体地说明天道人事及其相互关系。因此,区别于中国哲学史研究,相对于核心内容而言,还原性诠释法整体的、有机的还原思想环境之取向,必然使研究呈现出以思想外缘为主的特点。④ 以本书为例,

---

①　"拾取而说之,谓未能通其全书,悉其旨趣,仅拾取一章一句而解之,既不能贯通其义,自然乖异矣。"(焦循:《孟子正义》(上),中华书局 1987 年版,第 18 页。)

②　侯外庐说:中国思想史"要研究整个社会意识的历史特点及其变化规律,所以我的研究既注意每种思想学说的'横通'(即它与社会历史时代的联系),又注意它的'纵通'(思想源流的演变);既注意思潮,也注意代表人物。"(侯外庐:《侯外庐史学论文选集》(上),人民出版社 1987年版,第 11 页。)

③　以往中国哲学史、中国思想史研究对象的讨论,说到底,往往不是在讨论"中国"哲学、思想史研究对象,更多时候是在谈论"人类一般"(实际是西学范式的)哲学、思想史研究对象,因此,泛滥无归,不足以呈现中国思想史固有内容和精髓。(关于中国哲学史、中国思想史研究对象的讨论,参见:《思想家》第一辑,江苏教育出版社 2000 年版;《思想家》第二辑,江苏教育出版社 2002 年版;《新哲学》第一辑,大象出版社 2003 年版;《新哲学》第二辑,大象出版社 2004 年版等。)从还原的、历史的眼光看,中国传统学术成熟时期,经史子集类文献构成其全部内容。四部之中,经学为本,而《六经》当中,《易》为之源。《四库》馆臣总结《易》学之要旨,归结为"推天道以明人事"。可谓概括了历史上中国原创思想之根本内容。(参见《汉书·艺文志》、历代正史《艺文志》、《经籍志》、《儒林传》、《四库总目提要》等文献。)

④　余英时"内在理路(inner logic)"说认为,从学术思想史角度而言,在一个特定的研究传统或学者群中,由于其面对同样经典,处理共同问题,其本身的发展和转变,不必与政治、社会、经济等外缘相关。"思想史研究如果仅从外缘着眼,而不深入'内在理路',则终不能尽其曲折,甚至舍本逐末。"([美]余英时:《论戴震与章学诚》,三联书店 2000 年版,"增订本自序" 第 2—3

李贽所生存的朱明儒教社会,表现出如下具体状况:政治上,皇权政治发展到非常充分阶段,但是由于皇帝怠政等现实原因,出现了极为明显的腐败衰落之象,社会问题严重;经济上,以中外丝银贸易为主要形式,皇明被拉入经济全球化之圈,并在一定意义上成为当时世界贸易中心;商品经济发展,改变了晚明人们的生活方式,出现了开放、讲求生活享受、逾礼越制等社会生活现象;儒教制度方面,巨大的利益诱惑,驱使着士子奔向功名,科举、八股文成为皇权和儒教社会稳定之关键;从地域而言,有李贽出生地"泉南佛国"、"海滨邹鲁"之泉州,求道生涯曾生活过的辉县、两都、滇黔、黄安麻城等地具体地理人文环境;学术上,有师友间的学术切磋讲习和相互影响,王学思潮,三教合一等学术背景和学术资源等。如上嘉隆万儒教社会之政治、经济、社会生活、儒教制度、地域、学术资源和背景等,无一不是李贽生活和思想的具体历史环境。舍此,李贽儒学思想的形成、发展和影响,根本无从谈及。

回到具体历史现场,不难发现,儒教政治之衰朽、科举僵化所导致之假道学等,是王学兴起最为直接的原因,也是李贽儒教社会批判思想所指向之矢的。没有经济和社会生活的新元素,民风士习之变化无从谈及;而没有逾礼越制等社会生活现象普遍存在,狂放之王学,以及惊世骇俗如李贽等异端者之高论,最多也只能是同调学者的爱好,而不足以成为影响整个社会之思想风潮。蔡清的个案说明,看似容易产生异端思想家之地域,并不一定是所谓叛逆者的温床。而对于李贽来讲,辉县想邵雍之安乐窝,两都思讲学论道之师友,滇黔牧民而有鸡足阅藏之履历,麻城则是其出家著述、思想狂进之地。地域因素固然不足以成为一般意义上解释思想产生及内容之原因,但是,思想家是具体的、历史的存在,当其思想落实于具体生活环境时,当地思想资源、思想家个人生活境遇等各种因缘凑合,也会对思想家之思想内容、影响等,产生决定性的作用。比如耿李论战。

页。)此说不然。从中国学术史来看,不同历史阶段的学术风貌,是和当时的政治、社会、经济以及作者个人有着密切的关系,比如,同样是研究《六经》,同样是儒生,在不同外缘因素影响之下,历代经学学术研究的问题、方法和结论,就表现出截然不同的样貌。余氏之言,意在强调学术的独立性,而中国学术,尤其是儒学经世致用的特点,使得脱离外缘因素的儒学,既不可能形成,亦不可能发挥作用。因此,就中国传统思想特点为"推天道以明人事"而言,所谓内在理路之说,不过是架空而谈。更不用说,中国思想史区别于中国哲学史研究,恰恰是因其特重外缘研究而已。

　　如上可见,当把思想家个人重新放回其思想现场,还原其思想之原貌和全貌时,所谓外缘因素,实际从根本上决定了一个思想家可能思考的内容及其影响。回到历史现场具体全面的思想研究,使得思想史自然地与政治史、经济史、社会生活史、学术史、制度史、地域文化史等产生有机和必然的联系。实际上,思想家个人之思想历程,无一不是在具体社会环境中进行。当我们试图重新还原这一过程时,必然会产生重新架构思想家个人当时所面临的整个社会存在的问题。于是,这种思想史的研究方法,内在地需要展开全副思想外缘这一规模。还原性诠释法,便是这种特重外缘研究方法之实践。

还原性诠释法史料运用

　　回顾李贽思想研究史,甚至从明清时开始,对李贽著述解读,就存在着文本本意和阅读者理解之间的歧义。抛开当时现实的、政治的原因,两厢冲突之尤者,竟至于使得李贽获罪入狱。而其本人也只能徒发"罪人著书甚多,具在,于圣教有益无损"①之浩叹尔。近代以来,由于受西方学术分科、诠释前见、政治运动等因素影响,肢解分割、断章取义甚至刻意歪曲李贽思想之原意和本意的现象,更是阻隔了明末思想家李贽思想本身的展现。如上歧义和曲解的出现,一个重要原因,就是阅读者有意无意地以"拾取之见"、"选出而叙述之"的方法阅读李贽原著所致。而事实上,当我们仅仅回到文本全文本身平情明察,李贽著述之本意是非常清楚明确而无异议的。

　　有鉴于此,还原性诠释法下之李贽文本解读,强调从文本全文来展现和考察其思想原貌和本意(其他思想家文本之征引,亦仿此)。出于纠偏和避免歧义考虑,本书尝试着对征引文本内容作如下处理:文本本意简明清晰而无异议者,径引照录而不出解;对以往因断章取义而造成歧义之篇章,列文本全文并辨析说明作者原意,以纠论者之误;对于此前研究未及详尽申述之材料,如《道古录》等,本或可在详察本意基础上,简单归纳即可。其不避繁冗而全文征引者,仍然是还原性诠释法使然。借此以见文章之原貌与本意,意在对治以往断章取义、刻意歪曲之病。《史通·繁省》道:"夫论史之烦省者,但当要其事有妄载,苦于榛芜,言有阙书,伤于简略,斯则可矣。必量世事之厚薄,限篇

———————

① 《焚书》,中华书局 2009 年版,"李温陵传"第 4—5 页。

第以多少,理则不然。"①史学叙事,固然以简要为工。然繁省之间,只要不犯妄载、繁杂之病,且事出有因,亦不妨不避繁难而为之。此外,由于强调让史料本身说话,多数材料的引申说明方式,竟如传统注疏体,也是在所难免的。

中国思想史是综合性历史学科。"还原性诠释法"所要展开的中国思想史研究规模,包含着思想史与政治、经济、社会生活、制度、地域文化等历史的关联;此外,也历史地、具体地包含着思想家个性、境遇、全部文本所表现出之思想等内容。显而易见,这样的研究广度和深度,绝非一人之力可以胜任。因此,除思想核心内容基于一手资料全面解读外,本书大量征引了他人研究成果。事实上,还原性诠释法之操作和落实,诚有赖于相关领域学术研究成果作为基础和前提。还原性诠释法下之中国思想史研究,是对当代各种相关学科学术成果之综括,还原的边界、深度和广度,受限于相关学科发展之最新最高成果。是故,还原性诠释所展现的,将是一个不断接近历史真相的动态过程。

语言表述

在具体写作过程中,本书粗浅而初步地尝试了用古汉语表述古文文本本意、阐释学术观点之可行性。此举不仅是为了表现对传统思想文化之敬意和感情,或是出于表述文采之考虑,而是用还原性诠释法诠释传统思想时,所应该展开的层面。事实上,中国传统思想之载体是古代汉语,欲求中国传统思想之原意,没有对古汉语的掌握,是不可思议的。进言之,相对于西方,中国传统思想不仅问题意识、关注点和内容与之不同。从语言形式来讲,古汉语非常具体形象地表现出中国思想之固有特色。探求中国思想本意,向传统回归,内在包含着对古代汉语的重视。中国思想之原始创发,是无法回避语言表述方式问题的。只要文不害意,古汉语也并非无法和现实搭接的。还原性诠释法重在历史地、具体地还原中国思想之原貌,因此,对用古汉语方式表述中国思想之可能性,也不避肤浅粗陋而贸然试之。

---

① 刘知几:《史通》,上海古籍出版社 2008 年版,第 189 页。

二、儒教社会：以李贽为向导

本书以李贽儒学思想研究为案例，儒教社会和李贽儒学思想历程相互关系为主线，采用还原性诠释法，通过考察整个社会存在和思想家思想之间的互动，试图全面地、历史地、具体地展现成熟时期儒教社会的全貌和原貌。

李贽出生泉州，虽当地教派丛生，信仰复杂。然泉州为朱子过化之地，真德秀等大儒对当地风教有重要影响，因此，又被称为海滨邹鲁；加之泉州官僚士绅尊崇儒学，鼓吹孔孟，以至泉州儒风大行。李贽成长于林（李）宗族大家，儒教宗法制度，尤其是族规、乡约当中儒家思想的影响，自不待言。整个社会的幼儿蒙学教育，以儒家观念为主，也是自然的。及长，进入学校，学习《四书》《五经》等儒家经典，熟悉八股文作法，以参加科举考试，谋取功名。明末，整个社会早已形成了完全成熟的儒学体制化教育、教化系统，李贽思想最初生态环境，便是此体制化儒教社会。

李贽当官后，始终在下层官宦生涯中沉浮。期间，曾连遭亲人之丧，守制多年，痛切于生命之苦，试图找到解决之道。四十岁之后，通过师友劝掖，李贽开始接触儒释道三教学术思想。在两京，在书院、寺庙等场所论道讲学，通过师友间往复切磋，他开始了解阳明学，推崇并深入学习了王畿等一时大儒的学说。三教共习，使李贽开始以三教学术眼光重新理解儒学思想。及至姚安知府任上，李贽一方面恪尽职责，关注大众教化，是一位上下认可的循吏；另一方面，他又深入研习佛法，力求自身性命下落。儒教社会成熟时期，儒释道三教并存。就官方正统观念而言，儒教以礼教为本，修齐治平，关注安排人间秩序，是为正统。释道二教本质，则脱离人伦，只宜于山林清修；二教思想泛滥，势必会给整个礼教社会造成混乱，故一般视二教为异端。李贽居官佞佛，本为解决自身性命下落，然入道既深，难免有一些为正统观念所不容的言谈举止；加之，他又以佛释儒，于是难逃被正统学者冠以异端名色。深究李贽和骆问礼、耿定向等卫道士不得不相触之事，正可见儒教正统观念和二教思想水火不容之情形。

李贽致仕之后的学术活动，充分显现了儒教社会后期，在三教互动背景下，儒学学术研究的时代特点。儒学是以经史之学为载体，礼乐教化为核心内容的学问。孔子《春秋》,重义轻利,以礼为准,褒贬人物,确立了后世儒学史论正统观念。李贽史论,以扶危济困、富国强主、堪当栋梁等实效功利标准品评人物,重法家而总体贬抑儒者,颠倒了传统儒教是非。正统儒学女教,从人兽之别出发,别男女、主巽顺、重礼教、尚贞节。而李贽女性人物史论,赞卓文君之淫奔,称蔡文姬为上流妇人,不以寡妇改嫁为丑,又以夫妇为耦合,人伦为虚幻等,终究背离了儒学正统。明代经学凋敝,《四书》之学为盛。虽《四书》原本为儒经,然元代以降,程朱学设为科举标的,为八股所据,于是,士子们八比是务,不复缘经问道了。延至明代,流弊所至,科举体制内的《四书》学,遂沦为兔园册子,弋取名利的工具而已。明代中后期,科举体制之外的儒学研究,以《四书》为核心,援禅释儒为主流路径。李贽的《四书》学讲论,好玄妙,崇虚无,与儒学经世致用之本旨背道而驰,即是此时风之一典例。倒是《九正易因》,谨守因象立教,推天道以明人事之正统,着力阐发经学现实功用,《四库》馆臣虽极力诋斥李贽著作,亦不得不承认李贽《易》论,尚在儒教门墙之内。

《六经》无不与礼教密切相关;中国正统史学,无不体现礼教之现实作用。事实上,就其本质内容而言,儒学不过是礼学。礼教是为礼乐之教,乐主和礼主敬,相须为备,共同发挥着教化之用。李贽以为声音发于自然情性,则自然止乎礼义,非情性之外复有礼义可止也;又以琴为心吟,能体自然之道,便能具备乐教之全。儒教乐论,主张乐法天道,为有德之音;乐教礼义,当体现出和而不流、齐而不乱的特点。李贽乐论,体现了乐教顺人情自然的一面,但其发于自然情性,则自然止于礼义之说,实际上等于取消了乐为有德之音,当和而不流、齐而不乱等乐教的本质内容。李贽礼论,强调了物各付物、因材而笃的"道之以德";主张从民之欲、顺民之性的"齐之以礼";以"真己无己",蹈空履虚来禅解"克己复礼"。虽对礼教顺人情、养人欲的一面有所认识,但是,背离礼教节度、礼仪规范的架空之说,实际上等于取消了礼教。

国之大事,在祀与戎,礼乐教化,首重祭祀。儒教正统观念中,祭祀,意在表达人思慕之情,是忠信爱敬之德、礼仪节度之行的极致体现。儒教祭祀之礼,以鬼神之道设现世之教,形为事鬼,实为事人;看似鬼事,实则人事。祭祀之礼,意非彼岸鬼神世界,实在于现世此岸之人伦教育与教化;祭祀之道,在于节文人之自然情感,养成人伦中诚敬之心,以利修齐治平之事而已。祭祀之施行,有圣人、君子、官人、百姓之分。百姓以之为鬼神之事,畏而行之;君子知其为人道,所以安行不疑。李贽深入解读了鬼神之道和祭祀之理。他认为,《中庸》中孔子盛言鬼神之德,因此孔子并非如一般人认为的那样根本不语鬼神。然而,鬼神之道不测而难知,言语难以穷尽,因此,孔子不语之于不能理解之人。所谓孔子不语鬼神之道的说法,只是《论语》记录者曾子、有子等不能理解而已。另外,未能事人,焉能事鬼之说,也只是孔子对子路的言说。祭祀之事本之于鬼神之道,微妙难测,幽远难明,非诚敬能事人者,不能理解和施行。子路不敬圣人之言,无诚敬之心,不能事人,所以无从事鬼。李贽认为,祭祀为历代圣人治平大事,因此,祭祀之典才会越来越完备。圣人知人知天,明生死幽明之故,所以能尽祭祀之道。祭祀之道,贵在诚敬;礼敬鬼神,实为人事。所谓诚敬,首先要有祭先祖如先祖在,祭神如神在的诚实心态;其次,不能谄媚亵渎鬼神。数则烦,渎则诣,都是对鬼神的怠慢和大不敬。祭祀当知敬鬼神而远之,非其鬼而不祭。祭祀鬼神之事,意在人事:事人即所以事鬼,礼敬鬼神,必须唯务民义而不敢求之于远。小人无忌惮,皆由于不敬鬼神,是以不能勤于民务;诚知鬼神之当敬,则其不能务民之事者,鲜矣。

如上,以李贽生平事迹与学思为线索,儒教社会展开了这样的规模和内容:儒教是德礼政刑之教,德礼为主,政刑为辅,总归于礼教。就体制化儒教而言,国家总体以礼教立国、遵循各类礼仪制度。释奠礼与孔庙制度,科举制度等,说明儒教社会尊奉孔子之教,以儒学取士的根本取向。此外,官职设定①、律令、经筵、族规乡约、蒙学、女学女教等,整个社会上下内外皆以儒学为指导思想和原则;以儒教为根本内容,各级官吏负有对一般百姓的教育、教化职责等等。儒教社会官方正统思想为儒学。其成熟时期,官方儒学以程朱理学为正统,以《四书》《五经》为正统思想之源。科举制度内的儒学,有一个由经文而注疏而八股的过程,表现出正统儒学世俗化、功利化、形式化之历史蜕变。三教并存的思想背景下,存在于书院等场所的儒学学术研究,表现出多元研究取向。明代《四书》学为盛,经学凋敝。明代中期以后,王学兴起,使得或隐或显的以禅释儒,成为儒学研究时代风尚。王学及其后学的风行,并不足以动摇

---

① 如吏、户、礼、兵、刑、工六部及官员,系比附《周礼》天、地、春、夏、秋、冬等六官设定等。如此设官之目的,即所谓"天工人代"(参见《四库全书·钦定历代职官表·上谕》等)。

程朱理学官方正统地位,相反,其异端思想取向,与儒学礼教格格不入,最终堕入狂禅。儒教的一些礼仪制度,比如祭祀之礼,虽形式上与佛道二教有可比之处,但深究其实,实有天渊之别。正统儒教以二教为异端,严加拒斥,就是因为儒教为现世的人伦教育、教化,而二教思想本质,恰恰与之相反所致。儒教绝非宗教。①

总之,站在还原性诠释法之历史学角度,儒教,即是以儒学为指导思想,礼教为根本内容的现世人伦教育与教化之学说及制度。进言之,以儒教立国和确立社会制度,即为儒教社会。进入中国历史发展的固有脉络,就中国历史具体的史实而言,虽然不同朝代表现形式各异,但深究其实,中国传统社会自汉代儒教立国以至清末为止,实为儒教社会。② 儒教本质内容是礼教。就中国历史史实而言,礼教发源于原始古礼阶段,成熟定型于三代,整理完善于孔子,虽有东周、秦、西汉早期等礼崩乐坏之时,中国传统社会总体还是以礼教为教育、教化、社会制度之根本内容,因此,整个中国传统社会亦可名之曰礼教社会。一以贯之的礼教稳定性,最终决定了儒教社会的超稳定性。

李贽诗一首,作为本书结语:

独　　坐

有客开青眼,无人问落花。暖风熏细草,凉月照晴沙。

客久翻疑梦,朋来不忆家。琴书犹未整,独坐送残霞。③

---

① 儒教是否宗教,可以从历史学以及哲学、宗教学等不同学科角度研究。以往基于哲学、宗教学等视角的研究,或从抽象概念立论,或者有目的地择取有利史料而不计其余。这种拾取之见,"选出而叙述之",使得儒教是否宗教问题,可以任意的、无限的言说,实际上等于取消了这个问题。(儒学是否宗教问题的讨论,参见任继愈主编:《"儒教问题"争论集》,宗教文化出版社2000年版;李申:《儒学与儒教》,四川大学出版社2005年版;《儒学:历史、思想与信仰》,商务印书馆2011年版等。)从还原性诠释的历史学角度看,儒教是否宗教,本质上不过是与儒教相关的历史事实认定问题。而就全面的、具体的史实而言,无论从儒学明天道以正人伦、修齐治平、经世致用等学理基础来看,还是从整个儒教社会制度化层面考察,或者从利玛窦等西方基督教徒观点来看,作为现世教育教化的儒教,当然不是宗教。

② 关于秦朝至清朝社会形态命名问题,参见冯天瑜:《"封建"考论》,武汉大学出版社2006年版;叶文宪、聂长顺主编:《中国"封建"社会再认识》,中国社会科学出版社2009年版。

③ 《续焚书》,中华书局2009年版,第122页。

参考资料

一、文　献

李贽著作

1. 李贽:《李温陵集》,《四库全书存目丛书》第 126 集。

2. 李贽:《九正易因》,《四库全书存目丛书》经册第 6、7 两册。

3. 李贽:《藏书》全四册,中华书局 1959 年版。

4. 李贽:《续藏书》全二册,中华书局 1959 年版。

5. 李贽:《焚书·续焚书》,中华书局 2009 年版。

6. 李贽:《焚书·续焚书》,岳麓书社 1990 年版。

7. 李贽:《初潭集》全二册,中华书局 1974 年版。

8. 李贽:《初潭集》,中华书局 2009 年版。

9. 李贽:《史纲评要》全三册,中华书局 1974 年版。

10. 李贽:《四书评》,上海人民出版社 1975 年版。

11. 李贽:《李贽文集》全七卷,社会科学文献出版社 2000 年版。

12. 张建业主编:《李贽全集注》全 26 册,社会科学文献出版社 2010 年版。

经部

13.《周易正义》,北京大学出版社 1999 年版。

14.《毛诗正义》(上、中、下),北京大学出版社 1999 年版。

15.《尚书正义》,北京大学出版社 1999 年版。

16.《周礼注疏》(上、下),北京大学出版社 1999 年版。

17.《仪礼注疏》(上、下),北京大学出版社 1999 年版。

18.《礼记正义》(上、中、下),北京大学出版社 1999 年版。

19.《春秋左传正义》(上、中、下),北京大学出版社 1999 年版。

20.《论语注疏》,北京大学出版社 1999 年版。

21.《孟子注疏》,北京大学出版社 1999 年版。

22.《四书五经》(上、中、下),中国书店 1985 年版。

23.《性理大全书》,文渊阁《四库全书》第 711 册。

24. 朱熹:《四书章句集注》,中华书局 1983 年版。

25. 朱熹:《周易本义》,天津古籍书店 1986 年版。

26. 朱熹:《周易本义》,中华书局 2009 年版。

27. 程颐:《周易程氏传》,中华书局 2011 年版。

28. 李鼎祚:《周易集解》卷八,文渊阁《四库全书》第 7 册。

29. 王聘珍:《大戴礼记解诂》,中华书局 1983 年版。

30. 孙希旦:《礼记集解》全三册,中华书局 1989 年版。

31. 刁包:《易酌》,文渊阁《四库全书》第 39 册。

32. 陆陇其:《松阳讲义》,文渊阁《四库全书》第 209 册。

33. 李杞:《用易详解》,文渊阁《四库全书》第 19 册。

34. 阎若璩:《尚书古文疏证》全二册,上海古籍出版社 2010 年版。

35. 蔡清:《四书蒙引》卷五,文渊阁《四库全书》第 206 册。

36. 皮锡瑞:《经学历史》,中华书局 2004 年版。

37. 项安世:《周易玩辞》,文渊阁《四库全书》第 14 册。

38. 焦循:《孟子正义》全二册,中华书局 1987 年版。

史部

39.《钦定四库全书总目整理本》(上、下),中华书局 1997 年版。

40.《史记》全十册,中华书局 1982 年版。

41.《汉书》全 12 册,中华书局 1962 年版。

42.《后汉书》全 12 册,中华书局 1965 年版。

43.《北史》全十册,中华书局 1974 年版。

44.《旧唐书》全 16 册,中华书局 1975 年版。

45.《新唐书》全 20 册,中华书局 1975 年版。

46.《宋史》全四十册,中华书局1985年版。

47.《明实录》,台湾中央研究院历史语言研究所影印本。

48.《明史》全二十八册,中华书局1974年版。

49.《礼部志稿》,文渊阁《四库全书》本第597册。

50. 黄宗羲:《明儒学案》(修订本)(上、下、册),中华书局2008年版。

51. 沈德符:《万历野获编》全三册,中华书局1959年版。

52. 朱国祯:《涌幢小品》全二册,中华书局1959年版。

53.《滇志》,云南教育出版社1991年版。

54. 叶瑛:《文史通义校注》(上、下),中华书局1985年版。

55.《列女传、高士传》,辽宁教育出版社1998年版。

56.《古今列女传》,文渊阁《四库全书》第452册。

57.《明会典》,文渊阁《四库全书》第617、618册。

58. 杨尔曾:《海内奇观》,明万历刊本。

59. 王世贞:《弇山堂别集》,文渊阁《四库全书》第410册。

60. 王锜:《寓圃杂记》,中华书局1984年版。

61. 谢肇淛:《五杂组》,上海书店出版社2001年版。

62. 余怀:《板桥杂记》,上海古籍出版社2000年版。

63. 刘知几:《史通》,上海古籍出版社2008年版。

64. 章学诚:《文史通义》,上海古籍出版社2008年版。

子部

65.《图书编》,文渊阁《四库全书》第971册。

66. 程颢,程颐:《二程集》(上、下),中华书局1981年版。

67. 张载:《张载集》,中华书局1978年版。

68. 朱熹:《朱子全书》全二十七册,上海古籍出版社、安徽教育出版社2002年版。

69. 陆九渊:《陆九渊集》,中华书局1980年版。

70. 王阳明:《王阳明全集》(上、下),上海古籍出版社1992年版。

71. 王畿:《王畿集》,江苏古籍出版社2007年版。

72. 罗汝芳:《罗汝芳集》(上、下),江苏古籍出版社2007年版。

73. 朱之瑜:《朱舜水集》全二册,中华书局 1981 年版。

74. 顾炎武:《日知录集释全校本》全三册,上海古籍出版社 2006 年版。

75. 王夫之:《船山全书》全十六册,岳麓书社 1996 年版。

76. 陈立:《白虎通疏证》(上、下),中华书局 1994 年版。

77. 陶宗仪撰:《说郛》,文渊阁《四库全书》第 880 册。

78.《御定内则衍义》,文渊阁《四库全书》第 719 册。

79.《内训》,文渊阁《四库全书》第 709 册。

80. 吕坤:《吕坤全集》全三册,中华书局 2008 年版。

81.《墨庄漫录》,文渊阁《四库全书》第 864 册。

82.《御纂朱子全书》,文渊阁《四库全书》第 721 册。

83. 黎靖德编:《朱子语类》全八册,中华书局 1986 年版。

84. 刘宗周:《人谱》,文渊阁《四库全书》第 717 册。

85. 王先谦:《荀子集解》(上、下),中华书局 1988 年版。

86. 王先慎:《韩非子集解》,中华书局 1998 年版。

87. 苏舆:《春秋繁露义证》,中华书局 1992 年版。

集部

88. 耿定向:《耿天台先生文集》,《四库全书存目丛书》第 131 集。

89. 韩愈:《韩昌黎全集》,中国书店 1991 年版。

90. 焦竑:《澹园集》(上、下),中华书局 1999 年版。

91. 焦竑:《焦氏笔乘》(上、下),中华书局 2008 年版。

92.《乐府诗集》全四册,中华书局 1979 年版。

93. 梅鼎祚:《青泥莲花记》,黄山书社 1998 年版。

94.《明词综》,辽宁教育出版社 1997 年版。

95.《明太祖文集》,文渊阁《四库全书》第 1223 册。

96. 王实甫:《西厢记》,人民文学出版社 1954 年版。

97. 王世贞:《弇州四部稿》,文渊阁《四库全书》第 1284 册。

98. 袁中道:《珂雪斋集》(上、中、下),上海古籍出版社 1989 年版。

99. 张居正:《张太岳集》,上海古籍出版社 1984 年版。

100. 张居正:《张文忠公全集》,《万有文库》本。

101. 周汝登:《周海门先生文录》,《四库全书存目丛书》第 165 集。

102. 邹同庆、王宗堂:《苏轼词编年校注》全三册,中华书局 2007 年版。

二、著 作

1. 白钢主编:《中国政治制度史》第一卷"总论",人民出版社 1996 年版。

2. 白钢主编:《中国政治制度史》第九卷"明代",人民出版社 1996 年版。

3. 白战存:《李贽及其治学风格》,陕西旅游出版社 1993 年版。

4. [加]卜正民:《为权力祈祷:佛教与晚明士绅社会的形成》,张华译,江苏人民出版社 2005 年版。

5. 蔡方鹿:《朱熹经学与中国经学》,人民出版社 2004 年版。

6. 蔡仁厚:《王学流衍》,人民出版社 2006 年版。

7. 蔡尚思:《中国礼教思想史》,上海古籍出版社 2006 年版。

8. 蔡尚思:《中国历史新研究法》,中华书局 1940 年版。

9. 曹国庆:《万历皇帝大传》,辽宁教育出版社 1994 年版。

10. 常建华:《明代宗族研究》,上海人民出版社 2005 年版。

11. 晁中辰:《明代海禁与海外贸易》,人民出版社 2005 年版。

12. 陈宝良:《明代社会生活史》,中国社会科学出版社 2004 年版。

13. 陈宝良:《明代儒学生员与地方社会》,中国社会科学出版社 2005 年版。

14. 陈长文:《明代科举文献研究》,山东大学出版社 2008 年版。

15. 陈东原:《中国妇女生活史》,中华书局 1937 年版。

16. 陈江:《明代中后期的江南社会与社会生活》,上海社会科学出版社 2006 年版。

17. 陈来:《宋明理学》,华东师范大学出版社 2004 年版。

18. 陈来:《有无之境:王阳明哲学的精神》,北京大学出版社 2006 年版。

19. 陈来:《朱子哲学研究》,华东师范大学出版社 2000 年版。

20. 陈曼平:《一代奇杰:明代文化名人李贽研究》,黑龙江人民出版社 1989 年版。

21. 陈平原:《从文人之文到学者之文》,三联书店 2004 年版。

22. 陈清华:《毕竟是书生:晚明知识分子的思想苦旅》,崇文书局 2009 年版。

23. 陈庆江:《明代云南政区治所研究》,民族出版社 2002 年版。

24. 陈荣捷:《朱子新探索》,华东师范大学出版社 2007 年版。

25. 陈瑞生:《李贽新论》,华中师范大学出版社 1992 年版。

26. 陈清辉:《李卓吾生平及其思想研究》,文津出版社 1993 年版。

27. 陈时龙:《明代中晚期讲学运动(1522—1626 年)》,复旦大学出版社 2005 年版。

28. 陈寅恪:《柳如是别传》(上、中、下),三联书店 2001 年版。

29. 陈垣:《明季滇黔佛教考》(上),河北教育出版社 2000 年版。

30. [日]岛田虔次:《朱子学与阳明学》,蒋国保译,陕西师范大学出版社 1986 年版。

31. [日]岛田虔次:《中国近代思维的挫折》,甘万萍译,江苏人民出版社 2005 年版。

32. [日]岛田虔次:《中国思想史研究》,邓红译,上海古籍出版社 2009 年版。

33. 邓洪波:《中国书院史》,东方出版中心 2004 年版。

34. 邓志峰:《王学与晚明的师道复兴运动》,社会科学文献出版社 2004 年版。

35. 丁易:《明代特务政治》,群众出版社 1983 年版。

36. 樊树志:《万历传》,人民出版社 1993 年版。

37. 樊树志:《晚明史(1573—1644 年)》(上、下),复旦大学出版社 2003 年版。

38. 方志远:《明代国家权力结构及运行机制》,科学出版社 2008 年版。

39. 方祖猷:《王畿评传》,南京大学出版社 2001 年版。

40. 费成康主编:《中国的家法族规》,上海社会科学院出版社 1998 年版。

41. 冯尔康:《中国古代的宗族与祠堂》,商务印书馆国际有限公司 1996 年版。

42. 冯尔康等:《中国宗族史》,上海人民出版社 2009 年版。

43. 冯天瑜:《"封建"考论》,武汉大学出版社 2006 年版。

44. 冯友兰:《中国哲学史》上册,华东师范大学出版社2000年版。

45. 冯友兰:《三松堂全集》(全十五册),河南人民出版社2001年版。

46. 傅秋涛:《李卓吾传》,湖南人民出版社2007年版。

47. 傅小凡:《宋明道学新论——本体论建构与主体性转向》,社会科学文献出版社2005年版。

48. 傅小凡:《李贽哲学思想研究》,福建人民出版社2007年版。

49. 高洪兴:《缠足史》,上海文艺出版社1995年版。

50. 高彦颐:《缠足:"金莲崇拜"盛极而衰的演变》,江苏人民出版社2009年版。

51. 高彦颐:《闺塾师:明末清初江南的才女文化》,江苏人民出版社2005年版。

52. [日]冈田武彦:《王阳明与明末儒学》,吴光、钱明、屠承先译,上海古籍出版社2000年版。

53. 葛荣晋主编:《明清实学思潮史》上卷,齐鲁书社1989年版。

54. 葛兆光:《思想史研究课堂讲录》,三联书店2005年版。

55. [德]贡德·弗兰克:《白银资本:重视经济全球化中的东方》第二版,刘北成译,中央编译出版社2005年版。

56. 龚笃清:《明代八股文史探》,湖南人民出版社2006年版。

57. 龚杰:《王艮评传》,南京大学出版社2001年版。

58. 龚鹏程:《晚明思潮》,商务印书馆2005年版。

59. [日]沟口雄三:《中国前近代思想的演变》,索介然、龚颖译,第2版,中华书局2005年版。

60. 郭培贵:《明史科举史事编年考证》,科学出版社2008年版。

61. 郭培贵:《明史选举志考论》,中华书局2006年版。

62. 郭朋:《明清佛教》,福建人民出版社1982年版。

63. [美]海登·怀特:《后现代历史叙事学》,陈永国、张万娟译,中国社会科学出版社2003年版。

64. [美]海登·怀特:《元史学:十九世纪欧洲的历史想象》,陈新译,译林出版社2004年版。

65. 何怀宏:《选举社会及其终结:秦汉至晚清历史的一种社会学阐释》,

三联书店1998年版。

　　66. 何兆武：《中西文化交流史论》，中国青年出版社2001年版。

　　67. 侯外庐主编：《中国思想通史》第四卷下册，人民出版社1960年版。

　　68. 侯外庐：《中国思想通史》第五卷《中国早期启蒙思想史》，人民出版社1956年版。

　　69. 侯外庐、邱汉生、张岂之主编：《宋明理学史》（上、下），人民出版社1984、1987年版。

　　70. 胡凡：《嘉靖传》，人民出版社2004年版。

　　71. 黄进兴：《优入圣域：权力、信仰与正当性》，陕西师范大学出版社1998年版。

　　72. 黄进兴：《优入圣域：权力、信仰与正当性》（修订本），商务印书馆2010年版。

　　73. 黄明光：《明代科举制度研究》，广西师范大学出版社2000年版。

　　74. ［日］荒木见悟：《佛教与儒教》，杜勤、舒志田等译，中州古籍出版社2005年版。

　　75. ［美］黄仁宇：《万历十五年》，中华书局1982年版。

　　76. 黄卓越：《佛教与晚明文学思潮》，东方出版社1997年版。

　　77. 嵇文甫：《左派王学》，《民国丛书》第二编第7册，开明书店1934年版。

　　78. 嵇文甫：《晚明思想史论》，《民国丛书》第二编第7册，商务印书馆1944年版。

　　79. 嵇文甫：《晚明思想史论》，东方出版社1996年版。

　　80. 贾逸君：《中华妇女缠足考》，北平文化书社1926年版。

　　81. 江灿腾：《晚明佛教改革史》，广西师范大学出版社2006年版。

　　82. 姜广辉：《理学与中国文化》，上海人民出版社1994年版。

　　83. 江晓原：《性张力下的中国人》，上海人民出版社1995年版。

　　84. ［日］井上徹：《中国的宗族与国家礼制》，钱杭译，上海书店出版社2008年版。

　　85. ［日］柯毅霖：《晚明基督论》，王志成、思竹、汪建达译，四川人民出版社1999年版。

86. 李才栋:《中国书院研究》,江西高校出版社 2005 年版;李辉良:《李贽的传说》,海峡文艺出版社 1987 年版。

87. 李渡:《明代皇权政治研究》,中国社会科学出版社 2004 年版。

88. 李国钧主编:《中国书院史》,湖南教育出版社 1998 年版。

89. 李国文:《中国文人的非正常死亡》第 3 版,人民文学出版社 2004 年版。

90. 李煌明:《宋明理学中的"孔颜之乐"问题》,云南人民出版社 2006 年版。

91. 李剑雄:《焦竑评传》,南京大学出版社 1998 年版。

92. 李文治、江太新:《中国宗法宗族制和族田义庄》,社会科学文献出版社 2000 年版。

93. 李哲良:《人欲——奇人李卓吾》,重庆出版社 2001 年版。

94. [意]利玛窦、[比]金尼阁:《利玛窦中国札记》,何高济、王遵仲、李申译,中华书局 1983 年版。

95. 林海权:《李贽年谱考略》第 2 版,福建人民出版社 2005 年版。

96. 林继平:《王学探微十讲》,兰台出版社 2001 年版。

97. 林其贤:《李卓吾事迹系年》,文津出版社 1988 年版。

98. 林其贤:《李卓吾研究初编》,东吴大学中研所 1982 年版。

99. 林其贤:《李卓吾的佛学与世学》,文津出版社 1992 年版。

100. 刘海滨:《焦竑与晚明会通思潮》,华东师范大学出版社 2010 年版。

101. 刘海峰、李兵:《中国科举史》,东方出版中心 2004 年版。

102. 刘文英主编:《中国哲学史》下卷,南开大学出版社 2002 年版。

103. 刘晓东:《明代的塾师与基层社会》,商务印书馆 2010 年版。

104. 刘志琴:《张居正评传》,南京大学出版社 2006 年版。

105. 吕景林:《洪武皇帝大传》,辽宁教育出版社 1994 年版。

106. 吕妙芬:《阳明学士人群体:历史、思想与实践》,新星出版社 2006 年版。

107. 罗宗强:《明代后期士人心态研究》,南开大学出版社 2006 年版。

108. [英]马克·珂里:《后现代叙事理论》,宁一中译,北京大学出版社 2003 年版。

109. 孟森:《明史讲义》,上海古籍出版社 2002 年版。

110. 敏泽:《李贽》,上海古籍出版社 1984 年版。

111. [美]牟复礼、[英]崔瑞德编:《剑桥中国明代史》(上、下),张书生、杨品泉等译,中国社会科学出版社 1992、2006 年版。

112. 牟宗三:《从陆象山到刘蕺山》,上海古籍出版社 2001 年版。

113. 南炳文、汤纲:《明史》(上、下),上海人民出版社 2003 年版。

114. [日]内藤湖南:《中国史学史》,马彪译,上海古籍出版社 2008 年版。

115.《女四书、女孝经》,中国华侨出版社 2011 年版。

116. 潘桂明:《中国居士佛教史》(上、下),中国社会科学出版社 2000 年版。

117. 彭国翔:《良知学的展开:王龙溪与中晚明的阳明学》,三联书店 2005 年版。

118. 启功、张中行、金克木:《说八股》,中华书局 2000 年版。

119. 钱杭:《中国宗族史研究入门》,复旦大学出版社 2009 年版。

120. 钱茂伟:《国家、科举与社会——以明代为中心的考察》,北京图书馆出版社 2004 年版。

121. 钱明:《阳明学的形成与发展》,江苏古籍出版社 2002 年版。

122. 钱玄:《三礼通论》,南京师范大学出版社 1996 年版。

123. 乔桑、宋洪主编:《蒙学全书》,吉林文史出版社 1991 年版。

124. 秦学智:《李贽大学明德精神论》,中国传媒大学出版社 2007 年版。

125. 邱汉生:《李贽》,中华书局 1962 年版。

126. 屈小强:《自然与自我:从老庄到李贽》,济南出版社 2007 年版。

127. 任冠文:《李贽史学思想研究》,广西师范大学出版社 1999 年版。

128. 任继愈主编:《中国哲学史》第三册,人民出版社 1964 年版。

129. 任宜敏:《中国佛教史·明代》,人民出版社 2009 年版。

130. 容肇祖:《李卓吾评传》,《民国丛书》第一编第 83 册,商务印书馆 1936 年版。

131. 容肇祖:《李贽年谱》,三联书店 1957 年版。

132. 容肇祖:《容肇祖集》,齐鲁书社 1989 年版。

133. 商衍鎏:《清代科举考试述录及有关著作》,百花文艺出版社 2004

年版。

134. 沈定平:《明清之际中西文化交流史》(增订本),商务印书馆 2007 年版。

135. [美]史景迁:《中国纵横:一个汉学家的学术探索之旅》,夏俊霞等译,上海远东出版社 2005 年版。

136. 束景南:《朱子大传》,福建教育出版社 1992 年版。

137. 司马朔:《一个异端思想家的心灵史:李贽评传》,广西师范大学出版社 2010 年版。

138. 孙官生:《姚安知府李贽思想研究》,云南大学出版社 1991 年版。

139. 孙尚扬:《基督教与明末儒学》,东方出版社 1994 年版。

140. 唐明邦:《邵雍评传》,南京大学出版社 1998 年版。

141. [美]田浩:《功利主义儒家——陈亮对朱熹的挑战》,姜长苏译,江苏人民出版社 1997 年版。

142. [美]田浩:《朱熹的思维世界》,陕西师范大学出版社 2002 年版。

143. 王道成:《科举史话》,中华书局 1988 年版。

144. 王国维:《观堂集林》(上),河北教育出版社 2001 年版。

145. 王均江:《冲突与和谐——李贽思想研究》,华中科技大学出版社 2007 年版。

146. 王凯符:《八股文概说》,中华书局 2002 年版。

147. 王凯旋:《明代科举制度考论》,沈阳出版社 2005 年版。

148. 王书奴:《中国娼妓史》,岳麓书社 1998 年版。

149. 王晓朝:《基督教与帝国文化》,东方出版社 1997 年版。

150. 吴根友:《中国现代价值观的初生历程:从李贽到戴震》,武汉大学出版社 2004 年版。

151. 吴晗:《朱元璋传》,人民出版社 1985 年版。

152. 吴虞:《吴虞文录》,《民国丛书》第二编第 96 册,亚东图书馆 1927 年版。

153. 吴泽:《儒教叛徒李卓吾》,华夏书店 1949 年版。

154. 吴震:《阳明后学研究》,上海人民出版社 2003 年版。

155. 吴震:《泰州学派研究》,中国人民大学出版社 2009 年版。

156. 萧公权:《中国现代学术经典·萧公权卷》,河北教育出版社 1999 年版。

157. 肖萐父、李锦全主编:《中国哲学史》(下卷),人民出版社 1983 年版。

158. 萧萐父、许苏民:《明清启蒙学术流变》,辽宁教育出版社 1995 年版。

159. [法]谢和耐:《中国与基督教:中西文化的首次撞击》(增订本),耿昇译,上海古籍出版社 2003 年版。

160. 许建平:《李卓吾传》,东方出版社 2004 年版。

161. 许建平:《李贽思想演变史》,人民出版社 2005 年版。

162. 许苏民:《李贽的真与奇》,南京出版社 1998 年版。

163. 许苏民:《李贽评传》,南京大学出版社 2006 年版。

164. 许文继、陈时龙:《正说明朝十六帝》,中华书局 2005 年版。

165. 鄢烈山、朱健国:《中国第一"思想"犯:李贽传》,中国工人出版社 1993 年版。

166. 鄢烈山、朱健国:《李贽传》,时事出版社 2000 年版。

167. 杨国荣:《心学之思:王阳明哲学的阐释》,三联书店 1997 年版。

168. 杨国荣:《王学通论——从王阳明到熊十力》,华东师范大学出版社 2003 年版。

169. 杨荣国:《简明中国哲学史》,人民出版社 1973 年版。

170. 叶楚炎:《明代科举与明中期至清初通俗小说研究》,百花洲文艺出版社 2009 年版。

171. 叶文宪、聂长顺主编:《中国"封建"社会再认识》,中国社会科学出版社 2009 年版。

172. [美]伊沛霞:《内闱:宋代的婚姻和妇女生活》,胡志宏译,江苏人民出版社 2004 年版。

173. 衣若兰:《史学与性别:〈明史·列女传〉与明代女性史之建构》,山西教育出版社 2011 年版。

174. 禹克坤:《李贽》,宁夏人民出版社 1983 年版。

175. [美]余英时:《论戴震与章学诚》,三联书店 2000 年版。

176. [美]余英时:《儒家伦理与商人精神》,广西师范大学出版社 2004 年版。

177. [美]余英时:《朱熹的历史世界:宋代士大夫政治文化的研究》(上、下),三联书店2004年版。

178. 朱东润:《张居正大传》,百花文艺出版社2000年版。

179. 张凡:《李贽散文选注》,北京师范学院出版社1991年版。

180. 张国刚:《从中西初识到礼仪之争:明清传教士与中西文化交流》,人民出版社2003年版。

181. 张惠:《李贽:老愤青的童心》,中国发展出版社2008年版。

182. 张箭:《地理大发现研究:15—17世纪》,商务印书馆2002年版。

183. 张建业:《李贽评传》,福建人民出版社1981年版。

184. 张建业:《李贽评传》(修订本),福建人民出版社1992年版。

185. 张立文:《朱熹评传》,南京大学出版社1998年版。

186. 张立文:《朱熹思想研究》(修订本),中国社会科学出版社2001年版。

187. 张岂之:《春鸟集》,中国社会科学出版社1997年版。

188. 张岂之主编:《中国儒学思想史》,陕西人民出版社1990年版。

189. 张岂之:《张岂之教授与研究生论学书信选》,陕西人民出版社2007年版。

190. 张世英:《天人之际——中西哲学的困惑与选择》,人民出版社1995年版。

191. 张显清、林金树主编:《明代政治史》(上、下),广西师范大学出版社2003年版。

192. 张祥浩:《王守仁评传》,南京大学出版社1997年版。

193. 张学智:《明代哲学史》,北京大学出版社2000年版。

194. 张再林:《车过麻城再晤李贽》,中国社会科学出版社2009年版。

195. 章义和、陈春雷:《贞节史》,上海文艺出版社1999年版。

196. 赵世瑜:《狂欢与日常:明清以来的庙会与民间社会》,三联书店2002年版。

197. 赵轶峰:《明代的变迁》,上海三联书店2008年版。

198. 赵轶峰:《明代国家宗教管理制度与政策研究》,中国社会科学出版社2008年版。

199. 郑振满:《明清福建家族组织与社会变迁》,中国人民大学出版社 2009 年版。

200. 周明初:《晚明士人心态及文学个案》,东方出版社 1997 年版。

201. 周齐:《明代佛教与政治文化》,人民出版社 2005 年版。

202. 周群:《儒释道与晚明文学思想》,上海书店出版社 2000 年版。

203. 朱谦之:《李贽——十六世纪中国反封建思想的先驱》,湖北人民出版社 1956 年版。

204. 左冬岭:《李贽与晚明的文学思想》,天津人民出版社 1997 年版。

205. 左冬岭:《王学与中晚明士人心态》,人民文学出版社 2000 年版。

206. 左冬岭:《明代心学与诗学》,学苑出版社 2002 年版。

207. 左冬岭:《李贽与晚明的文学思想》,人民文学出版社 2010 年版。

三、论文集、论文

资料选辑、论文集

1. 厦门大学历史系编:《李贽研究参考资料》第一辑,福建人民出版社 1975 年版。

2. 厦门大学历史系编:《李贽研究参考资料》第二辑,福建人民出版社 1976 年版。

3. 厦门大学历史系编:《李贽研究参考资料》第三辑,福建人民出版社 1976 年版。

4. 厦门大学历史系编:《李贽遵法反儒文选》,福建人民出版社 1974 年版。

5. 福建省晋江地区文物管理委员会编:《李贽思想评介》(资料选辑),福建人民出版社 1975 年版。

6. 《李贽思想评介》,福建人民出版社 1975 年版。

7. 《儒学:历史、思想与信仰》,商务印书馆 2011 年版。

8. 《思想家》第一辑,江苏教育出版社 2000 年版。

9. 《思想家》第二辑,江苏教育出版社 2002 年版。

10. 《新哲学》第一辑,大象出版社 2003 年版。

11.《新哲学》第二辑,大象出版社 2004 年版。

12. 陈来:《中国近世思想史研究》,商务印书馆 2003 年版。

13. 丁山:《古代神话与民族》,商务印书馆 2005 年版。

14. 傅衣凌:《明清时代商人及商业资本》,人民出版社 1956 年版。

15. 侯外庐:《侯外庐史学论文选集》(上、下),人民出版社 1987、1988 年版。

16. 金景芳:《古史论集》,齐鲁书社 1981 年版。

17. 李申:《儒学与儒教》,四川大学出版社 2005 年版。

18. 彭国翔:《儒家传统:宗教与人文主义之间》,北京大学出版社 2007 年版。

19. 钱穆:《中国学术思想史论丛》卷一,安徽教育出版社 2004 年版。

20. 任继愈主编:《"儒教问题"争论集》,宗教文化出版社 2000 年版。

21. 容肇祖:《容肇祖集》,齐鲁书社 1989 年版。

22. 王汎森:《晚明清初思想十论》,复旦大学出版社 2004 年版。

23. 万明主编:《晚明社会变迁问题与研究》,商务印书馆 2005 年版。

24. 吴光主编:《阳明学研究》,上海古籍出版社 2000 年版。

25. 许在全主编:《泉州文史研究》,中国社会科学出版社 2004 年版。

26. 许在全、张建业主编:《李贽研究》,光明日报出版社 1989 年版。

27. 姚灵犀编:《采菲精华录》,天津书局 1941 年版。

28. 张建业主编:《李贽学术国际研讨会论文集》,首都师范大学出版社 1994 年版。

29. 张建业主编:《李贽论丛》,北京燕山出版社 2001 年版。

30. 张建业主编:《李贽与麻城国际学术研讨会文集》,中国广播电视出版社 2003 年版。

31. 张建业:《李贽论》,社会科学文献出版社 2010 年版。

论文

32. 福建省李贽著作注释组福州小组:《二十五年来书刊评介李贽观点综述》,1975 年。

33. 鸡足山介绍,网址:http://www.lrn.cn/travel/geotravel/200702/t20070

207_31049. htm。

34."泉州历史网":http://qzhnet. dnscn. cn/。

35.白秀芳等:《近百年李贽研究论文著作目录索引》,见张建业主编:《李贽全集注》第26册,社会科学文献出版社2010年版。

36.白秀芳:《近百年李贽研究综述》,载《首都师范大学学报》(社会科学版)1994年第6期。

37.白秀芳:《李贽研究在国外》,载《首都师范大学学报》(社会科学版)1996年第1期。

38.陈东:《中国古代经筵概论》,载《齐鲁学刊》2008年第1期。

39.陈寒鸣:《明代朱学流变》,网址:http://www. confucius2000. com/admin/list. asp? id=2598。

40.崔文印:《李贽〈四书评〉真伪辨》,载《文物》1979年第4期。

41.崔文印:《〈四书评〉不是李贽著作的考证》,载《哲学研究》1980年第4期。

42.冯友兰:《从李贽说起——中国哲学史中唯物主义和唯心主义互相转化的一个例证》,载《新建设》1961年第2、3期合刊。

43.葛荣晋:《论李贽哲学思想的实质——兼评哲学与政治"等同论"》,载《中国哲学》第4辑。

44.耿定力:《诰封宜人黄氏墓表》,网址:http://qzhnet. dnscn. cn/qzh315. htm。

45.郝晓莉:《李贽宦滇事迹考述》,载《云南社会科学》2000年增刊。

46.侯外庐、邱汉生:《李贽的进步思想》,载《历史研究》1959年第7期。

47.黄强:《论李贽的八股文观及其实践》,载《扬州教育学院学报》第22卷第4期。

48.李超:《百年李贽研究回顾》,"中国泉州学研究",http://www. qzwb. com/gb/content/2006—08/06/content_2164016. htm。

49.林海权:《李贽〈童心说〉的写作缘起与年代考》,载《福建师范大学学报》(哲学社会科学版)2006年第5期。

50.吴震:《十六世纪中国儒学思想的近代意涵——以日本学者岛田虔次、沟口雄三的相关讨论为中心》,载《台湾东亚文明研究学刊》第1卷第2期。

51. 许建平:《李贽思想演变中的两个问题考辨》,载《广州大学学报》(社会科学版)第 4 卷第 8 期。

52. 薛丽云:《李贽与姚安》,载《云南民族学院学报》第 18 卷第 5 期。

53. 杨国荣:《李贽——王学向异端的演变》,载《江淮论坛》1988 年第 2 期。

54. 杨业进:《明代经筵制度与内阁》,载《故宫博物院院刊》1990 年第 2 期。

55. 张建业:《李贽研究的拓展与思考》,载《泉州晚报》(海外版)2005 年 1 月 13 日。

56. 张世英:《尼采与李贽》,载《二十一世纪》1991 年 8 月号。

57. 张英聘:《试论明代的经筵制度》,载《明史研究》第 5 辑。

58. 周群:《"二溪"卓吾关系论》,载《东南学术》2004 年第 1 期。

59. 朱绍侯:《李贽对孔子的真实态度——读〈焚书〉、〈续焚书〉札记》,载《史学月刊》1993 年第 4 期。

60. 左东岭:《李贽文学思想与心学关系及其影响研究综述》,载《首都师范大学学报》(社会科学版)2002 年第 6 期。

61. [日]佐藤炼太郎:《李卓吾研究的历史(日文)》,载《阳明学》第 12、13 号。

四、外文资料

1. Albert Chan, *The Glory and Fall of the Ming Dynasty*, Norman: University of Oklahoma Press, 1982.

2. Andre Gunder Frank, *Reorient: Global Economy in the Asian Age*, Berkeley: University of California Press 1998.

3. Benjamin A. Elman, *A Cultural History of Civil Examinations in Late Imperial China*, University of California Press, 2000.

4. Cheng Pei-kai, *Reality and Imagination: Li Chih and T'ang Hsien-tsu in Search of Authenticity*, Ann Arbor, Mich.: UMI, 1981.

5. Dorothy Ko, *Teachers of the inner chambers: women and culture in*

seventeenth-century China, Stanford University Press, 1994.

　　6. Hayden White, *Metahistory: The Historical Imagination in Nineteenth-Century Europe*, The Johns Hopkins University Press, 1973.

　　7. Hok-lam Chan, *Li Chih 1527-1602 in contemporary Chinese Historiography: new light on his life and works*, White Plains, N. Y. : M. E. Sharpe, Inc. , 1980. Published simultaneously as Vol. XIII, No. 1-2 of *Chinese Studies in History*.

　　8. Hok-lam Chan and Wm. Theodore de Bary, Editors ed. , *Yuan Thought: Chinese Thought and Religion Under the Mongols*, New York: Columbia University Press, 1982.

　　9. Hoyt Cleveland Tillman, *Utilitarian Confucianism: Ch' en Liang's Challenge to Chu Hsi*, Harvard University Press, 1982.

　　10. Ray Huang, 1587, *A year of no significance: The Ming dynasty in decline*, New Haven and London: Yale University Press, 1981.

　　11. Jean-Francois Bileter, *Li Zhi: Philosophe maudit (1527-1602)*, Geneva and Paris: Librarie Droz, 1979.

　　12. Jin Jiang, *Heresy and Persecution in Late Ming Society: Reinterpreting the Case of Li Zhi*, Late Imperial China Vol. 22, No. 2(December 2001): 1-34.

　　13. John H. Berthrong, *Transformations of the Confucian Way*, Westview Press, 1998.

　　14. John W. Dardess, *Confucianism and Autocracy: Professional Elites in the Founding of the Ming Dynasty*, University of California Press, 1983.

　　15. Li-Hsiang Lisa Rosenlee, *Confucianism and Women: A Philosophical Interpretation*, State University of New York Press, 2006.

　　16. Ping-ti Ho, *The Ladder of Success in Imperial China: Aspects of Social Mobility, 1368-1911*, Columbia University Press, 1962.

　　17. Wm. Theodore de Bary, *Neo-Confucian Orthodoxy and the Learning of the Mind-and-Heart*, New York: Columbia University Press, 1981.

　　18. Wm. Theodore de Bary, ed. , *Self and Society in Ming Thought*, Columbia University Press, 1970.

后　记

本书是在博士论文《儒教社会中的独行者：李贽儒学思想研究》基础上修改而成。2004年博士论文开题，当时报告题目是《天理与人欲：明末儒学思想》。导师张岂之先生仔细看了报告后，提出了中肯的修改意见，并指出了论文研究方向："从'中国儒学的历史命运'这个角度思考问题。"张先生又建议"把思路再打开一些"，要深入、细致、有新意；指出"要研究明代历史，不仅仅是商品经济，从政治、经济、思想文化等方面进行研究"。① 当时，方光华教授也勉励我，要写出有气魄、比较像样的中国思想史著作。也一直记得葛文华老师的教导：治学尤当关注方法。遵师训，为了打下良好论文基础，本人查阅并搜集了大量明史相关资料；为了有新意，又阅读了大批前辈、时贤有关中国思想史类研究著作，并特别留意诸方家研究方法。经过一段时间思考后，决定以李贽为案例，以其思想发展历程为线索，思想与社会存在相结合，展开整个儒教社会面貌和儒学历史命运的考察。用近3年时间，疏理了古今中外李贽研究既有成果，发现时代和学术本密切关联。于是，试图结合当下时代特点，探索用还原性诠释法研究中国思想史的可能性。最终，有了这本实验性质、尚不成熟的小书。

在西北大学中国思想文化研究所生活、学习了7年，谢阳举、张茂泽、何炳武、刘薇等老师所给予学术和生活上的帮助，与宋玉波、李江辉、郑熊、黄勇等师兄弟们相互切磋的点点滴滴，都将成为今生美好回忆。

博士论文送审后，陈祖武研究员、张帆教授、朱汉民教授、周群教授、刘固

---

① 张岂之：《张岂之教授与研究生论学书信选》，陕西人民出版社2007年版，第128—130页。

盛教授、康中乾教授、林乐昌教授、张再林教授分别给出了评审意见。这些意见，或者激励我更加努力，或者，促使我更加深入思考相关问题，教益甚多。

西北大学哲学与社会学学院提供了宽松良好的教学、科研环境。陈国庆、赵本义、董志勇等老师的指导和帮助，不敢忘怀。与康凯、彭鹏、胡军良、付粉鸽等同事随机讨论，对本书写作颇有助益。

2011年11月20日下午，打网球不慎左脚踝骨折。石膏裹足卧床一月，完成了《礼教视野下李贽妇女思想》一章。学生闻讯，送来暖暖祝福和问候，平添了写作动力，也使人倍感惭愧和不安。岳父翟昌年，退休有年，雅好中国传统思想文化。养伤期间，泰山不辞辛苦照顾饮食，还时时讨论书稿问题，使我启发、获益良多。不知此菲薄小书，能否报答万一？

资质驽钝、性情疏懒的我，近9年完成一本小书，实在愧对师长亲友。张先生常说，深感为学不易。现在，自己似乎慢慢有点体会了。今后，唯有牢记先生苦瓜、莲花隐喻①，学习先生不知老之将至、永远坚持理想之精神，庶几不负先生教导云。

2012年9月12日于长安添香阁

---

① 张岂之:《春鸟集》，中国社会科学出版社1997年版，第86—87、195—197页。

责任编辑:赵圣涛
封面设计:徐　晖
责任校对:张杰丽

图书在版编目(CIP)数据

李贽儒学思想研究/王宝峰 著. -北京:人民出版社,2012.11
ISBN 978 - 7 - 01 - 011277 - 0

Ⅰ.①李…　Ⅱ.①王…　Ⅲ.①李贽(1527～1602)-儒学-哲学思想-研究
　Ⅳ.①B248.915

中国版本图书馆 CIP 数据核字(2012)第 233074 号

李贽儒学思想研究

LIZHI RUXUE SIXIANG YANJIU

王宝峰　著

人民出版社 出版发行
(100706　北京市东城区隆福寺街 99 号)

北京龙之冉印务有限公司印刷　新华书店经销

2012 年 11 月第 1 版　2012 年 11 月北京第 1 次印刷
开本:710 毫米×1000 毫米 1/16　印张:21.25
字数:350 千字　印数:0,001-3,000 册

ISBN 978 - 7 - 01 - 011277 - 0　定价:48.00 元

邮购地址 100706　北京市东城区隆福寺街 99 号
人民东方图书销售中心　电话 (010)65250042　65289539